普通高等教育“十二五”规划教材

新编普通话训练教程

XINBIAN PUTONGHUA XUNLIAN JIAOCHENG

（第二版）

主　编：张永力　孟庆荣

副主编：王明哲　佟思颖　刘秀玲　常　鸣

暨南大学出版社
JINAN UNIVERSITY PRESS

中国·广州

图书在版编目（CIP）数据

新编普通话训练教程/张永力，孟庆荣主编；王明哲，佟思颖，刘秀玲，常鸣副主编．—2版．—广州：暨南大学出版社，2015.8（2020.9重印）
ISBN 978－7－5668－1587－3

Ⅰ．①新…　Ⅱ．①张…②孟…③王…④佟…⑤刘…⑥常…　Ⅲ．①普通话—教材　Ⅳ．①H102

中国版本图书馆CIP数据核字（2015）第178877号

新编普通话训练教程（第二版）
XINBIAN PUTONGHUA XUNLIAN JIAOCHENG（DIERBAN）
主　编：张永力　孟庆荣　副主编：王明哲　佟思颖　刘秀玲　常　鸣

出 版 人：张晋升
责任编辑：苏彩桃　陆祖康
责任校对：黄　斯
责任印制：汤慧君　周一丹

出版发行：暨南大学出版社（510630）
电　　话：总编室（8620）85221601
营销部（8620）85225284　85228291　85228292　85226712
传　　真：（8620）85221583（办公室）　85223774（营销部）
网　　址：http：//www.jnupress.com
排　　版：广州市天河星辰文化发展部照排中心
印　　刷：湛江日报社印刷厂
开　　本：787mm×1092mm　1/16
印　　张：20
字　　数：450千
版　　次：2011年6月第1版　2015年8月第2版
印　　次：2020年9月第5次
印　　数：11001—12000册
定　　价：49.80元

前　言

语言是人类最重要的交际工具和信息载体。人类社会的一切活动都离不开语言。随着我国改革开放的深入和经济的发展，必然带动世界文化的交流与融合，普通话作为汉民族的共同语正在走向世界，它越来越受到世界各国的重视和青睐。

普通话是规范化的现代汉语，是全国通用的语言。在中国特色社会主义现代化建设的历史进程中，大力推广、普及普通话，是适应市场经济和信息社会的需要，对发展科学技术，提高工作效率，促进经济、政治、文化等各项事业的发展，都会起到积极的推动作用。

2000年10月31日通过的《国家通用语言文字法》规定："凡以普通话作为工作语言的岗位，其工作人员应当具备说普通话的能力"，"以普通话作为工作语言的播音员、节目主持人和影视话剧演员、教师、国家机关工作人员的普通话水平，应当分别达到国家规定的等级标准；对尚未达到国家规定的普通话等级标准的，分别情况进行培训"。

按照国家有关主管部门的要求，掌握和使用一定水平的普通话，是各行各业人员，特别是教师、播音员、节目主持人、演员、国家公务员和社会"窗口"行业的服务人员必备的职业素质。

为了满足广大从业人员学习普通话的需要，我们经过多年的"普通话"教学经验的研究和探索，依据《普通话水平测试大纲》和《普通话水平测试实施纲要》的规定要求，编写了《新编普通话训练教程》一书，作为全国各行各业人员，特别是广大在校大学生、职业学校学生普通话学习和备考用书。

本书编写的基本原则是使学习内容与测试目标的要求具体化，使应试者学习更具有针对性和可操作性。在讲解普通话基本知识的同时，还注重基本技能和基本方法的传授。在训练题的设计上，精编细选，理论联系实际，做到既有利于读者学习使用，又便于提高应试能力和基本素质，使学习者达到事半功倍的效果。

本教程知识点全面，内容翔实，其最大特点就是方便学习者学习和备考。全书共分四章，分别为普通话概述、普通话基础知识、普通话训练指导、普通话水平测试训练材料，另设有附录部分。其中"普通话训练指导"一章，是依照《普通话水平测试大纲》规定的五项测试内容，按照"先指导后训练"的顺序安排内容的。每项测试内容的指导，均突出了普通话水平测试的要点并配有测试训练题。教材中60篇朗读作品均配有音频（可到"国家级普通话测试60篇作品朗读mp3网址：http：//www. szzx1000. com/homepage/yuwen/wyzl/psczuopin/oz. mp3"或"普通话学习网：www. pthxx. com"下载），方便学习者学习。为了提高学习的实效性，本书在第三章第二节双音节词语朗读指导中，汇集了普通话水平测试中易读错的多音节词语，便于学习者训练和纠错。

本书的编写者都具有丰富的社会工作经历和多年从事普通话一线教学的经验，了解普通话教学实际，了解广大学习者对普通话教材的要求与期待；本书倾注了编写者先进的教学理念和美好愿望，饱含着他们辛勤的汗水和闪光的智慧；但是，由于编写者的能力和水平所限，书中难免有不足之处，敬请读者批评指正。

本书在2011年6月出版第一版，2012年11月第二次印刷，2015年进行第一次修订。在编写和修订过程中，广泛听取了广大读者的反馈意见，并得到了有关专家、学者的指导和帮助。出版社的一些同志为确保书的质量付出了艰辛的努力，在此一并表示诚挚的谢意。

编　者

2015年6月

目录

附　录

第一章
普通话概述

第一节　什么是普通话

普通话，是《中华人民共和国宪法》规定的全国通用的语言，也是国际上使用的标准汉语，是联合国六种工作语言之一。

国务院在《关于推广普通话的指示》中规定："普通话是以北京语音为标准音，以北方话为基础方言，以典范的现代白话文著作为语法规范的现代汉民族共同语。"

以北京语音为标准音，是因为北京是中国的首都，是历史上几个朝代的政治、经济、文化中心。过去的官话、国语基本上是依据北京语音。在众多的汉语方音中，选择北京语音为普通话的标准音是最合适的。"北京语音"是指北京语音系统，不含那些特殊的北京土音。

以北方话为基础方言，指普通话的词汇是以北方话词汇为基础和主要来源，但它舍弃了北方话中过于土俗的词语，同时吸收了其他方言中有特殊表现力的方言词，继承了古汉语中有生命力的古词语，引进了外语中一些我们需要的外来词。因此，普通话词汇比单纯的北方话词汇更加丰富多彩。

以典范的现代白话文著作为语法规范，其中，"典范"是强调作为参照标准的著作，应具有权威性、典范性，在语法运用上有广泛的代表性。"现代白话文著作"是相对古代文言文和早期白话文著作而言的。现代白话文同文言文、早期白话文已有了很大的差异。要注意学习语法规范，研究典范的现代白话文著作中带有普遍性的语法运用实例。掌握规律，不要盲目接受那些个别的、怪异的、特殊的用法。

普通话的"普通"是"普遍"、"共同"的意思。普通话在中国台湾被称为"国语"，在新加坡和马来西亚被称为"华语"。共同语是相对方言而言的。汉语方言是汉语地域性语言，是方言区人们的交流工具。

第二节　为何要推广普通话

语言是人类社会最重要、最基本的交际工具，也是最重要的信息载体和传播媒介。人们要想准确有效地传递信息、便捷顺畅地进行沟通和交流，必须使用统一的规范化、标准化的语言才能做到。社会经济越繁荣、社会文明程度越高，人们的社会活动范围就越广，因而对语言规范化、标准化、通用化的要求也就越高。

我国是地域辽阔、多民族的人口大国，同时也是一个多语言的国家，我国的 56 个民族使用着 80 多种语言。从使用人口最多的汉民族语言来讲，粗略地划分，就有北方方言、吴方言、湘方言、赣方言、客家方言、粤方言、闽方言等七大方言，各方言之间存在着严重的语言隔阂，这与社会发展的要求极不适应。它阻碍了人们正常的交际和交流，不利于党和国家政策法令的及时贯彻和执行，影响了文化教育的普及和提高，妨碍了科学技术的普及和推广，阻滞了商品流通和统一的社会主义市场经济的建立与发展。对我国的改革开放和融入现代国际社会的进程来说，将是一个突出的障碍。因此，推广和普及普通话意义非常重大。

推广普通话，能够促进我国各民族之间的沟通和交流，增进彼此间的了解，增强中华民族的凝聚力，维护国家的团结和统一。

推广普通话，能够营造良好的语言环境，有利于促进不同方言区的人员交流、商品流通和建立统一的市场，促进经济的发展。

推广普通话，也是现代社会素质教育的重要内容。推广普通话有利于贯彻教育面向现代化、面向世界、面向未来的战略方针，有利于弘扬祖国优秀的传统文化，推动社会主义精神文明建设。

推广普通话，有利于实现祖国语言文字规范化、推动中文信息处理技术的发展和应用，是加速科技发展和实现信息化、标准化、现代化的重要前提条件。

因此，推广普通话是关系到国家统一、民族团结、社会进步、经济发展和国际交往的重要工作，是普及文化教育、提高国民素质、发展科学技术、提高工作效率的一项重要的基础工程，这对建设社会主义物质文明和精神文明都将起到重要作用。

第三节　普通话水平测试的目的

普通话是以汉语授课的各级各类学校的教学语言和校园语言，是以汉语传送的各级广播电台、电视台的宣传语言，是汉语电影、电视、话剧必须使用的规范语言，是党政机关、社会团体、企事业单位的工作语言，是不同方言区的人们进行交际的通用语言。掌握和使用一定水平的普通话，是各行各业人员，特别是广大教师、播音员、节目主持人、演员、国家公务员和社会“窗口”行业的服务人员等必须具备的职业素质。

在社会生活中，人们掌握普通话的水平是有差异的。不是要求每个人都能说十分标准的普通话，但从社会交际的实际出发，有必要对特定岗位的工作人员提出掌握普通话水平的不同要求，特别是对担负语言示范责任的工作人员，必须提出较高的要求。为了更加有效地推广普通话，加快普及过程，不断提高全社会的普通话水平，1994 年 10 月国家语言文字工作委员会、国家教育委员会、广播电影电视部联合下发了《关于开展普通话水平测试工作的决定》，明确规定："从 1995 年起，在一定范围内对某些岗位的工作人员进行普通话水平测试，逐步实行持普通话等级证书上岗制度。"2001 年 1 月 1 日实施的《国家通用语言文字法》第十九条第一款规定："凡以普通话作为工作语言的单位，其工作人员应当具备说普通话的能力。"第二款规定："以普通话作为工作语言的播音员、节目主持人和影视话剧演员、教师、国家机关工作人员的普通话水平，应当分别达到国家规定的等级标准；对尚未达到国家规定普通话等级标准的，分别情况进行培训。"

普通话水平测试是判定应试人掌握普通话的规范程度的检测和评定，不是普通话系统知识的考试，也不是文化水平的考核，更不是口才的评估。经过多年的研究和实践，国家语言文字工作委员会先后颁布了《普通话水平测试大纲》和《普通话水平测试等级标准（试行）》，于 2003 年 10 月又颁布了修订后的《普通话水平测试大纲》。普通话水平测试作为推广普通话的一个有效途径，对推广和普及普通话工作必将起到积极的推动作用，也一定能发挥好普通话在文化教育、市场经济发展、现代化建设和提高全民素质中的作用。

第四节　普通话水平测试的相关事项

一、测试对象

根据《国家通用语言文字法》和国家《普通话水平测试管理规定》，1954 年 1 月 1 日以后出生的下列人员应接受普通话测试：

（1）教师和申请教师资格的人员；

（2）广播电台、电视台的播音员、节日主持人；

（3）影视话剧演员；

（4）国家机关工作人员；

（5）师范类专业、播音与主持艺术专业、影视话剧表演专业以及其他与口语表达密切相关专业的学生；

（6）行业主管部门规定的其他应该接受测试的人员；

（7）在高等学校注册的港澳台学生和外国留学生可随所在学校学生接受测试；社会自愿参加测试的人员不受限制。

对相关人员的等级要求见下表：

对象	等级要求
教师和申请教师资格的人员	一般不低于二级乙等。语文科教师不低于二级甲等，教授现代汉语语音课（含对外汉语）的教师不低于一级乙等。
广播电台、电视台的播音员、节目主持人	省级（以上）台达到一级甲等；市级台不低于一级乙等。
影视话剧演员（含配音演员）	不低于一级乙等。
国家机关工作人员	不低于三级甲等。
师范类学生、其他与口语表达密切相关专业的学生	一般不低于二级乙等；中文专业不低于二级甲等。
播音与主持艺术专业、影视话剧表演专业的学生	不低于一级乙等。
行业主管部门规定的其他应该接受测试的人员	执行行业主管部门的规定要求（如铁路系统的站、车广播员不低于二级甲等）。

二、测试的等级标准

普通话水平测试是对应试者运用普通话所达到的标准程度的检测和评定。它的着眼点是要确定应试人员已经达到普通话等级的哪一级哪一等，从而确定他是否达到工作岗位所要求的最低标准，而不是从应试者中选拔出若干优秀者，淘汰若干水平差的。也就是说，并非要通过测试分清应试者相互之间的等级差别。

普通话水平测试分为三级六等，即一级甲等、一级乙等，二级甲等、二级乙等，三级甲等、三级乙等。级和等实行量化评分，满分为 100 分。“一级”是能说相当标准的普通话，语音、词汇、语法极少出错；“二级”是能说比较标准的普通话，方言不重，词汇、语法出错较少；“三级”是能说一般标准的普通话，不同方言区的人能听懂。每一级中都存在着水平相对高低的甲乙两个档次。具体标准要求如下：

（一）一级

甲等。朗读和自由交谈时，语音标准，词汇、语法正确无误，语调自然，表达流畅。测试总失分率在 3% 以内，即得分在 97 分以上。

乙等。朗读和自由交谈时，语音标准，词汇、语法正确无误，语调自然，表达流畅。偶尔有字音、字调失误。测试总失分率在 8% 以内，即得分在 92 ~ 96.9 分之间。

（二）二级

甲等。朗读和自由交谈时，声韵调发音基本准确，语调自然，表达流畅，少数难点音（平翘舌音、前后鼻尾音、边鼻音等）有时出现失误。词汇、语法极少有误。测试总失分率在13%以内，即得分在87～91.9分之间。

乙等。朗读和自由交谈时，个别调值不准确，声韵母发音有不到位的现象。难点音较多（平翘舌音、前后鼻尾音、边鼻音和fu—hu、z—zh—j、送气不送气、i—u等不分，保留浊塞音、浊塞擦音、丢介音、复韵母单音化等），错误较多。方言语调不明显。有使用方言词、方言语法的情况。测试总失分率在20%以内，即得分在80～86.9分之间。

（三）三级

甲等。朗读和自由交谈时，声母、韵母发音错误较多，难点音超出常见范围。声调调值多不准。方言语调较明显。词汇、语法有失误。测试总失分率在30%以内，即得分在70～79.9分之间。

乙等。朗读和自由交谈时，声母、韵母发音失误较多，方言特征突出，方言语调明显。词汇、语法失误较多。外地人听其话有听不懂的情况。测试总失分率在40%以内，即得分在60～69.9分之间。

三、试卷说明

普通话水平测试采用口试的形式，试卷分Ⅰ型卷（专供外籍和外族人士使用）和Ⅱ型卷。试卷共分五个项目。

第一项：读单音节字词100个（10分）。

第二项：读多音节词语50个（20分）。

第三项：选择判断（10分）。

第四项：作品朗读（从《测试大纲》的60篇作品中选）（30分）。

第五项：命题说话（单向命题说话）（30分）。

在第一项“读单音节字词”测试题中，100个音节中，70%选自《普通话水平测试用词语表一》，30%选自《普通话水平测试用词语表二》；100个音节中，每个声母出现次数一般不少于3次，每个韵母出现次数一般不少于2次，4个声调出现次数大致均衡；音节的排列要避免同一测试要素连续出现。

在第二项“读多音节词语”测试题中，70%的词语选自《普通话水平测试用词语表一》，30%选自《普通话水平测试用词语表二》；声母、韵母、声调出现的次数与读单音节字词的要求相同；上声与上声相连的词语不少于3个，上声与非上声相连的词语不少于4个，轻声不少于3个，儿化不少于4个（应为不同的儿化韵母）。

在第三项“选择判断”测试题中，词语判断（10组），是根据《普通话水平测试用普通话与方言词语对照表》，列举10组普通话与方言意义相对应但说法不同的词语，由应试人判断并读出普通话的词语；量词、名词搭配（10组），是根据《普通话水平测试用普通话与方言常见语法差异对照表》，列举10个名词和若干量词，由应试人搭配并读出符合普通话规范的10组名量短语；语序或表达形式判断（5组），是根据《普通话水平测试用普通话与方言常见语法差异对照表》，列举5组普通话和方言意义相对应，但语序或表达习惯不同的短语或短句，由应试人判断并读出符合普通话语法规范的表达形式。

在第四项“作品朗读”测试题中，短文从《普通话朗读作品60篇》中选取，评分以朗读作品的前400个音节（不含标点符号和括注的音节）为限。

在第五项“命题说话”测试题中，命题说话话题是从《普通话水平测试用话题》中选取，由应试人从给定的两个话题中任选一个话题，连续说一段话（说满3分钟）。这是测试应试人单向说话时语音的标准程度。应试人不能背稿或读稿，说话不能离题，说话要遵循口语化的原则，避免出现重复、结巴、拖长音、口头语等毛病。

四、测试流程

（一）报名

（1）普通话水平测试原则上实行属地化管理，接受测试的各类人员应持有效身份证件到测试机构报名，也可由所在单位集体报名。

（2）测试机构接受报名后，负责安排考试时间和地点，并发放准考证。

（3）测试每年分为春、秋两季进行报名，时间为每年的3月、9月，具体时间由测试机构决定。

（二）测试

应试人要按照准考证表明的时间和地点参加测试，一般要提前30分钟到达考场。测试流程分为候测、备测、测试三个环节。

1. 候测

（1）应试人到达考场后，首先要到候测室报到，了解测试程序等相关情况，等候测试。

（2）按照准考证测试时间的先后顺序，考务人员应将应试人进行编组。

（3）考务人员视测试进度，按照编组的先后顺序引导应试人员进入备测室。

2. 备测

（1）应试人进入备测室时，考务人员应核对应试人及其准考证、身份证等相关信息。如果有错误信息，考务人员要进行更正。

（2）同一组应试人随机抽取测试试题，到指定座位进行测试准备。准备时间应该不少于15分钟。

3. 测试

（1）在考务人员的引导下，应试人进入测试室并到相应的机位就座，正确佩戴耳麦，等待测试。

（2）应试人关闭手机，禁止携带与测试相关的文字资料和电子设备。

（3）应试人按照考务人员的测试指令和计算机的语音提示，按步骤进行计算机操作。

第二章

普通话基础知识

第一节　语音概述

一、语音的性质

语音是由人的发音器官发出来的表示一定意义的声音。它是声音和意义的结合体，是语言的物质外壳。语音具有物理、生理和社会三种属性。

语音要表达一定的意义，什么样的声音表达什么样的意义，这是全社会约定俗成的，因此社会属性是语音的本质属性。

（一）语音的物理属性

语音产生于物体的振动，所以声音具有物理属性，有音高、音强、音长、音色四个要素。

1. 音高

音高就是声音的高低。它是由单位时间里发音体振动的次数决定的。发音体在单位时间里振动的次数越多，声音越高；振动次数越少，声音越低。普通话里不同声调、语调的变化，主要由音高的不同变化造成。

2. 音强

音强就是声音的强弱，也叫音量。它是由发音体在单位时间里振动幅度的大小决定的。发音体在单位时间里振动幅度越大，声音越强；振动幅度越小，声音越弱。普通话里的重音和轻声就是由音强的不同而形成的。

3. 音长

音长是指声音的长短。它是由发音体在单位时间里振动持续时间的长短决定的。发音体振动时间越长，声音越长；振动时间越短，声音越短。

4. 音色

音色是指声音的特色，也叫音质。它是一个音区别于另一个音的基本特征，取决于发音体振动所形成的音波波纹的不同形式。

（二）语音的生理属性

语音是由人的发音器官发出的，具有生理性质。熟悉人的发音器官和发音部位，能帮助人们准确地发音和纠正方音。人的发音器官由以下三部分构成：

1. 肺和气管

肺是呼吸气流的活动风箱，是发音所需气流的源泉。肺部呼出的气流，通过气管到达喉头，作用于声带、口腔、鼻腔等发音器官，从而发出不同的声音。呼出气流发出的音叫呼气音，吸进气流发出的音叫吸气音。

2. 喉头和声带

喉头是由甲状软骨、环状软骨和两块杓状软骨构成，呈圆筒形。声带位于喉头中间，是人发音器官的发音体。声带振动所发出的音叫浊音，声带不振动所发出的音叫清音。

3. 口腔和鼻腔

口腔和鼻腔是语音的共鸣器，是人最重要的发音器官。口腔的发音部位可分为上下两大部分，上部的发音部位有上唇、上齿、齿龈、硬腭、软腭、小舌；下部的发音部位有下唇、下齿和舌。其中舌又分为舌尖、舌叶、舌面、舌根四个部位。

人们在发音过程中，一般是通过改变口腔和鼻腔的形状和大小而发出各种不同的声音。气流通过鼻腔发出的音叫鼻音；气流通过口腔发出的音叫口音；气流同时通过口腔和鼻腔而发出的音叫口鼻音，也叫鼻化音。上述情况详见发音器官示意图。

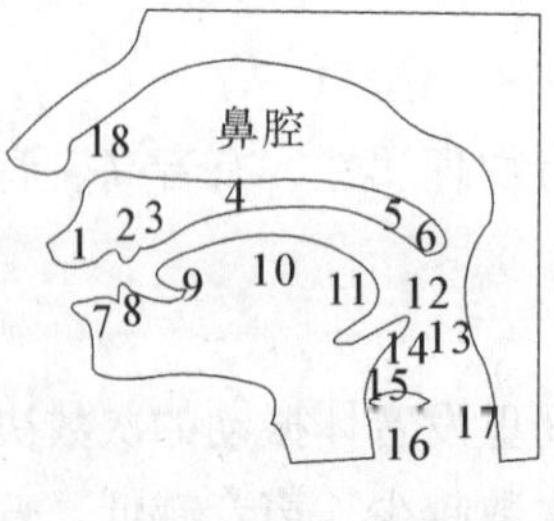

1 上唇
2 上齿
3 齿龈
4 硬腭
5 软腭
6 小舌
7 下唇
8 下齿
9 舌尖
10 舌面
11 舌根
12 咽头
13 咽壁
14 会厌
15 声带
16 气管
17 食道
18 鼻孔

发音器官示意图

（三）语音的社会属性

语音的社会属性是其根本属性，或者说是本质属性。因为只有社会属性才能使语音和其他声音区别开来。其社会属性表现在以下两个方面：

一是语音符号的音义结合，是全体社会成员约定俗成的。语音都有意义，音义结合不是个人决定的，而是全体社会成员约定俗成的。一个意义可以用不同的语音形式表示，如“太阳、日头”；同一个音可以表示不同意义，如“树木、数目”。

二是语音系统是由社会决定的。任何语言都有独特的语音系统，这是由社会约定俗成的。例如，汉语有卷舌音，但大部分方言无浊音；英语有浊音，但无卷舌音。这些差异不是发音器官不同和地理环境的不同造成的，而是不同民族、地区、团体各自选择了自己的语音系统。所以，人们经过训练，可以相互学习不同的语音。

二、语音基本概念

（一）音素

音素是从音色的角度划分出来的最小的语音单位。一个音节，如果按音色的不同进一步划分，就会得到一个个最小的各有特色的单位，这就是音素。例如，“爸”（bà）从音色的角度可以划分出“b”和“ɑ”两个不同的音素，“刊”（kān）可以划分出“k、ɑ、n”三个音素。普通话语音共有32个音素。

音素可以分为辅音和元音两大类。气流在口腔或咽头受阻碍而形成的音叫辅音，又叫子音。普通话有b、p、m、f、d、t、n、l、g、k、h、j、q、x、zh、ch、sh、r、z、c、s、ng等22个辅音；气流振动声带，在口腔或咽头不受阻碍而形成的音叫元音，又叫母音，普通话有ɑ、o、e、ê、i、u、ü、-i（前）、-i（后）、er等10个元音。

辅音和元音的主要区别有以下四点：

（1）辅音发音时，气流在通过咽头、口腔的过程中，一般要受到某部位的阻碍；元音发音时，气流在咽头、口腔不受阻碍。这是元音和辅音最主要的区别。

（2）辅音发音时，发音器官成阻的部位特别紧张；元音发音时，发音器官各部位保持均衡的紧张状态。

（3）辅音发音时，气流较强；元音发音时，气流较弱。

（4）辅音发音时，声带不一定振动，声音一般不响亮；元音发音时，声带必须振动，声音响亮。

（二）音节

音节是语音的基本结构单位，也是自然感到的最小语音片断。每发一个音节时，发音器官的肌肉，特别是喉部的肌肉都明显地紧张一下。每一次肌肉的紧张度增而复减，就形成一个音节。一个音节可以是一个音素，也可以由几个音素合成。例如“西安是一个美丽的古城”（xī ān shì yí gè měi lì de gǔ chéng），这里紧张十次，是十个音节，写下来是十个汉字。一般说来，一个汉字就代表一个音节。

（三）声母、韵母、声调

按照汉语拼音传统的分析方法，总是把一个音节分为声母和韵母两部分，再加上一个贯通整个音节的声调。

（1）声母：指音节开头的辅音。例如，在“好”（hǎo）这个音节里，辅音h就是它的声母。有的音节不以辅音开头，就是没有声母，也可以说它的声母等于零，习惯上叫“零声母”。例如“爱”（ài）开头没有辅音，就是零声母音节。普通话声母不算零声母在内，一共有21个：b、p、m、f、d、t、n、l、g、k、h、j、q、x、zh、ch、sh、r、z、c、s。

声母和辅音不是一个概念。首先，虽然声母由辅音充当，但有的辅音不作声母用，只作韵尾，如“guāng”（光）中的 ng［ŋ］。辅音 n 既可作声母，也可作韵尾，如“nán”（南）中的两个辅音 n，在音节前头的是声母，在音节末尾的是韵尾；其次，普通话声母和辅音的数量也不一样，普通话声母如果不算零声母有 21 个，而普通话的辅音则有 22 个。

（2）韵母：指音节中声母后面的部分。例如在“海”（hǎi）这个音节里，“ai”就是它的韵母。零声母音节由韵母构成，例如“欧”（ōu）、“爱”（ài）、“昂”（áng）等。

韵母和元音不相等。韵母有由单元音或复元音构成的，如“tā（他）、xiā（瞎）、guài（怪）”中的“a、ia、uai”；有由元音带辅音构成的，如“gān（甘）、gēng（耕）guān（关）”中的“an、eng、uan”。而普通话元音共有 a、o、e、ê、i、u、ü、－i（前）、－i（后）、er 等 10 个。

（3）声调：是音节中具有区别意义作用的音高变化。例如“低、敌、底、地”四个音节的意义就是依靠声调来区分的，它是属于整个音节的。普通话声调的实际读法称为调值，普通话的全部字音可以区分为 4 种基本调值，即阴平、阳平、上声、去声，统称为“四声”。

（四）音位

音位是一个语音系统中能够区别意义的最小语音单位，也是按语音的辨义作用归纳出的音类。在一种语言或方言里，人们可以发出的音很多，其中有的可以区别意义，有的不能。例如，北京话里的“文”有人念“wén”，有人念“vén”，北京人听了都一样，其中“w”和“v”的读音差别没有造成意义的不同，所以，这两个音在北京话里就可以归纳为一个单位。可以写成：

$$/w/ = \begin{cases} w \\ v \end{cases}$$

然而，d 和 t 在北京话里情况就不同了，如果把“dǎn”（胆）念成“tǎn”（坦），意思就变了，所以“d”和“t”在北京话里可以区别意义，应该归纳为/d/和/t/两个音位。北京话里的 a、o、e、b、p、m、f……都是这样归纳出来的语音单位，实际上其中的每一个单位又都各成一类，就是一个音位。

第二节　普通话声母

普通话里共有 b、p、m、f、d、t、n、l、g、k、h、j、q、x、zh、ch、sh、r、z、c、s 等 21 个声母，零声母的音节没有声母。

普通话的 21 个声母可以按照发音部位和发音方法进行分类。了解和掌握声母的发音部位和发音方法，能够帮助我们比较准确地发音，避免造成读音错误或读音缺陷。

一、声母的发音部位

声母的发音部位有七种，其发音过程一般要在口腔形成阻碍，也就是七种“阻”，这些“阻”都是由口腔里的两个部分接触或接近而形成的。

（一）双唇音

双唇音也叫双唇阻，是上唇和下唇接触，形成发音阻碍，普通话声母里有 b、p、m 3 个音。

（二）唇齿音

唇齿音也叫唇齿阻，是下唇和上齿靠拢，形成发音阻碍，普通话声母里只有 f 1 个音。

（三）舌尖前音

舌尖前音也叫舌尖前阻，用舌尖和上门齿背形成发音阻碍，普通话声母里有 z、c、s 3 个音。舌尖前音也就是所说的平舌音。

（四）舌尖中音

舌尖中音也叫舌尖中阻，用舌尖和上齿龈形成发音阻碍，普通话声母里有 d、t、n、l 4 个音。

（五）舌尖后音

舌尖后音也叫舌尖后阻，用舌尖和前硬腭形成发音阻碍，普通话声母里有 zh、ch、sh、r 4 个音。舌尖后音也就是所说的翘舌音。

（六）舌面音

舌面音也叫舌面阻，是用舌面前部和硬腭前部形成发音阻碍，普通话声母里有 j、q、x 3 个音。

（七）舌根音

舌根音也叫舌根阻，是用舌根和软腭形成发音阻碍，普通话声母里有 g、k、h 3 个音。

二、声母的发音方法

声母的发音方法是指如何发音，包括形成阻碍的方式、气流的强弱、声带是否振动三个方面。

（一）按照发音形成阻碍的方式，声母可分为以下五类

1. 塞音

形成阻碍的上下发音部位闭塞，然后气流突然冲破阻碍，爆破发音。因此，塞音又叫爆破音，声音比较短促。普通话声母里的塞音有 b、p、d、t、g、k 6 个。

2. 擦音

形成阻碍的上下发音部位接近闭合，形成一道窄缝，气流从窄缝中挤出，摩擦成声。普通话声母里的擦音有 f、h、x、s、sh、r 6 个。

3. 塞擦音

形成阻碍的发音部位闭塞，然后气流冲开阻碍，形成一道窄缝，气流从窄缝中挤出，摩擦成声。塞擦音兼有塞音和擦音的发音特点，是先塞后擦。普通话声母里的塞擦音一共有 j、q、z、c、zh、ch 6 个。

4. 鼻音

口腔中形成阻碍的发音部位闭塞，软腭下降，打开鼻腔通路，气流通过鼻腔而发音。普通话的鼻音有 n、m、ng 3 个，其中 ng 不能充当声母，只能做韵尾。

5. 边音

舌尖与上齿龈接触，阻碍口腔中间的发音通路，使气流从舌头的两边流出。普通话声母里的边音只有 l 这一个。

（二）按照发音时气流的强弱，普通话声母分为不送气音和送气音两类，这两类音只存在于塞音和塞擦音中

1. 不送气音

发音时呼出的气流比较弱。普通话声母里的不送气音有 b、d、g、j、z、zh 6 个。

2. 送气音

发音时呼出的气流比较强。普通话声母里的送气音有 p、t、k、q、c、ch 6 个。

（三）按照声带是否振动，普通话声母分为清音和浊音两类

1. 清音

声带不振动而发出的音，普通话声母里的清音有 b、p、f、d、t、g、k、h、j、q、x、z、c、s、zh、ch、sh 等 17 个。清音声母的本音音感较弱，我们一般把清音加上元音来发音，如 b + o→bo、p + o→po，这叫做呼读音。

2. 浊音

声带振动而发出的音，普通话声母里的浊音有 m、n、l、r 4 个。

普通话声母总表

发音方法 \ 声母 \ 发音部位			唇音		舌尖前音	舌尖中音	舌尖后音	舌面音	舌根音
			双唇音	唇齿音					
塞音	清音	不送气音	b			d			g
		送气音	p			t			k
塞擦音	清音	不送气音			z		zh	j	
		送气音			c		ch	q	
擦音	清音			f	s		sh	x	h
	浊音						r		
鼻音	浊音		m			n			
边音	浊音					l			

三、声母辨正

各地方言的声母同普通话声母不尽相同，为了帮助方言区的人学习普通话声母，现将需要分辨的几组声母说明如下：

（一）分辨 n 和 l

普通话以 n 和 l 做声母的字，在有些方言中二者相混。这有两种情况：第一是全部相混，如重庆话、武汉话、南京话。第二是部分相混，如宁夏的西吉话，跟 i、ü 及以 i、ü 起头的韵母拼合时不混，此外完全相混。

n、l 相混的地区学习这两个声母主要有两方面的困难：一是读不准音，二是分不清字。要读准 n 和 l，关键在于控制软腭的升降。因为 n 和 l 都是舌尖抵住上齿龈发音的，它们的不同主要在于有无鼻音，是从鼻腔出气，还是从舌头两边或一边出气。为了分辨 n 和 l，不妨用捏鼻孔的方法来练习。捏鼻孔后发音，如果觉得发音有困难，而且耳膜有嗡声，那就是 n 音。因为发 n 时软腭下降，气流振动声带后要从鼻孔通过，捏住鼻孔是发不成鼻音的（参见 n、l 发音示意图中的左图）。

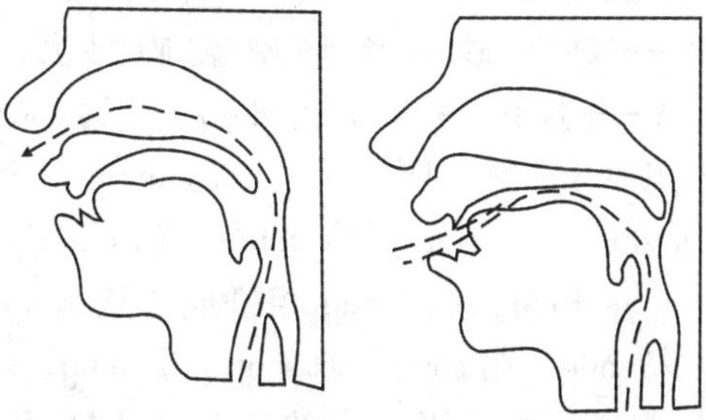

n、l 发音示意图

捏鼻孔而觉得发音不困难，耳膜并无显著鸣声，那就是l音。因为发l时软腭上升，堵塞鼻腔通路，舌身收窄，气流由舌头两边或一边流出，不带鼻音（参见n、l发音示意图）。所以练习n和l的发音时，必须着重练习控制软腭的升降和舌头的收窄放宽。至于分不清哪些字母的声母是n，哪些字母的声母是l，可借助汉字声旁进行类推，以提高效率。例如声旁是“内”的字，声母往往是n，如“纳、呐、衲、钠、讷”；声旁是“仑”的字，声母往往是l，如“抡、沦、论、轮、囵、纶”等。如果想记住声母n和l的全部常用字，那可以采用“记少不记多”的方法记住声母n的字，声母n的字比较少，其他自然是声母l的字了。

n—l 对比练习

1. 单音节字词对比

暖—卵　那—辣　讷—乐　耐—赖　馁—累　内—泪　孬—捞　挠—劳

脑—老　闹—烙　难—蓝　南—兰　囊—狼　你—里　逆—力　聂—列

鸟—了　尿—料　妞—溜　撵—脸　念—练　娘—凉　奴—炉　努—鲁

怒—路　挪—罗　懦—落　女—铝　虐—略　牛—刘　拗—六　挠—牢

哪—腊　孽—劣　年—联　涅—烈

2. 双音节词语对比（注意加点字的读音）

闹灾—涝灾　老农—老龙　鸟雀—了却　脑子—老子　男鞋—蓝鞋

大怒—大陆　浓重—隆重　女客—旅客　一年—一连　难住—拦路

水牛—水流　无奈—无赖　南宁—蓝陵　男女—褴褛　小牛—小刘

留念—留恋　泥巴—篱笆　允诺—陨落　泥泞—厘定　农奴—龙壶

内伤—累伤　恼怒—老路　能饮—冷饮　脑力—劳力

（二）分辨 zh、ch、sh 和 z、c、s

这两套声母领属的字，有些方言混成一套，只有 z、c、s（或接近 z、c、s 的声母），如上海话、苏州话、广州话、武汉话、成都话等。还有些方言把普通话里声母是 zh、ch、sh 的字的一部分读成 z、c、s，如天津话、银川话、西安话等。已会发 zh、ch、sh 的人学习普通话，想要弄清哪些字的声母该读 zh、ch、sh，哪些字该读 z、c、s，主要采用以下三种方法来分辨：

第一，根据汉字声旁进行类推。一般来说，独体字是翘舌音的，它在形声字中做声旁时，这些形声字一般也是翘舌音。如：中——种 钟 肿 盅 忠 衷 仲 冲 忡；长——帐 张 涨 胀 账 伥 苌 怅；少——纱 沙 砂 莎 鲨 痧 眇 裟 吵 抄 炒。但个别字例外，要记住这些例外的字。如：察 chá——擦 cā 嚓 cā；占 zhàn——钻 zuān（研）。

第二，借助声韵配合规律来分辨。例如 ua、uai、uang 三个韵母，在普通话中只跟 zh、ch、sh 相拼，如“抓 zhuā、爪 zhuǎ；揣 chuāi、踹 chuài；双 shuāng、爽 shuǎng、霜 shuāng”等，不跟 z、c、s 相拼；s 与 ong 相拼成“松 sōng、悚 sǒng、嵩 sōng、耸 sǒng、怂 sǒng、送 sòng、宋 sòng、颂 sòng、诵 sòng、讼 sòng”等，sh 不与 ong 相拼。

第三，记少不记多。普通话中，平舌音的字总量比翘舌音字少，平舌字音约占30%，翘舌字音约占70%。一般来说，独体字是平舌音的，做声旁时也是平舌音，如：

才——材 财；子——字 籽 仔 孳 孜；司——嗣 饲 词 祠 伺；四——泗 驷；寸——村 忖；采——菜 踩 睬 彩等。但个别字例外，如：才 cái——豺 chái；则 zé——铡 zhá；足 zú——捉 zhuō 等，要记住这些例外的字。此外，平舌音拼出来的字音比翘舌字音要少得多。如：z→en 怎（少）；zh→en 真 针 镇 阵 震 枕 珍 振 贞 侦 诊 斟 甄等（多）；s→en 森（少）；sh→en 身 伸 深 婶 神 甚 渗 肾 审 申 沈 绅 娠等（多）。要记住少的平舌音，翘舌音自然也就知道了。以上讲的是一些规律性的东西，掌握了这个规律，也就能辨别出哪些是平舌音，哪些是翘舌音。

对那些不会发 zh、ch、sh 的人，还要找出两套声母发音的差别来注意练习：发舌尖后音时，舌尖要翘起来，对准（抵住或接近）硬腭前部（参见 zh、ch、sh 和 z、c、s 发音示意图）；而发舌尖前音时，舌尖不翘，对准（抵住或接近）上齿背。（参见 zh、ch、sh 和 z、c、s 发音示意图）。

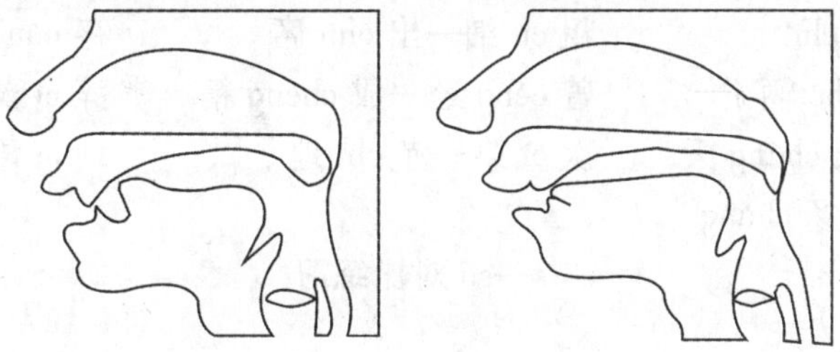

zh、ch、sh 和 z、c、s 发音示意图

z—zh 对比练习

1. 单音节字词对比

在 zài—债 zhài	葬 zàng—帐 zhàng	灾 zāi—摘 zhāi
组 zǔ—煮 zhǔ	阻 zǔ—主 zhǔ	增 zēng—蒸 zhēng
则 zé—哲 zhé	造 zào—照 zhào	早 zǎo—找 zhǎo
攒 zǎn—盏 zhǎn	字 zì—质 zhì	总 zǒng—种 zhǒng
钻 zuān—专 zhuān	走 zǒu—肘 zhǒu	尊 zūn—谆 zhūn
宗 zōng—中 zhōng	邹 zōu—周 zhōu	昨 zuó—卓 zhuó
资 zī—知 zhī	最 zuì—缀 zhuì	

2. 双音节词语对比（注意加点字的读音）

棉籽 zǐ—绵纸 zhǐ	栽 zāi 花—摘 zhāi 花	阻 zǔ 力—主 zhǔ 力
心脏 zàng—新账 zhàng	暂 zàn 时—战 zhàn 时	早 zǎo 稻—找 zhǎo 到
大字 zì—大志 zhì	自 zì 立—智 zhì 力	赞 zàn 助—站 zhàn 住
正宗 zōng—正中 zhōng	阻 zǔ 止—竹 zhú 子	民族 zú—民主 zhǔ
增 zēng 值—争 zhēng 执	紫 zǐ 色—纸 zhǐ 色	子 zǐ 弟—质 zhì 地
资 zī 源—支 zhī 援		

c—ch 对比练习

1. 单音节字词对比

词 cí—迟 chí　此 cǐ—尺 chǐ　刺 cì—赤 chì
层 céng—成 chéng　岑 cén—辰 chén　参 cān—掺 chān
仓 cāng—昌 chāng　藏 cáng—常 cháng　猜 cāi —拆 chāi
擦 cā—察 chá　操 cāo—抄 chāo　曹 cáo—朝 cháo
册 cè—彻 chè　策 cè—澈 chè　此 cǐ—齿 chǐ
才 cái—豺 chái　岑 cén—沉 chén　搓 cuō—戳 chuō
村 cūn—春 chūn　催 cuī—吹 chuī

2. 双音节词语对比（注意加点字的读音）

擦 cā 嘴—插 chā 嘴　乱草 cǎo—乱吵 chǎo　鱼刺 cì—鱼翅 chì
参 cēn 差—陈 chén 词　催 cuī 缴—吹 chuī 叫　草 cǎo 本—抄 chāo 本
白瓷 cí—白吃 chī　粗 cū 细—出 chū 席　存 cún 在—春 chūn 在
测 cè 量—车 chē 辆　曾 céng 经—成 chéng 精　辞 cí 藻—迟 chí 早
苍 cāng 天—长 cháng 天　次 cì 第—赤 chì 地　词 cí 语—驰 chí 誉
储藏 cáng—出场 chǎng

s—sh 对比练习

1. 单音节字词对比

斯 sī—诗 shī　四 sì—是 shì　死 sǐ—使 shǐ
唆 suō—说 shuō　桑 sāng—商 shāng　素 sù—数 shù
三 sān—山 shān　塞 sāi—筛 shāi　伞 sǎn—闪 shǎn
思 sī—师 shī　僧 sēng—声 shēng　色 sè—社 shè
苏 sū—书 shū　俗 sú—熟 shú　艘 sōu—收 shōu
撒 sā—沙 shā　洒 sǎ—傻 shǎ　嫂 sǎo—少 shǎo
丧 sàng—上 shàng　仨 sā—纱 shā

2. 双音节词语对比（注意加点字的读音）

公司 sī—公式 shì　死 sǐ 记—史 shǐ 迹　森 sēn 林—身 shēn 临
三 sān 哥—山 shān 歌　塞 sāi 子—筛子 shāi　散 sǎn 光—闪 shǎn 光
思 sī 想—试 shì 想　素 sù 质—树 shù 质　丧 sàng 生—上 shàng 升
苏 sū 轼—舒 shū 适　撒 sā 手—杀 shā 手　胜诉 sù—盛暑 shǔ
私 sī 人—诗 shī 人　俗 sú 语—熟 shú 语　丝 sī 绸—世 shì 仇
桑 sāng 树—商 shāng 数

（三）分辨 f 和 h

普通话 f 声母的字，有的方言读成别的声母，如厦门话；有的方言则把其中的一部分读成了 h 声母，如上海浦东话。普通话 h 声母的字，有的方言把其中一部分读成 f，如重庆话；还有 f、h 两读的，如长沙话。

f 和 h 都是清擦音，二者的区别在于发音阻碍的部位上。f 是上齿和下唇形成阻碍，

h 是舌根和软腭形成阻碍。

f、h 不分的地区必然弄不清哪些字的声母是 f，哪些字的声母是 h。这可根据后面的偏旁类推字表熟读、熟记。

f—h 对比练习

1. 单音节字词对比

发 fā—哈 hā	粉 fěn—狠 hěn	福 fú—虎 hǔ
饭 fàn—汉 hàn	缝 féng—恒 héng	房 fáng—航 háng
烦 fán—寒 hán	扶 fú—壶 hú	方 fāng—夯 hāng
父 fù—户 hù	愤 fèn—恨 hèn	否 fǒu—吼 hǒu
富 fù—互 hù	夫 fū—呼 hū	翻 fān—酣 hān
风 fēng—亨 hēng	浮 fú—湖 hú	飞 fēi—黑 hēi
犯 fàn—汉 hàn	奉 fèng—横 hèng	

2. 双音节词语对比（注意加点字的读音）

防 fáng 虫—蝗 huáng 虫	斧 fǔ 背—虎 hǔ 背	烦 fán 闷—寒 hán 门
附 fù 注—互 hù 助	发 fā 钱—花 huā 钱	理发 fà—理化 huà
福 fú 建—弧 hú 线	防 fáng 范—行 háng 贩	方 fāng 向—航 háng 向
丰 fēng 富—横 héng 渡	夫 fū 子—胡 hú 子	舅父 fù—救护 hù
讨伐 fá—套话 huà	富 fù 裕—互 hù 予	广泛 fàn—犷悍 hàn
风 fēng 凉—衡 héng 量		

（四）把跟齐齿呼、撮口呼韵母相拼的 z、c、s 改成 j、q、x

声母 z、c、s 跟 i、ü 或以 i、ü 开头的韵母相拼，叫尖音；声母 j、q、x 跟 i、ü 或以 i、ü 开头的韵母相拼，叫团音。

普通话声母 z、c、s 和 g、k、h 都不能和 i、ü 或以 i、ü 起头的韵母相拼，所以普通话没有尖音。普通话 i、ü 或以 i、ü 起头的韵母，在塞擦音、擦音中只跟 j、q、x 相拼，所以普通话只有团音。有尖音地区的人，遇到方言里 z、c、s 等声母跟 i、ü 或以 i、ü 起头的韵母相拼时分别改为 j、q、x，就跟普通话一致了。

j、q、x 正音练习

1. 朗读双音节词语

精湛 jīngzhàn	借款 jièkuǎn	家长 jiāzhǎng	积聚 jījù	继续 jìxù
嫁接 jiàjiē	交际 jiāojì	尖叫 jiānjiào	酒窖 jiǔjiào	建设 jiànshè
加入 jiārù	检查 jiǎnchá	秋季 qiūjì	祈求 qíqiú	群众 qúnzhòng
缺点 quēdiǎn	琴弦 qínxián	氢气 qīngqì	趋势 qūshì	确实 quèshí
谦虚 qiānxū	劝说 quànshuō	拳脚 quánjiǎo	前进 qiánjìn	笑星 xiàoxīng
修车 xiūchē	信息 xìnxī	宣传 xuānchuán	雪花 xuěhuā	驯服 xùnfú
学位 xuéwèi	纤细 xiānxì	歇息 xiēxī	闲暇 xiánxiá	想念 xiǎngniàn
混淆 hùnxiáo				

2. 朗读句子（注意加点字的读音）

（1）请（qǐng）加强交（jiāo）通安全（quán）管理！

（2）欢迎您选购新（xīn）型（xíng）的家（jiā）用吸（xī）尘器（qì）！

（3）请（qǐng）到西（xī）面的体育用品专卖店去问一问，那里可能有国际（jì）象（xiàng）棋（qí）。

（五）把跟齐齿呼、撮口呼韵母相拼的 g、k、h 改成 j、q、x

普通话里的 g、k、h 是不跟齐齿呼、撮口呼韵母相拼的，但在粤方言中 g、k、h 大都能跟齐齿呼、撮口呼韵母相拼（如玉林话、阳江话），如把"解放 jiěfàng"读成"gǎifàng"；再如，福州话把以 j、q、x 为声母的字，读成以 g、k、h 为声母的字。例如，"假、家、急"，其发音都是以 g 为声母"ga、ga、gei"，"犬、权、球"，其发音都是以 k 为声母"keng、kuong、kiu"，"喜、兴、行"，其发音都是以 h 为声母"hi、hing 、hong"；再如，上海话、成都话、建瓯话、常德话把"锯木头"的"锯"读成"kāi"。在普通话中，我们要将这些读成 g、k、h 的声母改读成 j、q、x，练习题可参见上面 j、q、x 正音练习。

（六）把浊音改为清音

普通话塞音、擦音、塞擦音声母中只有一个浊擦音 r，其他都是清音声母。但是有些方言，如吴方音、湘方言，却有一套和清音声母 b、d、g、j、zh、z、s 相配的浊音声母，读音"培"、"被"不分，"台"、"代"不分，"其"、"技"不分，"床"、"状"不分，"词"、"字"不分。各组字的前一个是清音声母的，后一个是浊音声母的。这些方言区的人说普通话都要把后一个浊音声母字改读成相应的清音声母字。其中，平声字一般要改读成送气清音声母的，并念阳平；仄声字一般要改读成不送气清音声母的，并念去声。

清、浊音朗读练习

1. 朗读单音节字词

词 cí—咨 zī	陪 péi—倍 bèi	配 pèi—备 bèi
胎 tāi—呆 dāi	台 tái—歹 dǎi	态 tài—待 dài
泰 tài—怠 dài	其 qí—机 jī	齐 qí—及 jí
窗 chuāng—装 zhuāng	起 qǐ—几 jǐ	器 qì—记 jì
床 chuáng—状 zhuàng	博 bó—婆 pó	波 bō—颇 pō
此 cǐ—紫 zǐ	辞 cí—姿 zī	次 cì—寺 sì
刺 cì—似 sì	胚 pēi—杯 bēi	

2. 朗读双音节词语

咨询 zīxún	创造 chuàngzào	陪同 péitóng
疲惫 píbèi	轮胎 lúntāi	代办 dàibàn
台历 táilì	歹徒 dǎitú	态度 tàidù
等待 děngdài	泰安 tài'ān	懈怠 xièdài

赐予 cìyǔ	其它 qítā	齐心 qíxīn
机器 jīqì	壮烈 zhuàngliè	博弈 bóyì
婆婆 pópo	波浪 bōlàng	颠簸 diānbǒ
辞职 cízhí	姿色 zīsè	辞谢 cíxiè
刺绣 cìxiù	窗帘 chuānglián	

（七）读准普通话零声母的字

普通话一部分读零声母的字，在有些方言中读成了有声母的字。大致情况如下：

（1）韵母不是 i、u、ü，也不以 i、u、ü 起头的，有些方言加 n 声母，如天津话的“爱”；有些方言加 ng 声母，如西安话、广州话的“额”。这只要把该读零声母的字记熟，去掉前面的 n 或 ng 就成了。

（2）韵母是 u，或以 u 起头的，有些方言读成了 v（唇齿浊擦音）声母，或以 v 代 u，如宁夏话的“文”、桂林话的“武”。这只要在发音时注意把双唇拢圆，不要让下唇和上齿接触，就可以改正。此外，有些方言把普通话这类零声母读成了 m 声母，如广州话的“文”，那就要记熟这类零声母字，不要读成 m 声母的。

零声母字词正音训练

1. 朗读单音节字词

爱 ài—耐 nài	矮 ǎi—奶 nǎi	恩 ēn—根 gēn
欧 ōu—沟 gōu	赢 yíng—凝 níng	袄 ǎo—搞 gǎo
奥 ào—闹 nào	翱 áo—挠 náo	盎 àng—杠 gàng
应 yīng—宁 níng	肮 āng—囔 nāng	昂 áng—刚 gāng
安 ān—南 nán	俺 ǎn—蝻 nǎn	暗 àn—难 nàn
凹 āo—孬 nāo	杨 yáng—娘 niáng	样 yàng—酿 niàng
摁 èn—嫩 nèn	偶 ǒu—狗 gǒu	

2. 朗读双音节词语

昂扬 ángyáng	盎然 àngrán	安民 ānmín
暗流 ànliú	鞍山 ānshān	海岸 hǎi'àn
尘埃 chén'āi	爱护 àihù	矮个 ǎigè
挨打 áidǎ	障碍 zhàng'ài	悲哀 bēi'āi
狭隘 xiá'ài	和蔼 hé'ǎi	凹陷 āoxiàn
熬夜 áoyè	奥运 àoyùn	骄傲 jiāo'ào
棉袄 mián'ǎo	山坳 shān'ào	懊悔 àohuǐ
恩爱 ēn'ài	偶然 ǒurán	欧洲 ōuzhōu
殴打 ōudǎ	藕根 ǒugēn	物业 wùyè
舞蹈 wǔdǎo		

第三节　普通话韵母

普通话语音韵母共有39个，按其结构可分为三类：10个单元音韵母、13个复元音韵母、16个带鼻音韵母。

一、单元音韵母

单韵母是由一个元音构成的韵母，因此又叫单元音韵母。发音时舌位、唇形和开口度始终不变。普通话的单韵母包括舌面单元音韵母 ɑ、o、e、ê、i、u、ü 和特殊单元音韵母 -i（前）、-i（后）、er 两类，一共10个。

（一）舌面单元音韵母

舌面单元音韵母的发音取决于如下三个方面：舌位的高低、舌位的前后、圆唇与不圆唇。

（1）舌位的高低。按照舌位的高低，可把舌面单元音分为高元音（i、u、ü）、半高元音（o、e）、半低元音（ê）、低元音（ɑ）四种。

（2）舌位的前后。按照舌位的前后，可把舌面单元音分为前元音（i、ü、ê）、央元音 ɑ 和后元音（o、e、u）三种。

（3）圆唇与不圆唇。按照圆唇与不圆唇，可把舌面单元音分为圆唇元音（ü、u、o）、不圆唇元音（i、e、ɑ、ê）两种。上述情况请见下面的舌面单元音舌位图。

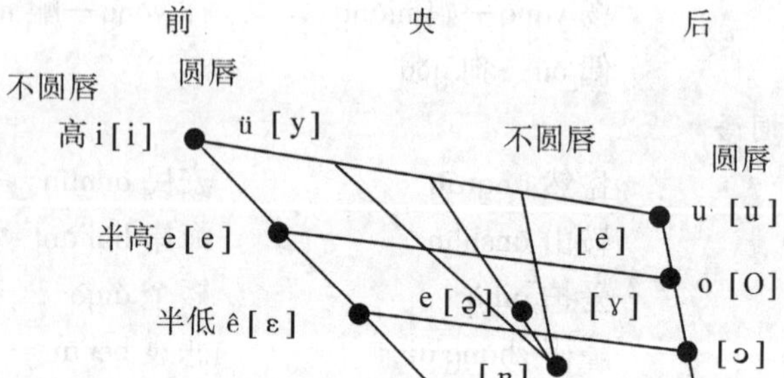

舌面单元音舌位图

（注："［　］"内为国际音标，以下相同）

（二）特殊单元音韵母

特殊单元音韵母有两种：两个舌尖单元音韵母［-i（前）、-i（后）］；一个卷舌单元音韵母（er）。

二、复元音韵母

复韵母是由两个或三个元音构成的韵母，因此也叫复元音韵母。发音时舌位、唇形都有变化。普通话共有 ai、ei、ao、ou、ia、ie、ua、uo、üe、iao、iou、uai、uei 等 13 个复元音韵母。其发音特点如下：

（1）复韵母的发音过程是一个滑动过程，而不是两个或三个元音生硬地拼合在一起，例如“uo”不等于“u + o”，而是由“u”滑动到“o”，中间经过了一个完整的滑动过程，即从“u”到“o”的滑动过程中，要经过无数个过渡音。

（2）复元音韵母中的元音的作用是不同的，有一个元音是主要的，以它为主，发音比较清晰，这个元音叫做主要元音韵母。例如“ao”，从“a”到“o”的发音滑动过程中，“a”的发音比较清晰，“o”的发音比较模糊。

（3）复元音韵母滑动的动程有长有短，例如“ai、ao、ia、ua、iao”的动程较长，而“ou、ei、uo、ie、uei”的动程较短。由两个元音构成的复元音韵母叫二合元音复韵母，由三个元音构成的复元音韵母叫三合元音复韵母。

普通话里的复元音韵母有 13 个，按照韵母中主要元音的位置，二合元音复韵母分为前响和后响。前响二合元音复韵母有 ai、ei、ao、ou；后响二合元音复韵母有 ia、ie、ua、uo、üe。三合元音复韵母共有 iao、iou、uai、uei 4 个，它们都是中响。

三、带鼻音韵母

鼻韵母由元音和鼻辅音韵尾 -n、-ng 构成，-n 叫做前鼻韵尾，-ng 叫做后鼻韵尾。

发音带前鼻韵尾的韵母有 n、en、in、un、ün、ian、üan、uan 8 个。发前鼻韵尾韵母声音的时候，舌尖翘起接近上齿龈。发音带后鼻韵尾的韵母有 ang、eng、ing、ong、iang、iong、uang、ueng 8 个。一共 16 个。发后鼻韵尾韵母的时候，舌根接近软腭。

韵母按照开头元音的发音口形来分类有四种，简称四呼。

（1）开口呼，i、u、ü 以外的单韵母和不是以 i、u、ü 开头的韵母叫开口呼。

（2）齐齿呼，i 或以 i 开头的韵母叫齐齿呼。

（3）合口呼，u 或以 u 开头的韵母叫合口呼。

（4）撮口呼，ü 或以 ü 开头的韵母叫撮口呼。

普通话韵母总表

按口形分／韵母／按结构分	开口呼	齐齿呼	合口呼	撮口呼
单元音韵母	-i [ɿ] [ʅ]	i [i]	u [u]	ü [y]
	a [A]	ia [iA]	ua [uA]	
	o [o]		uo [uo]	

（续上表）

按口形分 / 韵母 / 按结构分	开口呼	齐齿呼	合口呼	撮口呼
单元音韵母	e［ɤ］			
	ê［ɛ］	ie［iɛ］		üe［yɛ］
	er［ɚ］			
复元音韵母	ɑi［ai］		uɑi［uai］	
	ei［ei］		uei［uei］	
	ɑo［ɑu］	iɑo［iɑu］		
	ou［ou］	iou［iou］		
带鼻音韵母	ɑn［an］	iɑn［iɛn］	uɑn［uan］	üɑn［yɛn］
	en［ən］	in［in］	uen［uən］	ün［yn］
	ɑng［ɑŋ］	iɑng［iɑŋ］	uɑng［uɑŋ］	
	eng［ɤŋ］	ing［iŋ］	ueng［uɤŋ］	
			ong［uŋ］	iong［iuŋ］

四、韵母发音要领

（一）单元音韵母

单元音韵母共有ɑ、o、e、i、u、ê、ü、－i（前）、－i（后）、er 10 个，具体发音要领如下：

1. ɑ　舌面、央、低、不圆唇（注：是舌面元音、央元音、低元音、不圆唇元音的简称，以下类推）

发音时，口大开，舌位低，舌头居中央，唇形不圆。

例词：哈达（hǎdá）　发达（fādá）　沙发（shāfā）　打靶（dǎbǎ）　打骂（dǎmà）

2. o　舌面、后、半高、圆唇

发音时，口半闭舌位半高，舌头后缩，双唇圆拢。

例词：薄膜（bómó）　伯伯（bóbo）　婆婆（pópo）　默默（mòmò）　泼墨（pōmò）

3. e　舌面、后、半高、不圆唇

发音时双唇自然展开，其发音状况与 o 基本相同。

例词：各个（gègè）　哥哥（gēge）　隔阂（géhé）　车辙（chēzhé）　特赦（tèshè）

4. i 舌面、前、高、不圆唇

发音时，唇略微张开，唇形呈扁平状，舌前伸，舌尖抵住下齿背。

例词：积极（jījí） 即席（jíxí） 利益（lìyì） 提议（tíyì） 力气（lìqi）

5. u 舌面、后、高、圆唇

发音时双唇圆拢，双唇间留一小孔，舌后缩，舌根靠近软腭。

例词：辅助（fǔzhù） 陆路（lùlù） 鼓舞（gǔwǔ） 逐步（zhúbù） 不熟（bùshú）

6. ê 舌面、前、半低、不圆唇

发音时，唇半开，舌位半低，舌前伸，舌尖抵住下齿背，唇形不圆。在普通话中，ê 自成音节时只有“欸”一个字读“ê”。

7. ü 舌面、前、高、圆唇

发音时，唇形圆拢，发音情况与 i 基本相同。

例词：语句（yǔjù） 区域（qūyù） 豫剧（yùjù） 序曲（xùqǔ） 曲剧（qǔjù）

8. -i（前） 舌尖前、高、不圆唇

发音时，舌尖前伸接触上齿背，气流经过狭窄通路而不发生摩擦，即平舌音。

例词：自私（zìsī） 次子（cìzǐ） 字词（zìcí） 刺死（cìsǐ） 此次（cǐcì）

9. -i（后） 舌尖后、高、不圆唇

发音时，舌尖翘起接近硬腭前部，气流通过狭窄通路时不发生摩擦，即翘舌音。

例词：实质（shízhì） 知识（zhīshi） 支持（zhīchí） 市尺（shìchǐ） 试制（shìzhì）

10. er 卷舌、央、中、不圆唇

发音时，口唇略开，舌位居中，舌尖翘起后缩，口唇不圆，即卷舌音。

《汉语拼音方案》中的 r 在 er 韵母中，表示的是卷舌动作的符号，不代表音素，所以 er 韵母虽然是两个字母，依旧是单韵母。er 不和任何声母相拼，在普通话中只能自成音节，其字是很有限的，只有“而、二、饵、儿、尔、洱、迩”等字读成“er”。

（二）复元音韵母

1. 前响复元音韵母

前响复元音韵母共有 ɑi、ei、ɑo、ou 4 个。发音时，舌位由低到高，开口度由大到小，发前头的元音后立刻滑向后面的元音，前头的元音清晰响亮，后面的音值含混，只表示滑动的方向。如：“ɑi”发音时由“ɑ”向“i”滑动，“ɑ”音值清晰响亮，“i”音值含混，“i”只表示滑动的方向。ei、ɑo、ou 三个复元音也如此。

例词：卖呆（màidāi） 开采（kāicǎi） 收购（shōugòu） 被套（bèitào） 劳累（láolèi）

2. 中响复元音韵母

中响复元音韵母共有 iɑo、iou、uɑi、uei 4 个。发音时，前面的元音 i、i、u、u 轻而短，中间的元音 ɑ、o、ɑ、e 清晰响亮，后面的元音 o、u、i、i 音值含混，只表示舌位滑动的方向。

例词：骄傲（jiāoào）　悠久（yōujiǔ）　外快（wàikuài）　溃退（kuìtuì）　未遂（wèisuí）

3. 后响复元音韵母

后响复元音韵母共有 iɑ、ie、uɑ、uo、üe 5 个，发音时，舌位由高到低，开口度由大到小，前头的元音 i、i、u、u、ü 轻而短，只表示舌位从这里开始滑动，后头的元音 ɑ、e、ɑ、o、e 清晰响亮。

例词：下架（xiàjià）　优秀（yōuxiù）　贴切（tiēqiè）　回味（huíwèi）　外快（wàikuài）

（三）带鼻音韵母

普通话中带鼻音韵母共有 ɑn、iɑn、uɑn、üɑn、en、in、uen、ün、ɑng、iɑng、uɑng、eng、ing、ueng、ong、iong 16 个，带鼻音韵母也叫鼻尾音韵母，带鼻音韵母由元音和鼻辅音韵尾构成。其发音要领有两点：第一，元音同后面的鼻辅音不是生硬地拼合在一起，而是由元音的发音状态逐渐向鼻辅音过渡，鼻音色彩逐渐增加，发音部位闭塞而形成鼻辅音；第二，发音时，鼻辅音韵尾除阻阶段不发音。下面分别叙述带鼻音韵母的发音状况。

（1）带鼻音韵母“ɑn、en、in、ün”发音时，先发元音 ɑ、e、i、ü，接着软腭要逐渐下降，增加鼻音色彩，舌尖抵住上齿龈发 n 音，整个韵母发音完毕才除阻。

例词：烂漫（lànmàn）　认真（rènzhēn）　信心（xìnxīn）　均匀（jūnyún）　根本（gēnběn）

（2）带鼻音韵母 iɑn、uɑn、üɑn、uen 发音时，先从前面轻而短的元音 i、u、ü、u 滑到中间较响亮的主要元音 ɑ、ɑ、ɑ、e，接着软腭逐渐下降，打开鼻腔通路，舌尖抵住上齿龈发 n 音，整个韵母发音完毕才除阻。

例词：鲜艳（xiānyàn）　泉源（quányuán）　婉转（wǎnzhuǎn）　贯穿（guànchuān）　昆仑（kūnlún）

（3）带鼻音韵母 ɑng、eng、ing、ong、iong 发音时，先发元音 ɑ、e、i、o、i，接着舌根抵住软腭发 ng 音，整个韵母发音完毕才除阻。

例词：商场（shāngchǎng）　风声（fēngshēng）　经营（jīngyíng）　汹涌（xiōngyǒng）　想象（xiǎngxiàng）

（4）带鼻音韵母 iɑng、uɑng、ueng 发音时，前面的韵头 i、u、u 轻而短，只表示舌位从那里开始移动，接着发 ɑng、ɑng、eng 音。

例词：向阳（xiàngyáng）　双簧（shuānghuáng）　响亮（xiǎngliàng）　嗡嗡（wēngwēng）

五、韵母辨正

有些方言的韵母跟普通话的韵母不完全相同，这些方言区的人学习普通话时必须分辨清楚。

（一）分辨前鼻韵母和后鼻韵母

鼻韵母可以根据所带的韵尾的不同分成两类：一类是元音加鼻辅音 -n 的，称为前鼻韵母；一类是元音加鼻辅音 -ng 的，称为后鼻韵母。

有些方言两种鼻韵母分不清楚，或者都读成鼻音 n 收尾，或者都读成鼻音 ng 收尾。这种混同现象，多数表现为 en 和 eng、in 和 ing 不分，an 和 ang、ian 和 iang、uan 和 uang 混同的较少。例如，南京话、长沙话一般把这五对韵母的韵尾读成前鼻音韵尾 n；上海话、昆明话、兰州话、桂林话一般把 en 和 eng、in 和 ing 的韵尾读成前鼻音韵尾 n；而广西灵川话却把 an 和 ang、en 和 eng、in 和 ing、uan 和 uang 的韵尾都读成后鼻音韵尾 ng。在西北地区，有些方言（如宁夏话）一般把 en、in、uen、ün 的前鼻音韵尾都读成后鼻音韵尾 ng。要分辨它们，首先要发准 n 和 ng 这两个鼻音。

前鼻韵母发音时，元音发出后，舌头向前移动，舌尖轻轻抵住上齿龈，形成阻碍，气流从鼻腔透出，用鼻辅音 -n 作为音节的收尾；后鼻韵母发音时，舌根后缩轻轻抵住软腭，使气流从鼻腔透出，用鼻辅音 -ng 收尾。我们只要下工夫，讲究方法加以练习，就能分清二者的区别。

1. 前鼻韵母词语朗读练习

an　展览（zhǎnlǎn）　感染（gǎnrǎn）　蓝天（lántiān）　鲜艳（xiānyàn）

en　深沉（shēnchén）　认真（rènzhēn）　门诊（ménzhěn）　根本（gēnběn）

in　拼音（pīnyīn）　殷勤（yīnqín）　濒临（bīnlín）　信心（xìnxīn）

ian　变迁（biànqiān）　棉田（miántián）　免检（miǎnjiǎn）　面前（miànqián）

uan　源泉（yuánquán）　婉转（wǎnzhuǎn）　贯穿（guànchuān）

宦官（huànguān）

uen　昆仑（kūnlún）　混沌（húndùn）　温顺（wēnshùn）　春笋（chūnsǔn）

ün　均匀（jūnyún）　军训（jūnxùn）　芸芸（yúnyún）　允准（yǔnzhǔn）

2. 后鼻韵母词语朗读练习

ang　香港（xiānggǎng）　苍茫（cāngmáng）　仓房（cāngfáng）

商场（shāngchǎng）

eng　丰登（fēngdēng）　风声（fēngshēng）　冷风（lěngfēng）

风筝（fēngzheng）

ong　总统（zǒngtǒng）　空洞（kōngdòng）　总共（zǒnggòng）

重工（zhònggōng）

iang　像样（xiàngyàng）　响亮（xiǎngliàng）　想象（xiǎngxiàng）

两样（liǎngyàng）

ing　经营（jīngyíng）　明净（míngjìng）　庆幸（qìngxìng）

情景（qíngjǐng）

iong　汹汹（xiōngxiōng）　汹涌（xiōngyǒng）　熊熊（xióngxióng）

炯炯（jiǒngjiǒng）

uang　状况（zhuàngkuàng）　装潢（zhuānghuáng）　狂妄（kuángwàng）

窗框（chuāngkuàng）

ueng　嗡嗡（wēngwēng）　老翁（lǎowēng）　瓮城（wèngchéng）

水瓮（shuǐwèng）

3. 前后鼻韵母词语对比练习（注意加点字的读音）

长针（zhēn）—长征（zhēng）	忠臣（chén）—忠诚（chéng）
人民（mín）—人名（míng）	引（yǐn）子—影（yǐng）子
开饭（fàn）—开放（fàng）	天坛（tán）—天堂（táng）
白盐（yán）—白杨（yáng）	鲜（xiān）花—香（xiāng）花
木船（chuán）—木床（chuáng）	惋（wǎn）惜—往（wǎng）昔
连接（liánjiē）—谅解（liàngjiě）	线路（xiànlù）—香炉（xiānglú）

（二）分辨 i 和 ü

有些方言如昆明话、有些地方的客家话和广西钦州地区的一些方言，没有撮口呼韵母，把 i 和 ü 都念成 i。不习惯发 ü 的人，可用唇形变化的办法来练习，先展开嘴唇发 i，舌位不动，然后慢慢把嘴唇拢圆，就能发出 ü 来了。朗读下列词语，注意韵母的不同：

1. 词语朗读练习

i	歧义（qíyì）	汽笛（qìdí）	集体（jítǐ）	笔迹（bǐjì）	意见（yìjiàn）
	气体（qìtǐ）	极地（jídì）	地理（dìlǐ）	积极（jījí）	刺激（cìjī）
	屹立（yìlì）	利益（lìyì）	厘米（límǐ）	体系（tǐxì）	力气（lìqi）
ü	区域（qūyù）	序曲（xùqǔ）	女婿（nǚxu）	语句（yǔjù）	旅居（lǚjū）
	曲剧（qǔjù）	区区（qūqū）	须臾（xūyú）	语序（yǔxù）	栩栩（xǔxǔ）

2. 词语对比朗读练习

急剧（jíjù）—雨衣（yǔyī）	崎岖（qíqū）—利率（lìlǜ）
意（yì）见—预（yù）见	小姨（yí）—小鱼（yú）
白银（yín）—白云（yún）	通信（xìn）—通讯（xùn）
前（qián）面—全（quán）面	潜（qián）水—泉（quán）水
大写（xiě）—大雪（xuě）	

另外，还可用一种“记少不记多”的记忆方法来区分 i 和 ü。ü 或 ü 开头的韵母只有 ü、üe、üan、ün 4 个，它们只和 j、q、x、n、l 相拼，只有 24 个音节，只要记住这些常用字的读音即可。

（三）区分 o（uo）和 e

有些方言区的人将韵母 o 读成了 e 或将韵母 e 读成了 o。例如，东北不少地方的方言把 o 韵母的一些字读成了 e 韵母，西南不少方言把 e 韵母的一些字读成了 o 韵母。o 和 e 的发音情况大致相同，区别在于 o 发音时把唇形拢圆，e 发音时唇形不圆，可以用唇形变化的办法来练习，掌握这两个韵母的发音方法。

1. 词语正音练习

破格（pògé） 墨盒（mòhé） 隔膜（gémó）
薄荷（bòhe） 唱歌（chànggē） 和平（hépíng）
传播（chuánbō） 祝贺（zhùhè）

2. 词语朗读练习

e 各个（gègè） 可贺（kěhè） 哥哥（gēge） 割舍（gēshě） 折合（zhéhé）
苛刻（kēkè） 各科（gèkē） 隔热（gérè） 舍得（shědé） 合辙（hézhé）
o 婆婆（pópo） 伯伯（bóbo） 饽饽（bōbo） 泼墨（pōmò） 默默（mòmò）
婆娑（pósuō） 磨破（mópò） 薄膜（bómó） 传播（chuánbō） 菠菜（bōcài）
uo 或者（huòzhě） 作家（zuòjiā） 车祸（chēhuò） 勒索（lèsuǒ） 课桌（kèzhuō）
开阔（kāikuò） 袅娜（niǎonuó） 部落（bùluò） 承诺（chéngnuò） 啰嗦（luōsuō）

普通话韵母o只跟唇音声母b、p、m、f相拼合，韵母e则只跟舌根音声母g、k、h相拼合，不跟唇音声母拼合（普通话语音中只有一个字音例外，就是“什么”的“么”读me音），学习时，要注意掌握这个规律。此外，还要注意弄清哪些字的韵母是e，哪些字的韵母是o或uo。

3. 熟读并记住下列各词中加点的字

衣钵（bō） 剥（bō）削 播（bō）音 波（bō）浪 菠（bō）菜
玻（bō）璃 拨（bō）款 渤（bó）海 脖（bó）子 博（bó）士
搏（bó）斗 薄（bó）暮 驳（bó）斥 泊（bó）位 布帛（bó）
伯（bó）父 跛（bǒ）脚 簸（bǒ）米 山坡（pō） 破（pò）旧
泼（pō）水 婆（pó）母 鄱（pó）阳 居心叵（pǒ）测
笸（pǒ）箩 破（pò）坏 糟粕（pò） 气魄（pò） 压迫（pò）
摸（mō）索 模（mó）范 磨（mó）刀 观摩（mó） 魔（mó）鬼
模（mó）仿 涂抹（mǒ） 抹（mǒ）灰 脉脉（mòmò） 莫（mò）逆
默（mò）写 没（mò）落 末（mò）尾 墨（mò）水 陌（mò）生
佛（fó）祖

（四）避免介音u的丢失

普通话语音系统中的舌尖前音声母z、c、s和舌尖中音声母d、t、n、l在与合口呼韵母uei、uan、uen相拼的音节中，西南方言、辽宁南部的大连地区、丹东地区（凤城除外），在读音中都丢掉了介音u，读成开口呼韵母ei、an、en。如：把“队”（duì）读成“dèi”，把“推”（tuī）读成“tēi”。

要读准普通话中上述字音，要记住u介音撮唇的发音动程不能省略。正音方法，一是学好有韵头韵母的发音，二是要掌握好声韵母拼合规律。如普通话唇音声母b、p、m、f和舌尖中音韵母d、t、n、l是跟ei拼合的，其他声母则跟uei韵母拼合（极个别字除外），普通话舌尖前音声母只跟uei韵母拼合，不与ei韵母拼合。

例如：

嘴（zuǐ） 最（zuì） 醉（zuì） 罪（zuì） 催（cuī） 摧（cuī）

崔（cuī） 粹（cuì） 虽（suī） 随（suí） 岁（suì） 碎（suì）
堆（duī） 对（duì） 兑（duì） 队（duì）

这些带“uei”韵母的字在西南方言和辽宁南部都被读成了“ei”韵母的字。

再如：

钻（zuān） 赚（zuàn） 撺（cuān） 窜（cuàn） 酸（suān）
算（suàn） 蒜（suàn） 端（duān） 短（duǎn） 段（duàn）
锻（duàn） 断（duàn） 团（tuán） 湍（tuān） 暖（nuǎn）
峦（luán） 孪（luán） 挛（luán） 卵（luǎn） 乱（luàn）

这些带“uan”韵母的字在西南方言和辽宁南部地区多数被读成了“an”韵母。

又如：

遵（zūn） 尊（zūn） 村（cūn） 存（cún） 寸（cùn）
孙（sūn） 囤（tún） 抡（lūn） 纶（lún） 论（lùn）

这些带 uen 韵母的字在西南方言和辽宁南部大多被读成了 en 韵母。这些地区的人要读准上述的字音，一定要记住 u 介音不能省略。

（五）注意 i、ei 韵母与声母 l 的搭配

辽宁南部的一些方言把普通话 l 领属的 i、ei 两组字，都读成了 lei 音节，纠正这些方言的错误读法最有效的途径是采取记少不记多的办法。因为在普通话语音系统中“lei”音节领属的字数量较少。常用的汉字只有“勒（lēi）、雷（léi）、垒（lěi）、磊（lěi）、儡（lěi）、蕾（lěi）、擂（lèi）、肋（lèi）、累（lèi）、泪（lèi）、类（lèi）”等十几个。

i 和 ei 的主要区别在于前者是舌面、高 、不圆唇的单元音，发 i 音的时候，舌位和口形始终保持不动；而 ei 是复元音，发 ei 音时，有一个由舌面、半高、不圆唇元音 e 引向舌面、高、不圆唇元音 i 的滑动过程。从开口度上看，ei 比 i 开口度大，西南方言和辽南人要读准普通话中的 li 音节，只要把 lei 中的 e 去掉即可。

1. 朗读下列单音节字词

里（lǐ） 哩（lǐ） 离（lí） 狸（lí） 理（lǐ） 礼（lǐ） 黎（lí）
力（lì） 例（lì） 利（lì） 立（lì） 梨（lí） 李（lǐ） 吏（lì）
篱（lí） 历（lì） 丽（lì） 荔（lì） 励（lì）

2. 朗读下列双音节词语

胜利（shènglì） 离别（líbié） 离婚（líhūn） 狐狸（húli） 理发（lǐfà）
历年（lìnián） 理念（lǐniàn） 理解（lǐjiě） 礼节（lǐjié） 例证（lìzhèng）
历史（lìshǐ） 理事（lǐshì）

第四节　普通话声调

一、声调的性质

普通话声调是汉语音节的高低升降的变化形式。这种变化具有区别意义的作用。声调主要取决于音高变化，而这种音高变化是相对音高。绝对音高取决于整个声调是平直的、上扬的、曲折的，还是下降的。

二、调值和调类

声调包括调值和调类两个方面。调值是声调的实际读音，也就是音节的高低、升降、曲直、长短的变化形式。一般来说，调值用五度标记法表示。五度标记法利用声调取决于相对音高的特点来描写调值变化的情况，将调值的最高点确定为5，最低点确定为1，然后五等分，次高为4，中为3，次低为2。为了使调值更加形象化，用一条五等分的竖线来表示。如果一个音节的调值开始是5，延续到结束时也是5，我们称这个音节的调值为55调，是一个又高又平的声调，称为高平调；35是上扬的声调，称为中升调；214是曲折的声调，即先降后升的调，称为降升调；51是下降的声调，称为全降调。

调类是把调值相同的字归并在一起而形成的声调类别。例如，在普通话里我们把调值都是55调的音节归并在一起，称为阴平。同理，把35调的音节归并在一起，称为阳平，把214调的音节归并在一起，称为上声，把51调的音节归并在一起，称为去声。

三、普通话的调值和调类

普通话的单音节有55调、214调、35调、51调4种调值。把它们归并为如下4种调类，统称为“四声”。其音高变化如下：

（一）阴平（第一声）

阴平的调值为55，特点为高来高去，从相对音高来看，从5→5，声音高而平，因此又称为高平调。例如：声音、应该、高深、灯光、天津。

（二）阳平（第二声）

阳平的调值为35，特点是上扬到最高点，从相对音高来看，从3→5，声音从中音升到高音，因此称为中升调。例如：学习、农民、繁杂、黎明、和平。

（三）上声（第三声）

上声的调值为214，特点是有曲折变化，降的幅度小，而升的幅度大。从相对音高来看，从2→1→4，声音从半低降到低再升到半高，因此称为降升调。例如：老子、永远、美好、奖赏、洗礼。

（四）去声（第四声）

去声的调值是51，特点是从最高点下降到最低点，从相对音高来看，从5→1，声音从高降到低，因此称为全降调。例如：胜利、干部、重大、另外、爱好。

普通话四声的调值情况见下面的普通话调值五度标记图。

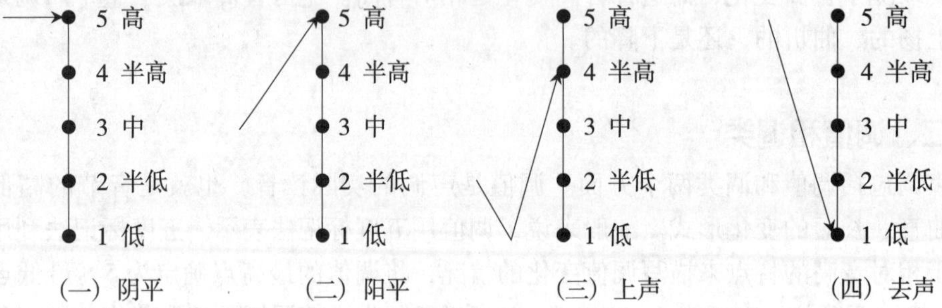

普通话调值五度标记图

普通话的轻声没有一个固定的调值，并不是四声之外的第五种声调，而是四声的一种特殊音变，即在一定的条件下读得又短又轻的调子。一般地说，四种声调的字，在一定条件下，都可以失去原来的声调，变读轻声。例如，在“痄疾、比方、说过、刀子”这些词语里的“疾、方、过、子”，它们单独念时都有固定的声调：“疾”读阳平，“方”读阴平，“过”读去声，“子”读上声。可是在这些词语里却都读得又短又轻了。通常把这些读得又短又轻的字叫轻声字。它不是一种调类，而是由于语流音变而产生的一种现象。

用汉语拼音给汉字注音时，使用简易调号，以 ɑ 为例，阴平、阳平、上声、去声分别标注为：ā、á、ǎ、à。轻声不标调号，如：房子（fángzi）、爸爸（bàba）、脊梁（jǐliang）等。朗读下列字词：

1. 朗读下列单音节字词（读准调值）

嗤（chī）　匙（chí）　尺（chǐ）　炽（chì）　舂（chōng）
崇（chóng）　宠（chǒng）　洒（sǎ）　桑（sāng）　嗓（sǎng）
怂（sǒng）　撕（sī）　诵（sòng）　虽（suī）　趾（zhǐ）
撰（zhuàn）　装（zhuāng）　师（shī）　霜（shuāng）　栽（zāi）
崽（zǎi）　攒（zǎn）　澡（zǎo）　总（zǒng）　扔（rēng）
融（róng）　竹（zhú）　然（rán）

2. 朗读下列双音节词语

理解（lǐjiě）—历届（lìjiè）　咸鱼（xiányú）—鲜鱼（xiānyú）
厂房（chǎngfáng）—长方（chángfāng）　裁决（cáijué）—采掘（cǎijué）
火车（huǒchē）—货车（huòchē）　表明（biǎomíng）—标明（biāomíng）

小道（xiǎodào）—小岛（xiǎodǎo）　　电灯（diàndēng）—点灯（diǎndēng）
兄长（xiōngzhǎng）—熊掌（xióngzhǎng）　　打扫（dǎsǎo）—大嫂（dàsǎo）

第五节　变　调

普通话单个字一般都有固定的调值，但当这个字组成多音节词语或者和别的字连读时，有的字的声调就会发生变化，这叫语流音变；在语流中，有些字的声调起了一定的变化，而产生语音调值的不同，这种变化叫做变调。变调多数是由后一个音节声调的影响引起的。在普通话中，最常见的变调有下列几种：

一、上声的变调

上声音节单念或在相连的两个上声字的末尾的时候（即在 AB 格式中处于 B 的位置），上声字声调不变，调值为 214。在下列情况下，变成阳平或半上声。

（1）两个上声相连，前一个上声变得像阳平，调值为 34，此规律可概括为“两上相连前变阳”。例如下面加点的字：

在上声前　水果（像阳平）　了解（像阳平）　领导（像阳平）　演讲（像阳平）　美好（像阳平）　党委（像阳平）　选取（像阳平）　检索（像阳平）

在原为上声改读轻声的字音前，则有两种不同的变调：有的变得像阳平，调值为 34，有的变成“半上声”，调值为 21。例如下面加点的字：

在轻声前　早起（像阳平）　等等（像阳平）　讲讲（像阳平）　想起（像阳平）　嫂子（半上声）　姐姐（半上声）　毯子（半上声）　你的（半上声）

如果连读的上声字不止两个，则可以根据词语含意适当分组按上述办法变调。快读时，也可以只保留最后一个字音读上声，前面的一律变为阳平。例如下面词语或短句中加点的字：

很勇敢　小老虎　展览馆　管理者　好领导　冷处理
彼此友好　美好未来　买把雨伞　跑马场养有五百匹好母马

（2）在非上声（阴平、阳平、去声、轻声）的前面，变半上声，调值由 214 变为 21；在原为非上声改读轻声的字音前，变调情况也相同。例如下面词语中加点的字：

在阴平前　舞厅　首都　北京　统一　女兵
在阳平前　解决　祖国　海洋　语言　改良
在去声前　悔恨　解放　土地　巩固　鼓励
在轻声前　喇叭　尾巴　起来　宝贝　里头

两个上声字相连的双音节词语在语流中作为后字也常常只读半上。例如下面词语中加点的字：

美景　遐想　领养　假使　海岛　请帖　婉转　险阻

采访　检举　选取　所以　舞曲　悔改　有理　管理

二、去声的变调

两个去声相连，前一个如果不是重读音节则变半去（53）。例如：

信念　变化　办事　快速　互相　大会

去声字作为语言中的后字，也常常只读半去。例如：

报道　曝晒　照片　庇覆　抱怨　状况

三、“一、不”的变调

（1）“一、不”单念或用在词句末尾，以及“一”在序数中，声调不变，读原调：“一”念阴平，调值为55，“不”念去声，调值为51。例如：

一、二、三　十一　第一　统一　划一　唯一　万一

不　偏不！　你去不？

（2）“一、不”在去声前，一律变阳平，调值为35。例如：

一样　一向　一定　一块儿

不怕　不够　不看　不像

（3）“一、不”在非去声（阴平、阳平、上声）前，“一”变去声，调值为51；“不”仍读去声，调值为51。例如：

一般　一边　一年　一成　一手　一两（变读去声）

不吃　不开　不同　不详　不管　不想（仍读去声）

（4）“一、不”嵌在相同的动词的中间或肯定否定连用时，变轻声。例如：

想一想　拖一拖　管一管　谈一谈　试一试　走一走　放一放

来不来　肯不肯　找不找　开不开　说不说　做不做　写不写

四、“啊”的音变

在普通话中，语气词“啊”的读音常常受前字尾音的影响，往往是与前字的尾音产生连音变化。现在将语气词“啊”的音变规律归纳如下：

（1）当前字尾音是 i、ü 时，“啊”变读为 yɑ。可以写作“呀”。例如：你啊（呀）急啊（呀）　鱼啊（呀）　去啊（呀）　屈啊（呀）　绿啊（呀）

（2）当前字尾音是 u、o（ɑo、iɑo）时，“啊”变读为 wɑ，可以写作“哇”。例如：路啊（哇）　住啊（哇）　好啊（哇）　跑啊（哇）　妙啊（哇）　巧啊（哇）

（3）当前字尾音是 n 时，“啊”变读为 nɑ，可以写作“哪”。例如：看啊（哪）近啊（哪）　远啊（哪）

（4）当前字尾音是 ng 时，“啊”变读为 ngɑ，仍可写作“啊”。例如：红啊　香啊　甜啊　冷啊　行啊　一样啊

（5）当前字尾音是 -i（前）时，“啊”变读为［zɑ］，仍可写作“啊”。例如：字啊　死啊　走啊　几次啊

（6）当前字尾音是 -i（后）或 er 时，“啊”变读为 ra，仍可写作“啊”。例如：是啊　吃啊　儿啊　婶啊　诗啊

（7）当前字尾音是 a、o（单韵母及复韵母 uo）、e、ê 时，“啊”变读为 ya，可以写作“呀”。例如：我啊（呀）　花啊（呀）　坐啊（呀）　渴啊（呀）　学啊（呀）

第六节　音　节

一、音节的性质

音节是语音的基本结构单位，是自然感到的最小语音片段。发音时，发音器官肌肉紧张一次就形成一个音节。例如在普通话里，发“piāo”（飘）这个音时，咬肌紧张一次，这是一个音节。而发“pí'ǎo”（皮袄）时，咬肌紧张两次，就是两个音节。音节由一个或几个音素组成。一般来说，一个汉字的读音就是一个音节，例外的情况是用作后缀的“儿”字，儿化词是两个汉字读成一个音节。例如“鸟儿”（niǎor）、“花儿”（huār）、“活儿”（huór）。

二、音节的结构

普通话语音的音节一般由声母、韵母和声调构成，即我们常说的声、韵、调。普通话语音的音节也可以由韵母和声调构成，这样的音节叫做零声母音节。普通话语音的音节最少包含一个音素符号，如“啊”（a）这个音素是元音；最多包含四个音素符号（四个国际音标或六个汉语拼音字母），如“窗”（chuāng）。

复杂的韵母可以分为韵头、韵腹、韵尾三个部分，其中韵头、韵腹由元音充当，而韵尾既可以由元音（i、u）充当，也可以由辅音（n、ng）充当。从下面的普通话音节结构表可以看出普通话音节的结构情况：

普通话音节结构表

例字	结构方式 拼音	声母（介音）	韵母				声调
			韵头	韵腹（主要元音）	韵尾		
					元音	辅音	
白	bái	b		a	i		阳平
音	yīn			i		n	阴平
杜	dù	d		u			去声
远	yuǎn	y	u	a		n	上声
问	wèn		u	e		n	去声
床	chuáng	ch	u	a		ng	阳平

（续上表）

例字	结构方式 / 拼音	声母（介音）	韵母				声调
			韵头	韵腹（主要元音）	韵尾		
					元音	辅音	
该	gāi	g		a	i		阴平
久	jiǔ	j	i	o	u		上声
鹅	é			e			阳平

三、音节的结构特点

从上表中，可以看出普通话的音节结构具有以下特点：

（1）一个音节最少可由一个音素组成，如“鹅”；最多可由四个音素符号组成，如“床”。

（2）每个音节都有韵腹和声调，可以没有声母、韵头或韵尾。

（3）在音节中，辅音只充当音节的声母和韵尾。

（4）韵头由高元音充当（i、u、ü），韵尾由高元音（i、u）和鼻辅音（n、ng）充当。

（5）音节可以没有辅音（如“鹅”）。辅音只出现在音节的开头或末尾（如“床”），在音节末尾出现只限于 n 和 ng 两个辅音。

四、普通话音节的声韵拼合规律

普通话有 22 个声母（含一个零声母），39 个韵母。假如每一个声母都能和每一个韵母相拼（声调不计），就有 858 个音节。但实际上普通话里使用的音节（有汉字、有意义）只有 400 多个。因此，普通话里不是每一个声母和每一个韵母都能相拼合的。

普通话的声母、韵母拼合是有规律可循的，比如按韵母的“四呼”来说，g、k、h、f、zh、ch、sh、r、z、c、s 等声母不和齐齿呼、撮口呼韵母相拼，而 j、q、x 不和开口呼、合口呼韵母相拼。这就是声韵拼合规律，这种规律可通过下表看出：

普通话声韵配合规律表

声母 / 能否配合 / 韵母		开口呼	齐齿呼	合口呼	撮口呼
双唇音	b p m	能	能	只限拼 u	否
唇齿音	f	能	否	只限拼 u	否
舌尖前音	z c s	能	否	能	否

（续上表）

声母 \ 能否配合 \ 韵母		开口呼	齐齿呼	合口呼	撮口呼
舌尖中音	d t	能	能	能	否
	n l	否	否	否	能
舌尖后音	zh ch sh r	能	否	能	否
舌面音	j q x	否	能	否	能
舌根音	g k h	能	否	能	否
零声母		能	能	能	能

认真阅读此表，可以看出普通话声韵配合的主要规律：

（1）舌面音声母 j、q、x 不与开口呼、合口呼韵母相拼，但能和其他各组韵母相拼合。

（2）唇音声母 b、p、m、f 与合口呼韵母相拼时，只能与 u 相拼合。

（3）唇齿音声母 f 不与齐齿呼、撮口呼韵母相拼合。

（4）舌尖前音声母 z、c、s，舌尖后音声母 zh、ch、sh、r，舌根音声母 g、k、h 能和开口呼、合口呼韵母相拼。舌尖前音声母 z、c、s，舌尖后音声母 zh、ch、sh、r 分别与 -i（前）、-i（后）属于呼的韵母相拼，而不与齐齿呼韵母相拼。

（5）舌尖中音声母 n、l 只和撮口呼韵母相拼，不与其他各组韵母相拼。

这是从大的类型方面粗略地描述普通话中声母和韵母的拼合规律，具体的声母和韵母，还有一些特定的规律：

（1）除了“么”以外，b、p、m、f 不拼韵母 e、uo。

（2）韵母 ê、er、ueng 不能和任何声母相拼，只有零声母。

（3）韵母 -i（前）、-i（后）、ong 没有零声母。

第七节　轻　声

一、轻声的性质

轻声是一种特殊的变调现象，是指某些音节在与其他音节结合时，失去原有声调，变成一种既短又轻的调子，形成了轻声。例如“子”读“zǐ”，但在“杯子”一词中，“子”失去上声声调，变为轻声，读为“bēizi”。

轻声现象只体现在词语和句子中，轻声音节的读音不能独立存在，因此轻声不属于和阴平、阳平、上声、去声并列的另一种调类，轻声音节的特性主要取决于音高和音长。

二、轻声音节的发音要领

轻声音节除了轻短的特点以外，在音高方面也有区别。其调值大致有如下两种形式：

（一）在普通话词语或句子中，当前面一个音节的声调是非上声的时候，后面的轻声音节的调形是一个短促的低调

阅读下列轻声词（注意加点字的读音）。

（1）阴平＋轻声（调值大致是2）：

先生　玻璃　耽搁　聪明　庄稼　钉子　东西　欺负　溜达　休息
舒服　身子　她们　招呼　衣服　折腾　知识　啰唆　多少　姑娘
商量　家伙　方的　听过　工夫　丢了　师傅

（2）阳平＋轻声（调值大致是3）：

琢磨　竹子　银子　咱们　舌头　石榴　实在　条子　学生　鼻子
含糊　和尚　活泼　连累　林子　福气　石头　锄头　麻烦　头发
糊涂　明白　含糊　拿着　熟了　篮子　绳子

（3）去声＋轻声（调值大致是1）：

骆驼　别扭　豆腐　大方　队伍　盖子　故事　护士　地方　客气
叫唤　利索　念头　木匠　秀气　岁数　这么　错了　坐着　大夫
相声　上边　认识　妹妹　照应　厉害　困难

（二）在普通话词语或句子中，当前面一个音节的声调是上声的时候，轻声音节的调形是一个短促的半高调

阅读下列轻声词（注意加点字的读音）。

上声＋轻声（调值大致是4）：

本事　扁担　打听　胆子　耳朵　骨头　我的　火候　买卖　老实
码头　早上　枕头　稳当　首饰　委屈　养活　冷战　果子　底下
你们　恶心　管吗　怎么　想过　喜欢　点心

三、轻声的作用

有些轻声音节具有区别意义和区分词性的作用。例如：

（1）他的孙子在工厂当工人。

（2）古代的孙子是一位军事理论家。

这两句中的“孙子”都是名词，但词义不同。前句的“孙子”是指儿子的儿子，“子”是虚语素，读轻声。后句的“孙子”是人名，这个“子”古代表示对人的敬称，不是虚语素，读上声。又如：

包子（bāozi）——一种带馅儿的面食，名词。
孢子（bāozǐ）——一种低等动植物的细胞，名词。

瞎子（xiāzi）——眼瞎的人，名词。
虾子（xiāzǐ）——虾卵，名词。

笼头（lóngtou）——套在骡马等头上的笼具，名词。
龙头（lóngtóu）——龙的头，名词。

本事（běnshi）——本领，形容词。
本事（běnshì）——文学作品主题所根据的故事情节，名词。

大意（dàyi）——疏忽，形容词。
大意（dàyì）——主要的意思，名词。

上句的“大意”是“疏忽”的意思，是形容词，“意”读轻声；下句的“大意”指的是“主要的意思”，是名词，“意”读去声。又如：

利害（lìhai）——难以对付或忍受，剧烈，凶猛，形容词。
利害（lìhài）——利益和损害，名词。

四、轻声词

在普通话里，哪些词读轻声呢？一般地说，新词、科学术语没有轻声音节，口语中的常用词才有读轻声音节的。下面这些成分在普通话中通常读轻声。

（1）助词“的、地、得、着、了、过”和语气词“吧、嘛、呢、啊”等。例如：

领路的　读书的　愉快地　高兴地　学得（好）　吃吧

笑着　活了　看过　谁的　说了　看啊

他呢　谁啊　算了吧　放心吧　好嘛　躺着

（2）叠音词和动词的重叠形式后头的字。例如：

妈妈　弟弟　姑姑　娃娃　星星　坐坐

等等　看看　练练　写写　笑笑　催催

了解了解　表演表演　商量商量　观察观察　试探试探

拾掇拾掇　解释解释　打听打听

（3）构词用的虚语素“子、头”和表示多数的“们”等。例如：

鸽子　燕子　辫子　石头　馒头　被子

木头　同学们　老师们　代表们　先生们　孩子们

但是，“原子、光子、孢子、男子、窝窝头”等词的“子”、“头”都是实语素，不能读轻声。

（4）用在名词、代词后面表示方位的语素或词。例如：

马路上　脸上　山下　地底下　村子里　前头

箱子里　这边　左边　外面　后面

（5）用在动词、形容词后面表示趋向的词“来、去、起来、下去”等。例如：

送来　进来　起来　过去　出去　上去

看起来　说出来　夺回来　冷下去　跑过去　我下来

（6）量词“个”常读轻声。例如：

这个　五个

（7）有一批常用的双音节词，第二个音节习惯上要读轻声。例如：

云彩　蘑菇　护士　事情　脑袋　胳膊
窗户　算盘　消息　干部　西瓜　牡丹
体面　应付　招呼　清楚　稀罕　石榴
吩咐　便宜　客气　扫帚　精神　喜鹊
亮堂　丈夫　先生　关系　行李　包袱
动静　东西　钥匙　力量　风筝　被卧

第八节　儿化韵

一、儿化的概念和性质

儿化是指一个音节带上卷舌动作，使其韵母发生音变，成为卷舌韵母，即儿化韵。儿化的性质就是卷舌作用，拼写是在原音节的韵母后加上一个表示卷舌动作的符号“r”，如“鸟儿”，拼写为“niǎor”。儿化后的读音是一个音节，但写出来是两个汉字。

例如，“花儿（huār）”，“玩儿（wánr）”，“鸟儿（niǎor）”，其中的“r”不是一个音素，只表示卷舌动作，使韵母带上卷舌音“儿”的色彩。

二、儿化的作用

儿化韵除了是一种语音现象之外，也和词汇、语法、修辞等有内在联系。概括地讲，儿化具有区别词性、区别词义、表示感情色彩的作用。

（一）区别词性

儿化韵区别词性的作用主要表现在，动词和形容词与“儿”组合成儿化韵后，大多数都可以确定为名词。只有少数词（玩儿、哪儿等）例外。例如：

动词＋儿　盖＋儿→盖儿　画＋儿→画儿　走道＋儿→走道儿

形容词＋儿　空＋儿→空儿　亮＋儿→亮儿

当然，这两类词在区别词性的同时，也有区别词义的作用。

（二）区别词义

区别词义主要体现在有些非儿化词语成为儿化韵后，与原形式词义不同，这样的儿化韵有区别词义的作用。例如：

头（脑袋）＋儿→头儿（带头的人）　一点（某一个点）＋儿→一点儿（很少）

白干（白白地付出）＋儿→白干儿（一种酒）　个（量词）＋儿→个儿（身高）

（三）表达细小和喜欢的感情色彩

例如：

伴儿　傻劲儿　老头儿　木棍儿　有点儿　针鼻儿
够本儿　够劲儿　白兔儿　小辫儿　小孩儿　宝贝儿

三、儿化的音变规律

儿化主要是使前一个音节的主要元音带上卷舌色彩。在39个韵母中，除了er本身就是儿化韵母不能再儿化、ê不单独构成音节之外，其余的韵母都可以儿化，其数量虽多，但还是有规律可循的。

（1）韵尾为i、n的韵母（in、un除外），儿化发音时丢掉韵尾i或n，加上卷舌动作符号r。

例如：一块儿（yíkuàir）　小孩儿（xiǎoháir）　烟卷儿（yānjuǎnr）　大款儿（dàkuǎnr）

（2）韵腹或韵尾是a、o、e、ê、u的韵母，儿化发音时原韵母形式不变，只在原韵母上加卷舌动作符号r即可。例如：

鲜花儿（xiānhuār）　小鸟儿（xiǎoniǎor）　唱歌儿（chànggēr）　加油儿（jiāyóur）

（3）韵母是i、ü开头的，儿化发音时在韵母的主要元音i、ü后加er。例如：

小驴儿（xiǎolǘr）　玩意儿（wányìr）　金鱼儿（jīnyúr）　小鸡儿（xiǎojīr）

（4）韵母是舌尖元音-i（前）、-i（后）的，儿化发音后韵母-i被er取代。例如：

小事儿（xiǎoshìr）　树枝儿（shùzhīr）　围嘴儿（wéizuǐr）　瓜子儿（guāzǐr）

（5）韵母是ui、in、un、ün的，儿化发音时丢掉韵尾i或n，加上er即可。例如：

成群儿（chéngqúnr）　光棍儿（guānggùnr）　脚印儿（jiǎoyìnr）　海豚儿（hǎitúnr）

（6）韵母是后鼻尾音韵母ang、iang、uang、eng、ing、ueng、ong、iong的，儿化发音时丢掉韵尾ng，加上卷舌动作符号r，卷舌时主要元音有鼻化色彩。例如：

帮忙儿（bāngmángr）　水平儿（shuǐpíngr）　抽空儿（chōukòngr）　夹缝儿（jiáfèngr）

常用儿化词语：

小孩儿　刀把儿　号码儿　快板儿　笔杆儿　赶趟儿　老伴儿　蒜瓣儿　板擦儿
掉价儿　豆芽儿　心眼儿　一块儿　一点儿　脑瓜儿　牙刷儿　茶馆儿　火罐儿
好玩儿　蛋黄儿　人缘儿　照片儿　差点儿　包圆儿　落款儿　拐弯儿　绕远儿
哥们儿　后跟儿　走神儿　刀刃儿　脖颈儿　旦角儿　半截儿　一会儿　跑腿儿
打盹儿　小瓮儿　瓜子儿　记事儿　针鼻儿　肚脐儿　墨水儿　走味儿　一阵儿
冰棍儿　开春儿　垫底儿　玩意儿　有劲儿　脚印儿　花瓶儿　图钉儿　门铃儿
人影儿　合群儿　火星儿　眼睛儿　毛驴儿　痰盂儿　模特儿　打嗝儿　挨个儿
果冻儿　胡同儿　红包儿　跳高儿　口哨儿　灯泡儿　手套儿　饭盒儿　跑调儿
泪珠儿　半道儿　叫好儿　蜜枣儿　绝招儿　抽空儿　小曲儿　小说儿　火锅儿

第九节　语　调

语调是句子的音高变化，是话语节律的表现形式，包括停顿、轻重音、声调、句调、语速等。语调能够帮助表达说话人的态度和思想感情。在普通话朗读和说话中，一句话的词汇意义加上语调意义才算是完全的意义。仅仅把音读准是不够的，语言表达要做到准确、自然、流畅，就必须正确地运用语调。下面从停顿、重音、句调、语速四个方面来谈谈这个问题。

一、停顿

停顿是口语表达中句子的停顿。在口语表达中，停顿是表达的基础和先决条件，没有停顿，就不能准确表达。停顿既是人生理上的要求，也是语言表达上的要求。因此，停顿有生理停顿和语法停顿两种。

生理停顿是由于说话人的换气需要而在句子里没有标点符号的地方所做的停顿。

例如：在29号朗读作品《莫高窟》中有这样几句话："莫高窟壁画的内容△丰富多彩，有的是描绘古代劳动人民△打猎、捕鱼、耕田、收获的情景，有的是△描绘人们△奏乐、舞蹈、演杂技的场面，还有的是△描绘大自然的美丽风光。"（"△"表示生理停顿可能出现的位置。）

运用生理停顿应该注意不要破坏意群，也就是生理停顿分隔出的各部分应该是相对独立的意义整体。另外，生理停顿也不能改变句子的原意。

语法停顿是根据句子的语法结构所做的停顿，在书面上表现为标点符号。句中的停顿稍短些，句与句之间的停顿稍长，而段与段之间的停顿更长一些。

二、重音

在朗读或说话时，我们把读或说得比较重的音叫做重音，也叫做语句重音。它在表情达意上起着重要作用。重音主要表现在扩大音域和延续时间上，所以听起来特别清晰完足。从音色的角度看，复合元音的动程延长了，尾音也念得更加清晰。一个句子中哪些字词该读重音，要根据具体情况而定。根据重音产生的原因可以把重音分为两种：一种是根据语法结构的特点而重读的，叫语法重音；一种是为了突出句中的主要思想或强调句中的特殊感情而重读的，叫逻辑重音。

（一）语法重音

句子里某些语法成分常要读重音。这种情况比较复杂，在此简单概括为以下四种情况：

（1）谓语中的主要动词常常读重音。例如：

① 春天到了！

② 老师已经告诉我们了。

(2) 表示性状和程度的状语常常读重音。例如：

①姑娘，不要急，慢慢地说。

②我们要努力学习普通话。

(3) 表示结果或程度的补语常常读重音。例如：

① 老师的话讲得十分深刻。

②他提的技术革新建议好极了。

(4) 表示疑问和批示的代词通常读重音。例如：

①这样的好事是谁做的？

② 她什么活动都没有参加。

(二) 逻辑重音

为了突出和强调句子中某一个词的意义而特别重读。这种特别的重读音节称为逻辑重音。哪些词语需要突出或强调，则要依据作品或说话人的要求和情感的发展来确定。例如，下面是同一句话，由于重音的位置不同而表现出不同的意思来（注意加点字）：

① 我知道你会唱歌。（别人不知道你会唱歌。）

② 我知道你会唱歌。（你不要瞒着我了。）

③ 我知道你会唱歌。（别人会不会唱我还不知道。）

④ 我知道你会唱歌。（你怎么说不会呢？）

⑤ 我知道你会唱歌。（会不会唱戏我还不知道。）

三、句调

句调是整个语句声音的高低升降曲直的变化形式。依据表示的语气和感情态度的不同，句调可分为升调、降调、平调、曲调四种。句调取决于句子的语气类型和句子的内容特点。生活中常用的句调是降调和升调，平调和曲调较少使用。

(一) 升调

升调是调子由平升高，也叫高升调。常用来表示反问、疑问、惊异等语气。例如：

①雪山草地都走过来了，一点困难算什么？（反问）

②他，能这样吗？（惊异）

③怎么样了？（疑问）

(二) 降调

降调是调子先平后降，也叫降抑调。常用来表示感叹、自信、请求等语气。例如：

①我们一定能实现四个现代化。（自信）

②嗬！这景真美呀！（感叹）

③李老师，您再给我们讲讲吧。（请求）

（三）平调

平调是调子始终保持同样的高低，也叫平直调。常用来表示严肃、冷淡、叙述等语气。例如：

①烈士们的英名和业绩将与世长存！（严肃）

②少说没用的话，你就看着办吧。（冷淡）

③人们都说他是个厚道人。（叙述）

（四）曲调

曲调是调子升高再降，或降低再升，也叫曲折调。常用来表示含蓄、讽刺、意在言外等语气。例如：

①哎呀呀，你这么大的能耐，啥事能办不了呢？（讽刺）

②我说的内容你想想就知道了。（含蓄）

③那你就看着办吧。（意在言外）

我们在理解曲调的同时，还要理解句调和声调的关系。句调对句尾音节有明显的影响，但句调的高低曲直变化，不会改变阴平、阳平、上声、去声四个声调，只会影响句子中句尾音节的绝对调值，使声调的调值改变。一般地说，句调与句尾的音节调值的升降一致，句尾音节的调值就会增大，句调与句尾音节的调值不一致，句尾音节的调值就会减少。另外，句调还与人们的思想情感、语言表达环境、语言表达内容密切相关。同是升调或同是降调的一句话，在悲哀时会比心平气和时调值低些，在兴奋或发怒时调值就会高些。在呼喊远方的人或喊口号时声音更高且强，打耳语时的调值不仅低而且很弱。

四、语速

人们说话时的正常语速是中速，每分钟 170 个音节左右，一般在 150～240 个音节之间。

在口语表达中，语速是随着说话人的情绪、使用语言的环境、表达的内容等变化的。一般在激动、欢快的时候，语速要相对地快一些；而在痛苦、悲伤的时候，情绪低沉，语速往往要慢一些。对于抒情的诗文，朗读中语速不宜过快；而对于慷慨激昂的文章、激情奔放的诗歌，语速则不宜过慢。同时，在同一篇诗文的朗读中，语速的处理要随着作品中情感的变化而变化，这样，才能表现出一定的起伏，不致失于呆板。

五、绕口令练习

①荸荠有皮，皮上有泥，洗掉荸荠皮上的泥，削去荸荠外面的皮，大家欢欢喜喜吃荸荠。

②小良赶着一群羊，来到山上遇着狼。狼要吃羊羊躲狼，小良救羊打跑狼。

③有位爷爷他姓顾，上街打醋又买布。买了布，打了醋，回头看见鹰抓兔。放下

布，搁下醋，上前去追鹰和兔。飞了鹰，跑了兔，打翻醋，醋湿布。

④一个孩子，拿着鞋子。看见茄子，放下鞋子。去拾茄子，忘了鞋子。

⑤长扁担，短扁担。长扁担比短扁担长半扁担，短扁担比长扁担短半扁担。

⑥石狮寺前有四十四个石狮子，寺前树上结了四十四个涩柿子，四十四个石狮子不吃四十四个涩柿子，四十四个涩柿子倒吃四十四个石狮子。

⑦东洞庭，西洞庭，洞庭山上一根藤，藤上挂铜铃。风吹藤动铜铃动，风停藤定铜铃静。

⑧白石塔，白石搭，白石搭白塔，白塔白石搭，搭好白石塔，白塔白又大。

⑨这是蚕，那是蝉，蚕常在叶里藏，蝉常在林里唱。

⑩八百标兵奔北坡，炮兵并排北边跑。炮兵怕把标兵碰，标兵怕碰炮兵跑。

第三章

普通话训练指导

第一节　单音节字词朗读指导

普通话水平测试的第一项内容就是读“单音节字词 100 个”，试题内容 70% 选自《普通话水平测试用词语表一》，30% 选自《普通话水平测试用词语表二》。在这 100 个音节中，每个声母出现次数一般不少于 3 次，每个韵母出现次数一般不少于 2 次，4 个声调出现次数大致相同，音节的排列要避免同一测试要素连续出现。这里的单字大多是单音词，是一项基础检测。该项测查的目的主要是考查应试人普通话的声母、韵母和声调发音的准确程度，这三项是一个完整的统一体，任何一项错了，这个音节就错了。如果读得不到位、不完整，就是语音缺陷。错误扣 0.1 分，缺陷扣 0.05 分。

一、单音节字词发音的注意事项

（一）声母发音要准确

声母发音准确是指要找准发音部位，发音方法正确。例如 zh、ch、sh、r 与 z、c、s，前一组发音时舌尖要翘起来，抵硬腭前端；后一组发音时舌头要放平，舌尖前伸。二者不能混淆。再如 f 和 h，前一个是唇齿音，发音部位在前，后一个是舌根音，发音部位在后，二者一定要分清。“肚子”和“兔子”中两个加点的字的声母 d、t，都是舌尖中音，发音部位相同，但发音方法不同，d 是不送气音，t 是送气音。再如，“改革”、“开阔”这四个字的声母分别是 g、k，发音部位都是舌尖后音，从发音方法来看，g 是不送气音，k 是送气音。

（二）韵母发音要到位

韵母有单韵母、复韵母和鼻韵母。单韵母又叫单元音韵母，发音要单纯而清脆，发出来的音要吐字如珠；复韵母和鼻韵母发音要有滑动过程，在这个滑动过程中，变化要自然、和谐，归音要到位，发音要圆润。例如单韵母 e 发音时双唇要自然展开，尽量把舌位向后收。ai、ei 都是前响复元音韵母，发前头的元音 a、e 后，立刻滑向后头的元音 i，a 和 e 是主要的，张口要大，逐渐向 i 滑动，口腔由大到小，i 只表示滑动的方向，音值比较含混。如“寨 zhài”，不能读成“榨 zhà”，也不能读成“战 zhàn”。再如鼻韵母 ing，发音时，先发元音 i，紧接着舌后根往软腭移动并抵住软腭发 ng，整个发音完毕才除阻。有些地方的人容易读成 in，－ng 是舌后根抬起来，前舌面和舌尖下降。ing 是舌头由前往后移动；in 是由舌尖抵下齿背转向朝上抵上齿龈，是舌尖由下向上滑动。这就是它们发音的不同点。

（三）调值要饱满

所说的调值就是声调的实际读法。读单音节字词时，普通话的 4 个声调一定要发全，即调值要读得饱满。从调值上看，阴平的调值是 55，即从 5 度到 5 度没有变化，从调型上看，阴平发音时自始至终是高而平，所以叫高平调；阳平的调值是 35，发出的音从中音升到高音，即从 3 度升到 5 度，所以叫中升调，发音时要注意上扬的起点和终点的音高；上声的调值是 214，发出的音由半低音降到低音，再升到半高音，即由 2 度降到 1 度，再升到 4 度，是降升调，先降后升，是全上，如果发音时只降不升，调值成了 21 调，就是半上，读成半上就是读音缺陷；去声的调值是 51，发出的音由高音降到低音，即由 5 度降到 1 度，从调型上看，是全降调，下降的幅度较大，从调值上看是 51。

二、测试时要从左至右横读

普通话水平测试题中的 100 个单音节字词，试卷上的结构安排一般分为 10 排，每排 10 个字。测试时要从第一排起由左至右逐行读，不要从第一个字从上往下读，这样不符合一般阅读的习惯，也是普通话水平测试所不允许的。

三、多音字的读音可选一音或按词读音

单音节字词中有一些多音字，朗读时读其中任何一个音都是对的。比如“宿”、“处”读上声、去声均可，不必费时间琢磨读哪一个音。但是如果试题列出了某字，又在字后用括号注明了某个词语，就应该读出该字在注明的那个词语中的读音。比如“处”（处所）就要读去声，而不能读成上声。

四、避免形近字造成的误读

汉字的形体很多是相近或相似的，单独认读很容易造成误读，主要有以下两种情况：一是读得过快造成的误读，例如把“戌 xū”读成“戍 shù”；二是在日常生活中不常用的字或是在词语中能读准，而拆开成单字一下子就难以读准，如“坠 zhuì”、“堕 duò”、“赅 gāi”、“骇 hài”在书面上有“坠落”、“堕落”、“言简意赅”、“惊涛骇浪”，不易读错，单独出现就很容易出错。

五、朗读速度要适中

读单音节字词只要每个音节读完整，调值读得饱满，一个接一个地往下读，就不会超时。一般来说，是不会存在时间不够的情况的。所以，应试者不必担心因时间不够而去抢读，从而造成字音的调值未读完整的情况，出现了不该出现的缺陷或错误。因此切忌抢读。当然也不能刻意读得太慢，因为超时也要一次性扣分 [1 分钟以内扣 0.5 分，1 分钟以上（含 1 分钟）扣 1 分]。

1. 单音节字词练读 1

兵 段 蹲 听 涂 退 略 怪 管 快 捆 或 灰 混 降 雄 祝 左
醉 臭 长 伸 认 让 扔 层 酒 二 爱 被 没 变 骗 妙 发 方
逗 扭 七 且 幕 旅 论 拱 筐 瘸 权 穴 旋 专 众 匀 产 舍
梢 奏 测 操 腮 叁 思 品 耐 娘 季 虾 懈 爽 甲 谀 女 庸
良 黄 区 龄 崛 究 丢 黏 民 潭 婆 国 软 随 财 职 枕 佛
卡 闯 铿 扣 贺 炮 下 俏 劣 军

2. 单音节字词练读 2

摆 潘 盆 队 塌 镖 补 配 颇 某 门 灭 免 磨 发 扉 防 俯
逮 淡 吊 点 屉 停 跎 吞 挠 捏 酿 努 礼 旅 略 告 赶 刮
拱 克 扣 枯 亏 喝 害 哼 坏 昏 极 颊 碱 仅 迥 秦 蛆 缺
券 萧 刑 穴 旬 痔 蒸 朱 茶 吃 尝 踹 世 笙 栓 霜 惹 纫
日 溶 贼 邹 葬 册 猜 窜 催 存 肆 臊 蒜 宋 矮 荫 映 剜
御 下 留 秋 向 怪 框 倦 群 兄

3. 单音节字词练读 3

八 察 阿 德 哥 热 十 字 肆 儿 白 凯 挨 背 玫 内 抱 吵
遭 谋 口 柔 凡 竿 参 分 审 仁 唐 厂 藏 笔 批 眯 嘉 下
哑 捏 接 页 尿 娇 药 溜 秋 游 偏 点 钱 频 临 信 娘 枪
样 订 挺 境 铺 剥 磨 夸 画 刷 梭 槐 拽 外 腿 亏 虽 段
撰 钻 轮 村 文 光 荒 网 垄 中 虑 序 玉 缺 学 约 劝 选
袁 旬 晕 迥 琼 胸 朦 封 更 促

第二节　双音节词语朗读指导

该项测试是读双音节词语 50 个，实际上也是 100 个音节。读双音节词语的要求与读单音节字词的要求基本相同，但比读单音节字词的测查项目要多一些，除了考查应试者声母、韵母外的读音外，主要考查双音节词语的轻重音、变调、轻声、儿化等问题。评分仍按错误和缺陷两个项目进行。一个词语中的任何一个评分项读错了，扣 0.2 分，缺陷扣 0.1 分。比如把“垂涎”错读成“chuíyán”，要扣 0.2 分。依据测试要求，应注意以下几点：

一、注意区分双音节词语中易混的难点音

测试题中常常出现这种情况：双音节词语中的两个声母、韵母或是声调，在自己的方言中是混读的，用普通话朗读时就容易出现不区分或（缺陷）发音不到位的现象，应加以注意。例如：

1. 边音和鼻音相连的音节

嫩绿（nènlǜ） 老年（lǎonián） 能量（néngliàng） 冷暖（lěngnuǎn）
奶酪（nǎilào） 烂泥（lànní） 内力（nèilì） 耐力（nàilì）
名流（míngliú） 谬论（miùlùn）

2. 平翘舌相连的音节

此致（cǐzhì） 储藏（chǔcáng） 声色（shēngsè） 瓷砖（cízhuān）
杂志（zázhì） 尊重（zūnzhòng） 辞职（cízhí） 人次（réncì）
自主（zìzhǔ） 蔬菜（shūcài）

3. 前鼻韵母与后鼻韵母相连的音节

烹饪（pēngrèn） 聘请（pìnqǐng） 成品（chéngpǐn） 平心（píngxīn）
冷饮（lěngyǐn） 盆景（pénjǐng） 文凭（wénpíng） 神明（shénmíng）
心境（xīnjìng） 艳阳（yànyáng）

4. 唇齿音与舌根音相连的音节

饭盒（fànhé） 返还（fǎnhuán） 粉红（fěnhóng） 缝合（fénghé）
凤凰（fènghuáng） 符号（fúhào） 佛龛（fókān） 饭盒（fànhé）
风华（fēnghuá） 和风（héfēng）

这里仅举几组例子，练习时可根据本地方言实际选择对比项目进行练习。

二、第二个音节是上声的双音节词语要读全上

双音节词语中前一个音节不是上声，后一个音节是上声的，第二个音节要读全上，调值为212；两个音节都是上声的，前一个上声变读阳平，后一个上声要读全上。

上声连读训练示例：

办理 本领 标准 尺码 热饮 永远 邀请 场所 博览 港口 清洗
墨宝 短少 电脑 腐乳 黄酒 剪彩 特等 买主 欣赏 老板 申请
污染 水产 相等 喜酒 好友 整理 品种 花脸 群体 汹涌 千瓦

三、准确判断并正确朗读双音节词语中的轻声词语

在50个双音节词语中，一般有轻声词4～5个，它们分散地排列在其间，不仔细阅读是很难判断出哪些词是轻声词的。能准确判断并按正确的音高时长变化朗读，是普通话水平测试的要求。读轻声词还要避免出现轻声词读得过轻，让人听不见的现象。

轻声词训练示例：

棉花 清楚 快活 本事 规矩 应酬 利索 张罗 悟性 挑剔 玄乎

俗气　麻利　官司　疟疾　戒指　摆设　掂量　寒碜　提防　快当　盘算
首饰　便宜　价钱　答应　胳膊　稳当　招呼　钥匙　桌子　笑着　姐姐

四、读儿化词要把卷舌音放在第二个音节上

儿化词的明显标志是在第二个音节的末尾写有“儿”。朗读时不要把“儿”当作第三个音节来读，要把“儿”放在第二个音节的韵母之中。在测试的 50 个双音节词语中，一般有不少于 4 个的儿化词。

儿化词训练示例：

打嗝儿　聊天儿　收摊儿　烟嘴儿　刀把儿　玩儿命　馅儿饼　一点儿
藕节儿　大伙儿　墨水儿　老头儿　那会儿　抓阄儿　被窝儿　小孩儿
白班儿　人影儿　玩意儿　透亮儿　挨个儿　脸盘儿　面条儿　快板儿

五、注意双音节词语中多音字的读音

双音节词语中的多音字要根据词语决定读音，同时读音要随词义的变化而变化。

多音字词语训练示例：

积累——劳累　磨擦——磨盘　宁静——宁愿　磅秤——磅礴
剥削——削球　游说——说明　扫帚——扫兴　翘首——翘舌
卡车——关卡　地壳——蛋壳儿　牲畜——畜牧
纤维——纤绳　坚强——强迫——倔强　将军——将帅

六、异读词以《普通话异读词审音表》上的读音为准

《普通话异读词审音表》是国家语言文字工作委员会、国家教育委员会、广播电视部于 1985 年 12 月联合发布的，异读词的正确读音要以此表为准，有些学习者还不知道有这个表，这会影响普通话水平测试成绩的。比如：“卓越”的“卓”原读“zhuō”现读“zhuó”；“呆板”原读“呆板 áibǎn”，“呆账”原读“呆账 áizhàng”，现统读作“dāi”，即无论用于任何词语中都读“dāi”。

异读词训练示例：

确凿　河沿　从容　挺括　剽窃　指甲　跳跃　秩序　沼泽　亚洲　沸点
脊梁　环绕　茁壮　暂时　粳米　角色　脂肪　花蕾　凹凸　塑料　可汗

七、读好双音节词语中的中重音格式

轻声词以外的双音节词语中，第二个异读词音节要读得重一些。在普通话中叫“中重音”格式。

中重音格式训练示例：

蜜蜂　豆沙　车床　饼干　百货　批发　清真　摄影　凭据　卧铺　遗嘱
尊敬　审核　溶解　名称　性能　卫星　旅馆　服装　出车　彩色　巷道

八、普通话中易读错词语示例

凹陷 āoxiàn	安抚 ānfǔ	按摩 ànmó	按捺 ànnà
跋涉 báshè	白桦 báihuà	白蚁 báiyǐ	包庇 bāobì
包涵 bāohan	包扎 bāozā	褒贬 bāobiǎn	卑鄙 bēibǐ
卑劣 bēiliè	奔波 bēnbō	笨拙 bènzhuō	婢女 bìnǚ
编撰 biānzhuàn	编纂 biānzuǎn	摈弃 bìnqì	拨款 bōkuǎn
变压器 biànyāqì	捕获 bǔhuò	哺乳 bǔrǔ	不啻 bùchì
布匹 bùpǐ	擦拭 cāshì	彩塑 cǎisù	蚕丝 cánsī
惭愧 cánkuì	嘈杂 cáozá	沧桑 cāngsāng	草丛 cǎocóng
刹那 chànà	长颈鹿 chángjǐnglù	巢穴 cháoxué	齿龈 chǐyín
处方 chǔfāng	触须 chùxū	穿刺 chuāncì	场院 chángyuàn
赐予 cìyǔ	璀璨 cuǐcàn	骠勇 piàoyǒng	骨碌 gūlu
巷道 hàngdào	教诲 jiàohuì	侦缉 zhēnjī	混合 hùnhé
匆忙 cōngmáng	单薄 dānbó	提防 dīfang	对峙 duìzhì
抖擞 dǒusǒu	堆砌 duīqì	遏止 èzhǐ	反刍 fǎnchú
抚摩 fǔmó	沸点 fèidiǎn	氛围 fēnwéi	风靡 fēngmǐ
佛像 fóxiàng	肤浅 fūqiǎn	敷衍 fūyǎn	附带 fùdài
附和 fùhè	复辟 fùbì	腹地 fùdì	干瘪 gānbiě
干涸 gānhé	钢盔 gāngkuī	冠心病 guānxīnbìng	嫉妒 jídù
抹布 mābù	痉挛 jìngluán	克扣 kèkòu	勒令 lèlìng
优劣 yōuliè	搁置 gēzhì	割断 gēduàn	豁口 huōkǒu
几率 jīlǜ	即兴 jíxìng	脊梁 jǐliang	脊椎 jǐzhuī
甲壳 jiǎqiào	荆棘 jīngjí	矩形 jǔxíng	倔强 juéjiàng
拘泥 jūnì	恪守 kèshǒu	涟漪 liányī	劣等 lièděng
貌似 màosì	闷热 mēnrè	内疚 nèijiù	泼辣 pōlà
牛仔裤 niúzǎikù	蒲公英 púgōngyīng	祈求 qíqiú	山坳 shān'ào
蠕动 rúdòng	妊娠 rènshēn	涉外 shèwài	爽快 shuǎngkuai
私塾 sīshú	倘使 tǎngshǐ	挖潜 wāqián	吸吮 xīshǔn
强迫 qiǎngpò	舷窗 xiánchuāng	享用 xiǎngyòng	肖像 xiàoxiàng
炫耀 xuànyào	驯服 xùnfú	勋章 xūnzhāng	依偎 yīwēi
阴霾 yīnmái	荫庇 yìnbì	逾期 yúqī	暂且 zànqiě
竹笋 zhúsǔn	着意 zhuóyì	喷香 pènxiāng	马匹 mǎpǐ
潜水 qiánshuǐ	暂时 zànshí	间接 jiànjiē	而且 érqiě
鲫鱼 jìyú	束缚 shùfù	似的 shì de	似乎 sìhu
洞穴 dòngxué	解剖 jiěpōu	庇覆 bìfù	友谊 yǒuyì
愚蠢 yúchǔn	号召 hàozhào	憎恨 zēnghèn	与会 yùhuì
症结 zhēngjié	装载 zhuāngzài	徇私 xùnsī	骨髓 gǔsuǐ

筵席 yánxí	佣金 yòngjīn	作坊 zuōfang	因为 yīnwèi
提供 tígōng	模糊 móhu	树冠 shùguān	上溯 shàngsù
请柬 qǐngjiǎn	绯红 fēihóng	流血 líuxuè	皱缬 zhòuxié
即使 jíshǐ	贬谪 biǎnzhé	胆怯 dǎnqiè	炽爱 chì'ài
悭吝 qiānlìn	字帖 zìtiè	血红 xuèhóng	尤其 yóuqí
夹杂 jiāzá	脖颈儿 bógěngr	曲线 qūxiàn	侍候 shìhòu
尽量 jǐn liàng	尽量 jìnliàng	档次 dàngcì	秕谷 bǐgǔ
剽窃 piāoqiè	着手 zhuóshǒu	着数 zhāoshù	标识 biāozhì
乳牛 rǔniú	兴奋 xīngfèn	停泊 tíngbó	给以 gěiyǐ
给予 jǐyǔ	花蕾 huālěi	开辟 kāipì	涉及 shèjí
螫针 shìzhēn	觉得 juéde	专横 zhuānhèng	
动画片 dònghuàpiàn	相中 xiāngzhòng	镇压 zhènyā	讣告 fùgào
逮捕 dàibǔ	夹层 jiācéng	创伤 chuāngshāng	模样 múyàng
挫折 cuòzhé	血淋淋 xiělínlín	有的放矢 yǒudìfàngshǐ	佛寺 fósì
撇开 piēkāi	逃窜 táocuàn	连累 liánlěi	拼命 pīnmìng
疟疾 nüèji	应用 yìngyòng	胸脯 xiōngpú	揣测 chuǎicè
蚌埠 bèngbù	刻写 kèxiě	答应 dāying	草拟 cǎonǐ
治丧 zhì sāng			

第三节　选择判断测试指导

选择判断测试项主要是考查应试人普通话词汇和语法的规范程度。鉴于各方言词汇语法与普通话词汇语法的对应情况有较大差异，各地对这个测试项目的要求也不一样。北方方言区的大部分地区省略了这个测试项目，把该项分值并入了“说话”项目中；而南方方言区的应试人在学习普通话时，应切实加强词汇语法方面的训练。

该测试项包括“词语判断、量词和名词的搭配、语序或表达形式判断”三个子测试项，学习者要提高自己规范运用普通话的能力，必须加强这三个方面的练习。

一、熟读普通话词语

第一个测查的子项目是“词语判断”，试卷中列举了 10 组意义相对应但说法不同的普通话与方言词语，由应试人判断并读出普通话的词语。判断错误则每组扣 0. 25 分，读音错误每个音节扣 0. 1 分，不重复扣分。

应试者对拿到的试题要认真阅读和思考，判断哪一个是普通话词语。一般来讲，普通话词语给人的感觉是比较文雅的。另外，在准确判断的前提下，还要注意普通话词语的正确读音，以免出现判断正确却因为读音错误而被扣分的情况。熟读普通话词语，掌握读音、理解词义，是解决这个问题的关键。

训练示例 1

下列每组词语中只有一个是普通话词语，请找出普通话词语并正确地读出来：

白菜—黄芽菜—芽白
不然—勿然—若无
鼻子—鼻头—鼻公
本来—本生—本底
打扰—惊吵—搅噪
吹牛—吹大炮—车大炮
丢失—螺脱—唔见
丢—落脱—献—搉
懂得—晓得—识得
非常—交关—野诚
告诉—话畀—告兴
好久—野久—好耐
回来—倒来—转来
结实—结足—勇壮—实净
进去—入法—入去
开玩笑—滚笑—讲笑
恐怕—恐防—怕是
灵活—活络—灵泛
垃圾—粪扫—屑子
萝卜—老菔—菜头—萝白
盼望—巴望—映望
起床—碌起来—巷床
清早—透早—晨早
嗓子—胡咙—声腔
舒服—适意—爽神—好过
疼痛—痛疼—痛
土豆—洋山芋—薯仔
午饭—日昼饭—晏昼饭—中饭
洗澡—洗身—冲凉
现在—今下
颜色—色置—色气
一定—定着—定是
丈夫—老公—老倌
怎么—哪能介—何解
知道—知影—知得—晓得

脖子—头颈—颌管
不要—勿要—莫
别的—别个—别么
不止—勿止—无停
刀子—刀仔—刀口子
蛋糕—鸡卵糕—卵糕
的—个—其—嘅
肩膀—肩头—膊头—肩胛
发抖—打震—打尊
费用—用场—用费
逛—荡—云—游
极—老—邪气—极之
家具—房里—家私
姐姐—家姐—阿姊
巨大—老大—野大
咳嗽—嗽—咳
理发—剃头—飞发
可怜—罪过—作孽—造孽
力量—力道—力草
那边—哀面—个边
碰见—拄见—撞见
前面—头前—前背
热闹—闹猛—闹热
拾—撩—执
水果—果子—生果
头发—头毛—头拿毛
晚饭—夜饭—暗顿—夜晚饭
吸烟—食熏—食烟
小孩—囡仔—细佬—细人子
信封—信壳—批壳
迅速—快脆—抢快
玉米—珍珠米—粟米
昨天—昨昏—琴日
只要—若使—只爱

二、量词和名词搭配要恰当

第二个测查的子项目是“量词和名词搭配”。试卷中给出 10 个名词，应试者要搭配出 10 个不同的量词，并读出符合普通话规范的 10 组量名短语。搭配错误则每组扣 0.5 分，读音错误每个音节扣 0.1 分，不重复扣分。

答题时要注意克服方言的影响。平时多看看《普通话水平测试用常见量词、名词搭配表》，并多做一些常用量词和它们可以修饰的名词的搭配训练。搭配好了的量名词短语在读的时候不要出现语音错误，以避免不必要的失分。

普通话常用量词：

部 道 场 滴 顶 朵 副 个 根 间 件 棵 颗 口 块 辆 匹 片
扇 双 所 套 条 头 张 只 座 本 栋 道 对 份 幅 家 节 门
名 面 盘 台 位 项 支 把 粒 架 滴

训练示例 2

在下面括号内填上适当的量词并正确读出名量短语的读音：

一（ ）工厂	一（ ）学校	一（ ）扫帚	一（ ）字典
一（ ）冰雹	一（ ）比赛	一（ ）山脉	一（ ）闪电
一（ ）裤子	一（ ）家具	一（ ）衣服	一（ ）鞋
一（ ）窗户	一（ ）云	一（ ）心意	一（ ）摩托
一（ ）命令	一（ ）种子	一（ ）糖	一（ ）扑克
一（ ）对联	一（ ）报纸	一（ ）礼物	一（ ）国家
一（ ）胡须	一（ ）草	一（ ）牙膏	一（ ）大钟
一（ ）人	一（ ）油条	一（ ）行李	一（ ）事儿
一（ ）房子	一（ ）鸡蛋	一（ ）故事	一（ ）眼镜
一（ ）球拍	一（ ）花	一（ ）帽子	一（ ）钥匙
一（ ）著作	一（ ）汗水	一（ ）电影	一（ ）床
一（ ）课	一（ ）飞机	一（ ）鸟	一（ ）笔
一（ ）城市	一（ ）措施	一（ ）树叶	一（ ）门
一（ ）袜子	一（ ）教师	一（ ）马	一（ ）电话
一（ ）著作	一（ ）牛	一（ ）磨	一（ ）镜子

三、符合普通话语序和表达形式要求

第三个测查的子项目是“语序或表达形式判断”。试卷中列出 5 组意义相对应但语序或表达习惯不同的普通话和方言短语或短句，由应试者判断并读出符合普通话语法规范的表达形式。判断错误每组扣 0.5 分，读音错误每个音节扣 0.1 分，不重复扣分。

这个测试项关键在于平时的训练。如果平时坚持使用普通话交流，那么测试时就有把握。判断准确后，还要在读出符合普通话语法规范的表达形式的时候，注意不出现语音错误。

训练示例 3

判断并读出下列每组短语或短句中符合普通话语法规范的表达形式：

1. 你多带一点。（ ）你带多一点。（ ）
2. 铅笔一支给我。（ ）给我一支铅笔。（ ）给支铅笔我。（ ）

3. 这我不知道。( ) 这我不晓得。( ) 这我知不道。( )
4. 你先走。( ) 你走先。( ) 你走去先。( )
5. 我跑他不过。( ) 我跑不过他。( ) 我跑不他过。( )
6. 他快过我。( ) 他比我过快。( ) 他比我快。( )
7. 他被踢了一脚。( ) 他踢给了一脚。( ) 他给踢给了一脚。( )
8. 刮风开了。( ) 刮开风了。( ) 刮起风来了。( )
9. 我做不来饭。( ) 我不会做饭。( )
10. 他拿了很大的一张纸。( ) 他拿了一张很大张的纸。( )
11. 现在两点多。( ) 现在二点多。( )
12. 墙壁雪白。( ) 墙壁雪白白。( ) 墙壁雪雪白。( )
13. 花儿好好看啊!( ) 花儿真好看啊!( )
14. 窗帘给他弄破了。( ) 窗帘给他弄了破。( )
15. 他的个子高高的。( ) 他的个子高高。( )

第四节 作品朗读指导

朗读，就是用普通话把文章清晰响亮、有感情地读出来。它是朗读者用自己的语音塑造形象，反映生活，说明道理，再现作者思想感情的再创造过程。在普通话水平测试中，朗读是对应试者普通话运用能力的一种综合检测形式。在日常朗读活动中，决定朗读者朗读水平高低、朗读效果优劣的因素是多方面的。在普通话水平测试中朗读应注意以下几点：

一、语音要准确

普通话朗读是一项口头语言艺术，它除了要求应试者忠实于原作品，要求不添字、不漏字、不改字、不回读外，还要求朗读时在声、韵、调以及语句的表达方式等方面都符合普通话语音要求，要把普通话语音的标准和规范放在第一位，不能因为其他方面的要求而出现方言或忽略读音的准确性。

二、吐字要清晰

普通话朗读要准确地把文章的思想传达出来，除了读音准确外，吐字也要清晰。要防止把语流中间的某些字音“吃”掉，或字音读得含混不清。另外，朗读时语流音变的情况也较复杂，还有不同的语气和语调，这些都会影响到语音面貌的表现，因此，朗读时吐字一定要清晰。

三、语调要自然流畅

所说的自然流畅就是要避免“念字式”、“念经式”、“八股式”的朗读方式，注意停连、轻重音、语气和语调的变化以及情感的起伏，准确表现文章的语意。同时，也要避免"演戏式"的朗读方式，避免用夸张的声音或过分的腔调去表现作品的思想感情，要把握好表达情感的分寸，朗读绝不是朗诵表演。

普通话朗读检测的是应试者的普通话水平，朗读要在自然的前提下，做到语流顺畅，避免"磕巴"或"重复"现象的出现。最好的方法是在练习过程中，熟读大纲规定的60篇朗读作品，扫除文字读音方面的障碍。另外，朗读时视觉要保持一定的提前量，朗读时视觉的提前量一般是在3～5个字之间，这样使"眼、脑、口"并用，让"看→想→读"在瞬间先后完成，能够减少语误的发生。

四、语速要适中

应试者在朗读时，要适当把握好语速，语速过快则容易出现含混不清、发音不到位或将两个音节读成一个音节的现象，从而导致语音错误的增多，造成不必要的失分；语速过慢，则容易导致把语句读得支离破碎，造成言不达意、语意不清的现象。用普通话朗读时，语速以适中为好。这里的适中也是相对的，因为朗读作品时，既要考虑作品的体裁和内容方面的特点，也要遵守朗读作品规定的时间要求。

在《普通话水平测试大纲》中规定的60篇朗读作品中，有30篇记叙文和30篇论说文。一般来说，朗读记叙文的语速相对要慢一些，朗读论说文的语速相对要快一些。而记叙文有记事、记人两种。一般地说，记事要读得快些，记人要读得慢些。

五、把握作品的基调

基调是指作品的基本情调，即作品的基本态度和总的感情色彩。任何一篇作品都会有一个统一完整的基调，它是一个整体概念，是层次、段落、语句中具体思想感情的综合表露。把握作品的基调要从三个方面着手：一是了解作品的时代背景和作者当时的思想；二是认真阅读，把握作品的主题；三是依据作品的体裁特点，把握作品的内容和结构。在此基础上，朗读者才能产生出真实的感情和鲜明的态度，产生出内在的、急于要表达的律动。这样，作品的思想才能成为朗读者的思想，作品的感情才能成为朗读者的感情，作品的语言表达才能成为朗读者要说的话。

六、把握好语流中的重音和停顿

（一）重音

重音是指那些在表情达意上起重要作用的字、词或短语在朗读时要加以强调的技巧。重音是通过声音的强调来突出意义的，能给色彩鲜明、形象生动的词增加分量。重音有以下几种情况：

1. 语法重音

按照语言习惯自然重读的音节，叫语法重音。这些重音大都是按照平时的语言规律确定的。一般来说，语法重音不带特别强调的色彩。

2. 强调重音

强调重音是根据语句所要表达的重点决定的，它受朗读者的意愿制约而不受语法制约，在句子中的位置是不固定的。强调重音的作用在于揭示语言的内在含义。由于表达的目的不同，强调重音会落在不同的词语上，所揭示的含义和所表达的重点也就不一样。

3. 感情重音

感情重音可以使朗读的作品有较强的感染力和表现力，大部分出现在表现内心节奏强烈、情绪激动的情况。

（二）停顿

朗读时，表达语言的句子有长有短，语言结构也不一样。对于短句和结构比较简单的句子，按标点符号停顿即可；而对于结构复杂的长句来说，为了表意清楚，中途也可以作些短暂的停顿。但如果停顿不当就会破坏句子的结构，影响句子的内容，这就叫读破句。朗读测试中忌读破句，应试者要格外注意。

1. 标点符号停顿

标点符号是朗读作品时语流停顿的重要依据。其停顿规律一般是：句号、问号、感叹号、省略号停顿略长于分号、破折号、连接号；分号、破折号、连接号的停顿时间又长于逗号、冒号；逗号、冒号的停顿时间又长于顿号、间隔号。另外，在作品的段落之间停顿的时间要比一般的句号停顿的时间长些。以上停顿规律也不是绝对的，有时为表达感情的需要，在没有标点的地方也可以停顿，在有标点的地方也可以不停顿。

2. 语法停顿

语法停顿是句子中间的自然停顿。这种停顿是为了强调和突出句子中某些句子成分而作的短暂停顿。学习语法有助于应试者在朗读中正确地停顿和断句，准确地表达作品的思想内容。

3. 感情停顿

感情停顿不受书面标点和句子语法关系的制约，完全是根据感情或心理的需要而作的停顿处理，它受感情支配，根据感情的需要决定停与不停。它的特点是声断情连。

七、朗读测试前的准备

（一）认真分析每一篇短文

朗读测试前的准备主要在于平时的朗读训练，对测试规定的朗读篇目，要从语音、语调、结构层次、节奏、停顿、语速、感情基调等方面进行细致分析，做到心中有数。根据个人的情况去确定练习重点、攻破练习难点。

（二）熟读每一篇作品

应试者要熟读规定的每一篇作品，要边分析边朗读，边朗读边分析，对作品的内容才能有深刻的理解，做到对每一篇作品都烂熟于心。不要存在侥幸心理，不要存在押题、猜题的现象，要打有准备之仗。

（三）对照标准录音进行朗读练习

规定的测试篇目都有标准的朗读录音，应试者模仿其语音、语调、语速和节奏等进行反复练习，收效一定很快。只要我们做了充分准备，熟读了每一篇短文，测试时就会读出较高的水平。

第五节　命题说话测试指导

在普通话水平测试中，命题说话占有极其重要的地位（分值占总测试内容分值的30%或40%）。它是在测查读单音节字词、读双音节词语、选择判断、朗读短文这四项基础上的高难度的测试项目，而且在测试中几乎是即兴的，对表达的要求也是高水准的。它不仅考查测试者的语音、词汇和语法状况，而且考查应试者的各种综合能力和水平，如认识水平、知识结构、思维能力、语言素养、应变能力、心理素质等，尤其是准确的发音、丰富的词汇、语句的表达等。这些都是构成高分的基础。因此对应试者来说，是提出了更高的要求。

一、认真审查说话题目

说话审题和作文审题没什么区别，只是表达形式不同。审题是说话的第一步，首先要确定说什么，围绕什么中心和主题来说，同时要考虑选择哪些材料来表现中心和主题。

（一）审题要准

审题准确是命题说话的前提。例如“我的业余爱好”这个题目，中心词是“爱好”。什么是“爱好”？“爱好”就是自己喜欢做的事儿，它可能不止一种，应该选取自己做得最多、感受最深的事儿作为话题。而且这个“爱好”又是“业余”的，是工作学习之外的，这又限定了“爱好”的范围。

（二）立意要高

任何一个话题都可以从正面或侧面说明一个道理，给人以启示，使人得到教益。例如“父母与孩子的关系”这个话题，父母与孩子有血缘关系、亲情关系、良师益友关系等，不难看出，良师益友关系是人们所期待的。古代，孩子对父母是唯命是从，父叫子死，子不死即不孝。而今，无论是从亲情角度还是从人权角度，父母和子女的关系都应该是平等的、互助的。这样的立意就比较高。再如“我的一个梦想——走遍天下”，不是看景，不是游山玩水，而是读万卷书，行万里路，且仁者爱山，智者乐水。无论说什么话题，都应该激励或告诫人们正确为人处世、立志敬业、崇尚真善美的境界，摒弃那些低级庸俗的或假丑恶的东西，这就是所谓的“立意要高”。要学会在立意中给自己找出一个相对完善并且使人信服的理由。

二、分类审查说话题目

普通话水平测试用话题为30则，这不是对话题具体内容的规定，而是对话题范围的规定。给这30则话题分类，无外乎记叙类和论说类两类。记叙类分为记人物、记事件、记生活、记所爱四种；论说类分为论人、论事、说明三种。

（一）记叙类话题

记叙类的话题比较容易说，所以，在两个选题中，应试者常常选择记叙类的话题来说，只要你确定了说话的主题和中心，再围绕主题和中心将话题展开，交代清楚时间、地点、人物、事件过程、原因和结果等记叙要素，说满3分钟是很容易的。例如，“一个愉快的假日”：在记忆搜索中，飞快锁定“一个假日”，这个假日必须是“愉快”的，在时间、地点、人物、事件（景物、场景）、感受等的描述中，五官的惬意、感觉的美好、心灵的熨帖等也在说话的语言中表现出来了。

（二）论说类话题

一般来说，论说类话题相对有些难度，但只要掌握了说话的方法，就能说得很好。论人、论事、说明的话题，在说话的时候，应试者首先要有自己的观点和说明中心，其次围绕观点选择证明观点和说明中心的材料，最后对材料进行总结概括，用强调自己的观点来扣题。例如，“谈谈社会公德”，首先要确定“谈”，然后诠释“什么是社会公德”，阐述为何要遵守社会公德，如何遵守社会公德，人们的道德底线是什么，人们追求的最高标准是什么，社会公德和社会进步有何关系等，最后强调一下自己的态度。这个话题就说得很完整了。不是无话可说，而是确定说什么，怎么说。总的来说，记叙类的话题要“有内容”，论说类话题要“有思想”，这是我们分类后要把握的。

三、编写说话提纲

在选定说话题目之后，就要确定说什么和怎么说的问题，这也是审题立意的过程。要想围绕主题把话说得有层次、有条理，最好的方法是编写简单的说话提纲，确定自己“要说什么、为什么要说、选择哪些材料来说”。

例如，“我喜欢的一个季节——春季”，提纲编写如下：

①先由你想到的古诗句引出话题。

古人赞美春天的诗句很多，你可选择一两句引出话题。如：“随风潜入夜，润物细无声”；“日出江花红胜火，春来江水绿如蓝”；“阳春布德泽，万物生光辉”；“阳春二三月，草与水同色”；“不知细叶谁裁出，二月春风似剪刀”；“喧鸟覆春洲，杂英满芳甸”……

②找到一个说话的角度切入话题。

如，说明一下我喜欢春天的原因，即春天是一个万物复苏的季节。

③展开丰富的联想和想象。

用叙述和描写的语言，描绘出春天的自然景色和特点，这些景色让我们联想起新生和希望。春天又是播种的季节，让我们联想起诞生和成长，企盼着成熟和收获。

④抒发自己的真情实感。

春天，一切都是新的，它富有生机和活力，一切都令人向往。

四、说话必须遵循口语化的原则

说话不是朗诵，也不是朗读，更不是背稿。说话要遵循口语化原则，比如，“母亲”就是书面语，“妈妈”就是口语。口语通俗易懂，也便于说。说话时应尽量使用短句，尽可能做到通俗易懂，而不使用长篇大套的书面语，以免引起“背稿”之嫌。即便准备极其充分，内容“倒背如流”，也应像“唠嗑”一样讲述出来。

五、说话的要求

普通话水平测试中的说话，类似于命题作文，上面我们谈了内容上的要求，在此我们谈谈说话的要求。

（一）语音自然

这里所说的自然，就是不局促，不勉强。用一句通俗的话说就是不装腔作势，不矫揉造作（阴阳怪气）。不刻意去改变自己原来的声音，而是保持自己声音的原貌。这样才能做到真实、自然、有感情。

（二）言之有物

言之有物就是在切合主题的前提下，说话内容要充实、饱满。3 分钟的时间虽然说不了太多的内容，但是应该说些什么一定要把握好。对于记叙类的话题，交代清楚人物（或事物）的几大要素即可，使人们对人物（或事物）的来龙去脉有个清楚的了解；对于论说类的话题，一定要阐明自己的观点（或态度），并说明理由（或原因），让你的观点能信服于人。

（三）避免出错

说话的时候，要有充分的准备，才能心中有数，做到语言流畅，避免出现语言错误。测试实践告诉我们，出现重复、结巴、拖长音儿、口头语等毛病，常常是在训练不够或没有准备好话题内容的情况下出现的。所以，充分的准备是避免出错的前提。另外，要克服紧张情绪，没有人要求你在 3 分钟之内说多少字，因此，你要尽可能从容不迫地说，这样，出错的概率就会大大降低。

（四）克服方音

通常情况下，应试者在朗读时能够很好地克服方音，但到了“说话”时就很难做到了。说话时克服方音，应该在平时训练时加以注意和练习，否则到了考场，无论如何注意，也难以克服。

另外，就是要克服“土语”。要想不暴露或少暴露自己的方音，要注意克服方言土语。例如，同样含意的一句话，“花儿真好看啊！”就比“花儿好好看啊！”要好一些。

（五）吐字要清晰

说话时，吐字清晰是一个基本要求。说话的感情色彩是要靠吐字的清晰和声音的抑扬顿挫表现出来的。叙述和描写要有高低快慢、轻重缓急之分，议论和抒情要感情坚定、重音突出。

（六）用词要准确

在说话的过程中，用词准确是让人能够听明白的前提。这主要从如下两方面注意：一是说话句子要短，这样听起来既省力又清楚；二是不要出现歧义句。有些句子写在纸上，一看就懂，但是说出来就容易产生歧义。例如：“大家最后投票表决，结果是全部同意。”这里的“全部同意”和“全不同意”在语音上毫无区别，就产生了歧义。

（七）结构要完整

话题的开头、话题的主体内容、话题的结尾三部分，要合理安排。不能大头小尾，也不能有头无尾，更不能“跟着感觉走”，想到哪儿说到哪儿。最好的文章结构应是纺锤形的，两头尖，中间宽，说话的内容也应该如此。开头做到入题，主体要丰富饱满，结尾要点题或扣题。这样的结构才是完整的。所以在准备说话提纲时就应该考虑内容的分配和结构的合理与完整。

第四章

普通话水平测试训练材料

第一节　单音节字词

1.

拔　败　崩　背　并　跑　漂　偏　谋　盲　民　明　摸　飞　分　峰　复　得
抵　掸　东　踏　贴　团　推　难　农　扭　拧　女　乐　压　柳　脸　令　吕
给　干　关　光　公　恳　落　快　空　获　怀　欢　黄　基　奸　今　江　决
绢　恰　枪　屈　圈　穷　西　虾　些　相　寻　雄　抓　促　准　庄　吃　超
禅　穿　筛　伸　生　摔　谁　饶　如　锐　软　自　邹　足　尊　擦　草　错
缩　桑　虽　额　而　暗　娃　翁　云　月

2.

碑　胞　蚌　判　撇　瞟　拼　镁　蜜　棉　非　份　房　幅　沓　逮　档　敌
苔　梯　艇　纳　闹　蝻　拈　您　女　聊　溜　粱　令　落　够　干　跟　瓜
乖　逛　供　克　拷　槛　夸　厚　画　环　红　假　节　揪　姜　精　绝　捐
均　俏　秦　瘸　群　锡　夏　先　许　悬　胸　遮　值　睁　追　撞　中　插
常　踹　船　啥　笙　顺　惹　纫　扔　如　润　灾　字　咱　脏　坐　罪　钻
猜　草　层　腮　粟　索　鸥　握　剜　涌

3.

碑　翁　绑　二　擦　粽　拨　孪　滑　贡　枷　蚊　盆　任　歪　瞟　烟　抿
塑　幕　闻　贬　绰　否　蹲　撤　拍　选　搜　防　轴　鹅　孔　撇　萨　雄
操　疼　崽　填　诅　优　囊　湍　渺　泉　捺　兑　仍　聂　妻　蓬　渐　刁
染　率　羊　铝　驰　略　丞　匪　根　怪　伤　字　凛　抓　疆　饶　德　卷
暖　直　页　猜　豁　穷　幌　犀　弘　挺　记　许　伞　喂　汗　渠　凉　拷
拧　括　亏　军　刷　丢　鸭　广　倔　群

4.

北　饱　奔　编　并　畔　片　品　颇　马　某　密　面　目　发　饭　方　服

爹 丢 定 吨 桃 推 糖 同 内 鸟 牛 酿 耕 归 光 开 肯 夸
宽 困 黑 怀 唤 荒 虹 极 假 绝 捐 君 翁 车 吃 秤 冲 小
学 悬 寻 兄 上 声 刷 帅 顺 双 肉 人 让 仍 字 走 最 侧
菜 洒 四 素 锁 而 雨 沧 切 桥 亲 清 穷 扎 知 章 助 专
女 来 理 俩 流 良 绿 格 高 根

5.

表 排 满 米 懂 塔 头 铁 女 暖 类 俩 练 临 亮 井 国 关
光 快 九 响 雄 追 吃 创 冲 闪 上 日 忍 仍 弱 则 钻 采
色 云 用 纯 诽 瞥 评 复 垮 唤 荒 搅 俊 掐 史 荣 暂 租
尊 辞 操 蹭 似 散 俗 耸 挨 袄 温 呀 烟 瓦 畏 源 蚌 啪
碑 沓 档 淌 佟 逆 妞 宁 虐 铐 鹤 表 俏 秦 曲 确 习 宣
浙 赵 郑 朱 踹 余 勺 闩 挠 逮

6.

涌 穷 俊 全 寻 挽 阅 宋 绝 徐 隋 魏 存 荒 孔 广 童 女
略 区 尊 催 涮 追 唤 团 破 夸 伙 抓 索 乳 邢 骨 丙 伏
偏 凉 面 响 仅 碾 丢 秒 六 挑 界 萧 聂 米 憋 敌 嘣 尼
郑 舱 呈 刚 分 档 膀 枕 谈 纫 槛 否 扇 抽 奏 绕 偶 考
非 恼 胞 雷 黑 才 晒 二 辞 苔 日 买 志 白 啪 增 沓 则
克 哈 乖 色 踹 舌 银 鸡 俩 柳

7.

飞 份 丢 喝 装 仲 宽 酸 抽 白 别 田 停 穷 雄 狼 米 可
俩 嘴 加 捆 来 冷 抢 使 庙 面 定 略 统 后 下 矿 借 进
靠 自 刺 而 赶 瞥 刁 均 瓜 播 娘 悬 权 寻 良 雷 池 容
品 女 梢 广 笋 怎 惨 要 饼 采 毁 泛 挖 恋 就 票 拽 嘣
苔 梯 胞 欧 苏 囊 肖 薛 朱 揣 蛹 襄 尼 泞 舌 徐 脑 槛
哑 褶 蚌 纳 懦 臊 涩 拓 纫 郑

8.

玻 篇 乒 每 妙 丢 蹲 台 汤 贴 扭 您 女 聊 冷 绿 略 搁
款 咳 滑 劲 群 穷 雄 臭 稍 甩 认 人 肉 则 综 次 踩 私
所 酸 阿 拥 憋 秉 撇 贫 鸣 敷 酿 晾 肯 狠 晃 宏 驾 侵
锡 训 诈 挣 粥 纯 冲 史 擅 要 凑 损 讹 而 翁 孕 斐 饭
讽 佛 敌 填 念 乖 广 铐 铿 决 卷 诠 职 场 追 闯 绕 染
邹 脏 攒 压 羊 罪 问 遇 月 选

9.

把 背 旁 坡 马 门 木 肥 蜂 定 填 腿 女 来 略 刮 快 捆
孔 吼 胡 花 加 决 请 穷 指 拆 船 闯 蛇 甩 霜 日 软 辞
菜 促 村 丝 鞭 拨 批 梅 否 断 嫩 娘 乐 劣 邻 拢 钩 广
糠 悔 就 筋 君 恰 腔 权 池 绒 总 叁 贰 优 翁 匀 镖 嘭

瞟 裆 塌 瘫 笼 尼 聂 凝 铸 槛 鹤 妾 蛆 刁 肖 囊 絮 癣
兄 则 辙 枕 郑 浊 踹 邹 索 孙

10.

座 转 岁 所 数 日 吃 冲 次 团 围 却 穷 秋 牛 灭 看 渴
静 解 喊 海 贵 方 肥 点 刀 八 册 而 给 女 下 块 卷 群
军 坡 首 寸 罪 着 子 庄 溶 熊 悬 屯 乳 品 娘 鸣 铝 抡
瓜 蜂 播 值 代 抠 牢 善 任 棚 闷 塘 甲 掐 晃 翁 屈 舔
潘 习 苏 瞟 秦 跑 揣 尼 啃 姚 旬 薛 佟 鹤 萧 武 蔫 镖
蛙 杨 沓 扎 晕 邹 爷 辙 赵 御

11.

爸 白 辈 报 闭 边 播 屁 聘 朴 枚 某 蒙 眯 蘑 凡 分 风
得 点 订 断 塘 艇 腿 内 捏 娘 科 溜 邻 抡 绿 个 干 更
骨 光 开 口 夸 亏 化 怀 慌 家 街 九 镜 孙 桥 钱 亲 枪
缺 圈 穷 下 续 学 苟 凶 抓 拽 转 重 查 吵 场 十 审 竖
热 揉 人 自 糟 钻 参 藏 村 四 锁 虽 阿 而 挨 哑 叶 要
游 样 外 问 往 寓 约 原 运 群

12.

爹 逼 表 驳 排 跑 胖 乒 眉 谋 慢 钞 飞 愤 逢 丹 当 倒
甸 天 团 吞 你 娘 捏 女 累 冷 邻 论 略 哥 改 够 瓜 过
鬼 苦 快 昆 河 划 坏 荒 基 价 姐 筒 江 景 剧 俊 求 亲
清 取 缺 劝 裙 穷 虾 虚 选 熊 追 转 中 茶 车 产 承 出
串 创 少 深 树 要 谁 热 日 仍 子 脏 总 擦 菜 草 扫 素
缩 阿 爱 呕 恩 牙 爷 有 痒 歪

13.

罢 闭 备 标 遍 批 陪 漂 骗 坡 媒 密 妙 非 否 讽 道 丢
垫 堆 赔 条 添 推 男 纽 您 娘 拧 俩 流 淋 玲 亮 格 管
棍 光 供 刻 扛 快 筐 孔 赫 海 欢 混 黄 红 家 景 飞 阿
晴 取 确 裙 陷 计 宣 讯 琼 直 柱 抓 拽 赚 吃 潮 程 初
丑 船 绍 树 耍 说 帅 睡 肉 忍 扔 仔 葬 怎 增 擦 刺 蚕
窜 艘 森 嗓 儿 爱 袄 安 呀 愿

14.

杯 棒 别 标 疲 茎 漂 泼 麻 勉 鸣 黑 否 奋 佛 挡 跌 店
动 讨 题 跳 田 耐 嫩 纽 狞 农 拦 力 吝 绿 搁 勾 根 贯
渴 靠 坑 况 黑 华 坏 晃 计 洒 肩 讲 均 炯 桥 亲 驱 全
裙 夏 象 刑 雪 悬 炸 站 拽 准 迟 敞 喘 哨 删 尚 甩 栓
日 忍 软 闰 熔 杂 秦 憎 足 策 采 存 死 赛 扫 速 梭 穗
鹅 贰 呕 牙 耀 挖 伟 翁 阅 拥

15.
拔 跑 摆 喷 病 坡 码 煤 肺 翻 浮 呆 胆 躺 疼 能 扭 您
女 梨 临 谅 乱 绿 草 拐 滚 逛 渴 跨 花 激 解 群 日 字
如 操 鹅 而 标 谋 抹 溜 狂 横 糊 唤 桨 绝 俊 掐 嵌 券
峡 形 悬 凶 专 兄 冲 顺 若 秦 葬 总 次 凑 丛 吻 啪 裆
苔 舔 恼 宁 农 窘 妾 俏 谢 蛆 薛 痣 枕 浊 揣 邵 申 笙
纫 擞 臊 苏 隋 拥 伪 蛙 秧 姚
16.
颇 摸 跌 刮 缺 猜 丢 脏 跟 扔 牌 名 临 瓶 决 雄 池 谁
乘 丛 板 赌 女 俩 吵 傻 铝 惹 紫 甩 骂 肺 跪 矿 坏 困
进 划 肉 醋 疤 撇 吞 慌 蒸 棉 罚 敌 颊 旋 足 瓷 俯 挑
垒 卡 娶 犬 惨 笋 涌 蜜 跺 料 钙 俊 镇 蒜 貳 翁 胞 屉
浆 矽 薪 揣 邹 腌 膛 佟 郓 蔷 蛰 浊 隋 蛹 槛 剿 冼 蚌
嘣 挠 拗 鹤 惬 痣 涮 纫 臊 蔓
17.
病 骗 坡 美 份 副 岛 土 腿 流 练 拐 口 孔 挥 火 换 脚
仅 讲 掐 群 穷 写 新 雄 装 正 尺 吵 唱 输 水 软 弱 脏
擦 猜 岁 而 眯 棉 罚 封 佛 但 吞 梁 旅 沟 裹 坑 汇 虹
佳 捐 疮 柔 籽 栽 最 窜 瓷 额 跃 翁 瓦 迎 因 游 碑 胞
判 瞟 档 舔 尼 农 虐 克 妾 秦 徐 癣 枕 痣 铡 踹 石 勺
耍 纫 鳃 苏 孙 伪 旺 吾 剜 晕
18.
操 拔 改 鹅 掷 凝 湍 女 遍 洞 翻 瓣 拟 爱 仓 器 矫 晾
叠 涩 假 翘 峡 傲 贼 雄 选 略 拱 缓 陪 悼 冉 晕 亏 闷
否 根 恒 筑 菜 蝉 照 港 鸟 柳 扶 瀑 勤 赠 尝 雅 滑 弥
黑 弯 忍 坠 顺 创 英 诉 睡 柔 邻 奖 破 谬 师 脏 偶 紫
铁 册 霜 祟 窜 孙 聚 受 碎 活 拼 考 播 卷 嘴 渠 挡 填
刮 辣 梦 屯 矿 许 柴 尊 软 群
19.
扒 白 绑 别 牌 抛 票 贫 破 买 门 梦 描 费 坟 缝 腹 捣
蹬 滴 堵 蹄 跳 摩 腿 内 碾 酿 宁 懒 零 卵 轮 略 够 瓜
乘 广 炕 夸 亏 狂 核 黑 悔 烘 忌 佳 揭 举 均 恰 且 嵌
劝 穷 绣 序 学 选 逊 蛰 值 毡 终 插 池 初 闯 审 绳 刷
衰 热 然 若 瑞 字 走 钻 尊 擦 测 草 藏 搜 酸 索 而 纺
印 眼 秧 赢 畏 温 翁 与 元 永
20.
打 词 授 商 别 呛 默 湍 丛 扎 杯 咱 崩 镖 翔 佛 暖 渴
跄 藕 绳 渺 冰 朵 该 砸 内 盘 扔 掉 命 扯 捞 慢 地 柳

开 配 体 蛮 钞 然 册 饶 尺 耳 偷 莽 歇 寝 要 随 隆 穷
庸 材 否 忍 杰 谨 花 嘴 疮 询 臊 趁 吓 宾 挂 匮 撞 君
痕 嘉 年 苏 推 寸 远 例 典 楚 甩 纯 劝 求 胡 拽 准 学
姑 怪 昏 虐 左 顿 菊 酸 覆 翁

21.
派 陪 飞 拆 忙 久 染 讲 组 行 擦 采 皮 飘 别 给 贴 风
疼 待 跌 而 日 丢 刚 龙 装 光 临 夹 刮 抓 穷 金 妙 孔
最 田 上 穿 伴 奔 播 麻 吼 狠 糊 吞 论 抹 伐 翁 曰 娘
乖 捐 掐 亲 拽 撕 利 灵 卡 抗 核 揣 触 操 灶 熊 碑 潘
肖 褪 恼 蛰 枕 朱 熟 扇 囊 尼 拈 宁 农 闩 纫 扎 邹 涩
虐 蛆 冼 婿 薛 臊 苏 鸥 邬 晕

22.
搜 瓜 箱 乖 栓 翁 飞 拆 黑 收 通 秋 花 慌 窗 摸 辞 棱
结 颊 绝 霞 狂 熊 粱 熔 儿 凡 层 连 讲 浮 团 悠 群 穷
审 纺 缓 挺 涌 尺 镁 买 给 草 染 此 俩 左 嘴 世 泡 众
券 密 剧 俊 训 凛 这 册 色 略 自 定 跨 逗 破 却 瘫 档
嘭 肖 拈 腌 朱 揣 宣 苔 浊 尼 刑 随 徐 槛 枕 纽 损 涌
蚌 郑 狃 啮 恽 妾 俏 帅 塌 耷

23.
碑 绷 坯 呆 吞 蔫 割 官 开 军 熏 抓 拆 操 缩 虽 松 挨
肮 歪 剜 翁 囊 贫 凭 麻 谋 门 逢 幅 农 蓝 留 族 晾 轮
扛 含 怀 黄 绝 权 穷 习 雄 啄 拾 谁 饶 绒 旋 曾 缘 晕
枚 表 簸 捣 点 讨 淌 舔 妥 鸟 纽 女 领 砍 酒 且 抢 雪
此 法 乳 灭 墨 剃 那 嫩 练 逛 克 跨 嫁 浸 聚 夏 质 臭
颤 顺 日 自 揍 醉 二 业 誉 越

24.
光 跌 贴 挑 兵 捐 君 兄 追 吃 黑 逢 聊 鸣 娘 穷 全 群
皮 防 仍 扭 滚 抹 米 女 死 软 念 爸 略 矿 混 块 晒 挂
破 日 费 太 栓 掂 腔 枝 抛 牌 询 悬 怀 颊 淋 格 核 财
麻 旅 品 卜 垮 史 此 子 掌 断 税 泻 触 踏 奏 盗 心 餐
森 班 胚 瞎 惟 闻 亡 责 沉 常 潜 邮 来 晚 首 总 扫 赶
苦 起 久 许 夜 造 判 热 控 虐

25.
放 腹 叫 建 京 析 枪 怯 羞 夏 详 匈 闹 男 纽 骚 森 涩
尚 曙 爽 税 翁 夜 引 胃 惹 荣 润 家 辨 搏 苍 惨 蹭 丑
迟 充 段 陡 爹 钩 惯 乖 虹 患 祸 狂 啃 库 挎 利 良 恋
抡 瞒 枚 棉 苗 翁 赔 盐 评 桶 吃 推 脱 在 杂 真 章 醋
摆 取 决 雪 选 全 群 军 饿 蹲 走 造 党 串 等 逢 滚 改
赶 匹 嘴 保 表 采 女 搭 临 抓

第二节 双音节词语

1.

榫眼	菠菜	朋友	撇嘴	贫穷	玫瑰	否定	方案	奉劝	冰棍儿
夫人	他们	团圆	同学	女儿	虐待	雷雨	凉快	轮船	面条儿
歌曲	挂号	靠近	口诀	轻松	婚礼	红茶	几乎	骄傲	春卷儿
久仰	军师	恰当	下课	选择	迅速	雄壮	沮丧	战局	一点儿
爪子	钟头	尺度	创新	少年	率领	仍然	作业	草丛	撕破

2.

刺激	后边	挑拨	赔偿	快跑	品种	揭穿	充分	月饼	有门儿
脂肪	虐待	斗争	尸体	餐厅	通讯	酿造	儿女	迥然	差点儿
辛劳	留学	乘凉	混乱	哑巴	掌管	光泽	可以	挖苦	大伙儿
玫瑰	亏损	爱护	危急	人家	法子	衰竭	耍奸	案卷	好玩儿
乔装	情愿	穷酸	允许	东西	创伤	存在	错误	思索	多少

3.

摆设	保证	反抗	便条	漂泊	贫嘴	美学	灭绝	转向	刨根儿
发泄	导游	土地	能耐	牛犊	懒散	旅馆	家境	痈疽	快板儿
卷宗	军事	气性	穷困	训斥	雄姿	墨汁	抓瞎	粗粮	冰棍儿
装点	查获	揣测	床单	柔顺	人们	荣华	贼心	凑合	打嗝儿
存放	送命	儿戏	安全	昂贵	外貌	丧服	春饼	日后	说头儿

4.

便宜	棉花	玻璃	粉笔	迅速	运输	愿望	熊猫	儿童	巧劲儿
测验	地球	出发	车站	工程	开始	能够	思想	节约	那会儿
学习	破坏	讲究	穷人	灿烂	刊登	空白	定点	品质	被窝儿
偶然	商讨	增援	滋长	权威	爽快	零碎	佛教	洒脱	做活儿
晓得	软骨	矩尺	草拟	昆曲	平川	暴虐	春假	贴切	抓瞎

5.

堡垒	本领	手表	飘落	产品	铺床	窘迫	美容	杂拌儿	扇面儿
聪明	放松	全副	草地	打量	耳朵	推广	处理	老头儿	墨水儿
扭转	旅馆	掠取	国王	可贵	书刊	喜欢	损坏	走调儿	罪证
合作	滑雪	厂家	瓦解	锐角	夸奖	洽谈	外省	小孩儿	傻劲儿
上算	认为	歪斜	恶心	质朴	勋章	勇敢	能耐	债券	私人

6.

雪白	此后	所有	否认	加强	民俗	色盲	发作	缺漏	纳闷儿
起草	举动	检讨	撤退	开始	虐杀	绕嘴	圈子	荒僻	冰棍儿
水果	公债	叛变	花园	防空	宽容	咏赞	璀璨	欢快	抓阄儿

率领	损坏	姑娘	漂亮	状态	下等	军队	足球	尿床	心眼儿
处理	证明	热烈	非常	耳朵	许配	挑逗	训斥	兄弟	饱嗝儿

7.

请帖	所有	勇敢	学者	穷苦	女人	网球	冷门	揣测	豆角儿
损害	羞耻	商品	热烈	开眼	偏转	生殖	捐赠	公路	绕远儿
香肠	山区	飞溅	风华	雄厚	塑造	临床	皮肤	桥梁	奶嘴儿
轮船	盘剥	霉菌	扩大	发挥	阅读	存在	洽谈	儿戏	刀把儿
蔑视	疼痛	群众	从前	坏死	困难	错误	家伙	爪子	规矩

8.

品种	扭转	卷尺	脑袋	财主	饥荒	反对	海员	勾引	拔尖儿
女墙	窘迫	揣测	旅游	粉丝	风景	提升	个人	棉花	走调儿
没错	上马	区别	坑道	入托	自由	囊虫	塑像	跨越	干活儿
胸怀	散步	恰当	供词	儿童	开幕	军营	阑尾	创新	一溜儿
飘洒	抹杀	断绝	下列	敦促	燃料	勋章	偷闲	湿润	暂行

9.

赔偿	灵敏	飞跃	宁可	穷苦	誓言	捐款	谦逊	协作	哥俩儿
层次	元素	运算	白菜	身边	名胜	军队	全体	汉字	聊天儿
球网	思想	剖析	佛门	红娘	虐杀	归拢	抓住	行话	打盹儿
倔强	邮船	家族	衰落	肉松	仍然	产品	旅馆	而且	墨水儿
保存	女皇	否认	讨论	挑战	炮仗	忙乎	能耐	勤快	汹涌

10.

考究	活泛	风水	把守	审美	可取	配合	黑板	军队	岔道儿
乳胶	雪山	扫雷	左面	本子	马路	日程	而且	屡次	顶事儿
皮肤	夏天	加工	进行	钻研	光辉	缺少	宣传	调换	刨根儿
训练	院长	胸怀	穷人	控诉	农村	热心	猛烈	逆流	透亮儿
宁肯	夸奖	花朵	波浪	陌生	拐弯	虽然	纯粹	尊重	窗台

11.

记得	叫唤	欺负	清楚	采访	省长	反馈	取消	胸怀	大伙儿
雪白	本着	旅行	军事	从而	创作	抓紧	磁带	撇嘴	老头儿
配合	迫切	足球	山脉	签订	沉默	原来	运输	林场	烟卷儿
灌木	贵宾	夸奖	纽扣	播送	瘟神	永别	统帅	流窜	差点儿
灭绝	恰似	虾米	僧徒	染色	铲除	扰乱	敦厚	光照	抽象

12.

管教	滑溜	风水	儿子	可取	鬼脸	草本	雪山	毁灭	刀把儿
扫盲	抢渡	养活	亏损	纯粹	掠夺	会计	窃听	出口	纳闷儿
拐弯	洽谈	发展	内行	团长	皮肤	尊重	贫穷	仍然	透亮儿
窗台	允许	公司	破旧	白天	国家	东西	准确	困难	送信儿
背后	女人	钢笔	吃饭	青年	生命	参军	推广	迅速	英勇

13.

事物	否则	衣服	马虎	听说	春天	从而	漂亮	陪衬	面条儿
人民	内容	难过	勇敢	翅膀	山区	战胜	军队	溜达	聊天儿
挂号	制品	捣乱	灯笼	表彰	模型	扑克	扭转	快速	板擦儿
恐惧	寻求	撒谎	夸奖	司法	苟且	筛选	出嫁	彩霞	大伙儿
日后	学子	残缺	迥然	穷困	揣测	双轨	魂魄	勇敢	烟卷儿

14.

批准	活泼	状态	日报	胸膛	难怪	模范	祖国	秋耕	面条儿
黑暗	旅游	兑换	查明	状态	耳朵	广场	可靠	牛奶	小孩儿
隐藏	识别	表情	喷射	贫乏	废墟	风格	低劣	推测	年头儿
女子	操练	捐款	夸奖	存货	昏厥	假如	恰似	穷人	玩意儿
洗刷	夏收	晕眩	转让	综述	虐政	懒散	军粮	吃亏	纳闷儿

15.

防洪	讲稿	脚掌	亲家	取景	犬马	想头	显灵	如果	窍门儿
肆虐	辅音	痱子	认罪	拜会	怀孕	破除	扑灭	穷苦	冰棍儿
陌生	诞辰	灯笼	特色	团聚	雄壮	内政	怒火	而且	纽扣儿
判断	篮球	快乐	化学	至今	世界	商场	散步	少年	小辫儿
总统	参观	采购	夏天	挂号	广大	操心	军队	昏迷	绕远儿

16.

秋天	确定	昏迷	军队	迅速	雄壮	勇气	宣布	全体	旦角儿
黄油	率领	抓紧	挂号	将来	接到	困难	丈夫	狮子	说头儿
遵守	预告	而已	罪行	武装	采纳	破产	辞职	磋商	打鸣儿
责怪	缩小	脉搏	扰乱	场地	仇恨	别扭	火警	考勤	裤兜儿
美容	披甲	恰如	漂亮	存根	丰碑	年终	旅馆	己任	缆绳

17.

痛恨	狂风	远方	尊严	价钱	所得	略微	霸占	走私	纳闷儿
笼罩	爽快	好感	越过	病毒	春节	军队	突然	革命	差点儿
描写	熊猫	热心	环境	女人	拥护	存在	下班	全体	聊天儿
平等	大陆	姑娘	困难	邻居	迭起	谋划	彩绘	罚球	枪子儿
修饰	暖色	非议	勤务	捧场	顶嘴	草纸	揣测	击破	星空

18.

品种	底下	确定	春节	军事	选择	儿童	随便	增长	有点儿
白天	革命	快乐	光荣	洗澡	判断	数量	餐厅	航空	裤衩儿
发觉	笼子	恼火	嘱托	权限	群体	核心	梦想	驳斥	纳闷儿
岗位	所在	筹备	授予	存款	强人	绿肥	家访	泥鳅	小曲儿
满员	迥然	跑鞋	穷酸	教改	挂面	黄豆	话头	怀抱	磁带

19.

选举	允许	广播	雪花	女郎	痕迹	软磨	准则	快乐	白干儿

尺寸　养护　苤蓝　你们　斧头　免得　玫瑰　多少　香蕉　木橛儿
那个　病房　疲劳　贫嘴　平常　调查　太空　停留　内容　爆肚儿
夸大　矿山　欢送　假条　恰好　缺陷　劝说　群众　穷酸　藕节儿
信任　支撑　正在　词典　撒手　儿童　妖风　庸才　增设　资金

20.

小丑　打扮　法院　慈祥　请帖　知道　乘客　附和　暖和　纳闷儿
扭转　兆头　河流　而且　所有　热乎　长者　巧妙　算数　走神儿
鼓舞　灯笼　豆角　彩色　破旧　祖宗　墨水　天鹅　训练　没事儿
改正　捐献　敞开　频率　存在　冰雪　内容　停泊　雄伟　一会儿
确凿　尽管　遵守　昆虫　干净　中餐　私人　谦让　批准　处理

21.

气象　容易　君子　感谢　宣传　创作　邻居　特别　群众　墨水儿
率领　牛奶　怎样　抓紧　夸奖　怀念　后勤　确认　狭窄　冰棍儿
磁铁　捐款　瑞雪　摧残　色彩　配乐　漂流　平素　僧徒　打嗝儿
蒙昧　佛手　换算　放置　探险　嫩绿　窘迫　海港　口语　小曲儿
考察　挑战　耳朵　朋友　萝卜　母爱　豆腐　导师　顺利　雄壮

22.

风水　萝卜　活泛　铁塔　把手　草莽　转身　乳胶　出口　纳闷儿
眼帘　扫描　软化　小气　儿女　自发　制品　持续　洽谈　抓阄儿
刺激　色彩　亏损　掠夺　窃听　群岛　矿山　拐弯　留学　透亮儿
白天　盼望　国家　命运　东西　高原　空中　困难　签订　个头儿
配合　背后　钢笔　增长　牛奶　讲座　绝对　全面　熊猫　旅客

23.

背面　残疾　斗篷　哪里　小组　首长　发展　思想　熊猫　老头儿
总督　狠心　考官　垦荒　改装　耳光　可能　旅行　画片　冰棍儿
扫除　匪徒　传染　柔软　奶娘　怀表　彻底　敏锐　恰巧　出圈儿
所在　选派　失业　结婚　快乐　绝对　上学　曾经　据说　面条儿
运动　原因　双方　吹牛　外婆　特长　俊秀　穷困　抓瞎　鼻梁儿

24.

胆子　地方　清楚　唾沫　匪徒　海滨　观看　脑筋　曲线　有点儿
强化　全体　学科　小鬼　仍旧　恶劣　恳求　反对　平均　老头儿
旁边　试卷　年代　觉悟　明亮　综合　庄稼　训练　英雄　冰棍儿
许多　广播　承受　不才　别离　勇猛　怪罪　侧记　下肢　顶牛儿
怀表　儿孙　刷新　丧钟　赛车　哄然　栓塞　美味　人力　粉笔

25.

把守　害怕　跑马　下达　符合　制度　食品　宣传　女墙　纳闷儿
南边　板眼　若干　旬刊　根系　盲人　让步　灯光　捐赠　差点儿
资料　磁带　而后　态度　非常　损耗　略微　奋斗　纽扣　年头儿

阶层 匹敌 家庭 区别 粮票 邻国 棉花 月球 雄心 这会儿
冰砖 尊敬 送行 窗户 快速 拨款 窘迫 衰退 瑞雪 军装

第三节 选择判断

1.

（1）读出每组词中的普通话词语。

（注意：下列每组词语表达同一概念）

①洋葱 洋葱头 ②灶头 灶
③信壳 信封 ④太婆 曾祖母
⑤努力 巴结 ⑥泡汤 落空
⑦生病 生毛病 ⑧地基 地脚
⑨猪手 猪爪 ⑩爹爹 父亲

（2）给下面的名词搭配量词（例如：一条——鱼）。

辆 个 只 副 条

杯子 蝴蝶 马车 苍蝇 手绢儿 地图 尾巴 画 馒头 汽车

（3）说出符合普通话说法的句子。

（注意：下列每组说法表达同一意思）

①A. 这事我一人干，你不用动手了。 B. 这事我一人干，你不用上手了。
②A. 他比你不上。 B. 他比不上你。
③A. 我真高兴。 B. 我老开心了。
④A. 冷冰冰。 B. 冰冰冷。
⑤A. 火车快来了。 B. 火车来快了。

2.

（1）读出每组词中的普通话词语。

（注意：下列每组词语表达同一概念）

①花生 长生果 ②汤壶 汤婆子
③信壳 信封 ④脚爪 爪
⑤上装 上衣 ⑥折断 拗断
⑦灶 灶头 ⑧白粉 白面儿
⑨爽气 爽快 ⑩珍珠米 玉米

（2）给下面的名词搭配量词（例如：一条——鱼）。

堆 只 条 家 个

瓶子 黄土 鸡蛋 鸟 蚕 草 香蕉 黄瓜 报社 商店

（3）说出符合普通话说法的句子。

（注意：下列每组说法表达同一意思）

①A. 我可以进来吗？ B. 我好进来吗？

②A. 他平时不乱花钱，很做人家。　B. 他平时不乱花钱，很俭省。
③A. 时间太晚，超市打烊了。　B. 时间太晚，超市关门了。
④A. 他长得真高。　B. 他长得老长的。
⑤A. 你唱，我帮你伴奏。　B. 你唱，我给你伴奏。

3.

（1）读出每组词中的普通话词语。
（注意：下列每组词语表达同一概念）
①发寒热　发烧　②洋葱　洋葱头
③罩衣　罩衫　④努力　巴结
⑤小出租汽车　的士　⑥油肉　肥肉
⑦运气　运道　⑧上装　上衣
⑨河流　河浜　⑩灶　灶头

（2）给下面的名词搭配量词（例如：一条——鱼）。
粒　处　滴　块　片
米　伤　糖　手表　血　药　沙子　风景　油　叶

（3）说出符合普通话说法的句子。
（注意：下列每组说法表达同一意思）
①A. 少跟这种人发生联系。　B. 少跟这种人搭界。
②A. 我嘴巴干死了。　B. 我口渴得很。
③A. 春节在二月份。　B. 春节在两月份。
④A. 二比五。　B. 两比五。
⑤A. 雪白。　B. 雪雪白。

4.

（1）读出每组词中的普通话词语。
（注意：下列每组词语表达同一概念）
①门框框　门框　②舅父　娘舅
③爪子　脚爪　④畚箕　簸箕
⑤摊儿　摊头　⑥头颈　脖子
⑦脂油　板油　⑧灵活　活络
⑨脚劲　脚力　⑩狭　窄

（2）给下面的名词搭配量词（例如：一条——鱼）。
只　块　件　粒　个
蛋鸡　种子　饺子　猫　米　行李　糖　上衣　石头　包子

（3）说出符合普通话说法的句子。
（注意：下列每组说法表达同一意思）
①A. 快关窗户，别让雨点潲进来。　B. 快关窗户，别让雨点滂进来。
②A. 后头再没来过信。　B. 后来再没来过信。
③A. 春节在二月份。　B. 春节在两月份。

④A. 二比五。　　B. 两比五。

⑤A. 红彤彤。　　B. 彤彤红。

5.

（1）读出每组词中的普通话词语。

（注意：下列每组词语表达同一概念）

①搭架子　摆架子　　②枣儿　枣子

③虾米　开洋　　④旧年　去年

⑤把细　谨慎　　⑥吸烟　吃烟

⑦光火　发怒　　⑧哑子　哑巴

⑨棒冰　冰棍儿　　⑩眼泪　眼泪水

（2）给下面的名词搭配量词（例如：一条——鱼）。

件　辆　匹　扇　片

马　轿车　叶子　阳光　绸缎　摩托车　门　行李　窗　毛衣

（3）说出符合普通话说法的句子。

（注意：下列每组说法表达同一意思）

①A. 他长得老长的。　　B. 他长得真高。

②A. 请大点儿声儿。　　B. 请响一点儿。

③A. 火车来快了。　　B. 火车快来了。

④A. 这朵花真美丽呀！　　B. 这朵花好美丽耶！

⑤A. 他名义上十岁，其实不到九岁。　B. 他叫名十岁，其实不到九岁。

6.

（1）读出每组词中的普通话词语。

（注意：下列每组词语表达同一概念）

①组图　搭图　拼图　　②插座　插板　插位

③货柜　箱货　集装箱　　④缝纫机　缝纫车　缝衣机

⑤精灵　机灵　灵清　　⑥赶早　及早　量早

⑦肩膀　肩头　肩胛　　⑧生抽　酱油　豉油

⑨发火　光火　　⑩考试　考书

（2）给下面的名词搭配量词（例如：一条——鱼）。

口　门　滴　件　把

井　水　牙　学问　上衣　大炮　牙刷　礼物　刷子　眼泪

（3）说出符合普通话说法的句子。

（注意：下列每组说法表达同一意思）

①A. 这文章多好啊！　　B. 这文章多少好啊！

②A. 我渴得很口。　　B. 我口渴得很。

③A. 把笔借给我用一用好吗？　　B. 笔借给我用一用好吗？

④A. 这花儿多好看啊！　　B. 这花好好看啊！

⑤A. 他的衣服穿得很清楚。　　B. 他的衣服穿得很得体。

7.

（1）读出每组词中的普通话词语。

（注意：下列每组词语表达同一概念）

①吸烟　吃烟　　②自来火　洋火　火柴

③胡说　瞎说　乱讲　　④茶缸子　口杯　牙罐

⑤手提袋　提包　手袋　　⑥梨子　梨

⑦鞋　鞋子　　⑧打吊针　吊瓶子　输液

⑨几多　好多　多少　　⑩额头　头额　额

（2）给下面的名词搭配量词（例如：一条——鱼）。

双　条　件　张　头

衬衣　皮鞋　桌子　黄牛　裤子　筷子　鱼　事情　蒜　相片

（3）说出符合普通话说法的句子。

（注意：下列每组说法表达同一意思）

①A. 你饭吃过了没有？　B. 你吃饭了吗？

②A. 他的手洗得白白。　B. 他的手洗得很白。

③A. 我说得他过。　B. 我说得过他。

④A. 他养了二只小鸟儿。　B. 他养了两只小鸟儿。

⑤A. 这朵花真美丽。　B. 这朵花好美丽啊。

8.

（1）读出每组词中的普通话词语。

（注意：下列每组词语表达同一概念）

①椅　凳子　　②洋灰　水泥

③鞋拖　拖鞋　　④沏茶　泡茶

⑤刻图章　雕图章　　⑥天光　天白　天亮

⑦胡萝卜　红萝卜　　⑧老爸　爹爹　父亲

⑨床单　床巾　　⑩右边手　大边手　右手

（2）给下面的名词搭配量词（例如：一条——鱼）。

粒　个　套　把　片

西服　小刀　白云　沙子　鸡蛋　茶具　西瓜　心意　雨伞　种子

（3）说出符合普通话说法的句子。

（注意：下列每组说法表达同一意思）

①A. 你唱歌，我帮你伴奏。　B. 你唱歌，我为你伴奏。

②A. 刚才他在读书。　B. 刚刚他在读书。

③A. 水桶，你提过来。　B. 你把水桶提过来。

④A. 这事我来去告诉他。　B. 这事我去告诉他。

⑤A. 这车能坐五个人。　B. 这车会坐五个人。

9.

（1）读出每组词中的普通话词语。

（注意：下列每组词语表达同一概念）

①面巾　毛巾　面帕　　②到处　别搭　别个地方

③成日　一日到夜　成天　　④手臂　臂把　胳膊

⑤乱讲　胡说　乱哇　　⑥宽敞　开阔　阔落

⑦棒冰　冰棒　冰棍儿　　⑧菜瓜　黄瓜

⑨减笔字　简体字　简写字　　⑩提包　手提袋　拎包

（2）给下面的名词搭配量词（例如：一条——鱼）。

只　块　根　张　场

球赛　相片　烙饼　冰棍儿　大雨　树枝　糖　蚂蚁　手帕

（3）说出符合普通话说法的句子。

（注意：下列每组说法表达同一意思）

①A. 他大我十岁。　B. 他比我大十岁。

②A. 这朵花真好看。　B. 这朵花好好看。

③A. 我找不到他。　B. 我找他不到。

④A. 这支歌我不会唱。　B. 这支歌我唱不来。

⑤A. 这本书我有看。　B. 这本书我看过。　C. 这本书我有看过。

10.

（1）读出每组词中的普通话词语。

（注意：下列每组词语表达同一概念）

①阴天　乌阴天　乌天　　②凳子　椅

③拖布　拖把　　④红薯　番薯　地瓜

⑤红肉　精肉　瘦肉　　⑥树墩　树兜　树头

⑦集市　墟场　　⑧几多　好多　多少

⑨滚水　开水　滚汤　　⑩碎钱　零钱

（2）给下面的名词搭配量词（例如：一条——鱼）。

顶　根　场　把　匹

蚊帐　尺　柱子　伞　霜　梳子　布　轿子　马　灾难

（3）说出符合普通话说法的句子。

（注意：下列每组说法表达同一意思）

①A. 写不出一个字。　B. 写没有一个字。

②A. 你要不要来？　B. 你来不来？

③A. 你去不去？　B. 你要不要去？

④A. 把他的衣服弄脏了。　B. 衣服给他弄脏了。

⑤A. 我们学校教师还缺编。　B. 我们学校还缺编教师。

11.

（1）读出每组词中的普通话词语。

（注意：下列每组词语表达同一概念）

①折断　拗断　　②太公　曾祖父
③罩衫　罩衣　　④乳腐　豆腐乳
⑤汤壶　汤婆子　　⑥洋山芋　土豆
⑦色子　骰子　　⑧火柴　自来火
⑨巴结　努力　　⑩脂油　板油

（2）给下面的名词搭配量词（例如：一条——鱼）。

粒　匹　张　场　颗

犁　布　脸　风雪　嘴　牙　糖　大战　马　米

（3）读出符合普通话说法的句子。

（注意：下列每组说法表达同一意思）

①A. 我追他不上。　B. 我追不上他。
②A. 崭崭新。　B. 崭新。
③A. 我说他不过。　B. 我说不过他。
④A. 你这个人很上照。　B. 你这个人很上相。
⑤A. 我教两年级语文。　B. 我教二年级语文。

12.

（1）读出每组词中的普通话词语。

（注意：下列每组词语表达同一概念）

①日里　日时　白天　日中　日头　②鼻　鼻子　鼻公　鼻哥　鼻头
③冰箸　棒冰　雪条　冰棍儿　④唔爱　勿要　不要　唔要
⑤苍蝇　乌蝇　胡蝇　蚨蝇　⑥屎窖　屎坑　厕所　粪坑厝
⑦吹牛　吹大炮　车大炮　⑧银纸　纸票　钞票　铜细　纸字
⑨卵糕　鸡卵糕　蛋糕　⑩丢失　螺脱　唔见

（2）给下面的名词搭配量词（例如：一条——鱼）。

把　根　棵　条　所

裤子　住宅　学校　白菜　钥匙　竹竿　剪刀　毛巾　冰棍儿　柳树

（3）说出符合普通话说法的句子。

（注意：下列每组说法表达同一意思）

①A. 给本书我。　B. 给我一本书。　C. 把本书我。
②A. 别客气，你走头先。　B. 别客气，你走先。　C. 别客气，你先走。
③A. 他比我高。　B. 他高过我。　C. 他比我过高。
④A. 这事我晓不得。　B. 这事我知不道。　C. 这事我不知道。
⑤A. 你有吃过饭没有？　B. 你吃过饭没有？　C. 吃过饭没有你？

13.

（1）读出每组词中的普通话词语。

（注意：下列每组词语表达同一概念）

①摆架子　摆份儿　　②脚爪　爪子

③蚕豆　寒豆　　④座钟　台钟

⑤爽快　爽气　　⑥乌青块　血晕

⑦跑路　走路　　⑧渡船　摆渡船

⑨风凉鞋　凉鞋　　⑩很好　蛮好

（2）给下面的名词搭配量词（例如：一条——鱼）。

张　粒　把　只　头

米　剪刀　狗　鸟　锁　种子　脸　驴　纸　蒜

（3）读出符合普通话说法的句子。

（注意：下列每组说法表达同一意思）

①A. 收收起来。　　B. 都收起来。

②A. 春节在二月份。　　B. 春节在两月份。

③A. 你看戏了没有？　　B. 你有看戏没有？

④A. 我找他不到。　　B. 我找不到他。

⑤A. 他个子比我高得多。　　B. 他个子比我长得多。

14.

（1）读出每组词中的普通话词语。

（注意：下列每组词语表达同一概念）

①如崭　现在　而家　今下　目下　　②瞒人　边个　谁　啥侬　啥人

③为么子　为什么　为啥　为怎样　　④细小　细粒　幼细　异细

⑤后生子　后生家　后生仔　小伙子　　⑥目里向　日里　白天　日上

⑦婴儿　冒牙子　婴仔　啊伢　　⑧蚂蚁子　狗蚁　蚁公　蚂蚁

⑨这里　咯里　个里　即搭　　⑩早上向　早晨　早间里　朝早

（2）给下面的名词搭配量词（例如：一条——鱼）。

把　张　棵　支　扇　辆　间　头　所

汽车　钥匙　桌子　钞票　树　笔　牛　学校　门　草

（3）说出符合普通话说法的句子。

（注意：下列每组说法表达同一意思）

①A. 他大约要两三个月才能回来。　　B. 他大约要二三个月才能回来。

②A. 他好好可爱。　　B. 他非常可爱。

③A. 你去去逛街？　　B. 你去不去逛街？

④A. 你比我矮。　　B. 你比我过矮。

⑤A. 那部电影我看过。　　B. 那部电影我有看。

15.

（1）读出每组词中的普通话词语。

（注意：下列每组词语表达同一概念）

①很好　蛮好	②血晕　乌青块
③翻本　扳本	④夜饭　晚饭
⑤色子　骰子	⑥乳腐　豆腐乳
⑦台球　乒乓球	⑧松仁儿　松子肉
⑨太公　曾祖父	⑩台钟　座钟

（2）给下面的名词搭配量词（例如：一条——鱼）。

片　辆　件　匹　扇

摩托车　马　毛衣　阳光　轿车　门　绸缎　行李　窗　叶子

（3）说出符合普通话说法的句子。

（注意：下列每组说法表达同一意思）

①A. 你唱，我帮你伴奏。	B. 你唱，我给你给伴奏。
②A. 冷冰冰。	B. 冰冰冷。
③A. 时间太晚，超市打烊了。	B. 时间太晚，超市关门了。
④A. 他个子比我长得多。	B. 他个子比我高得多。
⑤A. 我肚子很疼。	B. 我肚皮很痛。

第四节　普通话朗读作品 60 篇

说　明

（1）60 篇朗读作品供普通话朗读测试使用。

（2）每篇作品在第 400 个音节后用“//”标注。

（3）每篇作品后面都附有该文部分词语朗读的语音提示。

（4）必读的轻声音节，不标注调号；间或读轻声的音节，加注调号，并在其拼音前加“.”提示，如“觉得 jué. de”。

（5）作品中没有加“儿”字尾的儿化韵音节，在语音提示中加注“r”尾提示。

（6）为适应朗读需要，作品中的数字一律采用汉字的书写方式书写，如“1996 年”写作“一九九六年”。

作品 1 号

那是力争上游的一种树，笔直的干，笔直的枝。它的干呢，通常是丈把高，像是加以人工似的，一丈以内，绝无旁枝；它所有的丫枝呢，一律向上，而且紧紧靠拢，也像是加以人工似的，成为一束，绝无横斜逸出；它的宽大的叶子也是片片向上，几乎没有斜生的，更不用说倒垂了；它的皮，光滑而有银色的晕圈，微微泛出淡青色。这是虽在北方的风雪的压迫下却保持着倔强挺立的一种树！哪怕只有碗来粗细罢，它却努力向上发展，高到丈许，两丈，参天耸立，不折不挠，对抗着西北风。

这就是白杨树，西北极普通的一种树，然而决不是平凡的树！

它没有婆娑的姿态，没有屈曲盘旋的虬枝，也许你要说它不美丽，——如果美是专指“婆娑”或“横斜逸出”之类而言，那么，白杨树算不得树中的好女子；但是它却是伟岸，正直，朴质，严肃，也不缺乏温和，更不用提它的坚强不屈与挺拔，它是树中的伟丈夫！当你在积雪初融的高原上走过，看见平坦的大地上傲然挺立这么一株或一排白杨树，难道你就只觉得树只是树，难道你就不想到它的朴质，严肃，坚强不屈，至少也象征了北方的农民；难道你竟一点儿也不联想到，在敌后的广大土//地上，到处有坚强不屈，就像这白杨树一样傲然挺立的守卫他们家乡的哨兵！难道你又不更远一点想到这样枝枝叶叶靠紧团结，力求上进的白杨树，宛然象征了今天在华北平原纵横决荡用血写出新中国历史的那种精神和意志。

——节选自茅盾《白杨礼赞》

语音提示：

①丫枝 yāzhī　②叶子 yèzi
③晕圈 yùnquān　④倔强 juéjiàng
⑤粗细罢 cūxìba　⑥虬枝 qiúzhī
⑦丈夫 zhàngfu　⑧觉得 jué. de
⑨血 xuè

作品 2 号

两个同龄的年轻人同时受雇于一家店铺，并且拿同样的薪水。

可是一段时间后，叫阿诺德的那个小伙子青云直上，而那个叫布鲁诺的小伙子却仍在原地踏步。布鲁诺很不满意老板的不公正待遇。终于有一天他到老板那儿发牢骚了。老板一边耐心地听着他的抱怨，一边在心里盘算着怎样向他解释清楚他和阿诺德之间的差别。

“布鲁诺先生，”老板开口说话了，“您现在到集市上去一下，看看今天早上有什么卖的。”

布鲁诺从集市上回来向老板汇报说，今早集市上只有一个农民拉了一车土豆在卖。

“有多少？”老板问。

布鲁诺赶快戴上帽子又跑到集上，然后回来告诉老板一共四十袋土豆。

“价格是多少？”

布鲁诺又第三次跑到集上问来了价格。

“好吧，”老板对他说，“现在请您坐到这把椅子上一句话也不要说，看看阿诺德怎么说。”

阿诺德很快就从集市上回来了。向老板汇报说到现在为止只有一个农民在卖土豆，一共四十口袋，价格是多少多少；土豆质量很不错，他带回来一个让老板看看。这个农民一个钟头以后还会弄来几箱西红柿，据他看价格非常公道。昨天他们铺子的西红柿卖得很快，库存已经不//多了。他想这么便宜的西红柿，老板肯定会要进一些的，所以他不仅带回了一个西红柿做样品，而且把那个农民也带来了，他现在正在外面等回话呢。

此时老板转向了布鲁诺，说："现在您肯定知道为什么阿诺德的薪水比您高了吧！"

——节选自张健鹏、胡足青主编《故事时代》中《差别》

语音提示：

①牢骚 láo. sāo　②清楚 qīngchu
③早上 zǎoshang　④抱怨 bào. yuàn
⑤集市上 jíshì. shang　⑥看看 kànkan
⑦回来 huí. lái　⑧多少 duō. shǎo
⑨口袋 kǒudai　⑩铺子 pùzi

作品3号

我常常遗憾我家门前那块丑石：它黑黝黝地卧在那里，牛似的模样；谁也不知道是什么时候留在这里的，谁也不去理会它。只是麦收时节，门前摊了麦子，奶奶总是说：这块丑石，多占地面呀，抽空把它搬走吧。

它不像汉白玉那样的细腻，可以刻字雕花，也不像大青石那样的光滑，可以供来浣纱捶布。它静静地卧在那里，院边的槐阴没有庇覆它，花儿也不再在它身边生长。荒草便繁衍出来，枝蔓上下，慢慢地，它竟锈上了绿苔、黑斑。我们这些做孩子的，也讨厌起它来，曾合伙要搬走它，但力气又不足；虽时时咒骂它，嫌弃它，也无可奈何，只好任它留在那里了。

终有一日，村子里来了一个天文学家。他在我家门前路过，突然发现了这块石头，眼光立即就拉直了。他再没有离开，就住了下来；以后又来了好些人，都说这是一块陨石，从天上落下来已经有二三百年了，是一件了不起的东西。不久便来了车，小心翼翼地将它运走了。

这使我们都很惊奇，这又怪又丑的石头，原来是天上的啊！它补过天，在天上发过热、闪过光，我们的先祖或许仰望过它，它给了他们光明、向往、憧憬；而它落下来了，在污土里，荒草里，一躺就//是几百年了！

我感到自己的无知，也感到了丑石的伟大，我甚至怨恨它这么多年竟会默默地忍受着这一切！而我又立即深深地感到它那种不屈于误解、寂寞的生存的伟大。

——节选自贾平凹《丑石》

语音提示：

①黑黝黝 hēiyǒuyǒu　②似的 shìde
③模样 múyàng　④谁 shéi
⑤供 gōng　⑥庇覆 bìfù

⑦繁衍　fányǎn　　⑧村子　cūnzi
⑨立即　lìjí

作品 4 号

在达瑞八岁的时候，有一天他想去看电影。因为没有钱，他想是向爸妈要钱，还是自己挣钱。最后他选择了后者。他自己调制了一种汽水，向过路的行人出售。可那时正是寒冷的冬天，没有人买，只有两个人例外——他的爸爸和妈妈。

他偶然有一个和非常成功的商人谈话的机会。当他对商人讲述了自己的“破产史”后，商人给了他两个重要的建议：一是尝试为别人解决一个难题；二是把精力集中在你知道的、你会的和你拥有的东西上。

这两个建议很关键。因为对于一个八岁的孩子而言，他不会做的事情很多。于是他穿过大街小巷，不停地思考：人们会有什么难题，他又如何利用这个机会？

一天，吃早饭时父亲让达瑞去取报纸。美国的送报员总是把报纸从花园篱笆的一个特制的管子里塞进来。假如你想穿着睡衣舒舒服服地吃早饭和看报纸，就必须离开温暖的房间，冒着寒风，到花园去取。虽然路短，但十分麻烦。

当达瑞为父亲取报纸的时候，一个主意诞生了。当天他就按响邻居的门铃，对他们说，每个月只需付给他一美元，他就每天早上把报纸塞到他们的房门底下。大多数人都同意了，很快他有//了七十多个顾客。一个月后，当他拿到自己赚的钱时，觉得自己简直是飞上了天。

很快他又有了新的机会，他让他的顾客每天把垃圾袋放在门前，然后由他早上运到垃圾桶里，每个月加一美元。之后他还想出了许多孩子赚钱的办法，并把它集结成书，书名为《儿童挣钱的二百五十个主意》。为此，达瑞十二岁时就成了畅销书作家，十五岁有了自己的谈话节目，十七岁就拥有了几百万美元。

——节选自［德］博多·舍费尔《达瑞的故事》，刘志明译

语音提示：

①因为　yīn. wèi　　②汽水　qìshuǐr
③而　ér　　④篱笆　líba
⑤主意　zhúyi　　⑥舒舒服服　shūshūfúfú
⑦当天　dàngtiān　　⑧邻居　lín. jū
⑨父亲　fù. qīn　　⑩觉得　jué. de

作品 5 号

这是入冬以来，胶东半岛上第一场雪。

雪纷纷扬扬，下得很大。开始还伴着一阵儿小雨，不久就只见大片大片的雪花，从彤云密布的天空中飘落下来。地面上一会儿就白了。冬天的山村，到了夜里就万籁俱寂，只听得雪花簌簌地不断往下落，树木的枯枝被雪压断了，偶尔咯吱一声响。

大雪整整下了一夜。今天早晨，天放晴了，太阳出来了。推开门一看，嗬！好大的

雪啊！山川、河流、树木、房屋，全都罩上了一层厚厚的雪，万里江山，变成了粉妆玉砌的世界。落光了叶子的柳树上挂满了毛茸茸亮晶晶的银条儿；而那些冬夏常青的松树和柏树上，则挂满了蓬松松沉甸甸的雪球儿。一阵风吹来，树枝轻轻地摇晃，美丽的银条儿和雪球儿簌簌地落下来，玉屑似的雪末儿随风飘扬，映着清晨的阳光，显出一道道五光十色的彩虹。

大街上的积雪足有一尺多深，人踩上去，脚底下发出咯吱咯吱的响声。一群群孩子在雪地里堆雪人，掷雪球儿。那欢乐的叫喊声，把树枝上的雪都震落下来了。

俗话说，"瑞雪兆丰年"。这个话有充分的科学根据，并不是一句迷信的成语。寒冬大雪，可以冻死一部分越冬的害虫；融化了的水渗进土层深处，又能供应//庄稼生长的需要。我相信这一场十分及时的大雪，一定会促进明年春季作物，尤其是小麦的丰收。有经验的老农把雪比做是"麦子的棉被"。冬天"棉被"盖得越厚，明春麦子就长得越好，所以又有这样一句谚语："冬天麦盖三层被，来年枕着馒头睡"。

我想，这就是人们为什么把及时的大雪称为"瑞雪"的道理吧。

——节选自峻青《第一场雪》

语音提示：

①彤　tóng　　②簌簌　sùsù
③咯吱　gēzhī　　④玉屑　yùxiè
⑤雪末儿　xuěmòr　　⑥渗　shèn
⑦供应　gōngyìng　　⑧庄稼　zhuāngjia
⑨馒头　mántou　　⑩粉妆玉砌　fěnzhuāngyùqì

作品 6 号

我常想读书人是世间幸福人，因为他除了拥有现实的世界之外，还拥有另一个更为浩瀚也更为丰富的世界。现实的世界是人人都有的，而后一个世界却为读书人所独有。由此我想，那些失去或不能阅读的人是多么的不幸，他们的丧失是不可补偿的。世间有诸多的不平等，财富的不平等，权力的不平等，而阅读能力的拥有或丧失却体现为精神的不平等。

一个人的一生，只能经历自己拥有的那一份欣悦，那一份苦难，也许再加上他亲自闻知的那一些关于自身以外的经历和经验。然而，人们通过阅读，却能进入不同时空的诸多他人的世界。这样，具有阅读能力的人，无形间获得了超越有限生命的无限可能性。阅读不仅使他多识了草木虫鱼之名，而且可以上溯远古下及未来，饱览存在的与非存在的奇风异俗。

更为重要的是，读书加惠于人们的不仅是知识的增广，而且还在于精神的感化与陶冶。人们从读书学做人，从那些往哲先贤以及当代才俊的著述中学得他们的人格。人们从《论语》中学得智慧的思考，从《史记》中学得严肃的历史精神，从《正气歌》中学得人格的刚烈，从马克思学得人世//的激情，从鲁迅学得批判精神，从托尔斯泰学得道德的执着。歌德的诗句刻写着睿智的人生，拜伦的诗句呼唤着奋斗的热情。一个读书人，一个有机会拥有超乎个人生命体验的幸运人。

——节选自谢冕《读书人是幸福人》

语音提示：

①丧失 sàngshī　②人们 rénmen
③溯 sù　④陶冶 táoyě
⑤论语 lúnyǔ　⑥执着 zhízhuó
⑦睿智 ruìzhì

作品 7 号

一天，爸爸下班回到家已经很晚了，他很累也有点儿烦，他发现五岁的儿子靠在门旁正等着他。

“爸，我可以问您一个问题吗？”

“什么问题？”“爸，您一小时可以赚多少钱？”“这与你无关，你为什么问这个问题？”父亲生气地说。

“我只是想知道，请告诉我，您一小时赚多少钱？”小孩儿哀求道。“假如你一定要知道的话，我一小时赚二十美金。”

“哦，”小孩儿低下了头，接着又说，“爸，可以借我十美金吗？”父亲发怒了：“如果你只是要借钱去买毫无意义的玩具的话，给我回到你的房间睡觉去。好好想想为什么你会那么自私。我每天辛苦工作，没时间和你玩儿小孩子的游戏。”

小孩儿默默地回到自己的房间关上门。

父亲坐下来还在生气。后来，他平静下来了。心想他可能对孩子太凶了——或许孩子真的很想买什么东西，再说他平时很少要过钱。

父亲走进孩子的房间：“你睡了吗？”“爸，还没有，我还醒着。”孩子回答。

“我刚才可能对你太凶了，”父亲说，“我不应该发那么大的火儿——这是你要的十美金。”“爸，谢谢您。”孩子高兴地从枕头下拿出一些被弄皱的钞票，慢慢地数着。

“为什么你已经有钱了还要？”父亲不解地问。

“因为原来不够，但现在凑够了。”孩子回答，“爸，我现在有//二十美金了，我可以向您买一个小时的时间吗？明天请早一点儿回家——我想和您一起吃晚餐。”

——节选自唐继柳编译《二十美金的价值》

语音提示：

①有点儿 yǒudiǎnr　②告诉 gàosu
③小孩儿 xiǎoháir　④好好 hǎohao
⑤想想 xiǎngxiang　⑥父亲 fù. qīn
⑦枕头下 zhěntou. xià

作品8号

我爱月夜，但我也爱星天。从前在家乡七八月的夜晚在庭院里纳凉的时候，我最爱看天上密密麻麻的繁星。望着星天，我就会忘记一切，仿佛回到了母亲的怀里似的。

三年前在南京我住的地方有一道后门，每晚我打开后门，便看见一个静寂的夜。下面是一片菜园，上面是星群密布的蓝天。星光在我们的肉眼里虽然微小，然而它使我们觉得光明无处不在。那时候我正在读一些天文学的书，也认得一些星星，好像它们就是我的朋友，它们常常在和我谈话一样。

如今在海上，每晚和繁星相对，我把它们认得很熟了。我躺在舱面上，仰望天空。深蓝色的天空里悬着无数半明半昧的星。船在动，星也在动，它们是这样低，真是摇摇欲坠呢！渐渐地我的眼睛模糊了，我好像看见无数萤火虫在我的周围飞舞。海上的夜是柔和的，是静寂的，是梦幻的。我望着许多认识的星，我仿佛看见它们在对我眨眼，我仿佛听见它们在小声说话。这时我忘记了一切。在星的怀抱中我微笑着，我沉睡着。我觉得自己是一个小孩子，现在睡在母亲的怀里了。

有一夜，那个在哥伦波上船的英国人指给我看天上的巨人。他用手指着：//那四颗明亮的星是头，下面的几颗是身子，这几颗是手，那几颗是腿和脚，还有三颗星算是腰带。经他这一番指点，我果然看清楚了那个天上的巨人。看，那个巨人还在跑呢！

——节选自巴金《繁星》

语音提示：

①时候　shíhou　②地方　dìfang
③看见　kànjiàn　④认得　rènde
⑤星星　xīngxing　⑥朋友　péngyou
⑦半明半昧　bànmíng－bànmèi　⑧眼睛　yǎnjing
⑨模糊　móhu

作品9号

假日到河滩上转转，看见许多孩子在放风筝。一根根长长的引线，一头系在天上，一头系在地上，孩子同风筝都在天与地之间悠荡，连心也被悠荡得恍恍惚惚了，好像又回到了童年。

儿时的放风筝，大多是自己的长辈或家人编扎的，几根削得很薄的篾，用细纱线扎成各种鸟兽的造型，糊上雪白的纸片，再用彩笔勾勒出面孔与翅膀的图案。通常扎得最多的是“老雕”、“美人儿”、“花蝴蝶”等。

我们家前院就有位叔叔，擅扎风筝，远近闻名。他扎的风筝不只体型好看，色彩艳丽，放飞得高远，还在风筝上绷一叶用蒲苇削成的膜片，经风一吹，发出“嗡嗡”的声响，仿佛是风筝的歌唱，在蓝天下播扬，给开阔的天地增添了无尽的韵味，给驰荡的童心带来几分疯狂。

我们那条胡同的左邻右舍的孩子们放的风筝几乎都是叔叔编扎的。他的风筝不卖钱，谁上门去要，就给谁，他乐意自己贴钱买材料。

后来，这位叔叔去了海外，放风筝也渐与孩子们远离了。不过年年叔叔给家乡写信，总不忘提起儿时的放风筝。香港回归之后，他在家信中说到，他这只被故乡放飞到海外的风筝，尽管飘荡游弋，经沐风雨，可那线头儿一直在故乡和//亲人手中牵着，如今飘得太累了，也该要回归到家乡和亲人身边来了。

是的。我想，不光是叔叔，我们每个人都是风筝，在妈妈手中牵着，从小放到大，再从家乡放到祖国最需要的地方去啊！

——节选自李恒瑞《风筝畅想曲》

语音提示：

①转转　zhuànzhuan　　②风筝　fēngzheng
③一头　yìtóur　　④蒲苇　púwěi
⑤胡同　hútòngr　　⑥舍　shè
⑦谁　shéi　　⑧尽管　jǐnguǎn
⑨游弋　yóuyì

作品 10 号

爸不懂得怎样表达爱，使我们一家人融洽相处的是我妈。他只是每天上班下班，而妈则把我们做过的错事开列清单，然后由他来责骂我们。

有一次我偷了一块糖果，他要我把它送回去，告诉卖糖的说是我偷来的，说我愿意替他拆箱卸货作为赔偿。但妈妈却明白我只是个孩子。

我在运动场打秋千跌断了腿，在前往医院途中一直抱着我的，是我妈。爸把汽车停在急诊室门口，他们叫他驶开，说那空位是留给紧急车辆停放的。爸听了便叫嚷道："你以为这是什么车？旅游车？"

在我生日会上，爸总是显得有些不大相称。他只是忙于吹气球，布置餐桌，做杂务。把插着蜡烛的蛋糕推过来让我吹的，是我妈。

我翻阅照相册时，人们总是问："你爸爸是什么样子的？"天晓得！他老是忙着替别人拍照。妈和我笑容可掬地一起拍的照片，多得不可胜数。

我记得妈有一次叫他教我骑自行车。我叫他别放手，但他却说是应该放手的时候了。我摔倒之后，妈跑过来扶我，爸却挥手要她走开。我当时生气极了，决心要给他点儿颜色看。于是我马上爬上自行车，而且自己骑给他看。他只是微笑。

我念大学时，所有的家信都是妈写的。他//除了寄支票外，还寄过一封短柬给我，说因为我不在草坪上踢足球了，所以他的草坪长得很美。

每次我打电话回家，他似乎都想跟我说话，但结果总是说："我叫你妈来接。"

我结婚时，掉眼泪的是我妈。他只是大声擤了一下鼻子，便走出房间。

我从小到大都听他说："你到哪里去？什么时候回家？汽车有没有汽油？不，不准去。"爸完全不知道怎样表达爱。除非……

会不会是他已经表达了，而我却未能察觉？

——节选自［美］艾尔玛·邦贝克《父亲的爱》

语音提示：

①懂得 dǒng. dé　　②相处 xiāngchǔ
③什么 shénme　　④显得 xiǎn. dé
⑤相称 xiāngchèn　　⑥晓得 xiǎo. dé
⑦照片 zhàopiàn　　⑧教 jiāo
⑨短柬 duǎnjiǎn　　⑩似乎 sìhū

作品 11 号

一个大问题一直盘踞在我脑袋里：

世界杯怎么会有如此巨大的吸引力？除去足球本身的魅力之外，还有什么超乎其上而更伟大的东西？

近来观看世界杯，忽然从中得到了答案：是由于一种无上崇高的精神情感——国家荣誉感！

地球上的人都会有国家的概念，但未必时时都有国家的感情。往往人到异国，思念家乡，心怀故国，这国家概念就变得有血有肉，爱国之情来得非常具体。而现代社会，科技昌达，信息快捷，事事上网，世界真是太小太小，国家的界限似乎也不那么清晰了。再说足球正在快速世界化，平日里各国球员频繁转会，往来随意，致使越来越多的国家联赛都具有国际的因素。球员们不论国籍，只效力于自己的俱乐部，他们比赛时的激情中完全没有爱国主义的因子。

然而，到了世界杯大赛，天下大变。各国球员都回国效力，穿上与光荣的国旗同样色彩的服装。在每一场比赛前，还高唱国歌以宣誓对自己祖国的挚爱与忠诚。一种血缘情感开始在全身的血管里燃烧起来，而且立刻热血沸腾。

在历史时代，国家间经常发生对抗，好男儿戎装卫国。国家的荣誉往往需要以自己的生命去//换取。但在和平时代，唯有这种国家之间大规模对抗性的大赛，才可以唤起那种遥远而神圣的情感，那就是：为祖国而战！

——节选自冯骥才《国家荣誉感》

语音提示：

①其 qí　　②东西 dōngxi
③变得 biànde　　④有血有肉 yǒuxiěyǒuròu
⑤似乎 sìhū　　⑥频繁 pínfán
⑦然而 rán'ér　　⑧血缘 xuèyuán
⑨热血沸腾 rèxuèfèiténg　　⑩戎装 róngzhuāng

作品 12 号

夕阳落山不久，西方的天空，还燃烧着一片橘红色的晚霞。大海，也被这霞光染成了红色，而且比天空的景色更要壮观。因为它是活动的，每当一排排波浪涌起的时候，那映照在浪峰上的霞光，又红又亮，简直就像一片片霍霍燃烧着的火焰，闪烁着，消失了。而后面的一排，又闪烁着，滚动着，涌了过来。

天空的霞光渐渐地淡下去了，深红的颜色变成了绯红，绯红又变为浅红。最后，当这一切红光都消失了的时候，那突然显得高而远了的天空，则呈现出一片肃穆的神色。最早出现的启明星，在这蓝色的天幕上闪烁起来了。它是那么大，那么亮，整个广漠的天幕上只有它在那里放射着令人注目的光辉，活像一盏悬挂在高空的明灯。

夜色加浓，苍空中的"明灯"越来越多了。而城市各处的真的灯火也次第亮了起来，尤其是围绕在海港周围山坡上的那一片灯光，从半空倒映在乌蓝的海面上，随着波浪，晃动着，闪烁着，像一串流动着的珍珠，和那一片片密布在苍穹里的星斗互相辉映，煞是好看。

在这幽美的夜色中，我踏着软绵绵的沙滩，沿着海边，慢慢地向前走去。海水，轻轻地抚摸着细软的沙滩，发出温柔的//刷刷声。晚来的海风，清新而又凉爽。我的心里，有着说不出的兴奋和愉快。

夜风轻飘飘地吹拂着，空气中飘荡着一种大海和田禾相混合的香味儿，柔软的沙滩上还残留着白天太阳炙晒的余温。那些在各个工作岗位上劳动了一天的人们，三三两两地来到这软绵绵的沙滩上，他们浴着凉爽的海风，望着那缀满了星星的夜空，尽情地说笑，尽情地休憩。

——节选自峻青《海滨仲夏夜》

语音提示：

①绯红 fēihóng	②显得 xiǎn. dé
③苍穹 cāngqióng	④煞 shà
⑤兴奋 xīngfèn	⑥混合 hùnhé
⑦炙晒 zhìshài	⑧缀 zhuì
⑨休憩 xīuqì	

作品 13 号

生命在海洋里诞生绝不是偶然的，海洋的物理和化学性质，使它成为孕育原始生命的摇篮。

我们知道，水是生物的重要组成部分，许多动物组织的含水量在百分之八十以上，而一些海洋生物的含水量高达百分之九十五。水是新陈代谢的重要媒介，没有它，体内的一系列生理和生物化学反应就无法进行，生命也就停止。因此，在短时期内动物缺水要比缺少食物更加危险。水对今天的生命是如此重要，它对脆弱的原始生命，更是举足轻重了。生命在海洋里诞生，就不会有缺水之忧。

水是一种良好的溶剂。海洋中含有许多生命所必需的无机盐，如氯化钠、氯化钾、碳酸盐、磷酸盐，还有溶解氧，原始生命可以毫不费力地从中吸取它所需要的元素。

水具有很高的热容量，加之海洋浩大，任凭夏季烈日曝晒，冬季寒风扫荡，它的温度变化却比较小。因此，巨大的海洋就像是天然的"温箱"，是孕育原始生命的温床。

阳光虽然为生命所必需，但是阳光中的紫外线却有扼杀原始生命的危险。水能有效地吸收紫外线，因而又为原始生命提供了天然的“屏障”。

这一切都是原始生命得以产生和发展的必要条件。//

——节选自童裳亮《海洋与生命》

语音提示：

①我们 wǒmen ②知道 zhī. dao
③氯化钠 lǜhuànà ④曝晒 pùshài
⑤比较 bǐjiào ⑥为 wéi
⑦扼杀 èshā ⑧为 wèi
⑨提供 tígōng ⑩屏障 píngzhàng

作品14号

读小学的时候，我的外祖母去世了。外祖母生前最疼爱我，我无法排除自己的忧伤，每天在学校的操场上一圈儿又一圈儿地跑着，跑得累倒在地上，扑在草坪上痛哭。

那哀痛的日子，断断续续地持续了很久，爸爸妈妈也不知道如何安慰我。他们知道与其骗我说外祖母睡着了，还不如对我说实话：外祖母永远不会回来了。

“什么是永远不会回来呢?”我问着。

“所有时间里的事物，都永远不会回来。你的昨天过去，它就永远变成昨天，你不能再回到昨天。爸爸以前也和你一样小，现在也不能回到你这么小的童年了；有一天你会长大，你会像外祖母一样老；有一天你度过了你的时间，就永远不会回来了。”爸爸说。

爸爸等于给我一个谜语，这谜语比课本上的“日历挂在墙壁，一天撕去一页，使我心里着急”和“一寸光阴一寸金，寸金难买寸光阴”还让我感到可怕；也比作文本上的“光阴似箭，日月如梭”更让我觉得有一种说不出的滋味。

时间过得那么飞快，使我的小心眼儿里不只是着急，还有悲伤。有一天我放学回家，看到太阳快落山了，就下决心说：“我要比太阳更快地回家。”我狂奔回去，站在庭院前喘气的时候，看到太阳//还露着半边脸，我高兴地跳跃起来，那一天我跑赢了太阳。以后我就时常做那样的游戏，有时和太阳赛跑，有时和西北风比快，有时一个暑假才能做完的作业，我十天就做完了；那时我三年级，常常把哥哥五年级的作业拿来做。每一次比赛胜过时间，我就快乐得不知道怎么形容。

如果将来我有什么要教给我的孩子，我会告诉他：假若你一直和时间比赛，你就可以成功！

——节选自（台湾）林清玄《和时间赛跑》

语音提示：

①一圈儿 yìquānr ②跑得 pǎode
③知道 zhī. dào ④其 qí
⑤觉得 jué. de ⑥过得 guòde

⑦露着　lòuzhe　　　　⑧怎么　zěnme

作品 15 号

三十年代初，胡适在北京大学任教授。讲课时他常常对白话文大加称赞，引起一些只喜欢文言文而不喜欢白话文的学生的不满。

一次，胡适正讲得得意的时候，一位姓魏的学生突然站了起来，生气地问："胡先生，难道说白话文就毫无缺点吗?"胡适微笑着回答说："没有。"那位学生更加激动了："肯定有！白话文废话太多，打电报用字多，花钱多。"胡适的目光顿时变亮了，轻声地解释说："不一定吧！前几天有位朋友给我打来电报，请我去政府部门工作，我决定不去，就回电拒绝了。复电是用白话写的，看来也很省字。请同学们根据我这个意思，用文言文写一个回电，看看究竟是白话文省字，还是文言文省字?"胡教授刚说完，同学们立刻认真地写了起来。

十五分钟过去，胡适让同学举手，报告用字的数目，然后挑了一份用字最少的文言电报稿，电文是这样写的：

"才疏学浅，恐难胜任，不堪从命。"白话文的意思是：学问不深，恐怕很难担任这个工作，不能服从安排。

胡适说，这份写得确实不错，仅用了十二个字。但我的白话电报却只用了五个字：

"干不了，谢谢！"

胡适又解释说："干不了"就有才疏学浅、恐难胜任的意思；"谢谢"既//对朋友的介绍表示感谢，又有拒绝的意思。所以，废话多不多，并不看它是文言文还是白话文，只要注意选用字词，白话文是可以比文言文更省字的。

——节选自陈灼主编《实用汉语中级教程》（上）中《胡适的白话电报》

语音提示：

①喜欢　xǐhuan　　　　②学生　xuésheng
③讲得　jiǎngde　　　　④先生　xiānsheng
⑤朋友　péngyou　　　　⑥看看　kànkan
⑦意思　yìsi　　　　⑧学问　xuéwen
⑨这个　zhège　　　　⑩谢谢　xièxie

作品 16 号

很久以前，在一个漆黑的秋天的夜晚，我泛舟在西伯利亚一条阴森森的河上。船到一个转弯处，只见前面黑黢黢的山峰下面一星火光蓦地一闪。

火光又明又亮，好像就在眼前……

"好啦，谢天谢地！"我高兴地说，"马上就到过夜的地方啦！"

船夫扭头朝身后的火光望了一眼，又不以为然地划起桨来。

"远着呢！"

我不相信他的话，因为火光冲破朦胧的夜色，明明在那儿闪烁。不过船夫是对的，事实上，火光的确还远着呢。

这些黑夜的火光的特点是：驱散黑暗，闪闪发亮，近在眼前，令人神往。乍一看，再划几下就到了……其实却还远着呢！……

我们在漆黑如墨的河上又划了很久。一个个峡谷和悬崖，迎面驶来，又向后移去，仿佛消失在茫茫的远方，而火光却依然停在前头，闪闪发亮，令人神往——依然是这么近，又依然是那么远……

现在，无论是这条被悬崖峭壁的阴影笼罩的漆黑的河流，还是那一星明亮的火光，都经常浮现在我的脑际，在这以前和在这以后，曾有许多火光，似乎近在咫尺，不止使我一人心驰神往。可是生活之河却仍然在那阴森森的两岸之间流着，而火光也依旧非常遥远。因此，必须加劲划桨……

然而，火光啊……毕竟……毕竟就//在前头！……

——节选自［俄］柯罗连科《火光》，张铁夫译

语音提示：

①黑黢黢 hēiqūqū　②蓦地 mòdì
③地方 dìfang　④因为 yīn. wèi
⑤乍 zhà　⑥悬崖 xuányá
⑦前头 qiántou　⑧咫尺 zhǐchǐ
⑨心驰神往 xīnchí－shénwǎng

作品 17 号

对于一个在北平住惯的人，像我，冬天要是不刮风，便觉得是奇迹；济南的冬天是没有风声的。对于一个刚由伦敦回来的人，像我，冬天要能看得见日光，便觉得是怪事；济南的冬天是响晴的。自然，在热带的地方，日光永远是那么毒，响亮的天气，反有点儿叫人害怕。可是，在北方的冬天，而能有温晴的天气，济南真得算个宝地。

设若单单是有阳光，那也算不了出奇。请闭上眼睛想：一个老城，有山有水，全在天底下晒着阳光，暖和安适地睡着，只等春风来把它们唤醒，这是不是理想的境界？小山把济南围了个圈儿，只有北边缺着点口儿。这一圈小山在冬天特别可爱，好像是把济南放在一个小摇篮里，它们安静不动地低声地说："你们放心吧，这儿准保暖和。"真的，济南的人们在冬天是面上含笑的。他们一看那些小山，心中便觉得有了着落，有了依靠。他们由天上看到山上，便不知不觉地想起：明天也许就是春天了吧？这样的温暖，今天夜里山草也许就绿起来了吧？就是这点儿幻想不能一时实现，他们也并不着急，因为这样慈善的冬天，干什么还希望别的呢！

最妙的是下点儿小雪呀。看吧，山上的矮松越发的青黑，树尖儿上顶//着一髻儿白花，好像日本看护妇。山尖儿全白了，给蓝天镶上一道银边。山坡上，有的地方雪厚点儿，有的地方草色还露着；这样，一道儿白，一道儿暗黄，给山们穿上一件带水纹儿的花衣；看着看着，这件花衣好像被风儿吹动，叫你希望看见一点儿更美的山的肌肤。等到快日落的时候，微黄的阳光斜射在山腰上，那点儿薄雪好像忽然害羞，微微露出点儿

粉色。就是下小雪吧，济南是受不住大雪的，那些小山太秀气。

——节选自老舍《济南的冬天》

语音提示：

①觉得 jué. de　　②济南 jǐnán
③暖和 nuǎnhuo　　④北边 běibiān
⑤着落 zhuóluò　　⑥点儿 diǎnr
⑦髻儿 jìr　　⑧银边 yínbiānr
⑨露着 lòuzhe　　⑩薄雪 báoxuě

作品18号

纯朴的家乡村边有一条河，曲曲弯弯，河中架一弯石桥，弓样的小桥横跨两岸。

每天，不管是鸡鸣晓月，日丽中天，还是月华泻地，小桥都印下串串足迹，洒落串串汗珠。那是乡亲为了追求多棱的希望，兑现美好的遐想。弯弯小桥，不时荡过轻吟低唱，不时露出舒心的笑容。

因而，我稚小的心灵，曾将心声献给小桥：你是一弯银色的新月，给人间普照光辉；你是一把闪亮的镰刀，割刈着欢笑的花果；你是一根晃悠悠的扁担，挑起了彩色的明天！哦，小桥走进我的梦中。

我在飘泊他乡的岁月，心中总涌动着故乡的河水，梦中总看到弓样的小桥。当我访南疆探北国，眼帘闯进座座雄伟的长桥时，我的梦变得丰满了，增添了赤橙黄绿青蓝紫。

三十多年过去，我带着满头霜花回到故乡，第一紧要的便是去看望小桥。

啊！小桥呢？它躲起来了？河中一道长虹，浴着朝霞熠熠闪光。哦，雄浑的大桥敞开胸怀，汽车的呼啸、摩托的笛音、自行车的叮铃，合奏着进行交响乐；南来的钢筋、花布，北往的柑橙、家禽，绘出交流欢悦图……

啊！蜕变的桥，传递了家乡进步的消息，透露了家乡富裕的声音。时代的春风，美好的追求，我蓦地记起儿时唱//给小桥的歌，哦，明艳艳的太阳照耀了，芳香甜蜜的花果捧来了，五彩斑斓的岁月拉开了！

我心中涌动的河水，激荡起甜美的浪花。我仰望一碧蓝天，心底轻声呼喊：家乡的桥啊，我梦中的桥！

——节选自郑莹《家乡的桥》

语音提示：

①曲曲弯弯 qūqūwānwān　　②露出 lòuchū
③因而 yīn’ér　　④割刈 gēyì
⑤扁担 biǎndan　　⑥熠熠 yìyì
⑦蜕变 tuìbiàn　　⑧透露 tòulù
⑨蓦地 mòdì　　⑩斑斓 bānlán

作品 19 号

三百多年前，建筑设计师莱伊恩受命设计了英国温泽市政府大厅。他运用工程力学的知识，依据自己多年的实践，巧妙地设计了只用一根柱子支撑的大厅天花板。一年以后，市政府权威人士进行工程验收时，却说只用一根柱子支撑天花板太危险，要求莱伊恩再多加几根柱子。

莱伊恩自信只要一根坚固的柱子足以保证大厅安全，他的“固执”惹恼了市政官员，险些被送上法庭。他非常苦恼，坚持自己原先的主张吧，市政官员肯定会另找人修改设计；不坚持吧，又有悖自己为人的准则。矛盾了很长一段时间，莱伊恩终于想出了一条妙计，他在大厅里增加了四根柱子，不过这些柱子并未与天花板接触，只不过是装装样子。

三百多年过去了，这个秘密始终没有被人发现。直到前两年，市政府准备修缮大厅的天花板，才发现莱伊恩当年的“弄虚作假”。消息传出后，世界各国的建筑专家和游客云集，当地政府对此也不加掩饰，在新世纪到来之际，特意将大厅作为一个旅游景点对外开放，旨在引导人们崇尚和相信科学。

作为一名建筑师，莱伊恩并不是最出色的。但作为一个人，他无疑非常伟大，这种//伟大表现在他始终恪守着自己的原则，给高贵的心灵一个美丽的住所：哪怕是遭遇到最大的阻力，也要想办法抵达胜利。

——节选自游宇明《坚守你的高贵》

语音提示：

①知识 zhīshi　②固执 gùzhí
③送上 sòngshàng　④悖 bèi
⑤装装 zhuāngzhuang　⑥没有 méiyǒu
⑦缮 shàn　⑧消息 xiāoxi
⑨人们 rénmen　⑩恪守 kèshǒu

作品 20 号

自从传言有人在萨文河畔散步时无意发现了金子后，这里便常有来自四面八方的淘金者。他们都想成为富翁，于是寻遍了整个河床，还在河床上挖出很多大坑，希望借助它们找到更多的金子。的确，有一些人找到了，但另外一些人因为一无所得而只好扫兴归去。

也有不甘心落空的，便驻扎在这里，继续寻找。彼得·弗雷特就是其中一员。他在河床附近买了一块没人要的土地，一个人默默地工作。他为了找金子，已把所有的钱都押在这块土地上。他埋头苦干了几个月，直到土地全变成了坑坑洼洼，他失望了——他翻遍了整块土地，但连一丁点儿金子都没看见。

六个月后，他连买面包的钱都没有了。于是他准备离开这儿到别处去谋生。

就在他即将离去的前一个晚上，天下起了倾盆大雨，并且一下就是三天三夜。雨终于停了，彼得走出小木屋，发现眼前的土地看上去好像和以前不一样：坑坑洼洼已被大水冲刷平整，松软的土地上长出一层绿茸茸的小草。

“这里没找到金子，”彼得忽有所悟地说，“但这土地很肥沃，我可以用来种花，并且拿到镇上去卖给那些富人，他们一定会买些花装扮他们华丽的客//厅。如果真是这样的话，那么我一定会赚许多钱，有朝一日我也会成为富人……”

于是他留了下来。彼得花了不少精力培育花苗，不久田地里长满了美丽娇艳的各色鲜花。

五年以后，彼得终于实现了他的梦想——成了一个富翁。“我是唯一的一个找到真金的人！”他时常不无骄傲地告诉别人，“别人在这儿找不到金子后便远远地离开，而我的‘金子’是在这块土地里，只有诚实的人用勤劳才能采集到。”

——节选自陶猛译《金子》

语音提示：

①河畔　hépàn　②这里　zhèlǐ
③驻扎　zhùzhā　④弗雷特　fúléitè
⑤默默地　mòmòde　⑥即将　jíjiāng
⑦晚上　wǎnshang　⑧倾盆　qīngpén
⑨告诉　gàosu

作品21号

我在加拿大学习期间遇到过两次募捐，那情景至今使我难以忘怀。

一天，我在渥太华的街上被两个男孩子拦住去路。他们十来岁，穿得整整齐齐，每人头上戴着个做工精巧、色彩鲜艳的纸帽，上面写着“为帮助患小儿麻痹的伙伴募捐”。其中的一个，不由分说就坐在小凳上给我擦起皮鞋来，另一个则彬彬有礼地发问：“小姐，您是哪国人？喜欢渥太华吗？”“小姐，在你们国家有没有小孩儿患小儿麻痹？谁给他们医疗费？”一连串的问题，使我这个有生以来头一次在众目睽睽之下让别人擦鞋的异乡人，从近乎狼狈的窘态中解脱出来。我们像朋友一样聊起天儿来……

几个月之后，也是在街上。一些十字路口处或车站坐着几位老人。他们满头银发，身穿各种老式军装，上面布满了大大小小形形色色的徽章、奖章，每人手捧一大束鲜花，有水仙、石竹、玫瑰及叫不出名字的，一色雪白。匆匆过往的行人纷纷止步，把钱投进这些老人身旁的白色木箱内，然后向他们微微鞠躬，从他们手中接过一朵花。我看了一会儿，有人投一两元，有人投几百元，还有人掏出支票填好后投进木箱。那些老军人毫不注意人们捐多少钱，一直不//停地向人们低声道谢。同行的朋友告诉我，这是为纪念二次大战中参战的勇士，募捐救济残废军人和烈士遗孀，每年一次；认捐的人可谓踊跃，而且秩序井然，气氛庄严。有些地方，人们还耐心地排着队。我想，这是因为他们都知道：正是这些老人们的流血牺牲换来了包括他们信仰自由在内的许许多多。

我两次把那微不足道的一点儿钱捧给他们，只想对他们说声“谢谢”。

——节选自青白《捐诚》

语音提示：

①募捐 mùjuān ②麻痹 mábì
③谁 shéi ④睽睽 kuíkuí
⑤窘态 jiǒngtài ⑥玫瑰 méiguī
⑦名字 míngzi ⑧填 tián
⑨气氛 qì. fēn ⑩流血 liúxuè

作品22号

没有一片绿叶，没有一缕炊烟，没有一粒泥土，没有一丝花香，只有水的世界，云的海洋。

一阵台风袭过，一只孤单的小鸟无家可归，落到被卷到洋里的木板上，乘流而下，姗姗而来，近了，近了！……

忽然，小鸟张开翅膀，在人们头顶盘旋了几圈儿，"噗啦"一声落到了船上。许是累了？还是发现了"新大陆"？水手撵它它不走，抓它，它乖乖地落在掌心。可爱的小鸟和善良的水手结成了朋友。

瞧，它多美丽，娇巧的小嘴，啄理着绿色的羽毛，鸭子样的扁脚，呈现出春草的鹅黄。水手们把它带到舱里，给它"搭铺"，让它在船上安家落户，每天，把分到的一塑料筒淡水匀给它喝，把从祖国带来的鲜美的鱼肉分给它吃，天长日久，小鸟和水手的感情日趋笃厚。清晨，当第一束阳光射进舷窗时，它便敞开美丽的歌喉，唱啊唱，嘤嘤有韵，宛如春水淙淙。人类给它以生命，它毫不悭吝地把自己的艺术青春奉献给了哺育它的人。可能都是这样？艺术家们的青春只会献给尊敬他们的人。

小鸟给远航生活蒙上了一层浪漫色调。返航时，人们爱不释手，恋恋不舍地想把它带到异乡。可小鸟憔悴了，给水，不喝！喂肉，不吃！油亮的羽毛失去了光泽。是啊，我//们有自己的祖国，小鸟也有它的归宿，人和动物都是一样啊，哪儿也不如故乡好！

慈爱的水手们决定放开它，让它回到大海的摇篮去，回到蓝色的故乡去。离别前，这个大自然的朋友与水手们留影纪念。它站在许多人的头上，肩上，掌上，胳膊上，与喂养过它的人们，一起融进那蓝色的画面……

——节选自王文杰《可爱的小鸟》

语音提示：

①袭过 xíguò ②噗啦 pūlā
③撵 niǎn ④啄 zhuó
⑤匀 yún ⑥舷窗 xiánchuāng
⑦嘤嘤 yīngyīng ⑧淙淙 cóngcóng
⑨悭吝 qiānlìn ⑩胳膊 gēbo

作品23号

纽约的冬天常有大风雪，扑面的雪花不但令人难以睁开眼睛，甚至呼吸都会吸入冰冷的雪花。有时前一天晚上还是一片晴朗，第二天拉开窗帘，却已经积雪盈尺，连门都推不开了。

遇到这样的情况，公司、商店常会停止上班，学校也通过广播，宣布停课。但令人不解的是，唯有公立小学，仍然开放。只见黄色的校车，艰难地在路边接孩子，老师则一大早就口中喷着热气，铲去车子前后的积雪，小心翼翼地开车去学校。

据统计，十年来纽约的公立小学只因为超级暴风雪停过七次课。这是多么令人惊讶的事。犯得着在大人都无须上班的时候让孩子去学校吗？小学的老师也太倒霉了吧？

于是，每逢大雪而小学不停课时，都有家长打电话去骂。妙的是，每个打电话的人，反应全一样——先是怒气冲冲地责问，然后满口道歉，最后笑容满面地挂上电话。原因是，学校告诉家长：

在纽约有许多百万富翁，但也有不少贫困的家庭。后者白天开不起暖气，供不起午餐，孩子的营养全靠学校里免费的中饭，甚至可以多拿些回家当晚餐。学校停课一天，穷孩子就受一天冻，挨一天饿，所以老师们宁愿自己苦一点儿，也不能停课。//

或许有家长会说：何不让富裕的孩子在家里，让贫穷的孩子去学校享受暖气和营养午餐呢？

学校的答复是：我们不愿让那些穷苦的孩子感到他们是在接受救济，因为施舍的最高原则是保持受施者的尊严。

——节选自（台湾）刘墉《课不能停》

语音提示：

①积雪 jīxuě　②孩子 háizi
③车子 chēzi　④停过 tíngguo
⑤而 ér　⑥当 dàng
⑦挨 ái　⑧宁愿 nìngyuàn
⑨救济 jiùjì

作品 24 号

十年，在历史上不过是一瞬间。只要稍加注意，人们就会发现：在这一瞬间里，各种事物都悄悄经历了自己的千变万化。

这次重新访日，我处处感到亲切和熟悉，也在许多方面发觉了日本的变化。就拿奈良的一个角落来说吧，我重游了为之感受很深的唐招提寺，在寺内各处匆匆走了一遍，庭院依旧，但意想不到还看到了一些新的东西。其中之一，就是近几年从中国移植来的“友谊之莲”。

在存放鉴真遗像的那个院子里，几株中国莲昂然挺立，翠绿的宽大荷叶正迎风而舞，显得十分愉快。开花的季节已过，荷花朵朵已变为莲蓬累累。莲子的颜色正在由青转紫，看来已经成熟了。

我禁不住想：“因”已转化为“果”。

中国的莲花开在日本，日本的樱花开在中国，这不是偶然。我希望这样一种盛况延续不衰。可能有人不欣赏花，但决不会有人欣赏落在自己面前的炮弹。

在这些日子里，我看到了不少多年不见的老朋友，又结识了一些新朋友。大家喜欢涉及的话题之一，就是古长安和古奈良。那还用得着问吗，朋友们缅怀过去，正是瞩望未来。瞩目于未来的人们必将获得未来。

我不例外，也希望一个美好的未来。

为//了中日人民之间的友谊，我将不浪费今后生命的每一瞬间。

——节选自严文井《莲花和樱花》

语音提示：

①熟悉 shú. xī　②为 wèi
③东西 dōngxi　④其中 qízhōng
⑤莲蓬 liánpéng　⑥累累 léiléi
⑦衰 shuāi　⑧涉及 shèjí
⑨缅怀 miǎnhuái　⑩瞩望 zhǔwàng

作品 25 号

梅雨潭闪闪的绿色招引着我们，我们开始追捉她那离合的神光了。揪着草，攀着乱石，小心探身下去，又鞠躬过了一个石穹门，便到了汪汪一碧的潭边了。

瀑布在襟袖之间，但是我的心中已没有瀑布了。我的心随潭水的绿而摇荡。那醉人的绿呀！仿佛一张极大极大的荷叶铺着，满是奇异的绿呀。我想张开两臂抱住她，但这是怎样一个妄想啊。

站在水边，望到那面，居然觉着有些远呢！这平铺着、厚积着的绿，着实可爱。她松松地皱缬着，像少妇拖着的裙幅；她滑滑的明亮着，像涂了“明油”一般，有鸡蛋清那样软，那样嫩；她又不杂些尘滓，宛然一块温润的碧玉，只清清的一色——但你却看不透她！

我曾见过北京什刹海拂地的绿杨，脱不了鹅黄的底子，似乎太淡了。我又曾见过杭州虎跑寺近旁高峻而深密的“绿壁”，丛叠着无穷的碧草与绿叶的，那又似乎太浓了。其余呢，西湖的波太明了，秦淮河的也太暗了。可爱的，我将什么来比拟你呢？我怎么比拟得出呢？大约潭是很深的，故能蕴蓄着这样奇异的绿；仿佛蔚蓝的天融了一块在里面似的，这才这般的鲜润啊。

那醉人的绿呀！我若能裁你以为带，我将赠给那轻盈的//舞女，她必能临风飘举了。我若能挹你以为眼，我将赠给那善歌的盲妹，她必明眸善睐了。我舍不得你，我怎舍得你呢？我用手拍着你，抚摩着你，如同一个十二三岁的小姑娘。我又掬你入口，便是吻着她了。我送你一个名字，我从此叫你“女儿绿”，好吗？

第二次到仙岩的时候，我不禁惊诧于梅雨潭的绿了。

——节选自朱自清《绿》

语音提示：

①追捉 zhuīzhuō ②襟袖 jīnxiù

③妄想 wàngxiǎng ④着实 zhuóshí

⑤缬 xié ⑥尘滓 chénzǐ

⑦拂地 fúdì ⑧蕴蓄 yùnxù

⑨挹 yì ⑩抚摩 fǔmó

作品26号

我们家的后园有半亩空地，母亲说："让它荒着怪可惜的，你们那么爱吃花生，就开辟出来种花生吧。"我们姐弟几个都很高兴，买种，翻地，播种，浇水，没过几个月，居然收获了。

母亲说："今晚我们过一个收获节，请你们父亲也来尝尝我们的新花生，好不好？"我们都说好。母亲把花生做成了好几样食品，还吩咐就在后园的茅亭里过这个节。

晚上天色不太好，可是父亲也来了，实在很难得。

父亲说："你们爱吃花生吗？"

我们争着答应："爱！"

"谁能把花生的好处说出来？"

姐姐说："花生的味美。"

哥哥说："花生可以榨油。"

我说："花生的价钱便宜，谁都可以买来吃，都喜欢吃。这就是它的好处。"

父亲说："花生的好处很多，有一样最可贵：它的果实埋在地里，不像桃子、石榴、苹果那样，把鲜红嫩绿的果实高高地挂在枝头上，使人一见就生爱慕之心。你们看它矮矮地长在地上，等到成熟了，也不能立刻分辨出来它有没有果实，必须挖出来才知道。"

我们都说是，母亲也点点头。

父亲接下去说："所以你们要像花生，它虽然不好看，可是很有用，不是外表好看而没有实用的东西。"

我说："那么，人要做有用的人，不要做只讲体面，而对别人没有好处的人了。"//

父亲说："对。这是我对你们的希望。"

我们谈到夜深才散。花生做的食品都吃完了，父亲的话却深深地印在我的心上。

——节选自许地山《落花生》

语音提示：

①空地 kòngdì ②荒着 huāngzhe

③播种 bōzhǒng ④尝尝 chángchang

⑤答应 dāying ⑥谁 shéi

⑦味 wèir ⑧便宜 piányi

⑨喜欢　xǐhuan　　　　⑩石榴　shíliu

作品 27 号

我打猎归来，沿着花园的林阴路走着。狗跑在我前边。

突然，狗放慢脚步，蹑足潜行，好像嗅到了前边有什么野物。

我顺着林阴路望去，看见了一只嘴边还带黄色、头上生着柔毛的小麻雀。风猛烈地吹打着林阴路上的白桦树，麻雀从巢里跌落下来，呆呆地伏在地上，孤立无援地张开两只羽毛还未丰满的小翅膀。

我的狗慢慢向它靠近。忽然，从附近一棵树上飞下一只黑胸脯的老麻雀，像一颗石子似的落到狗的跟前。老麻雀全身倒竖着羽毛，惊恐万状，发出绝望、凄惨的叫声，接着向露出牙齿、大张着的狗嘴扑去。

老麻雀是猛扑下来救护幼雀的。它用身体掩护着自己的幼儿……但它整个小小的身体因恐怖而战栗着，它小小的声音也变得粗暴嘶哑，它在牺牲自己！

在它看来，狗该是多么庞大的怪物啊！然而，它还是不能站在自己高高的、安全的树枝上……一种比它的理智更强烈的力量，使它从那儿扑下身来。

我的狗站住了，向后退了退……看来，它也感到了这种力量。

我赶紧唤住惊慌失措的狗，然后我怀着崇敬的心情，走开了。

是啊，请不要见笑。我崇敬那只小小的、英勇的鸟儿，我崇敬它那种爱的冲动和力量。

爱，我想，比//死和死的恐惧更强大。只有依靠它，依靠这种爱，生命才能维持下去，发展下去。

——节选自［俄］屠格涅夫《麻雀》，巴金译

语音提示：

①蹑　niè　　　　②潜　qián
③嗅　xiù　　　　④白桦树　báihuàshù
⑤胸脯　xiōngpú　　　　⑥似的　shìde
⑦露出　lòuchū（lùchū）　　　　⑧战栗　zhànlì
⑨鸟儿　niǎo'ér

作品 28 号

那年我六岁。离我家仅一箭之遥的小山坡旁，有一个早已被废弃的采石场，双亲从来不准我去那儿，其实那儿风景十分迷人。

一个夏季的下午，我随着一群小伙伴偷偷上那儿去了。就在我们穿越了一条孤寂的小路后，他们却把我一个人留在原地，然后奔向“更危险的地带”了，等他们走后，我惊慌失措地发现，再也找不到要回家的那条孤寂的小道了。像只无头的苍蝇，我到处乱钻，衣裤上挂满了芒刺。太阳已经落山，而此时此刻，家里一定开始吃晚餐了，双亲正盼着我回家……想着想着，我不由得背靠着一棵树，伤心地呜呜大哭起来……

突然，不远处传来了声声柳笛。我像找到了救星，急忙循声走去。一条小道边的树桩上坐着一位吹笛人，手里还正削着什么。走近细看，他不就是被大家称为“乡巴佬儿”的卡廷吗？

“你好，小家伙儿，”卡廷说，“看天气多美，你是出来散步的吧？”

我怯生生地点点头，答道：“我要回家了。”

“请耐心等上几分钟，”卡廷说，“瞧，我正在削一支柳笛，差不多就要做好了，完工后就送给你吧！”

卡廷边削边不时把尚未成形的柳笛放在嘴里试吹一下。没过多久，一支柳笛便递到我手中。我俩在一阵阵清脆悦耳的笛音//中，踏上了归途……

当时，我心中只充满感激，而今天，当我自己也成了祖父时，却突然领悟到他用心之良苦！那天当他听到我的哭声时，便判定我一定迷了路，但他并不想在孩子面前扮演“救星”的角色，于是吹响柳笛以便让我能发现他，并跟着他走出困境！就这样，卡廷先生以乡下人的纯朴，保护了一个小男孩儿强烈的自尊。

——节选自唐若水译《迷途笛音》

语音提示：

①其实 qíshí　　②伴 bànr

③奔 bēn　　④苍蝇 cāngying

⑤削 xiāo　　⑥怯 qiè

⑦角色 juésè

作品 29 号

在浩瀚无垠的沙漠里，有一片美丽的绿洲，绿洲里藏着一颗闪光的珍珠。这颗珍珠就是敦煌莫高窟。它坐落在我国甘肃省敦煌市三危山和鸣沙山的怀抱中。

鸣沙山东麓是平均高度为十七米的崖壁。在一千六百多米长的崖壁上，凿有大小洞窟七百余个，形成了规模宏伟的石窟群。其中四百九十二个洞窟中，共有彩色塑像两千一百余尊，各种壁画共四万五千多平方米。莫高窟是我国古代无数艺术匠师留给人类的珍贵文化遗产。

莫高窟的彩塑，每一尊都是一件精美的艺术品。最大的有九层楼那么高，最小的还不如一个手掌大。这些彩塑个性鲜明，神态各异。有慈眉善目的菩萨，有威风凛凛的天王，还有强壮勇猛的力士……

莫高窟壁画的内容丰富多彩，有的是描绘古代劳动人民打猎、捕鱼、耕田、收割的情景，有的是描绘人们奏乐、舞蹈、演杂技的场面，还有的是描绘大自然的美丽风光。其中最引人注目的是飞天。壁画上的飞天，有的臂挎花篮，采摘鲜花；有的反弹琵琶，轻拨银弦；有的倒悬身子，自天而降；有的彩带飘拂，漫天遨游；有的舒展着双臂，翩翩起舞。看着这些精美动人的壁画，就像走进了//灿烂辉煌的艺术殿堂。

莫高窟里还有一个面积不大的洞窟——藏经洞。洞里曾藏有我国古代的各种经卷、文书、帛画、刺绣、铜像等共六万多件。由于清朝政府腐败无能，大量珍贵的文物被外国强盗掠走。仅存的部分经卷，现在陈列于北京故宫等处。

莫高窟是举世闻名的艺术宝库。这里的每一尊彩塑、每一幅壁画、每一件文物，都是中国古代人民智慧的结晶。

——节选自小学《语文》第六册中《莫高窟》

语音提示：

①敦煌 dūnhuáng	②窟 kū
③塑像 sùxiàng	④菩萨 púsà
⑤捕 bǔ	⑥琵琶 pí. pá
⑦弦 xián	⑧遨游 áoyóu
⑨殿堂 diàntáng	⑩帛画 bóhuà

作品 30 号

其实你在很久以前并不喜欢牡丹，因为它总被人作为富贵膜拜。后来你目睹了一次牡丹的落花，你相信所有的人都会为之感动：一阵清风徐来，娇艳鲜嫩的盛期牡丹忽然整朵整朵地坠落，铺撒一地绚丽的花瓣。那花瓣落地时依然鲜艳夺目，如同一只奉上祭坛的大鸟脱落的羽毛，低吟着壮烈的悲歌离去。

牡丹没有花谢花败之时，要么烁于枝头，要么归于泥土，它跨越委顿和衰老，由青春而死亡，由美丽而消遁。它虽美却不吝惜生命，即使告别也要展示给人最后一次的惊心动魄。

所以在这阴冷的四月里，奇迹不会发生。任凭游人扫兴和诅咒，牡丹依然安之若素。它不苟且、不俯就、不妥协、不媚俗，甘愿自己冷落自己。它遵循自己的花期自己的规律，它有权利为自己选择每年一度的盛大节日。它为什么不拒绝寒冷？

天南海北的看花人，依然络绎不绝地涌入洛阳城。人们不会因牡丹的拒绝而拒绝它的美。如果它再被贬谪十次，也许它就会繁衍出十个洛阳牡丹城。

于是你在无言的遗憾中感悟到，富贵与高贵只是一字之差。同人一样，花儿也是有灵性的，更有品位之高低。品位这东西为气为魂为//筋骨为神韵，只可意会。你叹服牡丹卓尔不群之姿，方知品位是多么容易被世人忽略或是漠视的美。

——节选自张抗抗《牡丹的拒绝》

语音提示：

①牡丹 mǔdān	②祭坛 jìtán
③委顿 wěidùn	④遁 dùn
⑤吝惜 lìnxī	⑥即使 jíshǐ
⑦贬谪 biǎnzhé	⑧繁衍 fányǎn
⑨花儿 huā'ér	⑩卓 zhuó

作品 31 号

森林涵养水源，保持水土，防止水旱灾害的作用非常大。据专家测算，一片十万亩面积的森林，相当于一个两百万立方米的水库，这正如农谚所说的："山上多栽树，等于修水库。雨多它能吞，雨少它能吐。"

说起森林的功劳，那还多得很。它除了为人类提供木材及许多种生产、生活的原料之外，在维护生态环境方面也是功劳卓著。它用另一种"能吞能吐"的特殊功能孕育了人类。因为地球在形成之初，大气中的二氧化碳含量很高，氧气很少，气温也高，生物是难以生存的。大约在四亿年之前，陆地才产生了森林。森林慢慢将大气中的二氧化碳吸收，同时吐出新鲜氧气，调节气温：这才具备了人类生存的条件，地球上才最终有了人类。

森林，是地球生态系统的主体，是大自然的总调度室，是地球的绿色之肺。森林维护地球生态环境的这种"能吞能吐"的特殊功能是其他任何物体都不能取代的。然而，由于地球上的燃烧物增多，二氧化碳的排放量急剧增加，使得地球生态环境急剧恶化，主要表现为全球气候变暖，水分蒸发加快，改变了气流的循环，使气候变化加剧，从而引发热浪、飓风、暴雨、洪涝及干旱。

为了//使地球的这个"能吞能吐"的绿色之肺恢复健壮，以改善生态环境，抑制全球变暖，减少水旱等自然灾害，我们应该大力造林、护林，使每一座荒山都绿起来。

——节选自《中考语文课外阅读试题精选》中《"能吞能吐"的森林》

语音提示：

①面积 miànjī　　②吐 tǔ
③提供 tígōng　　④调 diào
⑤气候 qìhòu　　⑥飓风 jùfēng
⑦洪涝 hónglào　　⑧抑制 yìzhì

作品 32 号

朋友即将远行。

暮春时节，又邀了几位朋友在家小聚。虽然都是极熟的朋友，却是终年难得一见，偶尔电话里相遇，也无非是几句寻常话。一锅小米稀饭，一碟大头菜，一盘自家酿制的泡菜，一只巷口买回的烤鸭，简简单单，不像请客，倒像家人团聚。

其实，友情也好，爱情也好，久而久之都会转化为亲情。

说也奇怪，和新朋友会谈文学、谈哲学、谈人生道理等等，和老朋友却只话家常，柴米油盐，细细碎碎，种种琐事。很多时候，心灵的契合已经不需要太多的言语来表达。

朋友新烫了个头，不敢回家见母亲，恐怕惊骇了老人家，却欢天喜地来见我们，老朋友颇能以一种趣味性的眼光欣赏这个改变。

年少的时候，我们差不多都在为别人而活，为苦口婆心的父母活，为循循善诱的师长活，为许多观念、许多传统的约束力而活。年岁逐增，渐渐挣脱外在的限制与束缚，开始懂得为自己活，照自己的方式做一些自己喜欢的事，不在乎别人的批评意见，不在乎别人的诋毁流言，只在乎那一份随心所欲的舒坦自然。偶尔，也能够纵容自己放浪一下，并且有一种恶作剧的窃喜。

就让生命顺其自然，水到渠成吧，犹如窗前的//乌桕，自生自落之间，自有一份圆融丰满的喜悦。春雨轻轻落着，没有诗，没有酒，有的只是一份相知相属的自在自得。

夜色在笑语中渐渐沉落，朋友起身告辞，没有挽留，没有送别，甚至也没有问归期。

已经过了大喜大悲的岁月，已经过了伤感流泪的年华，知道了聚散原来是这样的自然和顺理成章，懂得这点，便懂得珍惜每一次相聚的温馨，离别便也欢喜。

——节选自（台湾）杏林子《朋友和其他》

语音提示：

①即将 jíjiāng	②酿制 niàngzhì
③琐事 suǒshì	④契合 qìhé
⑤挣脱 zhèngtuō	⑥束缚 shùfù
⑦诋毁 dǐhuǐ	⑧舒坦 shūtan
⑨犹如 yóurú	⑩乌桕 wūjiù

作品 33 号

我们在田野散步：我，我的母亲，我的妻子和儿子。

母亲本不愿出来的。她老了，身体不好，走远一点儿就觉得很累。我说，正因为如此，才应该多走走。母亲信服地点点头，便去拿外套。她现在很听我的话，就像我小时候很听她的话一样。

这南方初春的田野，大块小块的新绿随意地铺着，有的浓，有的淡，树上的嫩芽也密了，田里的冬水也咕咕地起着水泡。这一切都使人想着一样东西——生命。

我和母亲走在前面，我的妻子和儿子走在后面。小家伙突然叫起来："前面是妈妈和儿子，后面也是妈妈和儿子。"我们都笑了。

后来发生了分歧：母亲要走大路，大路平顺；我的儿子要走小路，小路有意思。不过，一切都取决于我。我的母亲老了，她早已习惯听从她强壮的儿子；我的儿子还小，他还习惯听从他高大的父亲；妻子呢，在外面，她总是听我的。一霎时我感到了责任的重大。我想找一个两全的办法，找不出；我想拆散一家人，分成两路，各得其所，终不愿意。我决定委屈儿子，因为我伴同他的时日还长。我说："走大路。"

但是母亲摸摸孙儿的小脑瓜，变了主意："还是走小路吧。"她的眼随小路望去：那里有金色的菜花，两行整齐的桑树，//尽头一口水波粼粼的鱼塘。"我走不过去的地方，你就背着我。"母亲对我说。

这样，我们在阳光下，向着那菜花、桑树和鱼塘走去。到了一处，我蹲下来，背起了母亲；妻子也蹲下来，背起了儿子。我和妻子都是慢慢地，稳稳地，走得很仔细，好像我背上的同她背上的加起来，就是整个世界。

——节选自莫怀戚《散步》

语音提示：

①我们 wǒmen ②走走 zǒuzou
③小家伙 xiǎojiāhuo ④分歧 fēnqí
⑤霎时 shàshí ⑥委屈 wěiqu
⑦主意 zhúyi ⑧地方 dìfang
⑨背上 bèi. shàng

作品34号

地球上是否真的存在“无底洞”？按说地球是圆的，由地壳、地幔和地核三层组成，真正的“无底洞”是不应存在的，我们所看到的各种山洞、裂口、裂缝，甚至火山口也都只是地壳浅部的一种现象。然而中国一些古籍却多次提到海外有个深奥莫测的无底洞。事实上地球上确实有这样一个“无底洞”。

它位于希腊亚各斯古城的海滨。由于濒临大海，大涨潮时，汹涌的海水便会排山倒海般地涌入洞中，形成一股湍湍的急流。据测，每天流入洞内的海水量达三万多吨。奇怪的是，如此大量的海水灌入洞中，却从来没有把洞灌满。曾有人怀疑，这个“无底洞”，会不会就像石灰岩地区的漏斗、竖井、落水洞一类的地形。然而从二十世纪三十年代以来，人们就做了多种努力企图寻找它的出口，却都是枉费心机。

为了揭开这个秘密，一九五八年美国地理学会派出一支考察队，他们把一种经久不变的带色染料溶解在海水中，观察染料是如何随着海水一起沉下去。接着又察看了附近海面以及岛上的各条河、湖，满怀希望地寻找这种带颜色的水，结果令人失望。难道是海水量太大把有色水稀释得太淡，以致无法发现？//

至今谁也不知道为什么这里的海水会没完没了地“漏”下去，这个“无底洞”的出口又在哪里，每天大量的海水究竟都流到哪里去了？

——节选自罗伯特·罗威尔《神秘的“无底洞”》

语音提示：

①地壳 dìqiào ②幔 màn
③亚 yà ④湍湍 tuāntuān
⑤枉费心机 wǎngfèi - xīnjī ⑥谁 shéi

作品35号

我在俄国见到的景物再没有比托尔斯泰墓更宏伟、更感人的。

完全按照托尔斯泰的愿望，他的坟墓成了世间最美的，给人印象最深刻的坟墓。它只是树林中的一个小小的长方形土丘，上面开满鲜花——没有十字架，没有墓碑，没有墓志铭，连托尔斯泰这个名字也没有。

这位比谁都感到受自己的声名所累的伟人，却像偶尔被发现的流浪汉，不为人知的士兵，不留名姓地被人埋葬了。谁都可以踏进他最后的安息地，围在四周稀疏的木栅栏是不关闭的——保护列夫·托尔斯泰得以安息的没有任何别的东西，惟有人们的敬意；

而通常，人们却总是怀着好奇，去破坏伟人墓地的宁静。

这里，逼人的朴素禁锢住任何一种观赏的闲情，并且不容许你大声说话。风儿俯临，在这座无名者之墓的树木之间飒飒响着，和暖的阳光在坟头嬉戏；冬天，白雪温柔地覆盖这片幽暗的圭土地。无论你在夏天或冬天经过这儿，你都想象不到，这个小小的、隆起的长方体里安放着一位当代最伟大的人物。

然而，恰恰是这座不留姓名的坟墓，比所有挖空心思用大理石和奢华装饰建造的坟墓更扣人心弦。在今天这个特殊的日子//里，到他的安息地来的成百上千人中间，没有一个有勇气，哪怕仅仅从这幽暗的土丘上摘下一朵花留作纪念。人们重新感到，世界上再没有比托尔斯泰最后留下的、这座纪念碑式的朴素坟墓，更打动人心的了。

——节选自［奥］茨威格《世间最美的坟墓》，张厚仁译

语音提示：

①名字　míngzi　　②谁　shéi
③栅栏　zhàlan　　④禁锢　jìngù
⑤飒飒　sàsà　　⑥覆盖　fùgài
⑦圭　guī　　⑧奢华　shēhuá
⑨弦　xián

作品 36 号

我国的建筑，从古代的宫殿到近代的一般住房，绝大部分是对称的，左边怎么样，右边怎么样。苏州园林可绝不讲究对称，好像故意避免似的。东边有了一个亭子或者一道回廊，西边决不会来一个同样的亭子或者一道同样的回廊。这是为什么？我想，用图画来比方，对称的建筑是图案画，不是美术画，而园林是美术画，美术画要求自然之趣，是不讲究对称的。

苏州园林里都有假山和池沼。

假山的堆叠，可以说是一项艺术而不仅是技术。或者是重峦叠嶂，或者是几座小山配合着竹子花木，全在乎设计者和匠师们生平多阅历，胸中有丘壑，才能使游览者攀登的时候忘却苏州城市，只觉得身在山间。

至于池沼，大多引用活水。有些园林池沼宽敞，就把池沼作为全园的中心，其他景物配合着布置。水面假如成河道模样，往往安排桥梁。假如安排两座以上的桥梁，那就一座一个样，决不雷同。

池沼或河道的边沿很少砌齐整的石岸，总是高低屈曲任其自然。还在那儿布置几块玲珑的石头，或者种些花草。这也是为了取得从各个角度看都成一幅画的效果。池沼里养着金鱼或各色鲤鱼，夏秋季节荷花或睡莲开//放，游览者看“鱼戏莲叶间”，又是入画的一景。

——节选自叶圣陶《苏州园林》

语音提示：

①似的 shìde　②比方 bǐfang
③池沼 chízhǎo　④重峦叠嶂 chóngluán－diézhàng
⑤在乎 zàihu　⑥丘壑 qiūhè
⑦模样 múyàng　⑧石头 shítou
⑨取得 qǔdé　⑩幅 fú

作品 37 号

一位访美中国女作家，在纽约遇到一位卖花的老太太。老太太穿着破旧，身体虚弱，但脸上的神情却是那样祥和兴奋。女作家挑了一朵花说："看起来，你很高兴。"老太太面带微笑地说："是的，一切都这么美好，我为什么不高兴呢?""对烦恼，你倒真能看得开。"女作家又说了一句。没料到，老太太的回答更令女作家大吃一惊："耶稣在星期五被钉上十字架时，是全世界最糟糕的一天，可三天后就是复活节。所以，当我遇到不幸时，就会等待三天，这样一切就恢复正常了。"

"等待三天"，多么富于哲理的话语，多么乐观的生活方式。它把烦恼和痛苦抛下，全力去收获快乐。

沈从文在"文革"期间，陷入了非人的境地。可他毫不在意，他在咸宁时给他的表侄、画家黄永玉写信说："这里的荷花真好，你若来……"身陷苦难却仍为荷花的盛开欣喜赞叹不已，这是一种趋于澄明的境界，一种旷达洒脱的胸襟，一种面临磨难坦荡从容的气度，一种对生活童子般的热爱和对美好事物无限向往的生命情感。

由此可见，影响一个人快乐的，有时并不是困境及磨难，而是一个人的心态。如果把自己浸泡在积极、乐观、向上的心态中，快乐必然会//占据你的每一天。

——节选自《态度创造快乐》

语音提示：

①老太太 lǎotàitai　②穿着 chuānzhuó
③兴奋 xīngfèn　④看得开 kàndekāi
⑤仍 réng　⑥童子 tóngzǐ
⑦向往 xiàngwǎng

作品 38 号

泰山极顶看日出，历来被描绘成十分壮观的奇景。有人说：登泰山而看不到日出，就像一出大戏没有戏眼，味儿终究有点寡淡。

我去爬山那天，正赶上个难得的好天，万里长空，云彩丝儿都不见。素常，烟雾腾腾的山头，显得眉目分明。同伴们都欣喜地说："明天早晨准可以看见日出了。"我也是抱着这种想头，爬上山去。

一路从山脚往上爬，细看山景，我觉得挂在眼前的不是五岳独尊的泰山，却像一幅规模惊人的青绿山水画，从下面倒展开来。在画卷中最先露出的是山根底那座明朝建筑岱宗坊，慢慢地便现出王母池、斗母宫、经石峪。山是一层比一层深，一叠比一叠奇，层层叠叠，不知还会有多深多奇，万山丛中，时而点染着极其工细的人物。王母池旁的吕祖殿里有不少尊明塑，塑着吕洞宾等一些人，姿态神情是那样有生气，你看了，不禁会脱口赞叹说："活啦。"

画卷继续展开，绿阴森森的柏洞露面不太久，便来到对松山。两面奇峰对峙着，满山峰都是奇形怪状的老松，年纪怕都有上千岁了，颜色竟那么浓，浓得好像要流下来似的。来到这儿，你不妨权当一次画里的写意人物，坐在路旁的对松亭里，看看山色，听听流//水和松涛。

一时间，我又觉得自己不仅是在看画卷，却又像是在零零乱乱翻着一卷历史稿本。

——节选自杨朔《泰山极顶》

语音提示：

①点　diǎnr　　②难得　nándé
③云彩　yúncai　　④丝儿　sīr
⑤想头　xiǎngtou　　⑥岱宗坊　dàizōngfāng
⑦斗母宫　dǒumǔgōng　　⑧露面　lòumiàn
⑨对峙　duìzhì

作品 39 号

育才小学校长陶行知在校园看到学生王友用泥块砸自己班上的同学，陶行知当即喝止了他，并令他放学后到校长室去。无疑，陶行知是要好好教育这个"顽皮"的学生。那么他是如何教育的呢?

放学后，陶行知来到校长室，王友已经等在门口准备挨训了。可一见面，陶行知却掏出一块糖果送给王友，并说："这是奖给你的，因为你按时来到这里，而我却迟到了。"王友惊疑地接过糖果。

随后，陶行知又掏出一块糖果放到他手里，说："这第二块糖果也是奖给你的，因为当我不让你再打人时，你立即就住手了，这说明你很尊重我，我应该奖你。"王友更惊疑了，他眼睛睁得大大的。

陶行知又掏出第三块糖果塞到王友手里，说："我调查过了，你用泥块砸那些男生，是因为他们不守游戏规则，欺负女生；你砸他们，说明你很正直善良，且有批评不良行为的勇气，应该奖励你啊!"王友感动极了，他流着眼泪后悔地喊道："陶……陶校长你打我两下吧！我砸的不是坏人，而是自己的同学啊……"

陶行知满意地笑了，他随即掏出第四块糖果递给王友，说："为你正确地认识错误，我再奖给你一块糖果，只可惜我只有这一块糖果了。我的糖果//没有了，我看我们的谈话也该结束了吧!"说完，就走出了校长室。

——节选自《教师博览·百期精华》中《陶行知的"四块糖果"》

语音提示：

①当即 dāngjí ②挨 ái

③立即 lìjí ④眼睛 yǎnjing

⑤啊 yɑ ⑥随即 suíjí

⑦认识 rènshi

作品 40 号

享受幸福是需要学习的，当它即将来临的时刻需要提醒。人可以自然而然地学会感官的享乐，却无法天生地掌握幸福的韵律。灵魂的快意同器官的舒适像一对孪生兄弟，时而相傍相依，时而南辕北辙。

幸福是一种心灵的震颤。它像会倾听音乐的耳朵一样，需要不断地训练。

简而言之，幸福就是没有痛苦的时刻。它出现的频率并不像我们想象的那样少。人们常常只是在幸福的金马车已经驶过去很远时，才拣起地上的金鬃毛说，原来我见过它。

人们喜爱回味幸福的标本，却忽略它披着露水散发清香的时刻。那时候我们往往步履匆匆，瞻前顾后不知在忙着什么。

世上有预报台风的，有预报蝗灾的，有预报瘟疫的，有预报地震的。没有人预报幸福。

其实幸福和世界万物一样，有它的征兆。

幸福常常是朦胧的，很有节制地向我们喷洒甘霖。你不要总希望轰轰烈烈的幸福，它多半只是悄悄地扑面而来。你也不要企图把水龙头拧得更大，那样它会很快地流失。你需要静静地以平和之心，体验它的真谛。

幸福绝大多数是朴素的。它不会像信号弹似的，在很高的天际闪烁红色的光芒。它披着本色的外衣，亲//切温暖地包裹起我们。

幸福不喜欢喧嚣浮华，它常常在暗淡中降临。贫困中相濡以沫的一块糕饼，患难中心心相印的一个眼神，父亲一次粗糙的抚摸，女友一张温馨的字条……这都是千金难买的幸福啊。像一粒粒缀在旧绸子上的红宝石，在凄凉中愈发熠熠夺目。

——节选自毕淑敏《提醒幸福》

语音提示：

①享受 xiǎngshòu ②耳朵 ěrduo

③鬃毛 zōngmáo ④履 lǚ

⑤征兆 zhēngzhào ⑥甘霖 gānlín

⑦真谛 zhēndì ⑧喧嚣 xuānxiāo

⑨绸子 chóuzi ⑩熠熠 yìyì

作品 41 号

在里约热内卢的一个贫民窟里，有一个男孩子，他非常喜欢足球，可是又买不起，于是就踢塑料盒，踢汽水瓶，踢从垃圾箱里拣来的椰子壳。他在胡同里踢，在能找到的任何一片空地上踢。

有一天，当他在一处干涸的水塘里猛踢一个猪膀胱时，被一位足球教练看见了。他发现这个男孩儿踢得很像是那么回事，就主动提出要送给他一个足球。小男孩儿得到足球后踢得更卖劲了。不久，他就能准确地把球踢进远处随意摆放的一个水桶里。

圣诞节到了，孩子的妈妈说："我们没有钱买圣诞礼物送给我们的恩人，就让我们为他祈祷吧。"

小男孩儿跟随妈妈祈祷完毕，向妈妈要了一把铲子便跑了出去。他来到一座别墅前的花园里，开始挖坑。

就在他快要挖好坑的时候，从别墅里走出一个人来，问小孩儿在干什么，孩子抬起满是汗珠的脸蛋儿，说："教练，圣诞节到了，我没有礼物送给您，我愿给您的圣诞树挖一个树坑。"

教练把小男孩儿从树坑里拉上来，说，我今天得到了世界上最好的礼物。明天你就到我的训练场去吧。

三年后，这位十七岁的男孩儿在第六届足球锦标赛上独进二十一球，为巴西第一次捧回了金杯。一个原来不//为世人所知的名字——贝利，随之传遍世界。

——节选自刘燕敏《天才的造就》

语音提示：

①喜欢	xǐhuan	②塑料盒	sùliàohér
③垃圾	lājī	④椰子壳	yēzikér
⑤胡同	hútòng	⑥干涸	gānhé
⑦踢得	tīde	⑧劲	jìnr
⑨铲子	chǎnzi		

作品42号

记得我十三岁时，和母亲住在法国东南部的耐斯城。母亲没有丈夫，也没有亲戚，够清苦的，但她经常能拿出令人吃惊的东西，摆在我面前。她从来不吃肉，一再说自己是素食者。然而有一天，我发现母亲正仔细地用一小块碎面包擦那给我煎牛排用的油锅。我明白了她称自己为素食者的真正原因。

我十六岁时，母亲成了耐斯市美蒙旅馆的女经理。这时，她更忙碌了。一天，她瘫在椅子上，脸色苍白，嘴唇发灰。马上找来医生，做出诊断：她摄取了过多的胰岛素。直到这时我才知道母亲多年一直对我隐瞒的疾痛——糖尿病。

她的头歪向枕头一边，痛苦地用手抓挠胸口。床架上方，则挂着一枚我一九三二年赢得耐斯市少年乒乓球冠军的银质奖章。

啊，是对我的美好前途的憧憬支撑着她活下去，为了给她那荒唐的梦至少加一点真实的色彩，我只能继续努力，与时间竞争，直至一九三八年我被征入空军。巴黎很快失陷，我辗转调到英国皇家空军。刚到英国就接到了母亲的来信。这些信是由在瑞士的一个朋友秘密地转到伦敦，送到我手中的。

现在我要回家了，胸前佩戴着醒目的绿黑两色的解放十字绶//带，上面挂着五六枚我终身难忘的勋章，肩上还佩戴着军官肩章。到达旅馆时，没有一个人跟我打招呼。原来，我母亲在三年半以前就已经离开人间了。

在她死前的几天中，她写了近二百五十封信，把这些信交给她在瑞士的朋友，请这个朋友定时寄给我。就这样，在母亲死后的三年半的时间里，我一直从她身上吸取着力量和勇气——这使我能够继续战斗到胜利那一天。

——节选自［法］罗曼·加里《我的母亲独一无二》

语音提示：

①丈夫 zhàngfu	②亲戚 qīnqi
③东西 dōngxi	④块 kuàir
⑤明白 míngbai	⑥抓挠 zhuānao
⑦憧憬 chōngjǐng	⑧绶 shòu
⑨勋章 xūnzhāng	⑩招呼 zhāohu

作品 43 号

生活对于任何人都非易事，我们必须有坚韧不拔的精神。最要紧的，还是我们自己要有信心。我们必须相信，我们对每一件事情都具有天赋的才能，并且，无论付出任何代价，都要把这件事完成。当事情结束的时候，你要能问心无愧地说："我已经尽我所能了。"

有一年的春天，我因病被迫在家里休息数周。我注视着我的女儿们所养的蚕正在结茧，这使我很感兴趣。望着这些蚕执著地、勤奋地工作，我感到我和它们非常相似。像它们一样，我总是耐心地把自己的努力集中在一个目标上。我之所以如此，或许是因为有某种力量在鞭策着我——正如蚕被鞭策着去结茧一般。

近五十年来，我致力于科学研究，而研究，就是对真理的探讨。我有许多美好快乐的记忆。少女时期我在巴黎大学，孤独地过着求学的岁月；在后来献身科学的整个时期，我丈夫和我专心致志，像在梦幻中一般，坐在简陋的书房里艰辛地研究，后来我们就在那里发现了镭。

我永远追求安静的工作和简单的家庭生活。为了实现这个理想，我竭力保持宁静的环境，以免受人事的干扰和盛名的拖累。

我深信，在科学方面我们有对事业而不是//对财富的兴趣。我的唯一奢望是在一个自由国家中，以一个自由学者的身份从事研究工作。

我一直沉醉于世界的优美之中，我所热爱的科学也不断增加它崭新的远景。我认定科学本身就具有伟大的美。

——节选自［波兰］玛丽·居里《我的信念》，剑捷译

语音提示：

①精神 jīngshen ②事情 shìqing
③休息 xiūxi ④结茧 jiéjiǎn
⑤执著 zhízhuó ⑥鞭策 biāncè
⑦干扰 gānrǎo ⑧拖累 tuōlěi
⑨奢望 shēwàng

作品44号

我为什么非要教书不可？是因为我喜欢当教师的时间安排表和生活节奏。七、八、九三个月给我提供了进行回顾、研究、写作的良机，并将三者有机融合，而善于回顾、研究和总结正是优秀教师素质中不可缺少的成分。

干这行给了我多种多样的“甘泉”去品尝，找优秀的书籍去研读，到“象牙塔”和实际世界里去发现。教学工作给我提供了继续学习的时间保证，以及多种途径、机遇和挑战。

然而，我爱这一行的真正原因，是爱我的学生。学生们在我的眼前成长、变化。当教师意味着亲历“创造”过程的发生——恰似亲手赋予一团泥土以生命，没有什么比目睹它开始呼吸更激动人心的了。

权利我也有了：我有权利去启发诱导，去激发智慧的火花，去问费心思考的问题，去赞扬回答的尝试，去推荐书籍，去指点迷津。还有什么别的权利能与之相比呢？

而且，教书还给我金钱和权利之外的东西，那就是爱心。不仅有对学生的爱，对书籍的爱，对知识的爱，还有教师才能感受到的对“特别”学生的爱。这些学生，有如冥顽不灵的泥块，由于接受了老师的炽爱才勃发了生机。

所以，我爱教书，还因为，在那些勃发生机的“特//别”学生身上，我有时发现自己和他们呼吸相通，忧乐与共。

——节选自［美］彼得·基·贝得勒《我为什么当教师》

语音提示：

①因为 yīn. wèi ②提供 tígōng
③素质 sùzhì ④学生 xuésheng
⑤学生们 xuéshengmen ⑥赋予 fùyǔ
⑦知识 zhīshi ⑧冥顽不灵 míngwán－bùlíng
⑨炽 chì

作品45号

中国西部我们通常是指黄河与秦岭相连一线以西，包括西北和西南的十二个省、市、自治区。这块广袤的土地面积为五百四十六万平方公里，占国土总面积的百分之五十七；人口二点八亿，占全国总人口的百分之二十三。

西部是华夏文明的源头。华夏祖先的脚步是顺着水边走的：长江上游出土过元谋人牙齿化石，距今约一百七十万年；黄河中游出土过蓝田人头盖骨，距今约七十万年。这两处古人类都比距今约五十万年的北京猿人资格更老。

西部地区是华夏文明的重要发源地，秦皇汉武以后，东西方文化在这里交汇融合，从而有了丝绸之路的驼铃声声，佛院深寺的暮鼓晨钟。敦煌莫高窟是世界文化史上的一个奇迹，它在继承汉晋艺术传统的基础上，形成了自己兼收并蓄的恢宏气度，展现出精美绝伦的艺术形式和博大精深的文化内涵。秦始皇兵马俑、西夏王陵、楼兰古国、布达拉宫、三星堆、大足石刻等历史文化遗产，同样为世界所瞩目，成为中华文化重要的象征。

西部地区又是少数民族及其文化的集萃地，几乎包括了我国所有的少数民族。在一些偏远的少数民族地区，仍保留//了一些久远时代的艺术品种，成为珍贵的"活化石"，如纳西古乐、戏曲、剪纸、刺绣、岩画等民间艺术和宗教艺术。特色鲜明、丰富多彩，犹如一个巨大的民族民间文化艺术宝库。

我们要充分重视和利用这些得天独厚的资源优势，建立良好的民族民间文化生态环境，为西部大开发做出贡献。

——节选自《中考语文课外阅读试题精选》中《西部文化和西部开发》

语音提示：

①广袤 guǎngmào　②面积 miànjī

③元谋人 yuánmóurén　④暮鼓 mùgǔ

⑤萃 cuì

作品 46 号

高兴，这是一种具体的被看得到摸得着的事物所唤起的情绪。它是心理的，更是生理的。它容易来也容易去，谁也不应该对它视而不见失之交臂，谁也不应该总是做那些使自己不高兴也使旁人不高兴的事。让我们说一件最容易做也最令人高兴的事吧，尊重你自己，也尊重别人，这是每一个人的权利，我还要说这是每一个人的义务。

快乐，它是一种富有概括性的生存状态、工作状态。它几乎是先验的，它来自生命本身的活力，来自宇宙、地球和人间的吸引，它是世界的丰富、绚丽、阔大、悠久的体现。快乐还是一种力量，是埋在地下的根脉。消灭一个人的快乐比挖掘掉一棵大树的根要难得多。

欢欣，这是一种青春的、诗意的情感。它来自面向着未来伸开双臂奔跑的冲力，它来自一种轻松而又神秘、朦胧而又隐秘的激动，它是激情即将到来的预兆，它又是大雨过后的比下雨还要美妙得多也久远得多的回味……

喜悦，它是一种带有形而上色彩的修养和境界。与其说它是一种情绪，不如说它是一种智慧、一种超拔、一种悲天悯人的宽容和理解，一种饱经沧桑的充实和自信，一种光明的理性，一种坚定//的成熟，一种战胜了烦恼和庸俗的清明澄澈。它是一潭清水，它是一抹朝霞，它是无边的平原，它是沉默的地平线，多一点儿、再多一点儿喜悦吧，它是翅膀，也是归巢。它是一杯美酒，也是一朵永远开不败的莲花。

——节选自王蒙《喜悦》

语音提示：

①看得到　kàndedào　　②摸得着　mōdezháo
③几乎　jīhū　　④朦胧　ménglóng
⑤即将　jíjiāng　　⑥预兆　yùzhào
⑦沧桑　cāngsāng　　⑧澄澈　chéngchè
⑨巢　cháo

作品 47 号

在湾仔，香港最热闹的地方，有一棵榕树，它是最贵的一棵树，不光在香港，在全世界，都是最贵的。

树，活的树，又不卖何言其贵？只因它老，它粗，是香港百年沧桑的活见证，香港人不忍看着它被砍伐，或者被移走，便跟要占用这片山坡的建筑者谈条件：可以在这儿建大楼盖商厦，但一不准砍树，二不准挪树，必须把它原地精心养起来，成为香港闹市中的一景。太古大厦的建设者最后签了合同，占用这个大山坡建豪华商厦的先决条件是同意保护这棵老树。

树长在半山坡上，计划将树下面的成千上万吨山石全部掏空取走，腾出地方来盖楼，把树架在大楼上面，仿佛它原本是长在楼顶上似的。建设者就地造了一个直径十八米、深十米的大花盆，先固定好这棵老树，再在大花盆底下盖楼。光这一项就花了两千三百八十九万港币，堪称是最昂贵的保护措施了。

太古大厦落成之后，人们可以乘滚动扶梯一次到位，来到太古大厦的顶层，出后门，那儿是一片自然景色。一棵大树出现在人们面前，树干有一米半粗，树冠直径足有二十多米，独木成林，非常壮观，形成一座以它为中心的小公园，取名叫“榕圃”。树前面//插着铜牌，说明原由。此情此景，如不看铜牌的说明，绝对想不到巨树根底下还有一座宏伟的现代大楼。

——节选自舒乙《香港：最贵的一棵树》

语音提示：

①湾仔　wānzǎi　　②热闹　rènao
③地方　dìfang　　④合同　hétong
⑤榕圃　róngpǔ

作品 48 号

我们的船渐渐地逼近榕树了：我有机会看清它的真面目：是一棵大树，有数不清的丫枝，枝上又生根，有许多根一直垂到地上，伸进泥土里。一部分树枝垂到水面，从远处看，就像一棵大树斜躺在水面上一样。

现在正是枝繁叶茂的时节。这棵榕树好像在把它的全部生命力展示给我们看。那么多的绿叶，一簇堆在另一簇的上面，不留一点儿缝隙。翠绿的颜色明亮地在我们的眼前闪耀，似乎每一片树叶上都有一个新的生命在颤动，这美丽的南国的树！

船在树下泊了片刻，岸上很湿，我们没有上去。朋友说这里是“鸟的天堂”，有许多鸟在这棵树上做窝，农民不许人去捉它们。我仿佛听见几只鸟扑翅的声音，但是等到我的眼睛注意地看那里时，我却看不见一只鸟的影子，只有无数的树根立在地上，像许多根木桩。地是湿的，大概涨潮时河水常常冲上岸去。“鸟的天堂”里没有一只鸟，我这样想到。船开了，一个朋友拨着船，缓缓地流到河中间去。

第二天，我们划着船到一个朋友的家乡去，就是那个有山有塔的地方。从学校出发，我们又经过那“鸟的天堂”。

这一次是在早晨，阳光照在水面上，也照在树梢上。一切都//显得非常光明。我们的船也在树下泊了片刻。

起初四周围非常清静。后来忽然起了一声鸟叫。我们把手一拍，便看见一只大鸟飞了起来，接着又看见第二只，第三只。我们继续拍掌，很快地这个树林就变得很热闹了。到处都是鸟声，到处都是鸟影。大的，小的，花的，黑的，有的站在枝上叫，有的飞起来，在扑翅膀。

——节选自巴金《小鸟的天堂》

语音提示：

①部分　bùfen　　②簇　cù

③缝隙　fèngxì　　④似乎　sìhū

⑤泊　bó　　⑥眼睛　yǎnjing

⑦影子　yǐngzi　　⑧拨　bō

⑨热闹　rènao

作品 49 号

有这样一个故事。

有人问：世界上什么东西的气力最大？回答纷纭得很，有的说“象”，有的说“狮”，有人开玩笑似的说：是“金刚”，金刚有多少气力，当然大家全不知道。

结果，这一切答案完全不对，世界上气力最大的，是植物的种子。一粒种子所可以显现出来的力，简直是超越一切。

人的头盖骨，结合得非常致密与坚固，生理学家和解剖学者用尽了一切的方法，要把它完整地分出来，都没有这种力气。后来忽然有人发明了一个方法，就是把一些植物的种子放在要剖析的头盖骨里，给它以温度与湿度，使它发芽。一发芽，这些种子便以可怕的力量，将一切机械力所不能分开的骨骼，完整地分开了。植物种子的力量之大，如此如此。

这，也许特殊了一点儿，常人不容易理解。那么，你看见过笋的成长吗？你看见过被压在瓦砾和石块下面的一棵小草的生长吗？它为着向往阳光，为着达成它的生之意志，不管上面的石块如何重，石与石之间如何狭，它必定要曲曲折折地，但是顽强不屈地透到地面上来。它的根往土壤钻，它的芽往地面挺，这是一种不可抗拒的力，阻止它的石块，结果也被它掀翻，一粒种子的力量之大，//如此如此。

没有一个人将小草叫做“大力士”，但是它的力量之大，的确是世界无比。这种力是一般人看不见的生命力。只要生命存在，这种力就要显现。上面的石块，丝毫不足以阻挡。因为它是一种“长期抗战”的力；有弹性，能屈能伸的力；有韧性，不达目的不止的力。

——节选自夏衍《野草》

语音提示：

①故事 gùshi　②气力 qìlì
③纷纭 fēnyún　④结果 jiéguǒ
⑤种子 zhǒngzi　⑥解剖学 jiěpōu－xué
⑦骨骼 gǔgé　⑧瓦砾 wǎlì
⑨韧性 rènxìng

作品50号

著名教育家班杰明曾经接到一个青年人的求救电话，并与那个向往成功、渴望指点的青年人约好了见面的时间和地点。

待那个青年如约而至时，班杰明的房门敞开着，眼前的景象却令青年人颇感意外——班杰明的房间里乱七八糟、狼藉一片。

没等青年人开口，班杰明就招呼道：“你看我这房间，太不整洁了，请你在门外等候一分钟，我收拾一下，你再进来吧。”一边说着，班杰明就轻轻地关上了房门。

不到一分钟的时间，班杰明就又打开了房门并热情地把青年人让进客厅。这时，青年人的眼前展现出另一番景象——房间内的一切已变得井然有序，而且有两杯刚刚倒好的红酒，在淡淡的香水气息里还漾着微波。

可是，没等青年人把满腹的有关人生和事业的疑难问题向班杰明讲出来，班杰明就非常客气地说道：“干杯。你可以走了。”

青年人手持酒杯一下子愣住了，既尴尬又非常遗憾地说：“可是，我……我还没向您请教呢……”

“这些……难道还不够吗？”班杰明一边微笑着，一边扫视着自己的房间，轻言细语地说，“你进来又有一分钟了。”

“一分钟……一分钟……”青年人若有所思地说：“我懂了，您让我明白了一分钟的时间可以做许//多事情，可以改变许多事情的深刻道理。”

班杰明舒心地笑了。青年人把杯里的红酒一饮而尽，向班杰明连连道谢后，开心地走了。

其实，只要把握好生命的每一分钟，也就把握了理想的人生。

——节选自纪广洋《一分钟》

语音提示：

①颇　pō　　②狼藉　lángjí
③招呼　zhāohu　　④收拾　shōushi
⑤漾　yàng　　⑥客气　kèqi
⑦尴尬　gāngà　　⑧明白　míngbai
⑨事情　shìqing

作品 51 号

有个塌鼻子的小男孩儿，因为两岁时得过脑炎，智力受损，学习起来很吃力。打个比方，别人写作文能写二三百字，他却只能写三五行。但即便这样的作文，他同样能写得很动人。

那是一次作文课，题目是《愿望》。他极其认真地想了半天，然后极认真地写，那作文极短。只有三句话：我有两个愿望，第一个是，妈妈天天笑眯眯地看着我说："你真聪明。"第二个是，老师天天笑眯眯地看着我说："你一点儿也不笨。"

于是，就是这篇作文，深深地打动了他的老师，那位妈妈式的老师不仅给了他最高分，在班上带感情地朗读了这篇作文，还一笔一画地批道：你很聪明，你的作文写得非常感人，请放心，妈妈肯定会格外喜欢你的，老师肯定会格外喜欢你的，大家肯定会格外喜欢你的。

捧着作文本，他笑了，蹦蹦跳跳地回家了，像只喜鹊。但他并没有把作文本拿给妈妈看，他是在等待，等待着一个美好的时刻。

那个时刻终于到了，是妈妈的生日——一个阳光灿烂的星期天：那天，他起得特别早，把作文本装在一个亲手做的美丽的大信封里，等着妈妈醒来。妈妈刚刚睁眼醒来，他就笑眯眯地走到妈妈跟前说："妈妈，今天是您的生日，我要//送给您一件礼物。"

果然，看着这篇作文，妈妈甜甜地涌出了两行热泪，一把搂住小男孩儿，搂得很紧很紧。

是的，智力可以受损，但爱永远不会。

——节选自张玉庭《一个美丽的故事》

语音提示：

①鼻子　bízi　　②比方　bǐfang
③即便　jíbiàn　　④画　huà

作品 52 号

小学的时候，有一次我们去海边远足，妈妈没有做便饭，给了我十块钱买午餐。好像走了很久，很久，终于到海边了，大家坐下来便吃饭，荒凉的海边没有商店，我一个人跑到防风林外面去，级任老师要大家把吃剩的饭菜分给我一点儿。有两三个男生留下一点儿给我，还有一个女生，她的米饭拌了酱油，很香。我吃完的时候，她笑眯眯地看着我，短头发，脸圆圆的。

她的名字叫翁香玉。

每天放学的时候，她走的是经过我们家的一条小路，带着一位比她小的男孩儿，可能是弟弟。小路边是一条清澈见底的小溪，两旁竹阴覆盖，我总是远远地跟在她后面，夏日的午后特别炎热，走到半路她会停下来，拿手帕在溪水里浸湿，为小男孩儿擦脸。我也在后面停下来，把肮脏的手帕弄湿了擦脸，再一路远远跟着她回家。

后来我们家搬到镇上去了，过几年我也上了中学。有一天放学回家，在火车上，看见斜对面一位短头发、圆圆脸的女孩儿，一身素净的白衣黑裙。我想她一定不认识我了。火车很快到站了，我随着人群挤向门口，她也走近了，叫我的名字。这是她第一次和我说话。

她笑眯眯的，和我一起走过月台。以后就没有再见过//她了。

这篇文章收在我出版的《少年心事》这本书里。

书出版后半年，有一天我忽然收到出版社转来的一封信，信封上是陌生的字迹，但清楚地写着我的本名。

信里面说她看到了这篇文章心里非常激动，没想到在离开家乡，漂泊异地这么久之后，会看见自己仍然在一个人的记忆里，她自己也深深记得这其中的每一幕，只是没想到越过遥远的时空，竟然另一个人也深深记得。

——节选自苦伶《永远的记忆》

语音提示：

①时候 shíhou　②头发 tóufa
③名字 míngzi　④弟弟 dìdi
⑤认识 rènshi　⑥清楚 qīngchu

作品 53 号

在繁华的巴黎大街的路旁，站着一个衣衫褴褛、头发斑白、双目失明的老人。他不像其他乞丐那样伸手向过路行人乞讨，而是在身旁立一块木牌，上面写着："我什么也看不见！"街上过往的行人很多，看了木牌上的字都无动于衷，有的还淡淡一笑，便姗姗而去了。

这天中午，法国著名诗人让·彼浩勒也经过这里。他看看木牌上的字，问盲老人："老人家，今天上午有人给你钱吗？"

盲老人叹息着回答："我，我什么也没有得到。"说着，脸上的神情非常悲伤。

让·彼浩勒听了，拿起笔悄悄地在那行字的前面添上了"春天到了，可是"几个字，就匆匆地离开了。

晚上，让·彼浩勒又经过这里，问那个盲老人下午的情况。盲老人笑着回答说："先生，不知为什么，下午给我钱的人多极了！"让·彼浩勒听了，摸着胡子满意地笑了。

"春天到了，可是我什么也看不见！"这富有诗意的语言，产生这么大的作用，就在于它有非常浓厚的感情色彩。是的，春天是美好的，那蓝天白云，那绿树红花，那莺歌燕舞，那流水人家，怎么不叫人陶醉呢？但这良辰美景，对于一个双目失明的人来说，只是一片漆黑。当人们想到这个盲老人，一生中竟连万紫千红的春天//都不曾看到，怎能不对他产生同情之心呢？

——节选自小学《语文》第六册中《语言的魅力》

语音提示：

①褴褛　lánlǚ　②姗姗　shānshān
③彼浩勒　bǐhàolè　④先生　xiānsheng
⑤胡子　húzi　⑥怎么　zěnme
⑦人们　rénmen

作品 54 号

有一次，苏东坡的朋友张鹗拿着一张宣纸来求他写一幅字，而且希望他写一点儿关于养生方面的内容。苏东坡思索了一会儿，点点头说："我得到了一个养生长寿古方，药只有四味，今天就赠给你吧。"于是，东坡的狼毫在纸上挥洒起来，上面写着："一曰无事以当贵，二曰早寝以当富，三曰安步以当车，四曰晚食以当肉。"

"这哪里有药？"张鹗一脸茫然地问。苏东坡笑着解释说，养生长寿的要诀，全在这四句里面。

所谓"无事以当贵"，是指人不要把功名利禄、荣辱过失考虑得太多，如能在情志上潇洒大度，随遇而安，无事以求，这比富贵更能使人终其天年。

"早寝以当富"，指吃好穿好、财货充足，并非就能使你长寿。对老年人来说，养成良好的起居习惯，尤其是早睡早起，比获得任何财富更加宝贵。

"安步以当车"，指人不要过于讲求安逸、肢体不劳，而应多以步行来替代骑马乘车，多运动才可以强健体魄，通畅气血。

"晚食以当肉"，意思是人应该用已饥方食、未饱先止代替对美味佳肴的贪吃无厌。他进一步解释，饿了以后才进食，虽然是粗茶淡饭，但其香甜可口会胜过山珍；如果饱了还要勉强吃，即使美味佳肴摆在眼前也难以//下咽。

苏东坡的四味"长寿药"，实际上是强调了情志、睡眠、运动、饮食四个方面对养生长寿的重要性，这种养生观点即使在今天仍然值得借鉴。

——节选自蒲昭和《赠你四味长寿药》

语音提示：

①鹗　è　②幅　fú
③当　dàng　④安逸　ānyì
⑤乘车　chéngchē　⑥血　xuè
⑦意思　yìsi　⑧勉强　miǎnqiǎng
⑨值得　zhí. dé　⑩借鉴　jièjiàn

作品 55 号

人活着，最要紧的是寻觅到那片代表着生命绿色和人类希望的丛林，然后选一高高的枝头站在那里观览人生，消化痛苦，孕育歌声，愉悦世界！

这可真是一种潇洒的人生态度，这可真是一种心境爽朗的情感风貌。

站在历史的枝头微笑，可以减免许多烦恼。在那里，你可以从众生相所包含的甜酸苦辣、百味人生中寻找你自己；你境遇中的那点儿苦痛，也许相比之下，再也难以占据一席之地；你会较容易地获得从不悦中解脱灵魂的力量，使之不致变得灰色。

人站得高些，不但能有幸早些领略到希望的曙光，还能有幸发现生命的立体的诗篇。每一个人的人生，都是这诗篇中的一个词、一个句子或者一个标点。你可能没有成为一个美丽的词，一个引人注目的句子，一个惊叹号，但你依然是这生命的立体诗篇中的一个音节、一个停顿、一个必不可少的组成部分。这足以使你放弃前嫌，萌生为人类孕育新的歌声的兴致，为世界带来更多的诗意。

最可怕的人生见解，是把多维的生存图景看成平面。因为那平面上刻下的大多是凝固了的历史——过去的遗迹；但活着的人们，活得却是充满着新生智慧的，由//不断逝去的“现在”组成的未来。人生不能像某些鱼类躺着游，人生也不能像某些兽类爬着走，而应该站着向前行，这才是人类应有的生存姿态。

——节选自［美］本杰明·拉什《站在历史的枝头微笑》

语音提示：

①众生相　zhòngshēngxiàng　　②较　jiào
③句子　jùzi　　④部分　bùfen
⑤为　wèi　　⑥活得　huóde

作品 56 号

中国的第一大岛、台湾省的主岛台湾，位于中国大陆架的东南方，地处东海和南海之间，隔着台湾海峡和大陆相望。天气晴朗的时候，站在福建沿海较高的地方，就可以隐隐约约地望见岛上的高山和云朵。

台湾岛形状狭长，从东到西，最宽处只有一百四十多公里；由南至北，最长的地方约有三百九十多公里。地形像一个纺织用的梭子。

台湾岛上的山脉纵贯南北，中间的中央山脉犹如全岛的脊梁。西部为海拔近四千米的玉山山脉，是中国东部的最高峰。全岛约有三分之一的地方是平地，其余为山地。岛内有缎带般的瀑布，蓝宝石似的湖泊，四季常青的森林和果园，自然景色十分优美。西南部的阿里山和日月潭，台北市郊的大屯山风景区，都是闻名世界的游览胜地。

台湾岛地处热带和温带之间，四面环海，雨水充足，气温受到海洋的调剂，冬暖夏凉，四季如春，这给水稻和果木生长提供了优越的条件。水稻、甘蔗、樟脑是台湾的“三宝”。岛上还盛产鲜果和鱼虾。

台湾岛还是一个闻名世界的“蝴蝶王国”。岛上的蝴蝶共有四百多个品种，其中有不少是世界稀有的珍贵品种。岛上还有不少鸟语花香的蝴//蝶谷，岛上居民利用蝴蝶制作的标本和艺术品，远销许多国家。

——节选自《中国的宝岛——台湾》

语音提示：

①处 chǔ ②地方 dìfang

③梭子 suōzi ④纵贯 zòngguàn

⑤脊梁 jǐliang ⑥湖泊 húpō

⑦地处 dìchǔ ⑧甘蔗 gānzhe

作品 57 号

对于中国的牛，我有着一种特别尊敬的感情。

留给我印象最深的，要算在田垄上的一次“相遇”。

一群朋友郊游，我领头在狭窄的阡陌上走，怎料迎面来了几头耕牛，狭道容不下人和牛，终有一方要让路。它们还没有走近，我们已经预计斗不过畜牲，恐怕难免踩到田地泥水里，弄得鞋袜又泥又湿了。正踟蹰的时候，带头的一头牛，在离我们不远的地方停下来，抬起头看看，稍迟疑一下，就自动走下田去。一队耕牛，全跟着它离开阡陌，从我们身边经过。

我们都呆了，回过头来，看着深褐色的牛队，在路的尽头消失，忽然觉得自己受了很大的恩惠。

中国的牛，永远沉默地为人做着沉重的工作。在大地上，在晨光或烈日下，它拖着沉重的犁，低头一步又一步，拖出了身后一列又一列松土，好让人们下种。等到满地金黄或农闲时候，它可能还得担当搬运负重的工作；或终日绕着石磨，朝同一方向，走不计程的路。

在它沉默的劳动中，人便得到应得的收成。

那时候，也许，它可以松一肩重担，站在树下，吃几口嫩草。偶尔摇摇尾巴，摆摆耳朵，赶走飞附身上的苍蝇，已经算是它最闲适的生活了。

中国的牛，没有成群奔跑的习//惯，永远沉沉实实的，默默地工作，平心静气。这就是中国的牛！

——节选自小思《中国的牛》

语音提示：

①田垄 tiánlǒng ②阡陌 qiānmò

③畜牲 chùsheng ④踟蹰 chíchú

⑤下种 xiàzhǒng ⑥得 děi

⑦摇摇 yǎoyao ⑧摆摆 bǎibai

⑨苍蝇 cāngying ⑩沉沉实实 chénchén－shíshí

作品 58 号

不管我的梦想能否成为事实，说出来总是好玩儿的：

春天，我将要住在杭州。二十年前，旧历的二月初，在西湖我看见了嫩柳与菜花，碧浪与翠竹。由我看到的那点儿春光，已经可以断定，杭州的春天必定会教人整天生活在诗与图画之中。所以，春天我的家应当是在杭州。

夏天，我想青城山应当算作最理想的地方。在那里，我虽然只住过十天，可是它的幽静已拴住了我的心灵。在我所看见过的山水中，只有这里没有使我失望。到处都是绿，目之所及，那片淡而光润的绿色都在轻轻地颤动，仿佛要流入空中与心中似的。这个绿色会像音乐，涤清了心中的万虑。

秋天一定要住北平。天堂是什么样子，我不知道，但是从我的生活经验去判断，北平之秋便是天堂。论天气，不冷不热。论吃的，苹果、梨、柿子、枣儿、葡萄，每样都有若干种。论花草，菊花种类之多，花式之奇，可以甲天下。西山有红叶可见，北海可以划船——虽然荷花已残，荷叶可还有一片清香。衣食住行，在北平的秋天，是没有一项不使人满意的。

冬天，我还没有打好主意，成都或者相当得合适，虽然并不怎样和暖，可是为了水仙，素心腊梅，各色的茶花，仿佛就受一点儿寒//冷，也颇值得去了。昆明的花也多，而且天气比成都好，可是旧书铺与精美而便宜的小吃远不及成都那么多。好吧，就暂这么规定：冬天不住成都便住昆明吧。

在抗战中，我没能发国难财。我想，抗战胜利以后，我必能阔起来。那时候，假若飞机减价，一二百元就能买一架的话，我就自备一架，择黄道吉日慢慢地飞行。

——节选自老舍《住的梦》

语音提示：

①涤 dí　②什么 shénme
③样子 yàngzi　④主意 zhúyi
⑤和暖 hénuǎn　⑥颇 pō
⑦便宜 piányi

作品 59 号

我不由得停住了脚步。

从未见过开得这样盛的藤萝，只见一片辉煌的淡紫色，像一条瀑布，从空中垂下，不见其发端，也不见其终极，只是深深浅浅的紫，仿佛在流动，在欢笑，在不停地生长。紫色的大条幅上，泛着点点银光，就像迸溅的水花。仔细看时，才知那是每一朵紫花中的最浅淡的部分，在和阳光互相挑逗。

这里除了光彩，还有淡淡的芳香。香气似乎也是浅紫色的，梦幻一般轻轻地笼罩着我。忽然记起十多年前，家门外也曾有过一大株紫藤萝，它依傍一株枯槐爬得很高，但花朵从来都稀落，东一穗西一串伶仃地挂在树梢，好像在察言观色，试探什么。后来索性连那稀零的花串也没有了。园中别的紫藤花架也都拆掉，改种了果树。那时的说法是，花和生活腐化有必然关系。我曾遗憾地想：这里再看不见藤萝花了。

过了这么多年，藤萝又开花了，而且开得这样盛，这样密，紫色的瀑布遮住了粗壮的盘虬卧龙般的枝干，不断地流着，流着，流向人的心底。

花和人都会遇到各种各样的不幸，但是生命的长河是无止境的。我抚摸了一下那小小的紫色的花舱，那里满装了生命的酒酿，它张满了帆，在这//闪光的花的河流上航行。它是万花中的一朵，也正是由每一个一朵，组成了万花灿烂的流动的瀑布。

在这浅紫色的光辉和浅紫色的芳香中，我不觉加快了脚步。

——节选自宗璞《紫藤萝瀑布》

语音提示：

①藤萝 téngluó　②迸溅 bèngjiàn
③笼罩 lǒngzhào　④枯槐 kūhuái
⑤伶仃 língdīng　⑥关系 guānxi
⑦盘虬 pánqiú　⑧酒酿 jiǔniàng

作品 60 号

在一次名人访问中，被问及上个世纪最重要的发明是什么时，有人说是电脑，有人说是汽车，等等。但新加坡的一位知名人士却说是冷气机。他解释，如果没有冷气，热带地区如东南亚国家，就不可能有很高的生产力，就不可能达到今天的生活水准。他的回答实事求是，有理有据。

看了上述报道，我突发奇想：为什么没有记者问："二十世纪最糟糕的发明是什么？"其实二〇〇二年十月中旬，英国的一家报纸就评出了"人类最糟糕的发明"。获此"殊荣"的，就是人们每天大量使用的塑料袋。

诞生于上个世纪三十年代的塑料袋，其家族包括用塑料制成的快餐饭盒、包装纸、餐用杯盘、饮料瓶、酸奶杯、雪糕杯等等。这些废弃物形成的垃圾，数量多、体积大、重量轻、不降解，给治理工作带来很多技术难题和社会问题。

比如，散落在田间、路边及草丛中的塑料餐盒，一旦被牲畜吞食，就会危及健康甚至导致死亡。填埋废弃塑料袋、塑料餐盒的土地，不能生长庄稼和树木，造成土地板结，而焚烧处理这些塑料垃圾，则会释放出多种化学有毒气体，其中一种称为二噁英的化合物，毒性极大。

此外，在生产塑料袋、塑料餐盒的//过程中使用的氟利昂，对人体免疫系统和生态环境造成的破坏也极为严重。

——节选自林光如《最糟糕的发明》

语音提示：

①塑料 sùliào　②垃圾 lājī
③体积 tǐjī　④散落 sànluò
⑤填 tián　⑥庄稼 zhuāngjia
⑦焚烧 fénshāo　⑧处理 chǔlǐ
⑨二噁英 èr'èyīng

第五节 普通话水平测试用话题及测试样卷

说 明

30 则话题供普通话水平测试使用。本话题仅是对说话命题范围的限定，而没有规定话题的具体内容。

1. 我尊敬的人
2. 我最要好的同学（朋友）
3. 我喜欢的古圣先贤
4. 童年的记忆
5. 我的成长之路
6. 我的愿望（或理想）
7. 难忘的旅行
8. 我的学习生活
9. 我的业余生活
10. 我的假日生活
11. 我的家乡（或熟悉的地方）
12. 我向往的地方
13. 我知道的风俗
14. 我和体育
15. 我所在的集体
16. 我喜欢的节日
17. 我喜爱的书刊
18. 我喜欢的季节（或天气）
19. 我喜爱的动物（或植物）
20. 我喜爱的职业
21. 学习普通话的体会
22. 购物（消费）的感受
23. 我喜爱的文学（或其他）艺术形式
24. 谈谈美食
25. 谈谈卫生与健康
26. 谈谈我对环境保护的认识
27. 谈谈个人的习惯与修养
28. 谈谈科技发展与社会生活
29. 谈谈社会公德（或职业道德）

30. 谈谈服饰（或社会生活）的变化

普通话水平测试样卷（2 套）

样卷一

一、读单音节字词 100 个（共 10 分，限时 3.5 分钟）

云 炒 媚 虐 叨 库 闰 肿 夏 合 泉 课 情 撤
躲（躲藏） 贼 僧 闻 疹 溜 篆 改 锯 抽 填 增 国 恩
笙 搂 带 款 个 虱 份 战 鬼 私 杏 落（落水） 缓 灭
按 葱 束 招 赏 风 闩 提 货 墓 蛉 坡 辞 批 隋 涝
泯 压 捡 倍 奶 沧（沧桑） 琼 致 伪 杀 挖 有 闭 女
湘 党 挠 忍 他 讲 忘 揣 翡 贫 不 娟 阅 钱 箫 蓝
傍 攒（积攒） 近 拍 岔 捅 议 蕊 谢 瞧 窗 阿

二、读双音节词语 50 个（共 20 分，限时 2.5 分钟）

比试 军阀 蛋糕 外婆 疯子 缺少 修改 动力 孤儿 潦倒
疲沓 水兵 衰弱 帮忙 增加 小名 计划 观念 住院 黄油
预算 做活儿 雄壮 苍穹 蛐蛐儿 奋斗 农运 变成 扳手
扇面儿 重要 对口 完全 未来 永久 学费 快乐 相似 害处
辞职 公民 热量 纳闷儿 列车 惊讶 春笋 日内 体贴 贫苦
破财

三、朗读短文（共 30 分，限时 4 分钟）

那是力争上游的一种树，笔直的干（gàn），笔直的枝。它的干呢，通常是丈把高，像是加以人工似的（shìde），一丈以内，绝无旁枝；它所有的丫枝（yāzhī）呢，一律向上，而且紧紧靠拢，也像是加以人工似的，成为一束，绝无横斜逸出；它的宽大的叶子也是片片向上，几乎（jīhū）没有斜生的，更不用说倒垂了；它的皮，光滑而有银色的晕圈（yùnquān），微微泛出淡青色。这是虽在北方的风雪的压迫下却保持着倔强（juéjiàng）挺立的一种树！哪怕只有碗来粗细罢，它却努力向上发展，高到丈许，两丈，参天耸立，不折不挠，对抗着西北风。这就是白杨树，西北极普通的一种树，然而决不是平凡的树！

它没有婆娑（pósuō）的姿态，没有屈曲（qū）盘旋的虬枝（qiúzhī），也许你要说它不美丽，——如果美是专指“婆娑”或“横斜逸出”之类而言，那么白杨树算不得树中的好女子；但是它却是伟岸，正直，朴质，严肃，也不缺乏温和，更不用提它的坚强不屈与挺拔，它是树中的伟丈夫！当你在积雪初融的高原上走过，看见平坦的大地上傲然挺立这么一株或一排白杨树，难道你就只觉得树只是树，难道你就不想到它的朴质，严肃，坚强不屈，至少也象征了北方的农民；难道你竟一点儿（yīdiǎnr）也不联想到，在敌后的广大土//地上，到处有坚强不屈，就像这白杨树一样傲然挺立的守卫他们家乡的哨兵！难道你又不更远一点想到这样枝枝叶叶靠紧团结，力求上进的白杨树，宛然象征了今天在华北平原纵横决荡用血（xuè）写出新中国历史的那种精神（jīngshén）和意志。

——节选自茅盾《白杨礼赞》

四、选择、判断（共10分，限时3分钟）

1. 读出每组词中的普通话词语

（注意：下列每组词语表达同一概念）

（1）洋葱　洋葱头　　（2）灶头　灶

（3）信壳　信封　　（4）太婆　曾祖母

（5）努力　巴结　　（6）泡汤　落空

（7）生病　生毛病　　（8）地基　地脚

（9）猪手　猪爪　　（10）爹爹　父亲

2. 给下面的名词搭配量词（例如：一条——鱼）

辆　个　只　幅　条

杯子　蝴蝶　马车　苍蝇　手绢儿　地图　尾巴　画　馒头　汽车

3. 说出符合普通话说法的句子

（注意：下列每组说法表达同一意思）

（1）A. 这事我一人干，你不用动手了。
　　B. 这事我一人干，你不用上手了。

（2）A. 他比你不上。　B. 他比不上你。

（3）A. 我真高兴。　B. 我老开心了。

（4）A. 冷冰冰。　B. 冰冰冷。

（5）A. 火车来快了。　B. 火车快来了。

五、说话（共30分，任选一题，说话时间不少于3分钟）

1. 我喜爱的职业（或专业）
2. 我所在的集体

样卷二

一、读单音节字词100个（共10分，限时3.5分钟）

临　硬　列　鼎　淳　又　啥　酋　喂　降　瘸　鬼　跌　豺　侧　鱼

痊　赏（欣赏）　窝　量　嫁　卵　跋　匹　云　渗　狍　桶　匀　露

愣　瘾　碑　廷　兄　擒　腥　建　托　抹（抹布）　升　蜜　才　队

宣 葬 认 十 把 片 绝 二 层 盆 许 瞄 驿 丝 芬 那
糠 浊 裱 肥 念 众 灾 物 剖 盖 蓝 焕 蛹 踹 靠 州
损 客（客人） 专 喝 艘 磺 扔 船 磐 庄 暇 桃 欠 画
咛 肌 丹 港 揍 努 日 铁 伙 卜

二、读双音节词语 50 个（共 20 分，限时 2.5 分钟）

酸梅 旗袍 干活儿 原谅 储藏 完全 死守 搜寻 旷课 农村
侵略 发射 影片儿 铁匠 高大 考试 不论 高个儿 玄乎 坏蛋
压迫 面条儿 空中 竞赛 下列 牧区 非常 病人 窝囊 对待
凛然 这么 回执 你们 证明 犯罪 向往 裁决 做声 偶尔
蝶泳 优秀 恩爱 哗啦 紧要 关节 搅扰 机床 险峰 相处

三、朗读短文（共 30 分，限时 4 分钟）

两个同龄的年轻人同时受雇于一家店铺，并且拿同样的薪水（xīnshuǐ）。可是一段时间后，叫阿诺德的那个小伙子青云直上，而那个叫布鲁诺的小伙子却仍（réng）在原地踏步。布鲁诺很不满意老板的不公正待遇。终于有一天他到老板那儿（nàr）发牢骚（láo. sāo）了。老板一边耐心地听着他的抱怨，一边在心里盘算（pánsuan）着怎样向他解释清楚他和阿诺德之间的差别（chābié）。

“布鲁诺先生，”老板开口说话了，“您现在到集市上去一下，看看今天早上（zǎoshang）有什么卖的。”

布鲁诺从集市上回来向老板汇报说，今早集市上只有一个农民拉了一车土豆在卖。“有多少？”老板问。

布鲁诺赶快戴上帽子又跑到集上，然后回来告诉老板一共四十袋土豆。

“价格是多少？”布鲁诺又第三次跑到集上问来了价格。

“好吧，”老板对他说，“现在请您坐到这把椅子上一句话也不要说，看看阿诺德怎么说。”

阿诺德很快就从集市上回来了。向老板汇报说到现在为止只有一个农民在卖土豆，一共四十口袋（kǒudai），价格是多少多少；土豆质量很不错，他带回来一个让老板看看。这个农民一个钟头以后还会弄来几箱西红柿，据他看价格非常公道（gōng. dào）。昨天他们铺子的西红柿卖得很快，库存已经不//多了。他想这么便宜（piányi）的西红柿，老板肯定会要进一些的，所以他不仅带回了一个西红柿做样品，而且把那个农民也带来了，他现在正在外面等回话呢。

此时老板转向了布鲁诺，说：“现在您肯定知道为什么阿诺德的薪水比您高了吧！”

四、选择、判断（共 10 分，限时 3 分钟）

1. 读出每组词中的普通话词语

（注意：下列每组词语表达同一概念）

(1) 花生　长生果　　(2) 汤壶　汤婆子
(3) 信壳　信封　　(4) 脚爪　爪
(5) 上装　上衣　　(6) 折断　拗断
(7) 灶　灶头　　(8) 白粉　白面儿
(9) 爽气　爽快　　(10) 玉米　珍珠米

2. 给下面的名词搭配量词（例如：一条——鱼）

堆　只　条　家　个

瓶子　黄土　鸡蛋　鸟　蚕　草　香蕉　黄瓜　报社　商店

3. 说出符合普通话说法的句子

（注意：下列每组说法表达同一意思）

(1) A. 我可以进来吗？　B. 我好进来吗？
(2) A. 他平时不乱花钱，很做人家。　B. 他平时不乱花钱，很俭省。
(3) A. 时间太晚，超市打烊了。　B. 时间太晚，超市关门了。
(4) A. 他长得真高。　B. 他长得老高了。
(5) A. 你唱，我帮你伴奏。　B. 你唱，我给你伴奏。

五、说话（共 30 分，任选一题，说话时间不少于 3 分钟）

1. 我的一个愿望
2. 购物（消费）的感受

附录一　普通话水平测试大纲

（教育部国家语委发教语用〔2003〕2号文件）

根据教育部、国家语言文字工作委员会发布的《普通话水平测试管理规定》和《普通话水平测试等级标准》，制定本大纲。

一、测试的名称、性质、方式

本测试定名为“普通话水平测试”（PUTONGHUA SHUIPING CESHI，缩写为PSC）。

普通话水平测试测查应试人的普通话规范程度、熟练程度，认定其普通话水平等级，属于标准参照性考试。本大纲规定测试的内容、范围、题型及评分系统。

普通话水平测试以口试方式进行。

二、测试内容和范围

普通话水平测试的内容包括普通话语音、词汇和语法。

普通话水平测试的范围是国家测试机构编制的《普通话水平测试用词语表》、《普通话水平测试用普通话与方言词语对照表》、《普通话水平测试用普通话与方言常见语法差异对照表》、《普通话朗读作品》、《普通话水平测试用话题》。

三、试卷构成和评分

试卷包括5个组成部分，满分为100分。

（一）读单音节字词（100个音节，不含轻声、儿化音节），限时3.5分钟，共10分

1. 目的

测查应试人声母、韵母、声调读音的标准程度。

2. 要求

（1）100个音节中，70%选自《普通话水平测试用词语表一》，30%选自《普通话水平测试用词语表二》。

（2）100个音节中，每个声母出现次数一般不少于3次，每个韵母出现次数一般不少于2次，4个声调出现次数大致均衡。

（3）音节的排列要避免同一测试要素连续出现。

3. 评分

（1）语音错误，每个音节扣0.1分。

（2）语音缺陷，每个音节扣0.05分。

（3）超时1分钟以内，扣0.5分；超时1分钟以上（含1分钟），扣1分。

（二）读多音节词语（100个音节），限时2.5分钟，共20分

1. 目的

测查应试人声母、韵母、声调和变调、轻声、儿化读音的标准程度。

2. 要求

（1）词语的70%选自《普通话水平测试用词语表一》，30%选自《普通话水平测试用词语表二》。

（2）声母、韵母、声调出现的次数与读单音节字词的要求相同。

（3）上声与上声相连的词语不少于3个，上声与非上声相连的词语不少于4个，轻声不少于3个，儿化不少于4个（应为不同的儿化韵母）。

（4）词语的排列要避免同一测试要素连续出现。

3. 评分

（1）语音错误，每个音节扣0.2分。

（2）语音缺陷，每个音节扣0.1分。

（3）超时1分钟以内，扣0.5分；超时1分钟以上（含1分钟），扣1分。

（三）选择判断，限时3分钟，共10分

1. 词语判断（10组）

（1）目的：测查应试人掌握普通话词语的规范程度。

（2）要求：根据《普通话水平测试用普通话与方言词语对照表》，列举10组普通话与方言意义相对应但说法不同的词语，由应试人判断并读出普通话的词语。

（3）评分：判断错误，每组扣0.25分。

2. 量词、名词搭配（10组）

（1）目的：测查应试人掌握普通话量词和名词搭配的规范程度。

（2）要求：根据《普通话水平测试用普通话与方言常见语法差异对照表》，列举10个名词和若干量词，由应试人搭配并读出符合普通话规范的10组名量短语。

（3）评分：搭配错误，每组扣0.5分。

3. 语序或表达形式判断（5组）

（1）目的：测查应试人掌握普通话语法的规范程度。

（2）要求：根据《普通话水平测试用普通话与方言常见语法差异对照表》，列举5组普通话和方言意义相对应，但语序或表达习惯不同的短语或短句，由应试人判断并读出符合普通话语法规范的表达形式。

（3）评分：判断错误，每组扣0.5分。

选择判断合计超时1分钟以内，扣0.5分；超时1分钟以上（含1分钟），扣1分。

答题时语音错误，每个音节扣0.1分，如判断错误已经扣分，不重复扣分。

（四）朗读短文（1篇，400个音节），限时4分钟，共30分

1. 目的

测查应试人使用普通话朗读书面作品的水平。在测查声母、韵母、声调读音标准程度的同时，重点测查连读音变、停连、语调以及流畅程度。

2. 要求

（1）短文从《普通话水平测试用朗读作品》中选取。

（2）评分以朗读作品的前400个音节（不含标点符号和括注的音节）为限。

3. 评分

（1）每错1个音节，扣0.1分；漏读或增读1个音节，扣0.1分。

（2）声母或韵母的系统性语音缺陷，视程度扣0.5分、1分。

（3）语调偏误，视程度扣0.5分、1分、2分。

（4）停连不当，视程度扣0.5分、1分、2分。

（5）朗读不流畅（包括回读），视程度扣0.5分、1分、2分。

（6）超时扣1分。

（五）命题说话，限时3分钟，共30分

1. 目的

测查应试人在无文字凭借的情况下说普通话的水平，重点测查语音标准程度、词汇语法规范程度和自然流畅程度。

2. 要求

（1）说话话题从《普通话水平测试用话题》中选取，由应试人从给定的两个话题中选定1个话题，连续说一段话。

（2）应试人单向说话。如发现应试人有明显背稿、离题、说话难以继续等表现时，主试人应及时提示或引导。

3. 评分

（1）语音标准程度，共20分。分六档：

一档：语音标准，或极少有失误。扣0分、0.5分、1分。

二档：语音错误在10次以下，有方音但不明显。扣1.5分、2分。

三档：语音错误在10次以下，但方音比较明显；或语音错误在10~15次之间，有方音但不明显。扣3分、4分。

四档：语音错误在10~15次之间，方音比较明显。扣5分、6分。

五档：语音错误超过15次，方音明显。扣7分、8分、9分。

六档：语音错误多，方音重。扣10分、11分、12分。

（2）词汇语法规范程度，共5分。分三档：

一档：词汇、语法规范。扣0分。

二档：词汇、语法偶有不规范的情况。扣0.5分、1分。

三档：词汇、语法屡有不规范的情况。扣2分、3分。

（3）自然流畅程度，共5分。分三档：

一档：语言自然流畅。扣0分。

二档：语言基本流畅，口语化较差，有背稿子的表现。扣0.5分、1分。

三档：语言不连贯，语调生硬。扣2分、3分。

说话不足3分钟，酌情扣分：缺时1分钟以内（含1分钟），扣1分、2分、3分；缺时1分钟以上，扣4分、5分、6分；说话不满30秒（含30秒），本测试项成绩计为0分。

四、应试人普通话水平等级的确定

国家语言文字工作部门发布的《普通话水平测试等级标准》是确定应试人普通话水平等级的依据。测试机构根据应试人的测试成绩确定其普通话水平等级，由省、自治区、直辖市以上语言文字工作部门颁发相应的普通话水平测试等级证书。

普通话水平划分为三个级别，每个级别内划分两个等次。其中：

97分及其以上，为一级甲等；

92分及其以上但不足97分，为一级乙等；

87分及其以上但不足92分，为二级甲等；

80分及其以上但不足87分，为二级乙等；

70分及其以上但不足80分，为三级甲等；

60分及其以上但不足70分，为三级乙等。

说明：各省、自治区、直辖市语言文字工作部门可以根据测试对象或本地区的实际情况，决定是否免测“选择判断”测试项。如免测此项，“命题说话”测试项的分值由30分调整为40分。评分档次不变，具体分值调整如下：

（1）语音标准程度的分值，由20分调整为25分。

一档：扣0分、1分、2分。

二档：扣3分、4分。

三档：扣5分、6分。

四档：扣7分、8分。

五档：扣9分、10分、11分。

六档：扣12分、13分、14分。

（2）词汇语法规范程度的分值，由5分调整为10分。

一档：扣0分。

二档：扣1分、2分。

三档：扣3分、4分。

（3）自然流畅程度，仍为5分，各档分值不变。

附录二　汉语拼音方案

（1957年11月1日国务院全体会议第60次会议通过）
（1958年2月11日第一届全国人民代表大会第五次会议批准）

一、字母表

字母	Aa	Bb	Cc	Dd	Ee	Ff	Gg
名称	ㄚ	ㄅㄝ	ㄘㄝ	ㄉㄝ	ㄜ	ㄝㄈ	ㄍㄝ
字母	Hh	Ii	Jj	Kk	Ll	Mm	Nn
名称	ㄏㄚ	ㄧ	ㄐㄧㄝ	ㄎㄝ	ㄝㄌ	ㄝㄇ	ㄋㄝ
字母	Oo	Pp	Qq	Rr	Ss	Tt	
名称	ㄛ	ㄆㄝ	ㄑㄧㄡ	ㄚㄦ	ㄝㄙ	ㄊㄝ	
字母	Uu	Vv	Ww	Xx	Yy	Zz	
名称	ㄨ	ㄪㄝ	ㄨㄚ	ㄒㄧ	ㄧㄚ	ㄗㄝ	
V只用来拼写外来语、少数民族语言和方言。 字母的手写体依照拉丁字母的一般书写习惯。							

二、声母表

b	p	m	f	d	t	n	l
ㄅ玻	ㄆ坡	ㄇ摸	ㄈ佛	ㄉ得	ㄊ特	ㄋ讷	ㄌ勒

g	k	h	j	q	x
ㄍ哥	ㄎ科	ㄏ喝	ㄐ基	ㄑ欺	ㄒ希

zh	ch	sh	r	z	c	s	
ㄓ知	ㄔ蚩	ㄕ诗	ㄖ日	ㄗ资	ㄘ雌	ㄙ思	

在给汉字注音的时候，为了使拼式简短，zh、ch、sh可以省作ẑ、ĉ、ŝ。

三、韵母表

	i 丨 衣	u ㄨ 乌	ü ㄩ 迂
ɑ ㄚ 啊	iɑ 丨ㄚ 呀	uɑ ㄨㄚ 蛙	
o ㄛ 喔		uo ㄨㄛ 窝	
e ㄜ 鹅	ie 丨ㄝ 耶		üe ㄩㄝ 约
ɑi ㄞ 哀		uɑi ㄨㄞ 歪	
ei ㄟ 诶		uei ㄨㄟ 威	
ɑo ㄠ 熬	iɑo 丨ㄠ 腰		
ou ㄡ 欧	iou 丨ㄡ 忧		
ɑn ㄢ 安	iɑn 丨ㄢ 烟	uɑn ㄨㄢ 弯	üɑn ㄩㄢ 冤
en ㄣ 恩	in 丨ㄣ 因	uen ㄨㄣ 温	ün ㄩㄣ 晕
ɑng ㄤ 昂	iɑng 丨ㄤ 央	uɑng ㄨㄤ 汪	
eng ㄥ 亨的韵母	ing 丨ㄥ 英	ueng ㄨㄥ 翁	
ong ㄨㄥ 轰的韵母	iong ㄩㄥ 雍		

（1）“知、蚩、诗、日、资、雌、思”等七个音节的韵母用 i，即：知、蚩、诗、日、资、雌、思等字拼作 zhi，chi，shi，ri，zi，ci，si。

（2）韵母 儿写成 er，用做韵尾的时候写成 r。例如：“儿童” 拼作 ertong，“花儿” 拼作 huɑr。

（3）韵母ㄝ单用的时候写成 ê。

（4）i 行的韵母，前面没有声母的时候，写成 yi（衣），yɑ（呀），ye（耶），yɑo（腰），you（忧），yɑn（烟），yin（因），yɑng（央），ying（英），yong（雍）。

u 行的韵母，前面没有声母的时候，写成 wu（乌），wɑ（蛙），wo（窝），wɑi

（歪），wei（威），wan（弯），wen（温），wang（汪），weng（翁）。

ü 行的韵母，前面没有声母时，写成 yu（迂），yue（约），yuan（冤），yun（晕）；ü 上两点省略。

ü 行的韵母跟声母 j，q，x 拼的时候，写成 ju（居），qu（区），xu（虚），ü 上两点也省略；但是跟声母 l，n 拼的时候，仍然写成 lü（吕），nü（女）。

（5）iou，uei，uen 前面加声母的时候，写成 iu，ui，un，例如 niu（牛），gui（归），lun（论）。

（6）在给汉字注音时，为了使拼式简短，ng 可以省作 ŋ。

四、声调符号

阴平	阳平	上声	去声
ˉ	ˊ	ˇ	ˋ

声调符号标在音节的主要母音上，轻声不标。例如：

妈 mā	麻 má	马 mǎ	骂 mà	吗 ma
（阴平）	（阳平）	（上声）	（去声）	（轻声）

五、隔音符号

a，o，e 开头的音节连接在其他音节后面的时候，如果音节的界限发生混淆，用隔音符号“'”隔开，例如 pi'ao（皮袄）。

附录三　普通话异读词审音表

本表由国家语言文字工作委员会、国家教育委员会（今教育部）和广播电视部于1985年12月联合发布。本表着眼于普通话词语的一些异读现象来审定读音，它继承了1963年发布的《普通话异读词三次审音总表初稿》的成果，重新审订了某些读音。到目前为止，它是关于异读词读音规范的最新的法定标准，是我们规范异读字读音的主要依据。

说　明

一、本表所审，主要是普通话有异读的词和有异读的作为"语素"的字。不列出多音多义字的全部读音和全部义项，与字典、词典形式不同，例如："和"字有多种义项和读音，而本表仅列出原有异读的八条词语，分列于 hè 和 huo 两种读音之下（有多种读音，较常见的在前。下同）；其余无异读的音、义均不涉及。

二、在字后注明"统读"的，表示此字不论用于任何词语中只读一音（轻声变读不受此限），本表不再举出词例。例如："阀"字注明"fá（统读）"，原表"军阀"、"学阀"、"财阀"和原表所无的"阀门"等词均不再举。

三、在字后不注"统读"的，表示此字有几种读音，本表只审订其中有异读的词语的读音。例如"艾"字本有 ài 和 yì 两音，本表只举"自怨自艾"一词，注明此处读 yì 音；至于 ài 音及其义项，并无异读，不再赘列。

四、有些字有文白二读，本表以"文"和"语"作注。前者一般用于书面语言，用于复音词和文言成语中；后者多用于口语中的单音词及少数日常生活事物的复音词中。这种情况在必要时各举词语为例。例如，"杉"字下注"（一）shān（文）：紫～、红～、水～；（二）shā（语）：～篙、～木"。

五、有些字除附举词例之外，酌加简单说明，以便读者分辨。说明按具体字义或按"动作义"、"名物义"等区分，例如："畜"字下注"（一）chù（名物义）：～力、家～、牲～、幼～；（二）xù（动作义）：～产、～牧、～养"。

六、有些字的几种读音中某音用处较窄，另音用处甚宽，则注"除××（较少的词）念乙音外，其他都念甲音"，以避免列举词条繁而未尽、挂一漏万。例如，"结"字下注"除'～了个果子'、'开花～果'、'～巴'、'～实'念 jiē 之外，其他都念 jié"。

七、由于轻声问题比较复杂，除《初稿》涉及的部分轻声词之外，本表一般不予审订，并删去部分原审的轻声词，例如"麻刀（dao）"、"容易（yi）"等。

八、本表酌增少量有异读的字或词，作了审订。

九、除因第二、六、七各条说明中所举原因而删略的词条之外，本表又删汰了部分词条。主要原因是：①现已无异读（如“队”、“会”）；②罕用词语（如“俵分”、“仔密”）；③方言土音（如“归里包堆 zuī”、“告送 song”）；④不常用的文言词语（如“刍荛”、“氍毹”）；⑤音变现象（如“胡里八涂 tū”、“毛毛 tēngtēng”）；⑥重复累赘（如原表“色”字的有关词语分列达23 条之多）。删汰条目不再编入。

十、人名、地名的异读审订，除原表已涉及的少量词条外，留待以后再审。

普通话异读词审音表

A

阿（一）ā

~訇　~罗汉

~木林　~姨

（二）ē

~谀　~附

~胶　~弥陀佛

挨（一）āi

~个　~近

（二）ái

~打　~说

癌 ái（统读）

霭 ǎi（统读）

蔼 ǎi（统读）

隘 ài（统读）

谙 ān（统读）

埯 ǎn（统读）

昂 áng（统读）

凹 āo（统读）

拗（一）ào

~口

（二）niù

执~　脾气很~

坳 ào（统读）

B

拔 bá（统读）

把 bà

印~子

白 bái（统读）

膀 bǎng

翅~

蚌（一）bàng

蛤~

（二）bèng

~埠

傍 bàng（统读）

磅 bàng

过~

龅 bāo（统读）

胞 bāo（统读）

薄（一）báo（语）

常单用，如

“纸很~”。

（二）bó（文）

多用于复音词。

~弱　稀~

淡~　尖嘴~舌

单~　厚~

堡（一）bǎo

碉~　~垒

（二）bǔ

~子　吴~　瓦窑~

柴沟~

（三）pù

十里~

暴（一）bào

~露

（二）pù

一~（曝）十寒

爆 bào（统读）

焙 bèi（统读）

惫 bèi（统读）

背 bèi

~脊　~静

鄙 bǐ（统读）

俾 bǐ（统读）

笔 bǐ（统读）

比 bǐ（统读）

臂（一）bì

手~　~膀

（二）bei

胳~

庇 bì（统读）

髀 bì（统读）

避 bì（统读）

辟 bì

复~

裨 bì

~补　~益

婢 bì（统读）

痹 bì（统读）

壁 bì（统读）

蝙 biān（统读）

遍 biàn（统读）

骠（一）biāo

黄~马

（二）piào

~骑　~勇

傧 bīn（统读）

缤 bīn（统读）

濒 bīn（统读）

髌 bìn（统读）

屏（一）bǐng

~除　~弃

~气　~息

（二）píng

~藩　~风

柄 bǐng（统读）

波 bō（统读）

播 bō（统读）

菠 bō（统读）

剥（一）bō（文）

~削

（二）bāo（语）

泊（一）bó

淡~　飘~　停~

（二）pō

湖~　血~

帛 bó（统读）

勃 bó（统读）

钹 bó（统读）

伯（一）bó

~~（bo）　老~

（二）bǎi

大~子（丈夫的哥哥）

箔 bó（统读）

簸（一）bǒ

颠~

（二）bò

~箕

膊 bo

胳~

卜 bo

萝~

醭 bú（统读）

哺 bǔ（统读）

捕 bǔ（统读）

鹧 bǔ（统读）

埠 bù（统读）

C

残 cán（统读）

惭 cán（统读）

灿 càn（统读）

藏（一）cáng

矿~

（二）zàng

宝~

糙 cāo（统读）

嘈 cáo（统读）

螬 cáo（统读）

（续上表）

厕 cè（统读）
岑 cén（统读）
差（一）chā（文）
不～累黍 不～什么
偏～ 色～
～别 视～ 误～ 电势～
一念之～ ～池 ～错
言～语错 一～二错
阴错阳～ ～等
～额 ～价 ～强人意
～数 ～异
（二）chà（语）
～不多 ～不离
～点儿
（三）cī
参～
猹 chá（统读）
搽 chá（统读）
阐 chǎn（统读）
羼 chàn（统读）
颤（一）chàn
～动 发～
（二）zhàn
～栗（战栗）
打～（打战）
韂 chàn（统读）
伥 chāng（统读）
场（一）chǎng
～合 ～所 冷～ 捧～
（二）cháng
外～ 圩～
～院 一～雨
（三）chang
排～
钞 chāo（统读）
巢 cháo（统读）
嘲 cháo
～讽 ～骂
～笑
耖 chào（统读）
车（一）chē
安步当～ 杯水～薪
闭门造～ 螳臂当～
（二）jū
（象棋棋子名称）
晨 chén（统读）
称 chèn
～心 ～意 ～职
对～ 相～
撑 chēng（统读）
乘（动作义，
念 chéng）
包～制 ～便
～风破浪 ～客
～势 ～兴
橙 chéng（统读）
惩 chéng（统读）
澄（一）chéng（文）
～清（如“～清混
乱”、“～清问题”）
（二）dèng（语）
单用，如
“把水～清了”。
痴 chī（统读）
吃 chī（统读）
弛 chí（统读）
褫 chǐ（统读）
尺 chǐ
～寸 ～头
豉 chǐ（统读）
侈 chǐ（统读）
炽 chì（统读）
舂 chōng（统读）
冲 chòng
～床 ～模
臭（一）chòu
遗～万年
（二）xiù
乳～ 铜～
储 chǔ（统读）
处 chǔ
（动作义）
～罚 ～分 ～决
～理 ～女 ～置
畜（一）chù
（名物义）
～力 家～ 牲～ 幼～
（二）xù（动作义）
～产 ～牧 ～养
触 chù（统读）
搐 chù（统读）
绌 chù（统读）
黜 chù（统读）
闯 chuǎng（统读）
创（一）chuàng
草～ ～举 首～
～造 ～作
（二）chuāng
～伤 重～
绰（一）chuò
～～有余
（二）chuo
宽～
疵 cī（统读）
雌 cí（统读）
赐 cì（统读）
伺 cì
～候
枞（一）cōng
～树
（二）zōng
～阳〔地名〕
从 cóng（统读）
丛 cóng（统读）
攒 cuán
万头～动 万箭～心
脆 cuì（统读）
撮（一）cuō
～儿 一～儿盐
一～儿匪帮
（二）zuǒ
一～儿毛
措 cuò（统读）

D

搭 dā（统读）
答（一）dá
报～ ～复
（二）dā
～理 ～应
打 dá
苏～ 一～（十二个）
大（一）dà
～夫（古官名）
～王（如爆破～王、
钢铁～王）
（二）dài
～夫（医生）
～王（如山～王）
～城〔地名〕
呆 dāi（统读）
傣 dǎi（统读）
逮（一）dài（文）
如“～捕”。
（二）dǎi（语）
单用，
如“～蚊子”、
“～特务”。
当（一）dāng
～地 ～间儿
～年（指过去）
～日（指过去）
～天（指过去）
～时（指过去）
螳臂～车
（二）dàng
一个～俩 安步～车
适～ ～年（同一年）
～日（同一时候）
～天（同一天）
档 dàng（统读）
蹈 dǎo（统读）
导 dǎo（统读）
倒（一）dǎo

（续上表）

颠～ 颠～是非
颠～黑白 颠三～四
倾箱～箧 排山～海
～板 ～嚼 ～仓
～嗓 ～戈 潦～
（二）dào
～粪（把粪弄碎）
悼 dào（统读）
纛 dào（统读）
凳 dèng（统读）
羝 dī（统读）
氐 dī〔古民族名〕
堤 dī（统读）
提 dī
～防
的 dí
～当 ～确
抵 dǐ（统读）
蒂 dì（统读）
缔 dì（统读）
谛 dì（统读）
点 dian
打～（收拾、贿赂）
跌 diē（统读）
蝶 dié（统读）
订 dìng（统读）
都（一）dōu
～来了
（二）dū
～市 首～
大～（大多）
堆 duī（统读）
吨 dūn（统读）
盾 dùn（统读）
多 duō（统读）
咄 duō（统读）
掇（一）duō
（“拾取、采取”义）
（二）duo
撺～ 掂～
裰 duō（统读）

踱 duó（统读）
度 duó
忖～ ～德量力
E
婀 ē（统读）
F
伐 fá（统读）
阀 fá（统读）
砝 fǎ（统读）
法 fǎ（统读）
发 fà
理～ 脱～ 结～
帆 fān（统读）
藩 fān（统读）
梵 fàn（统读）
坊（一）fāng
牌～ ～巷
（二）fáng
粉～ 磨～ 碾～
染～ 油～ 谷～
妨 fáng（统读）
防 fáng（统读）
肪 fáng（统读）
沸 fèi（统读）
汾 fén（统读）
讽 fěng（统读）
肤 fū（统读）
敷 fū（统读）
俘 fú（统读）
浮 fú（统读）
服 fú
～毒 ～药
拂 fú（统读）
辐 fú（统读）
幅 fú（统读）
甫 fǔ（统读）
复 fù（统读）
缚 fù（统读）
G
噶 gá（统读）
冈 gāng（统读）

刚 gāng（统读）
岗 gǎng
～楼 ～哨 ～子
门～ 站～ 山～子
港 gǎng（统读）
葛（一）gé
～藤 ～布 瓜～
（二）gě〔姓〕
（包括单、复姓）
隔 gé（统读）
革 gé
～命 ～新 改～
合 gě
（一升的十分之一）
给（一）gěi
（语）单用。
（二）jǐ（文）
补～ 供～ 供～制
～予 配～ 自～自足
亘 gèn（统读）
更 gēng
五～ ～生
颈 gěng
脖～子
供（一）gōng
～给 提～ ～销
（二）gòng
口～ 翻～ 上～
佝 gōu（统读）
枸 gǒu ～杞
勾 gòu ～当
估（除“～衣”
读 gù 外，都读 gū）
骨（除“～碌”、
“～朵”读 gū 外，
都读 gǔ）
谷 gǔ
～雨
锢 gù（统读）
冠（一）guān
（名物义）

～心病
（二）guàn（动作义）
沐猴而～ ～军
犷 guǎng（统读）
庋 guǐ（统读）
桧（一）guì〔树名〕
（二）huì〔人名〕
秦～
刽 guì（统读）
聒 guō（统读）
蝈 guō（统读）
过（除姓氏读 guō
外，都读 guò）
H
虾 há
～蟆
哈（一）hǎ
～达
（二）hà
～什蚂
汗 hán
可～
巷 hàng
～道
号 háo
寒～虫
和（一）hè
唱～ 附～ 曲高～寡
（二）huo
搀～ 搅～ 暖～
热～ 软～
貉（一）hé（文）
一丘之～
（二）háo（语）
～绒 ～子
壑 hè（统读）
褐 hè（统读）
喝 hè
～彩 ～道 ～令
～止 呼幺～六

(续上表)

鹤 hè(统读)
黑 hēi(统读)
亨 hēng(统读)
横(一)héng
~肉 ~行霸道
(二)hèng
蛮~ ~财
訇 hōng(统读)
虹(一)hóng(文)
~彩 ~吸
(二)jiàng(语)
单说。
讧 hòng(统读)
囫 hú(统读)
瑚 hú(统读)
蝴 hú(统读)
桦 huà(统读)
徊 huái(统读)
踝 huái(统读)
浣 huàn(统读)
黄 huáng(统读)
荒 huang
饥~(指经济困难)
诲 huì(统读)
贿 huì(统读)
会 huì
一~儿 多~儿
~厌(生理名词)
混 hùn
~合 ~乱 ~凝土
~淆 ~血儿 ~杂
蠖 huò(统读)
霍 huò(统读)
豁 huò
~亮
获 huò(统读)
J
羁 jī(统读)
击 jī(统读)
奇 jī
~数

芨 jī(统读)
缉(一)jī
通~ 侦~
(二)qī
~鞋口
几 jī
茶~ 条~
圾 jī(统读)
戢 jí(统读)
疾 jí(统读)
汲 jí(统续)
棘 jí(统读)
藉 jí
狼~(籍)
嫉 jí(统读)
脊 jǐ(统读)
纪(一)jǐ〔姓〕
(二)jì
~念 ~律 纲~ ~元
偈 jì
~语
绩 jì(统读)
迹 jì(统读)
寂 jì(统读)
箕 ji
簸~
辑 ji
逻~
茄 jiā
雪~
夹 jiā
~带藏掖 ~道儿
~攻 ~棍 ~生
~杂 ~竹桃 ~注
浃 jiā(统读)
甲 jiǎ(统读)
歼 jiān(统读)
鞯 jiān(统读)
间(一)jiān
~不容发 中~
(二)jiàn

中~儿 ~道 ~谍
~断 ~或 ~接 ~距
~隙 ~续 ~阻 ~作
挑拨离~
趼 jiǎn(统读)
俭 jiǎn(统读)
缰 jiāng(统读)
膙 jiǎng(统读)
嚼(一)jiáo(语)
味同~蜡
咬文~字
(二)jué(文)
咀~ 过屠门而大~
(三)jiào
倒~(倒嚼)
侥 jiǎo
~幸
角(一)jiǎo
八~(大茴香)
~落 独~戏 ~膜
~度 ~儿(犄~)
~楼 勾心斗~
号~ 口~(嘴~)
鹿~菜 头~
(二)jué
~斗 ~儿(角色)
口~(吵嘴)主~儿
配~儿 ~力 捧~儿
脚(一)jiǎo
根~
(二)jué
~儿(也作"角儿",
角色)
剿(一)jiǎo
围~
(二)chāo
~说 ~袭
校 jiào
~勘 ~样 ~正
较 jiào(统读)
酵 jiào(统读)

嗟 jiē(统读)
疖 jiē(统读)
结(除"~了个果
子"、"开花~果"、
"~巴"、"~实"
念 jiē 之外,
其他都念 jié)
睫 jié(统读)
芥(一)jiè
~菜(一般的芥菜)
~末
(二)gài
~菜(也作"盖菜")
~蓝菜
矜 jīn
~持 自~ ~怜
仅 jǐn
~~ 绝无~有
馑 jǐn(统读)
觐 jìn(统读)
浸 jìn(统读)
斤 jin
千~(起重的工具)
茎 jīng(统读)
粳 jīng(统读)
鲸 jīng(统读)
境 jìng(统读)
痉 jìng(统读)
劲 jìng
刚~
窘 jiǒng(统读)
究 jiū(统读)
纠 jiū(统读)
鞠 jū(统读)
鞫 jū(统读)
掬 jū(统读)
苴 jū(统读)
咀 jǔ
~嚼
矩(一)jǔ
~形

（续上表）

（二）ju
规～
俱 jù（统读）
龟 jūn
～裂（也作“皲裂”）
菌（一）jūn
细～ 病～ 杆～ 霉～
（二）jùn
香～ ～子
俊 jùn（统读）
K
卡（一）kǎ
～宾枪 ～车 ～介苗
～片 ～通
（二）qiǎ
～子 关～
揩 kāi（统读）
慨 kǎi（统读）
忾 kài（统读）
勘 kān（统读）
看 kān
～管 ～护 ～守
慷 kāng（统读）
拷 kǎo（统读）
坷 kē
～拉（垃）
疴 kē（统读）
壳（一）ké（语）
～儿 贝～儿
脑～ 驳～枪
（二）qiào（文）
地～ 甲～ 躯～
可（一）kě
～～儿的
（二）kè
～汗
恪 kè（统读）
刻 kè（统读）
克 kè
～扣
空（一）kōng
～心砖 ～城计
（二）kòng
～心吃药
眍 kōu（统读）
矻 kū（统读）
酷 kù（统读）
框 kuàng（统读）
矿 kuàng（统读）
傀 kuǐ（统读）
溃（一）kuì
～烂
（二）huì
～脓
篑 kuì（统读）
括 kuò（统读）
L
垃 lā（统读）
邋 lā（统读）
罱 lǎn（统读）
缆 lǎn（统读）
蓝 lɑn
苤～
琅 láng（统读）
捞 lāo（统读）
劳 láo（统读）
醪 láo（统读）
烙（一）lào
～印 ～铁 ～饼
（二）luò
炮～（古酷刑）
勒（一）lè（文）
～逼 ～令 ～派
～索 悬崖～马
（二）lēi（语）
多单用。
擂（除“～台”、“打～”读 lèi 外，都读 léi）
礌 léi（统读）
羸 léi（统读）
蕾 lěi（统读）
累（一）lèi
（辛劳义，如“受～”、“受劳～”）
（二）léi
（如“～赘”）
（三）lěi
（牵连义，如“带～”、“～及”、“连～”、“赔～”、“牵～”、“受～”、“受牵～”）
蠡（一）lí
管窥～测
（二）lǐ
～县 范～
喱 lí（统读）
连 lián（统读）
敛 liǎn（统读）
恋 liàn（统读）
量（一）liàng
～入为出 忖～
（二）liɑng
打～ 掂～
踉 liàng
～跄
潦 liáo
～草 ～倒
劣 liè（统读）
捩 liè（统读）
趔 liè（统读）
拎 līn（统读）
遴 lín（统读）
淋（一）lín
～浴 ～漓 ～巴
（二）lìn
～硝 ～盐 ～病
蛉 líng（统读）
榴 liú（统读）
馏（一）liú（文）
如“干～”、“蒸～”。
（二）liù（语）
如“～馒头”。
镏 liú
～金
碌 liù
～碡
笼（一）lóng
（名物义）
～子 牢～
（二）lǒng（动作义）
～络 ～括
～统 ～罩
偻（一）lóu
佝～
（二）lǚ
伛～
瞜 lou
眍～
虏 lǔ（统读）
掳 lǔ（统读）
露（一）lù（文）
赤身～体 ～天 ～骨
～头角 藏头～尾
抛头～面 ～头（矿）
（二）lòu（语）
～富 ～苗 ～光 ～相
～马脚 ～头
榈 lǘ（统读）
捋（一）lǚ
～胡子
（二）luō
～袖子
绿（一）lǜ（语）
（二）lù（文）
～林 鸭～江
孪 luán（统读）
挛 luán（统读）
掠 lüè（统读）
囵 lún（统读）
络 luò
～腮胡子
落（一）luò（文）

（续上表）

~膘 ~花生 ~魄
涨~ ~槽 着~
（二）lào（语）
~架 ~色 ~炕
~枕 ~儿
~子（一种曲艺）
（三）là（语），
遗落义。
丢三~四 ~在后面
M
脉（除“~~”念
mòmò 外，一律
念 mài）
漫 màn（统读）
蔓（一）màn（文）
~延 不~不支
（二）wàn（语）
瓜~ 压~
牤 māng（统读）
氓 máng
流~
芒 máng（统读）
铆 mǎo（统读）
瑁 mào（统读）
虻 méng（统读）
盟 méng（统读）
祢 mí（统读）
眯（一）mí
~了眼（灰尘等
入目，也作“迷”）
（二）mī
~了一会儿（小睡）
~缝着眼（微微合目）
靡（一）mí
~费
（二）mǐ
风~ 委~ 披~
秘（除“~鲁”
读 bì 外，都读 mì）
泌（一）mì（语）
分~

（二）bì（文）
~阳〔地名〕
娩 miǎn（统读）
缈 miǎo（统读）
皿 mǐn（统读）
闽 mǐn（统读）
茗 míng（统读）
酩 mǐng（统读）
谬 miù（统读）
摸 mō（统读）
模（一）mó
~范 ~式 ~型
~糊 ~特儿 ~棱两可
（二）mú
~子 ~具
~样
膜 mó（统读）
摩 mó
按~ 抚~
嬷 mó（统读）
墨 mò（统读）
耱 mò（统读）
沫 mò（统读）
缪 móu
绸~
N
难（一）nán
困~（或变轻声）
~兄~弟（难得的
兄弟，现多用作贬义）
（二）nàn
排~解纷 发~ 刁~
责~ ~兄~弟（共患
难或同受苦难的人）
蝻 nǎn（统读）
蛲 náo（统读）
讷 nè（统读）
馁 něi（统读）
嫩 nèn（统读）
恁 nèn（统读）
妮 nī（统读）

拈 niān（统读）
鲇 nián（统读）
酿 niàng（统读）
尿（一）niào
糖~症
（二）suī
（只用于口语名词）
尿（niào）~
~脬
嗫 niè（统读）
宁（一）níng
安~
（二）nìng〔姓〕
~可 毋~
忸 niǔ（统读）
脓 nóng（统读）
弄（一）nòng
玩~
（二）lòng
~堂
暖 nuǎn（统读）
衄 nǜ（统读）
疟（一）nüè（文）
~疾
（二）yào（语）
发~子
娜（一）nuó
婀~ 袅~
（二）nà
〔人名〕
O
殴 ōu（统读）
呕 ǒu（统读）
P
杷 pá（统读）
琶 pá（统读）
牌 pái（统读）
排 pǎi
~子车
迫 pǎi
~击炮

湃 pài（统读）
爿 pán（统读）
胖 pán
心广体~
（~为安舒貌）
蹒 pán（统读）
畔 pàn（统读）
乓 pāng（统读）
滂 pāng（统读）
脬 pāo（统读）
胚 pēi（统读）
喷（一）pēn
~嚏
（二）pèn
~香
（三）pen
嚏~
澎 péng（统读）
坯 pī（统读）
披 pī（统读）
匹 pǐ（统读）
僻 pì（统读）
譬 pì（统读）
片（一）piàn
~子 唱~ 画~
相~ 影~ ~儿会
（二）piān
（口语一部分词）
~子 ~儿 唱~儿
画~儿 相~儿 影~儿
剽 piāo（统读）
缥 piāo
~缈
撇 piē
~弃
聘 pìn（统读）
乒 pīng（统读）
颇 pō（统读）
剖 pōu（统读）
仆（一）pū
前~后继

（续上表）

（二）pú
~从
扑 pū（统读）
朴（一）pǔ
俭~ ~素 ~质
（二）pō
~刀
（三）pò
~硝 厚~
蹼 pǔ（统读）
瀑 pù
~布
曝（一）pù
一~十寒
（二）bào
~光（摄影术语）
Q
栖 qī
两~
戚 qī（统读）
漆 qī（统读）
期 qī（统读）
蹊 qī
~跷
蛴 qí（统读）
畦 qí（统读）
萁 qí（统读）
骑 qí（统读）
企 qǐ（统读）
绮 qǐ（统读）
杞 qǐ（统读）
槭 qì（统读）
洽 qià（统读）
签 qiān（统读）
潜 qián（统读）
荨（一）qián（文）
~麻
（二）xún（语）
~麻疹
嵌 qiàn（统读）
欠 qian

打哈~
戕 qiāng（统读）
镪 qiāng
~水
强（一）qiáng
~渡 ~取豪夺
~制 博闻~识
（二）qiǎng
勉~ 牵~ ~词夺理
~迫 ~颜为笑
（三）jiàng
倔~
襁 qiǎng（统读）
跄 qiàng（统读）
悄（一）qiāo
~~儿的
（二）qiǎo
~没声儿的
橇 qiāo（统读）
翘（一）qiào（语）
~尾巴
（二）qiáo（文）
~首 ~楚 连~
怯 qiè（统读）
挈 qiè（统读）
趄 qie
趔~
侵 qīn（统读）
衾 qīn（统读）
噙 qín（统读）
倾 qīng（统读）
亲 qìng
~家
穹 qióng（统读）
黢 qū（统读）
曲（麯）qū
大~ 红~ 神~
渠 qú（统读）
瞿 qú（统读）
蠼 qú（统读）
苣 qǔ

~荬菜
龋 qǔ（统读）
趣 qù（统读）
雀 què
~斑 ~盲症
R
髯 rán（统读）
攘 rǎng（统读）
桡 ráo（统读）
绕 rào（统读）
任 rén［姓，地名］
妊 rèn（统读）
扔 rēng（统读）
容 róng（统读）
糅 róu（统读）
茹 rú（统读）
孺 rú（统读）
蠕 rú（统读）
辱 rǔ（统读）
挼 ruó（统读）
S
靸 sǎ（统读）
噻 sāi（统读）
散（一）sǎn
懒~ 零零~~ ~漫
（二）san
零~
丧 sang
哭~着脸
扫（一）sǎo
~兴
（二）sào
~帚
埽 sào（统读）
色（一）sè（文）
（二）shǎi（语）
塞（一）sè（文）
动作义。
（二）sāi（语）名物义，如：“活~”、“瓶~”；动作义，

如：“把洞~住”。
森 sēn（统读）
煞（一）shā
~尾 收~
（二）shà
~白
啥 shá（统读）
厦（一）shà（语）
（二）xià（文）
~门 噶~
杉（一）shān（文）
紫~ 红~ 水~
（二）shā（语）
~篙 ~木
衫 shān（统读）
姗 shān（统读）
苫（一）shàn
（动作义，如“~布”）
（二）shān（名物义，如“草~子”）
墒 shāng（统读）
猞 shē（统读）
舍 shè
宿~
慑 shè（统读）
摄 shè（统读）
射 shè（统读）
谁 shéi，又音 shuí
娠 shēn（统读）
什（甚）shén
~么
蜃 shèn（统读）
葚（一）shèn（文）
桑~
（二）rèn（语）
桑~儿
胜 shèng（统读）
识 shí
常~ ~货 ~字
似 shì
~的

（续上表）

室 shì（统读）
螫（一）shì（文）
（二）zhē（语）
匙 shi
钥～
殊 shū（统读）
蔬 shū（统读）
疏 shū（统读）
叔 shū（统读）
淑 shū（统读）
菽 shū（统读）
熟（一）shú（文）
（二）shóu（语）
署 shǔ（统读）
曙 shǔ（统读）
漱 shù（统读）
戍 shù（统读）
蟀 shuài（统读）
孀 shuāng（统读）
说 shuì
游～
数 shuò
～见不鲜
硕 shuò（统读）
蒴 shuò（统读）
艘 sōu（统读）
嗾 sǒu（统读）
速 sù（统读）
塑 sù（统读）
虽 suī（统读）
绥 suí（统读）
髓 suǐ（统读）
遂（一）suì
不～ 毛～自荐
（二）suí
半身不～
隧 suì（统读）
隼 sǔn（统读）
莎 suō
～草
缩（一）suō
收～
（二）sù
～砂密（一种植物）
嗍 suō（统读）
索 suǒ（统读）

T

趿 tā（统读）
鳎 tǎ（统读）
獭 tǎ（统读）
沓（一）tà
重～
（二）ta
疲～
（三）dá
一～纸
苔（一）tái（文）
（二）tāi（语）
探 tàn（统读）
涛 tāo（统读）
悌 tì（统读）
佻 tiāo（统读）
调 tiáo
～皮
帖（一）tiē
妥～ 伏伏～～
俯首～耳
（二）tiě
请～ 字～儿
（三）tiè
字～ 碑～
听 tīng（统读）
庭 tíng（统读）
骰 tóu（统读）
凸 tū（统读）
突 tū（统读）
颓 tuí（统读）
蜕 tuì（统读）
臀 tún（统读）
唾 tuò（统读）

W

娲 wā（统读）
挖 wā（统读）
瓦 wà
～刀
喎 wāi（统读）
蜿 wān（统读）
玩 wán（统读）
惋 wǎn（统读）
脘 wǎn（统读）
往 wǎng（统读）
忘 wàng（统读）
微 wēi（统读）
巍 wēi（统读）
薇 wēi（统读）
危 wēi（统读）
韦 wéi（统读）
违 wéi（统读）
唯 wéi（统读）
圩（一）wéi
～子
（二）xū
～（墟）场
纬 wěi（统读）
委 wěi
～靡
伪 wěi（统读）
萎 wěi（统读）
尾（一）wěi
～巴
（二）yǐ
马～儿
尉 wèi
～官
文 wén（统读）
闻 wén（统读）
紊 wěn（统读）
喔 wō（统读）
蜗 wō（统读）
硪 wò（统读）
诬 wū（统读）
梧 wú（统读）
牾 wǔ（统读）
乌 wù
～拉（也作“靰鞡”）
～拉草
杌 wù（统读）
鹜 wù（统读）

X

夕 xī（统读）
汐 xī（统读）
晰 xī（统读）
析 xī（统读）
皙 xī（统读）
昔 xī（统读）
溪 xī（统读）
悉 xī（统读）
熄 xī（统读）
蜥 xī（统读）
螅 xī（统读）
惜 xī（统读）
锡 xī（统读）
樨 xī（统读）
袭 xí（统读）
檄 xí（统读）
峡 xiá（统读）
暇 xiá（统读）
吓 xià
杀鸡～猴
鲜 xiān
屡见不～ 数见不～
锨 xiān（统读）
纤 xiān
～维
涎 xián（统读）
弦 xián（统读）
陷 xiàn（统读）
霰 xiàn（统读）
向 xiàng（统读）
相 xiàng
～机行事
淆 xiáo（统读）
哮 xiào（统读）
些 xiē（统读）

（续上表）

颉 xié
~颃
携 xié（统读）
偕 xié（统读）
挟 xié（统读）
械 xiè（统读）
馨 xīn（统读）
囟 xìn（统读）
行 xíng
操~ 德~ 发~ 品~
省 xǐng
内~ 反~ ~亲
不~人事
芎 xiōng（统读）
朽 xiǔ（统读）
宿 xiù
星~ 二十八~
煦 xù（统读）
蓿 xu
苜~
癣 xuǎn（统读）
削（一）xuē（文）
剥~ ~减 瘦~
（二）xiāo（语）
切~ ~铅笔 ~球
穴 xué（统读）
学 xué（统读）
雪 xuě（统读）
血（一）xuè（文）
用于复音词及成语，如“贫~”、“心~”、“呕心沥~”、“~泪史”、“狗~喷头”等。
（二）xiě（语）
口语多单用，如“流了点儿~”及几个口语常用词，如：“鸡~”、“~晕”、“~块子”等。
谑 xuè（统读）
寻 xún（统读）

驯 xùn（统读）
逊 xùn（统读）
熏 xùn
被煤气~着了
徇 xùn（统读）
殉 xùn（统读）
蕈 xùn（统读）

Y

押 yā（统读）
崖 yá（统读）
哑 yǎ
~然失笑
亚 yà（统读）
殷 yān
~红
芫 yán
~荽
筵 yán（统读）
沿 yán（统读）
焰 yàn（统读）
夭 yāo（统读）
肴 yáo（统读）
杳 yǎo（统读）
舀 yǎo（统读）
钥（一）yào（语）
~匙
（二）yuè（文）
锁~
曜 yào（统读）
耀 yào（统读）
椰 yē（统读）
噎 yē（统读）
叶 yè
~公好龙
曳 yè
弃甲~兵
摇~ ~光弹
屹 yì（统读）
轶 yì（统读）
谊 yì（统读）
懿 yì（统读）

诣 yì（统读）
艾 yì
自怨自~
荫 yìn（统读）
（“树~”、“林~道”应作“树阴”、“林阴道”）
应（一）yīng
~届 ~名儿 ~许
提出的条件他都~了
是我~下来的任务
（二）yìng
~承 ~付 ~声 ~时
~验 ~邀 ~用 ~运
~征 里~外合
萦 yíng（统读）
映 yìng（统读）
佣 yōng
~工
庸 yōng（统读）
臃 yōng（统读）
壅 yōng（统读）
拥 yōng（统读）
踊 yǒng（统读）
咏 yǒng（统读）
泳 yǒng（统读）
莠 yǒu（统读）
愚 yú（统读）
娱 yú（统读）
愉 yú（统读）
伛 yǔ（统读）
屿 yǔ（统读）
吁 yù
呼~
跃 yuè（统读）
晕（一）yūn
~倒 头~
（二）yùn
月~ 血~ ~车
酝 yùn（统读）

Z

匝 zā（统读）
杂 zá（统读）
载（一）zǎi
登~ 记~
（二）zài
搭~ 怨声~道 重~
装~ ~歌~舞
簪 zān（统读）
咱 zán（统读）
暂 zàn（统读）
凿 záo（统读）
择（一）zé
选~
（二）zhái
~不开 ~菜 ~席
贼 zéi（统读）
憎 zēng（统读）
甑 zèng（统读）
喳 zhā
唧唧~~
轧（除“~钢”、“~辊”念 zhá 外，其他都念 yà）
（gá 为方言，不审）
摘 zhāi（统读）
粘 zhān
~贴
涨 zhǎng
~落 高~
着（一）zháo
~慌 ~急 ~家 ~凉
~忙 ~迷 ~水 ~雨
（二）zhuó
~落 ~手 ~眼 ~意
~重 不~边际
（三）zhāo
失~
沼 zhǎo（统读）
召 zhào（统读）
遮 zhē（统读）

（续上表）

蛰 zhé（统读）
辙 zhé（统读）
贞 zhēn（统读）
侦 zhēn（统读）
帧 zhēn（统读）
胗 zhēn（统读）
枕 zhěn（统读）
诊 zhěn（统读）
振 zhèn（统读）
知 zhī（统读）
织 zhī（统读）
脂 zhī（统读）
植 zhí（统读）
殖（一）zhí
繁～ 生～ ～民
（二）shi
骨～
指 zhǐ（统读）
掷 zhì（统读）
质 zhì（统读）

蛭 zhì（统读）
秩 zhì（统读）
栉 zhì（统读）
炙 zhì（统读）
中 zhōng
人～
（人口上唇当中处）
种 zhòng
点～（义同“点播”。动宾结构念 diǎnzhǒng，义为点播种子）
诌 zhōu（统读）
骤 zhòu（统读）
轴 zhòu
大～子戏 压～子
碡 zhou
碌～
烛 zhú（统读）

逐 zhú（统读）
属 zhǔ
～望
筑 zhù（统读）
著 zhù
土～
转 zhuǎn
运～
撞 zhuàng（统读）
幢（一）zhuàng
一～楼房
（二）chuáng
经～（佛教所设刻有经咒的石柱）
拙 zhuō（统读）
茁 zhuó（统读）
灼 zhuó（统读）
卓 zhuó（统读）
综 zōng

～合
纵 zòng（统读）
粽 zòng（统读）
镞 zú（统读）
组 zǔ（统读）
钻（一）zuān
～探 ～孔
（二）zuàn
～床 ～杆 ～具
佐 zuǒ（统读）
唑 zuò（统读）
柞（一）zuò
～蚕 ～绸
（二）zhà
～水（在陕西）
做 zuò（统读）
作（除“～坊”读 zuō 外，其余都读 zuò）

附录四　现代汉语常用多音字表

A 部

1. 阿 ①ā 阿罗汉　阿姨　阿斗　阿飞　阿拉伯数字　②ē 阿附　阿胶　阿谀　阿弥陀佛

2. 啊 ①ā 啊，这花多好哇！　啊，下雪了！　②á 啊？你说什么？　啊，你再说！③ǎ 啊，原来是这样！　④à 啊，我知道了。　⑤ɑ 你要注意啊！

3. 腌 ①ā 腌臜　②yān 腌菜

4. 挨 ①āi 挨个　挨近　挨次　挨家问　你挨着我坐吧。　②ái 挨打　挨说　挨骂　挨时间

5. 唉 ①āi 唉声叹气　②ài 唉！病了几天，把工作都耽误了。

6. 艾 ①ài 艾蒿　方兴未艾　②yì 自怨自艾

7. 熬 ①āo 熬菜　②áo 熬粥　煎熬

8. 拗 ①ào 拗口令　②niù 执拗　拗不过　③ǎo 拗断

B 部

1. 扒 ①bā 扒开　扒拉　扒墙头　②pá 扒手　扒草　扒鸡

2. 吧 ①bā 吧嗒　吧唧（jī）　吧的一声　②bɑ 咱们走吧！

3. 把 ①bǎ 把握　把持　把柄　②bà 印把　刀把　话把儿

4. 耙 ①bà 耙地　②pá 耙子　钉耙

5. 柏 ①bǎi 柏树　柏油　②bó 柏林

6. 百 ①bǎi 百合　百货　百灵　百姓　百分比　百感交集　百科全书　百依百顺　②bó 百色

7. 蚌 ①bàng 蛤蚌　②bèng 蚌埠

8. 薄 ①báo（口语单用）纸薄　薄饼　薄片　土地薄　②bó（书面组词）单薄　稀薄　日薄西山　尖嘴薄舌　薄情　浅薄　刻薄

9. 堡 ①bǎo 碉堡　堡垒　②bǔ 瓦窑堡　吴堡〔多用地名〕　③pù 十里堡〔地名〕

10. 暴 ①bào 暴露　暴躁　暴动　暴发　暴风骤雨　横征暴敛　②pù 一暴（曝）十寒

11. 背 ①bèi 脊背　背景　背道而驰　背信弃义　汗流浃（jiā）背　这条胡同太背。　耳朵有点背。　②bēi 背包　背枪　背债

12. 奔 ①bēn 奔跑　奔波　疲于奔命　②bèn 投奔　奔头

13. 臂 ①bì 手臂　臂膀　螳臂当车　一臂之力　②bei 胳臂

14. 辟 ①bì 复辟　辟邪　②pì 开辟　精辟　辟谣　开天辟地

15. 扁 ①biǎn 扁担 扁豆 扁铲 扁桃体 扁圆 ②piān 扁舟

16. 便 ①biàn 方便 便笺 便宜（方便合适） 便当 便道 便利 家常便饭 便宜（yí）行事 ②pián 便宜（价格低） 大腹便便

17. 别 ①bié 别称 别离 别致 别字 分别 差别 级别 分门别类 生离死别 ②biè 别扭

18. 膀 ①bǎng 肩膀 臂膀 ②pāng 膀肿 脸膀了 ③páng 膀胱

19. 磅 ①bàng 磅秤 ②páng 磅礴

20. 绷 ①bēng 绷紧 绷直 绷飞了 绷带 坑绷拐骗 ②běng 绷劲儿 绷着脸 ③bèng 绷瓷儿

21. 骠 ①biāo 黄骠马 ②piào 骠勇

22. 瘪 ①biē 瘪三 ②biě 干瘪

23. 屏 ①bīng 屏营（书面，惶恐状） ②bǐng 屏息 屏气 屏弃 屏除 屏退 ③píng 屏幕 屏风 屏障 屏蔽

24. 剥 ①bō（书面组词）剥削（xuē） 剥离 剥蚀 剥夺 剥落 ②bāo（口语单用）剥皮

25. 泊 ①bó 淡泊 停泊 漂（飘）泊 ②pō 湖泊 血泊

26. 伯 ①bó 老伯 伯父 ②bǎi 大伯子（夫兄）

27. 簸 ①bǒ 颠簸 ②bò 簸箕

28. 膊 ①bó 赤膊 ②bo 胳膊

29. 卜 ①bo 萝卜 ②bǔ 占卜 卜辞 预卜 卜筮

C 部

1. 参 ①cān 参观 参考 参照 参天 参见 ②cēn 参差（cī）不齐 ③shēn 海参 人参

2. 伧 ①cāng 言语伧俗 ②chen 寒伧

3. 藏 ①cáng 矿藏 躲藏 藏拙 埋藏 保藏 ②zàng 宝藏 藏蓝 藏医 藏历 川藏 藏族

4. 侧 ①cè 侧面 侧重 侧影 侧耳细听 侧身而入 ②zhā 侧歪 侧棱 ③zè 同“仄”，“平仄”也作“平侧”

5. 曾 ①céng 曾经 曾几何时 不曾 未曾 ②zēng 曾祖 曾孙

6. 噌 ①cēng 噌的一声 ②chēng 噌吰（钟鼓声）

7. 差 ①chā（书面组词）偏差 差错 差池 差可告慰 差强人意 差之毫厘 千差万别 阴差阳错 差价 差异 差失 误差 ②chà（口语单用）差点儿 差劲 差不多 差不离 ③chāi 出差 交差 差遣 鬼使神差 钦差大臣 ④cī 参差不齐

8. 叉 ①chā 叉车 叉腰 刀叉 钢叉 交叉 ②chá 车把路口叉住了 ③chǎ 叉着腿 ④chà 劈叉

9. 查 ①chá 查对 查获 查阅 检查 调查 清查 审查 ②zhā 姓

10. 衩 ①chǎ 裤衩 ②chà（衣服旁边开口的地方）

11. 刹 ①chà 刹那　②shā 刹车

12. 杈 ①chā（一种农具）　②chà 杈子　树杈　枝杈

13. 禅 ①chán 禅师　禅宗　禅杖　坐禅　②shàn 禅让　封禅

14. 颤 ①chàn 颤动　颤抖　颤音　颤悠　②zhàn 颤栗　打颤

15. 孱 ①chán 孱弱　②càn 孱头

16. 裳 ①cháng 着我旧时裳　②shang 衣裳

17. 场 ①cháng 场院　打场　一场（雨）　②chǎng 场合　冷场　场面　场地　③chang 排场

18. 吵 ①chāo 吵吵　②chǎo 吵架　吵闹　吵嚷　吵嘴　争吵

19. 朝 ①cháo 朝代　热火朝天　改朝换代　②zhāo 朝气　朝霞　朝阳　只争朝夕　朝令夕改　朝气蓬勃　有朝一日

20. 嘲 ①cháo 嘲讽　嘲笑　②zhāo 嘲哳（zhā）

21. 车 ①chē 车马　车辆　班车　车水马龙　杯水车薪　闭门造车　②jū 舍车（象棋子名称）马保将帅

22. 称 ①chèn 称心　对称　称职　②chēng 称呼　称道　职称　称王称霸　称兄道弟

23. 澄 ①chéng（书面）澄清（问题）　②dèng（口语）澄清（使液体变清）

24. 铛 ①chēng 饼铛　②dāng 铛铛（拟声词）

25. 乘 ①chéng 乘坐　乘机　乘风破浪　乘虚而入　②shèng 千乘之国　史乘　野乘

26. 匙 ①chí 汤匙　羹匙　②shi 钥匙

27. 冲 ①chōng 冲锋　冲击　怒发冲冠　冲洗　冲动　②chòng 冲床　冲子　冲模

28. 重 ①chóng 重叠　重复　重合　重见天日　②zhòng 重大　重点　重量　重要　保重　语重心长　德高望重　严重　尊重

29. 仇 ①chóu 仇敌　仇恨　仇视　复仇　冤仇　报仇雪恨　恩将仇报　疾恶如仇　②qiú 姓

30. 臭 ①chòu 遗臭万年　臭味相投　腥臭　②xiù 乳臭　铜臭

31. 处 ①chǔ（动词义）处罚　处置　处心积虑　设身处地　养尊处优　②chù（名词义）处所　妙处　害处　好处　难处　用处　人事处　绝处逢生

32. 畜 ①chù（名词义）牲畜　畜力　家畜　六畜　②xù（动作义）畜养　畜牧　畜产

33. 传 ①chuán 传播　传达　传递　传染　传授　传说　宣传　言传身教　名不虚传　②zhuàn 传记　自传　树碑立传

34. 幢 ①chuáng 石幢　②zhuàng 一幢楼房

35. 创 ①chuàng 创作　创造　创刊　创见　开创　独创　②chuāng 重创　创伤　创口　创痕　予以重创

36. 绰 ①chuò 绰绰有余　绰号　②chuo 宽绰　③chāo 绰起棍子

37. 伺 ①cì 伺候　②sì 伺机　环伺

38. 兹 ①cí 龟兹（Qiūcí 西域古国） ②zī 今兹 来兹
39. 跐 ①cī 登跐了 ②cǐ 脚跐两只船
40. 枞 ①cōng 枞树 ②zōng 枞阳（地名）
41. 攒 ①cuán 攒动 攒射 ②zǎn 积攒
42. 撮 ①cuō 一撮儿盐 撮合 撮要 ②zuǒ 一撮毛
43. 揣 ①chuāi 揣在怀里 ②chuǎi 揣测 揣度 揣摩
44. 椎 ①chuí 椎心泣血 ②zhuī 脊椎 椎骨 胸椎

D 部

1. 答 ①dā 答理 答应 答腔 答讪 答言 ②dá 答案 答复 答卷 答非所问 报答 问答

2. 打 ①dǎ 打倒 打击 打搅 打扫 打算 打听 攻打 无精打采 稳扎稳打 ②dá 苏打 一打

3. 大 ①dà 大夫（官名）大街 大局 大量 大陆 大米 大厅 大学 大衣 大同小异 ②dài 大夫（医生） 山大王

4. 沓 ①dá 一沓信纸 ②tà 杂沓 纷至沓来

5. 瘩 ①dá 瘩背 ②da 疙瘩

6. 逮 ①dǎi（口语单用）逮蚊子 逮小偷 ②dài（书面组词）逮捕

7. 担 ①dān 担当 担负 担架 担任 担心 承担 担负 ②dàn 担子 扁担 重担

8. 单 ①dān 单独 孤单 单刀直入 单枪匹马 ②chán 单于 ③shàn 姓单

9. 当 ①dāng 当场 当今 当时 当年（均指已过去） 当日（当初） 当面 当下 当权 担当 正当 当即 丁当 当问则问 当局 应当 瓦当 ②dàng 当日（当天） 当年（同一年、月、日、天） 当真 得当 恰当 妥当 典当 当铺 上当 一人当两人用 安步当车

10. 倒 ①dǎo 颠倒 倒戈 倒嚼 翻江倒海 ②dào 倒粪 倒药 倒退 倒行逆施 本末倒置 反攻倒算

11. 叨 ①dāo 叨唠 叨念 ②dáo 叨咕 ③tāo 叨扰 叨光 叨教

12. 蹬 ①dēng 蹬在窗台上擦玻璃 ②dèng 蹭蹬

13. 得 ①dé 得意洋洋 得逞 得失 得体 得志 得寸进尺 获得 心得 值得 ②de 好得很 ③děi 得喝水了

14. 提 ①dī 提防 提溜 ②tí 提高 提取

15. 嘀 ①dí 嘀咕 ②dī 嘀里嘟噜

16. 的 ①dí 的当 的确 的证 ②dì 目的 中的 有的放矢 一语破的 ③de 幸福的生活

17. 地 ①dì 地道 地方 地基 地球 天旋地转 陆地 地利人和 脚踏实地 ②de 实事求是地处理问题

18. 点 ①diǎn 点名 点燃 点心 点石成金 画龙点睛 起点 优点 检点 点

火　②dian 打点

19. 钿 ①diàn 金钿　宝钿　②tián 铜钿（铜钱）

20. 钉 ①dīng（名词义）碰钉子　图钉　斩钉截铁　②dìng（动词义）钉扣子　钉钉子　钉马掌

21. 都 ①dōu 都来了　②dū 故都　国都　首都　都市　都城

22. 斗 ①dǒu 斗胆　斗笠　阿斗　北斗　星斗　烟斗　星移斗转　②dòu 斗气　斗争　斗志　奋斗　决斗　战斗　勾心斗角　明争暗斗

23. 肚 ①dù 肚量　肚子　泻肚　小肚鸡肠　②dǔ 肚子　羊肚儿

24. 蹲 ①dūn 蹲点　粮囤　蹲班　蹲苗　②cún 腿蹲了

25. 囤 ①dùn 囤子　粮食囤　②tún 囤积　囤聚

26. 垛 ①duò 草垛　柴垛　②duǒ 垛子

27. 驮 ①duò 驮子　②tuó 驮轿　驮马　驮运

28. 掇 ①duō 采掇（拾取，采取义）　掇拾　②duo 撺掇　掂掇

29. 度 ①duó 忖度　揣度　度德量力　②dù 程度　度量　度日如年　长度　风度　季度　难度　置之度外

30. 垛 ①duǒ 城墙垛口　②duò 麦垛　垛好（堆放好）

E 部

1. 恶 ①ě 恶心　②è 恶霸　恶毒　恶劣　恶习　恶意　丑恶　险恶　凶恶　罪恶　③wù 厌恶

F 部

1. 发 ①fà 理发　结发　发型　令人发指　怒发冲冠　千钧一发　②fā 发表　打发　发端　发窘　发掘　借题发挥　意气风发

2. 繁 ①fán 繁华　繁忙　繁荣　繁殖　繁重　频繁　删繁就简　②pó 姓

3. 坊 ①fāng 牌坊　街坊　坊巷　白纸坊　坊间　②fáng 粉坊　染坊　作坊　磨坊

4. 分 ①fēn 区分　分数　分别　分布　分寸　分化　分类　分裂　分配　层次分明　分庭抗礼　②fèn 身分　分子（一员）　分量　安分　本分　成分　过分　恰如其分

5. 缝 ①féng 缝合　缝纫　裁缝　缝缀　②fèng 缝隙　裂缝　见缝插针　天衣无缝

6. 佛 ①fó 佛教　四川大佛　借花献佛　②fú 仿佛

7. 服 ①fú 服从　服务　服装　克服　佩服　屈服　舒服　信服　征服　服毒　服药　②fù 量词，也作“付”　一服中药

8. 菲 ①fēi 芳菲　②fěi 菲薄　菲礼　菲材

9. 冯 ①féng 姓　②píng 暴虎冯河

10. 否 ①fǒu 否认　否定　否则　否决　不置可否　②pǐ 否极泰来　臧否人物

11. 脯 ①fǔ 果脯　杏脯　鹿脯　②pú 胸脯

G 部

1. 盖 ①gài 盖子　盖世无双　覆盖　膝盖　掩盖　欲盖弥彰　劈头盖脸　②gě 姓

2. 干 ①gān 干巴　干脆　干旱　干净　干预　干燥　大动干戈　外强中干　②gàn 干部　干练　干渠　干线　才干　骨干　树干　精明强干

3. 钢 ①gāng 钢笔　钢刀　钢琴　钢铁　轧钢　百炼成钢　钢筋铁骨　②gàng 把刀钢

4. 轧 ①gá 轧账　轧朋友　②yà 轧棉花　轧道机　倾轧　③zhá 轧钢　轧辊

5. 杆 ①gān 旗杆　栏杆（粗，长）　桅杆　②gǎn 枪杆　烟杆　笔杆儿　杠杆（细，短）

6. 扛 ①gāng 力能扛鼎　②káng 扛枪　扛活

7. 膏 ①gāo 膏腴　膏药　牙膏　石膏　②gào 膏油　膏笔　膏墨　膏车

8. 镐 ①gǎo 镐头　风镐　②hào〔古地名〕

9. 蛤 ①gé 蛤蚧　蛤蜊　②há 蛤蟆

10. 咯 ①gē（拟声）咯咯　咯吱　咯噔　②kǎ 咯血　咯痰　③lo（助词）当然咯

11. 搁 ①gē 搁置　搁浅　耽搁　②gé 搁不住

12. 葛 ①gé 纠葛　瓜葛　葛藤　②gě 姓

13. 格 ①gé 格调　格斗　规格　合格　性格　②gē 格格

14. 革 ①gé 革命　皮革　②jí 病革（病危急）

15. 合 ①gě（十分之一升）　②hé 合作　合计

16. 给 ①gěi 交给　送给　献给　②jǐ 供给　给予　自给自足

17. 更 ①gēng 更换　更改　更正　变更　深更半夜　打更　万象更新　少不更事　更迭　②gèng 更加　更好　更上一层楼

18. 颈 ①gěng 脖颈子　②jǐng 颈项　颈联

19. 供 ①gōng 供给　供销　供养　供不应求　提供　供求　供需　供应　供稿　②gòng 口供　上供　供认　供词　供状　供品　供养　供奉　供职　供事

20. 勾 ①gōu 勾结　勾通　勾引　②gòu 勾当

21. 红 ①gōng 女红（也写作“女工”）　②hóng 红色　红人

22. 枸 ①gōu 枸橘　②gǒu 枸杞　③jǔ 枸橼

23. 估 ①gū 估计　估量　估价　估一估有多少　②gù 估衣（出售的旧衣）

24. 呱 ①gū 呱呱（小儿哭声）　②guā 呱呱叫　③guǎ 拉呱儿（闲谈）

25. 骨 ①gū 骨碌　骨朵　②gǔ 骨肉　骨干　骨骼　骨气　筋骨　露骨　脱胎换骨

26. 谷 ①gǔ 谷子　谷雨　②yù 吐谷浑〔族名〕

27. 鹄 ①gǔ 鹄的（靶心）　中鹄　②hú 鹄立　鹄望（鹄即天鹅）

28. 括 ①guā 挺括　②kuò 概括　总括　括号

29. 莞 ①guǎn 东莞〔市名，在广东〕　②wǎn 莞尔一笑

30. 纶 ①guān 羽扇纶巾　②lún 经纶　涤纶　锦纶

31. 冠 ①guān 冠冕堂皇　桂冠　衣冠楚楚　怒发冲冠　鸡冠子　②guàn 冠军　沐猴而冠　冠以诗人的桂冠（guān）

32. 观 ①guān 观测　观察　观念　观望　悲观　客观　乐观　壮观　走马观花

②guàn 白云观

33. 龟 ①guī 龟甲　龟缩　乌龟　②jūn 龟裂

34. 柜 ①guì 柜橱　柜台　柜子　书柜　衣柜　②jǔ 柜柳

35. 桧 ①guì〔树名〕　②huì〔人名〕秦桧

36. 过 ①guō 姓　②guò 经过　过程　过渡　过剩　文过饰非　矫枉过正　闭门思过　难过　悔过

H 部

1. 虾 ①há 虾蟆　②xiā 对虾

2. 哈 ①hā 哈欠　哈密瓜　笑哈哈　哈萨克　哈腰　②hǎ 哈达　姓哈　③hà 哈什蚂

3. 咳 ①hāi 咳是叹词，表伤感、后悔、惊异　②ké 咳嗽

4. 汗 ①hán 可（kè）汗　大汗（古代鲜卑、突厥、回纥、蒙古等族最高统治者的称号）　②hàn 汗水　汗颜　挥汗成雨　血汗

5. 行 ①háng 行会　行家　行列　行情　行业　本行　内行　银行　一目十行　②xíng 行程　行动　行军　行走　德行　发行　逆水行舟　寸步难行　举行

6. 好 ①hǎo 好处　好感　好心　好事多磨　言归于好　花好月圆　恰好　友好　②hào 好奇　好逸恶劳　爱好　喜好　游手好闲　洁身自好

7. 巷 ①hàng 巷道　②xiàng 街巷

8. 吭 ①háng 引吭高歌　②kēng 吭声

9. 号 ①háo 呼号　号叫　怒号　②hào 称号　号角　号码　号召　符号　信号　型号　发号施令

10. 和 ①hé 和睦　和谐　和气　和善　和风细雨　和颜悦色　缓和　调和　②hè 应和　和诗　附和　曲高和寡　一唱一和　③hú 赌博用语，表示赢了　④huó 和面　和泥　⑤huò 和药　两和（量词）　衣服洗了三和　⑥huo 掺和　搅和　暖和　热和　软和

11. 核 ①hé 核对　核桃　核心　结核　考核　②hú 杏核儿　煤核儿

12. 荷 ①hé 荷包　荷花　②hè 电荷　负荷

13. 貉 ①hé（书面）一丘之貉　②háo（口语）貉绒　貉子

14. 喝 ①hē 喝水　喝酒　②hè 喝彩　吆喝　当头棒喝

15. 合 ①hé 合并　合格　合伙　合适　合影　场合　符合　巧合　吻合　②gě 一合（容量单位）

16. 横 ①héng 横向　横心　横行　横征暴敛　纵横　妙趣横生　②hèng 蛮横　横财　横祸　满脸横肉　专横跋扈

17. 虹 ①hóng（书面组词）彩虹　虹吸　②jiàng（口语单用）义同①

18. 糊 ①hū 糊了一层纸　②hú 糊口　糊涂

19. 哄 ①hōng 一哄而起　乱哄哄　哄堂大笑　②hǒng 哄骗　③hòng 起哄

20. 划 ①huá 划船　划算　划拳　划子　②huà 划分　计划　谋划　区划　筹划

规划　划一　策划

21. 华 ①huá 华表　华灯　华丽　华而不实　才华　精华　春华秋实　②huà〔姓〕

22. 哗 ①huá 哗变　哗然　哗众取宠　喧哗　②huā 哗啦

23. 还 ①huán 还击　还乡　还原　偿还　退还　返老还童　衣锦还乡　②hái 还是　还有

24. 荒 ①huāng 荒地　荒凉　荒唐　垦荒　灾荒　荒无人烟　兵荒马乱　②huang 饥荒

25. 慌 ①huāng 慌恐　慌张　惊慌　心慌意乱　②huang 累得慌　闷得慌

26. 晃 ①huǎng 明晃晃　晃眼　一晃而过　②huàng 摇晃　晃动　摇头晃脑

27. 会 ①huì 会合　都会　会场　会面　会谈　会议　附会　机会　领会　体会　聚精会神　②kuài 会计　财会

28. 混 ①hún 混浊　混蛋　混水摸鱼　混话　②hùn 混合　混乱　混杂　蒙混过关　鱼目混珠　混为一谈　混日子　混沌　混淆　混账

29. 侯 ①hóu 诸侯　〔姓〕　②hòu　闽侯

30. 豁 ①huō 豁口　豁唇　碗上有个豁儿　②huò 豁亮　豁达　豁然开朗

J 部

1. 奇 ①jī 奇偶　②qí 奇怪　奇异

2. 缉 ①jī 通缉　缉拿　②qī 缉鞋口

3. 几 ①jī 几乎　茶几　窗明几净　②jǐ 几何　几个　相去无几

4. 济 ①jǐ 济现　济济一堂　人才济济　②jì 经济　救济　同舟共济　济贫　济世　无济于事　假公济私　接济　缓不济急　周济

5. 纪 ①jǐ 姓氏　②jì 纪念　纪律　纪要　法纪　年纪　违法乱纪

6. 偈 ①jì 偈语　②jié（勇武）

7. 系 ①jì 系紧缰绳　系好缆绳　②xì 系好马匹　系好船只

8. 稽 ①jī 稽查　滑稽　无稽之谈　反唇相稽　稽留　稽延　②qǐ 稽首

9. 亟 ①jí 亟待解决　亟须　亟亟奔走　②qì 亟来问讯

10. 诘 ①jí 诘屈聱牙（同佶屈聱牙）　②jié 反诘　盘诘　诘问

11. 茄 ①jiā 雪茄　②qié 茄子

12. 夹 ①jiā 夹攻　夹杂　夹子　夹七夹八　夹竹桃　②jiá 夹裤　夹袄　③gā 夹肢窝

13. 假 ①jiǎ 假如　假设　假想　假装　虚假　真假　弄假成真　弄虚作假　②jià 假期　假日　度假　休假

14. 间 ①jiān 车间　房间　空间　时间　中间　人间　间不容发　间架　②jiàn 间断　间谍　当间　间隔　间或　反间计　间歇　间杂　挑拨离间　黑白相间　间苗　乘间　相间

15. 监 ①jiān 监督　监护　监视　监狱　②jiàn 国子监　太监

16. 渐 ①jiàn 渐变　渐进　逐渐　防微杜渐　②jiān 渐染

17. 将 ①jiāng 将军　将来　将计就计　将信将疑　恩将仇报　将养　将就　即将　②jiàng 将领　小将　干将　败将

18. 降 ①jiàng 降低　降落　空降　下降　②xiáng 降龙伏虎　投降　招降纳叛

19. 嚼 ①jiáo 咬文嚼字　味同嚼蜡　②jué 咀嚼　③jiào 倒嚼（反刍）

20. 侥 ①jiǎo 侥幸　②yáo 僬（jiāo）侥（传说中的矮人）

21. 角 ①jiǎo 角度　角落　号角　口角（嘴角）　三角　直角　天涯海角　②jué 角色　角斗　口角（吵嘴）　角逐　角儿　主角

22. 脚 ①jiǎo 根脚　脚本　脚步　脚跟　脚印　阵脚　赤脚　手忙脚乱　束手束脚　②jué 脚儿（角儿，角色）

23. 剿 ①jiǎo 围剿　剿匪　②chāo 剿袭　剿说

24. 教 ①jiāo 教书　教给　教学生　②jiào 教导　教派　教材　教练　教师　指教　说教　宗教　因材施教

25. 校 ①jiào 校场　校勘　校正　校样　②xiào 学校　院校　将校

26. 解 ①jiě 解除　解答　解放　解脱　解甲归田　理解　见解　一知半解　解渴　解嘲　瓦解　解剖　②jiè 解元　押解　解送　起解　③xiè 解县　解不开这个理　浑身解数　姓解

27. 结 ①jiē 开花结果　结实　结巴　②jié 结束　结局　冻结　勾结　终结　张口结舌　结论　有结果　归根结底

28. 芥 ①jiè 芥菜　芥末　②gài 芥蓝

29. 藉 ①jiè 枕藉　慰藉　②jí 狼藉

30. 节 ①jiē 节骨眼儿　②jié 节操　节目　节气　节日　节外生枝　环节　情节　节俭　节制　高风亮节　不拘小节

31. 斤 ①jīn 半斤八两　斤斤计较　②jin 千斤

32. 禁 ①jīn 禁受　禁不起　禁用　弱不禁风　②jìn 禁区　禁令　令行禁止　情不自禁　禁忌　禁锢　禁闭　违禁　禁止

33. 尽 ①jǐn 尽管　尽早　尽可能　尽着三天办事　先尽女同志　尽前边　②jìn 尽头　尽如人意　穷尽　费尽心机　鸟尽弓藏　前功尽弃　言不尽意　尽善尽美　取之不尽　想尽办法　尽心尽力　人尽其才　尽职尽责　尽人皆知

34. 矜 ①jīn 矜夸　矜持　骄矜　②qín（矛柄）　锄镰棘矜

35. 仅 ①jǐn 仅有　②jìn 士卒仅万（将近万人）

36. 劲 ①jìn 劲头　费劲　干劲　用劲　没劲儿　②jìng 强劲　刚劲　劲敌　劲旅　苍劲　疾风劲草

37. 经 ①jīng 经常　经费　经过　经验　神经　已经　天经地义　经济　经营　②jìng 经纱

38. 颈 ①jǐng 长颈鹿　颈项　②gěng 脖颈子

39. 龟 ①jūn 龟裂　②guī 乌龟　龟缩　③qiū 龟兹（cí）〔西域古国〕

40. 咀 ①jǔ 咀嚼　②zuǐ（嘴）

41. 矩 ①jǔ 矩形　循规蹈矩　②ju 规矩

42. 据 ①jū 拮据　②jù 盘据　据实　凭据　据理力争　言必有据　占据　依据　根据　据点　据为己有

43. 卷 ①juǎn 卷尺　卷入　卷土重来　席卷　风卷残云　②juàn 卷宗　画卷　试卷　开卷有益

44. 觉 ①jué 觉察　觉悟　觉醒　发觉　知觉　②jiào 睡觉

45. 沮 ①jǔ 沮丧　②jù 沮洳（rù）

46. 隽 ①juàn 隽永　隽语　〔姓〕　②jù 隽秀　隽茂

47. 倔 ①jué 倔强　②juè 倔头倔脑　脾气倔

48. 菌 ①jūn 细菌　病菌　菌类　②jùn 香菌　菌子（同蕈 xùn）

K 部

1. 卡 ①kǎ 卡车　卡片　卡通　②qiǎ 关卡　卡子　哨卡

2. 咖 ①kā 咖啡　②gā 咖喱

3. 看 ①kān 看守　看管　看护　②kàn 看待　看茶　看见　看望　观看　偷看

4. 扛 ①káng 扛枪　②gāng 力能扛鼎

5. 坷 ①kē 坷垃　②kě 坎坷

6. 壳 ①ké 贝壳　脑壳　蛋壳　卡壳　外壳　②qiào 地壳　金蝉脱壳

7. 咳 ①ké 咳嗽　②hāi 咳！我怎么糊涂了！

8. 可 ①kě 可靠　可怜　可能　可笑　宁可　许可　不可思议　大有可为　可恨　可以　②kè 可汗

9. 克 ①kè 克扣　克服　②kēi（口语，申斥）

10. 吭 ①kēng 吭气　吭声　一声不吭　②háng 引吭高歌

11. 空 ①kōng 领空　空洞　空话　空间　空虚　空中楼阁　星空　真空　目空一切　空想　空忙　②kòng 空白　空闲　空额　空隙　空暇　空缺　空房　空地　抽空　填空

12. 溃 ①kuì 溃烂　溃败　溃疡　溃不成军　②huì 溃脓（同殨脓）

L 部

1. 拉 ①lā 拉力　拉拢　拉锁　扒拉　拖拉　东拉西扯　拉拉扯扯　②lá 手上拉个口子　③lǎ 半拉

2. 啦 ①lā 哩哩啦啦　②la 他真来啦

3. 蓝 ①lán 蓝天　天蓝　蔚蓝　蓝图　②lan 苤（piě）蓝

4. 郎 ①láng 郎君　郎中　夜郎自大　②làng 屎壳郎

5. 乐 ①lè 乐观　乐趣　乐园　乐极生悲　安居乐业　其乐无穷　娱乐　享乐　②yuè 乐队　乐曲　军乐　声乐

6. 烙 ①lào 烙印　烙铁　烙饼　②luò 炮（páo）烙

7. 勒 ①lè 勒令　勒索　悬崖勒马　勒石　勒碑　②lēi 勒紧点儿

8. 肋 ①lē 肋脦　②lèi 肋骨　鸡肋

9. 擂 ①léi 擂鼓　擂他一拳　自吹自擂　②lèi 擂台　打擂（仅此二词）

10. 累 ①lèi 劳累　受累　太累　②léi 累赘　果实累累　③lěi 牵累　连篇累牍　日积月累　危如累卵　连累　累进　罪行累累　累年　积累　累计　拖累

11. 棱 ①léng 棱角　模棱两可　②líng 穆棱

12. 凉 ①liáng 凉风　凉爽　凉亭　荒凉　凄凉　②liàng 饭太热，凉一凉再吃

13. 蠡 ①lí 管窥蠡测　以蠡测海　②lǐ 蠡县　范蠡

14. 俩 ①liǎ（口语，不带量词）咱俩　俩人　②liǎng 伎俩

15. 量 ①liáng 丈量　计量　思量　酌量　端量　量度　量程　量具　量杯　测量　衡量　商量　②liàng 量入为出　量力而为　量才录用　量体裁衣　自不量力　量刑　气量　胆量　流量　质量　力量　饭量　③liang 打量　掂量

16. 了 ①liǎo 了结　了解　了却　了如指掌　直截了当　一目了然　末了　完了　②le 他受到了表扬

17. 踉 ①liáng 跳踉小丑（同跳梁小丑）　②liàng 踉跄　踉锵（走路不稳）

18. 潦 ①liáo 潦草　潦倒　②lǎo（书面）积潦（积水）

19. 燎 ①liáo 星火燎原　②liǎo 燎头发　燎眉毛

20. 撩 ①liāo 撩开　把帘子撩起来　②liáo 撩拨

21. 咧 ①liě 龇牙咧嘴　②liē 大大咧咧

22. 裂 ①liè 裂开　裂纹　裂缝　裂痕　裂变（原子核分裂成几个其他原子核，并放出中子的过程）　裂隙　裂罅（裂缝）　分裂　破裂　决裂　割裂　扯裂　②liě 裂着怀

23. 淋 ①lín 淋浴　淋漓尽致　淋巴　②lìn 淋硝　淋盐　淋病

24. 令 ①lìng 令箭　令行禁止　法令　勒令　发号施令　朝令夕改　司令　命令　②líng 姓　③lǐng 一令纸

25. 馏 ①liú 蒸馏　②liù 馒头凉了再馏一馏

26. 镏 ①liú 镏金（涂金）　②liù 金镏子（金戒指）

27. 碌 ①liù 碌碡（zhou）　②lù 庸碌　忙碌　劳碌

28. 遛 ①liú 逗遛　②liù 遛马　遛鸟　遛弯儿

29. 溜 ①liū 溜达　溜冰　溜号　溜走　灰溜溜　溜须拍马　②liù 溜缝儿　一溜儿　溜子　大溜

30. 六 ①liù 六亲不认　三头六臂　②lù 六安茶　六合〔县名，在江苏省〕

31. 率 ①lǜ 频率　效率　②shuài 率领　表率　草率　坦率　直率

32. 笼 ①lóng 笼子　牢笼　灯笼　②lǒng 笼络　笼统　笼罩

33. 隆 ①lóng 隆重　隆冬　兴隆　隆起　②lōng 黑咕隆咚

34. 偻 ①lóu 佝偻　②lǚ 伛偻

35. 搂 ①lōu 搂钱　搂板机　搂柴火　②lǒu 搂抱　一搂粗的大树

36. 芦 ①lú 芦荟　芦花　芦苇　芦笙　②lǔ 油葫芦

37. 陆 ①lù 陆地　陆续　大陆　斑驳陆离　②liù“六”的大写

38. 露 ①lù 露天　露水　露营　暴露　揭露　崭露头角　原形毕露　露骨　②lòu 出头露面　露头　露马脚

39. 捋 ①lǚ 捋胡子　②luō 捋袖子

40. 绿 ①lǜ 绿化　绿叶　绿油油　翠绿　绿地　绿茵　②lù 绿林　鸭绿江

41. 论 ①lùn 论点　论调　论断　论据　论述　论证　论功行赏　结论　理论　坐而论道　高谈阔论　②lún 论语〔书名〕

42. 络 ①luò 络绎　经络　②lào 络子

43. 落 ①luò 落魄　着落　落后　落实　落伍　落叶　落井下石　村落　角落　流落　名落孙山　②lào 落枕　落色　③là 丢三落四　落下

44. 抡 ①lūn 抡拳　抡刀　②lún 抡材

M 部

1. 吗 ①mǎ 吗啡　②ma 明天他来吗

2. 抹 ①mā 抹布　抹桌子　抹下脸　②mǒ 涂抹　抹杀　抹黑　抹脖子　③mò 转弯抹角　抹墙　抹不开

3. 埋 ①mái 埋藏　埋伏　埋没　掩埋　隐姓埋名　②mán 埋怨

4. 脉 ①mài 脉搏　脉络　动脉　静脉　山脉　一脉相承　来龙去脉　②mò 含情脉脉

5. 没 ①méi 没用　没有　没精打采　②mò 没落　没收　沉没　埋没　淹没

6. 蒙 ①mēng 蒙骗　蒙头转向　②méng 蒙蔽　蒙混　蒙昧　启蒙　③měng 内蒙　蒙古包　蒙古族

7. 眯 ①mī 眯缝着眼　眯着眼笑　②mí 眯了眼睛

8. 秘 ①mì 秘密　秘书　奥秘　神秘　②bì 秘鲁

9. 磨 ①mó 磨练　磨难　磨杵成针　消磨　折磨　不可磨灭　好事多磨　②mò 磨坊　磨盘　电磨　石磨

10. 摩 ①mó 摩擦　摩登　摩托　摩拳擦掌　按摩　观摩　②mā 摩挲（sa）

11. 模 ①mó 模范　模式　模棱两可　规模　楷模　②mú 模板　模样　模子　字模　装模作样

12. 蔓 ①màn 蔓草　②wàn 瓜蔓　爬蔓　压蔓

13. 靡 ①mí 奢靡　靡费　②mǐ 风靡一时　萎靡不振　所向披靡

14. 泌 ①mì 分泌　②bì 泌阳

N 部

1. 哪 ①nǎ 哪个　哪里　哪怕　哪些　②né 哪吒　③na 同志们加油干哪！

2. 那 ①nà 那边　那个　那里　那么　那样　②nā〔姓〕

3. 难 ①nán 难办　难处　难道　难得　难堪　难忘　难能可贵　知难而进　艰难　寸步难行　积重难返　急人之难　②nàn 难民　难友　避难　发难　排难解纷　刁难　难兄难弟

4. 囊 ①náng 囊虫　囊括　囊空如洗　锦囊妙计　私囊　胆囊　胶囊　慷慨解囊　②nāng 囊膪（chuài）

5. 呢 ①ní 呢绒　呢子　花呢　华达呢　②ne 你怎么不走呢

6. 泥 ①ní 泥巴　泥浆　泥坑　泥泞　泥土　水泥　淤泥　拖泥带水　②nì 拘泥　泥墙　泥炉子

7. 粘 ①nián（同“黏”）　粘虫　粘附　粘结　粘米　粘土　粘性　粘液　②zhān 粘连　粘贴　贴住

8. 尿 ①niào 尿布　尿素　粪尿　②suī 尿脬（pāo）　尿尿

9. 宁 ①níng 安宁　宁静　息事宁人　鸡犬不宁　②nìng 宁肯　宁死不屈〔姓〕

10. 弄 ①nòng 玩弄　弄假成真　弄巧成拙　弄虚作假　嘲弄　卖弄　戏弄　愚弄　②lòng 弄堂

11. 疟 ①nüè 疟疾　②yào 发疟子

12. 娜 ①nuó 袅娜　婀娜　②nà（用于人名）

13. 拧 ①níng 拧毛巾　②nǐng 拧螺丝　说拧了　③nìng 脾气真拧

14. 刨 ①páo 刨土　刨坑　②bào 刨床　刨花　刨刀　刨子

15. 屏 ①píng 屏风　屏幕　屏障　画屏　荧光屏　②bǐng 屏除　屏气　屏弃

P 部

1. 排 ①pái 排场　排斥　排除　排骨　排挤　排列　排球　安排　并排　②pǎi 排子车

2. 迫 ①pǎi 迫击炮　②pò 迫害　迫切　迫使　迫在眉睫　被迫　紧迫　强迫　压迫　逼迫

3. 胖 ①pán 心广体胖　②pàng 肥胖　肥子　肥乎乎

4. 泡 ①pào 泡菜　泡沫　泡影　灯泡　浸泡　气泡　冒泡儿　泡茶　②pāo 豆腐泡儿　这块木料发泡　眼泡　泡桐

5. 刨 ①páo 刨除　刨土　②bào 刨床　刨冰

6. 炮 ①páo 如法炮制　炮烙　炮制　②pào 炮兵　炮弹　炮灰　炮火　礼炮　火炮　高炮　③bāo 炮羊肉　锅炮肉

7. 喷 ①pēn 喷射　喷泉　喷洒　井喷　血口喷人　②pèn 喷香　③pen　嚏喷

8. 劈 ①pī 劈山　劈头盖脸　②pǐ 劈叉　劈柴　劈一半给你

9. 片 ①piàn 片刻　片断　片面　片瓦无存　胶片　名片　图片　照片　只言片语　②piān 唱片儿　片子　画片儿

10. 漂 ①piāo 漂泊　漂浮　漂流　②piǎo 漂白　漂洗　③piào 漂亮

11. 缥 ①piāo 缥缈　②piǎo 缥（青白色的丝织品）

12. 撇 ①piē 撇开　撇下　②piě 撇手榴弹　撇捺

13. 仆 ①pū 前仆后继　②pú 仆从　仆人　公仆　奴仆　风尘仆仆

14. 铺 ①pū 铺垫　铺盖　铺设　铺张　铺天盖地　平铺直叙　②pù 铺子　铺位　床铺　店铺　卧铺

15. 朴 ①pǔ 俭朴　朴质　②pō 朴刀　③pò 厚朴　朴树　④piáo 姓
16. 瀑 ①pù 瀑布　②bào 瀑河（水名）
17. 曝 ①pù 一曝十寒　②bào 曝光

Q 部

1. 奇 ①qí 奇怪　奇迹　奇妙　奇异　惊奇　千奇百怪　离奇　新奇　②jī 奇数
2. 铅 ①qiān 铅笔　铅球　②qián 铅山〔县名，在江西省〕
3. 栖 ①qī 两栖　栖息　②xī 栖栖
4. 蹊 ①qī 蹊跷　②xī 蹊径
5. 稽 ①qí 稽首　②jī 滑稽
6. 荨 ①qián 荨麻　②xún 荨麻疹
7. 欠 ①qiàn 欠缺　欠债　②qian 呵欠
8. 镪 ①qiāng 镪水　②qiǎng 银镪
9. 强 ①qiáng 强大　强盗　强调　强烈　强硬　顽强　富强　刚强　坚强　身强力壮　精明强干　奋发图强　②qiǎng 强求　强词夺理　强人所难　勉强　牵强附会　③jiàng 倔强
10. 悄 ①qiāo 静悄悄　悄悄话　②qiǎo 悄然
11. 翘 ①qiào 翘尾巴　②qiáo 翘首　连翘
12. 切 ①qiē 切除　切磋　切割　切面　切削　②qiè 切身　切题　关切　迫切　恳切　密切　目空一切　切肤之痛
13. 茄 ①qié 茄子　番茄　②jiā 雪茄
14. 趄 ①qiè 趄坡儿　②qie 趔趄　③jū 趑趄
15. 亲 ①qīn 亲近　亲密　亲戚　亲自　亲切　亲热　亲信　双亲　探亲　沾亲带故　②qìng 亲家
16. 区 ①qū 区别　区分　区域　地区　郊区　林区　山区　灾区　②ōu 姓
17. 抢 ①qiāng 呼天抢地　②qiǎng 抢夺　争抢
18. 强 ①qiáng 强渡　强取　强制　②qiǎng 勉强　强迫　强词夺理　强人所难　③jiàng 倔强　强嘴
19. 呛 ①qiāng 呛着了　②qiàng 油烟呛人
20. 戗 ①qiāng 戗水　戗风　说戗了　②qiàng 真够呛　戗面馒头
21. 曲 ①qū 曲解　曲线　曲折　曲径通幽　酒曲　歪曲　弯曲　委曲　是非曲直　②qǔ 曲调　曲艺　曲高和寡　歌曲　戏曲　序曲　异曲同工
22. 雀 ①qiāo 雀子　②qiǎo 雀盲眼　③què 雀斑　雀跃　麻雀　孔雀　鸦雀无声
23. 圈 ①quān 圈子　花圈　圆圈　圈点　圈占　圈套　圈阅　②juān 把鸡圈起来　③juàn 圈肥　猪圈　羊圈
24. 阙 ①quē 阙如　阙疑　②què 宫阙

R 部

1. 任 ①rén 任丘〔地名〕 姓 ②rèn 任务 任命 任性 任意 任重道远 担任 胜任 信任 责任 班主任 放任自流 任劳任怨

2. 嚷 ①rāng 嚷嚷 ②rǎng 吵嚷 叫嚷

S 部

1. 撒 ①sā 撒谎 撒娇 撒手 撒拉族 ②sǎ 撒播 撒种 汤别撒了

2. 臊 ①sāo 臊气 狐臊 腥臊 ②sào 害臊

3. 散 ①sǎn 散文 懒散 零散 闲散 一盘散沙 散兵游勇 散居 散漫 散记 松散 散射 散曲 散架 ②sàn 散布 散步 散发 散开 涣散 扩散 失散 疏散 分散 散播 发散 散传单 散心 解散 散摊子 ③san 零散

4. 丧 ①sāng 治丧 号丧 哭丧 丧钟 丧葬 丧服 ②sàng 丧命 丧心病狂 丧失 懊丧 垂头丧气 丧魂落魄 ③sang 哭丧着脸

5. 扫 ①sǎo 扫除 扫荡 扫盲 扫视 扫兴 打扫 清扫 洒扫 ②sào 扫帚

6. 色 ①sè 色彩 色调 色泽 出色 本色 彩色 货色 起色 特色 眉飞色舞 平分秋色 颜色 ②shǎi 色子 掉色 套色

7. 塞 ①sè 塞责 闭塞 梗塞 阻塞 闭目塞听 顿开茅塞 堵塞 ②sāi 塞子 耳塞 活塞 塞车 ③sài 塞翁失马 边塞 塞外 要塞

8. 煞 ①shā 煞尾 煞车 煞笔 煞风景 ②shà 煞白 恶煞 煞气 煞费苦心 煞有介事 凶神恶煞 凶煞

9. 厦 ①shà 广厦千万间 大厦 ②xià 厦门

10. 扇 ①shàn 扇子 电扇 风扇 折扇 ②shān 扇动

11. 上 ①shàng 上路 马上 向上 至上 火上浇油 赤膊上阵 至高无上 上当 ②shǎng 上声

12. 稍 ①shāo 稍微 稍纵即逝 稍稍 ②shào 稍息

13. 捎 ①shāo 捎带 捎脚 捎封信 ②shào 捎色 捎一捎（稍微往后退一退）

14. 少 ①shǎo 少量 少数 少有 减少 缺少 凶多吉少 ②shào 少年 少女 老少

15. 杉 ①shān 红杉 水杉 ②shā（口语）杉篙 杉木

16. 苫 ①shàn 苫背 苫布 ②shān 草苫子

17. 汤 ①shāng 河水汤汤 浩浩汤汤 ②tāng 汤水 热汤 赴汤蹈火

18. 折 ①shé 折本 ②zhē 折腾 ③zhé 折合

19. 舍 ①shě 舍弃 舍身 舍近求远 取舍 施舍 难舍难分 依依不舍 ②shè 宿舍 校舍 退避三舍 打家劫舍

20. 拾 ①shè 拾级而上 ②shí 拾取 拾掇 拾遗 拾人牙慧

21. 什 ①shén 什么 ②shí 什物 什锦

22. 省 ①shěng 省会 省略 省心 俭省 节省 ②xǐng 省悟 反省 不省人事

23. 盛 ①shèng 盛况 盛夏 盛行 盛气凌人 丰盛 茂盛 强盛 旺盛 繁荣昌

盛 ②chéng 盛器 盛饭

24. 食 ①shí 食品 食物 ②sì 箪食壶浆

25. 石 ①shí 石灰 石榴 石棉 石头 石油 石沉大海 化石 礁石 卵石 ②dàn 二百石粮

26. 葚 ①shèn 桑葚 ②rèn（口语）桑葚儿

27. 识 ①shí 识别 识破 常识 赏识 胆识过人 见多识广 识字 ②zhì 款识 标识 博闻强识

28. 似 ①shì 似的 ②sì 似是而非 近似 类似 归心似箭 如饥似渴 相似

29. 伺 ①sì 伺机 窥伺 ②cì 伺候

30. 属 ①shǔ 属于 部属 附属 金属 隶属 归属 亲属 属实 属相 ②zhǔ 属意 属望 前后相属 属文

31. 术 ①shù 术语 技术 美术 魔术 权术 手术 算术 艺术 不学无术 ②zhú 苍术 白术

32. 熟 ①shóu 庄稼熟了 饭熟了 ②shú 熟悉 熟睡 熟练 熟视无睹 成熟 深思熟虑 娴熟 熟谙 熟稔

33. 刷 ①shuā 洗刷 粉刷 刷新 ②shuà 脸色刷白

34. 说 ①shuì 游说 说客 ②shuō 说话 说辞 说服 说笑 说明 劝说

35. 数 ①shuò 数见不鲜 ②shǔ 数九 如数家珍 不可胜数 数落 数数（shù） ③shù 数字 数目 数量 数以万计 数次 代数 多数 约数

36. 忪 ①sōng 睡眼惺忪 ②zhōng 怔忪（恐惧）

37. 宿 ①sù 宿舍 宿营 归宿 住宿 宿愿 宿志 宿将 宿主 ②xiǔ 三天两宿 半宿 ③xiù 星宿 二十八宿

38. 缩 ①suō 缩短 缩减 缩小 缩影 收缩 压缩 节衣缩食 缩手缩脚 ②sù 缩砂密

39. 遂 ①suí 半身不遂 ②suì 遂心如意 天遂人愿 遂意 毛遂自荐 未遂

T 部

1. 踏 ①tā 踏实 踏踏实实 ②tà 脚踏实地 踏步 糟蹋 践踏 踏青

2. 弹 ①tán 弹力 弹性 弹簧 评弹 对牛弹琴 归调重弹 ②dàn 弹药 弹尽粮绝 弹丸之地 导弹 炮弹 枪弹 子弹 枪林弹雨

3. 沓 ①tà 杂沓 复沓 纷至沓来 ②dá 一沓子

4. 趟 ①tāng 趟水（也写作蹚水）过河 趟地 ②tàng 他到北京去了一趟 摆着两趟桌子

5. 提 ①tí 提拔 提包 提倡 提高 提供 提前 提醒 相提并论 旧事重提 ②dī 提防

6. 苔 ①tái 苍苔 苔藓 苔衣 青苔 ②tāi 舌苔

7. 调 ①tiáo 调皮 调配 调节 调养 调整 烹调 失调 风调雨顺 众口难调 调和 调解 调剂 调侃 调唆 调谑 调羹 调停 ②diào 调查 调兵遣将 调虎离

山　步调　单调　格调　强调　南腔北调　调防　曲调　调换　调集　调拨　调度

8. 挑 ①tiǎo 挑拨　挑动　挑逗　挑花　挑衅　②tiāo 挑剔　挑选　挑拣

9. 帖 ①tiē 妥帖　伏帖　服服帖帖　俯首帖耳　②tiě 帖子　请帖　字帖儿　庚帖　③tiè 碑帖　法帖　字帖　画帖

10. 通 ①tōng 通知　通报　通畅　通风　水泄不通　通过　交通　②tòng 挨了一通说　打了三通鼓

11. 同 ①tóng 同伴　同化　同伙　同情　同乡　同学　同意　同舟共济　不约而同　②tòng 胡同

12. 吐 ①tǔ 谈吐　吐露　吐字　吐故纳新　扬眉吐气　吞吐　倾吐　吐痰　②tù 吐沫　吐血　呕吐　上吐下泻

13. 褪 ①tuì 褪色　褪毛　②tùn 褪去　褪着手　褪套儿

14. 拓 ①tuò 拓荒　拓宽　开拓　落拓　②tà 拓本　拓片

W 部

1. 瓦 ①wǎ 瓦罐　瓦釜雷鸣　泥瓦匠　土崩瓦解　砖瓦　②wà 瓦刀

2. 万 ①wàn 万恶　万能　万岁　万物　万幸　万户侯　万无一失　十万火急　千变万化　②mò 万俟（qí）〔复姓〕

3. 为 ①wéi 为难　为人　为非作歹　成为　作为　认为　以为　行为　混为一谈　自以为是　习以为常　②wèi 为了　为什么　为虎作伥　为民请命　舍己为人

4. 圩 ①wéi 圩子　②xū 圩场

5. 委 ①wēi 委蛇 = 逶迤　②wěi 委曲（qū）　委屈（qu）

6. 尾 ①wěi 尾巴　尾声　尾追　结尾　末尾　收尾　首尾　鸡尾酒　狗尾续貂　②yǐ 马尾儿

7. 乌 ①wū 乌龟　乌云　乌合之众　草乌　化为乌有　乌烟瘴气　②wù 乌拉　乌拉草

8. 尉 ①wèi 尉官　大尉　太尉　②yù 尉迟〔姓〕　尉犁〔地名〕

9. 蔚 ①wèi 蔚蓝　蔚起　蔚然　云蒸霞蔚　②yù 蔚县

10. 涡 ①wō 漩涡　酒涡　流涡　②guō 涡河

11. 遗 ①wèi 遗（赠送）之千金　②yí 遗失　遗憾　遗嘱

12. 纹 ①wén 花纹　纹饰　纹理　纹丝　②wèn（同“璺”）

X 部

1. 洗 ①xǐ 洗涤　洗劫　洗礼　洗印　洗澡　冲洗　清洗　一贫如洗　②xiǎn 姓

2. 系 ①xì 系列　系统　关系　联系　体系　维系　解铃系铃　②jì 系鞋带　系着围裙

3. 吓 ①xià 吓唬　吓人　吓死　惊吓　杀鸡吓猴　②hè 威吓　恐吓　恫吓

4. 纤 ①xiān 纤维　纤细　化纤　纤尘不染　②qiàn 拉纤　纤手　纤夫　纤绳

5. 鲜 ①xiān 鲜红　鲜花　鲜血　鲜鱼　新鲜　屡见不鲜　鲜美　鲜明　鲜艳

②xiǎn 鲜见　鲜有　鲜为人知

6. 相 ①xiāng 相比　相差　相称　相等　相反　相似　奔走相告　息息相关　②xiàng 相貌　相声　变相　相机行事　亮相　真相大白　吉人天相　相册　相片　相机

7. 巷 ①xiàng 巷战　里巷　街谈巷议　万人空巷　②hàng 巷道

8. 行 ①xíng 举行　发行　②háng 行市　行伍　③hàng 树行子　④héng 道行

9. 省 ①xǐng 反省　省亲　②shěng 省份　省略

10. 削 ①xuē 剥削　瘦削　削减　削弱　②xiāo 刮削　切削　削皮

11. 校 ①xiào 校刊　校风　校规　校庆　校长　母校　学校　党校　②jiào 校场　校准　校对　校勘　校样　校正　参校

12. 邪 ①xié 邪恶　邪念　邪说　邪路　邪门歪道　奸邪　改邪归正　异端邪说　②yé 莫邪

13. 血 ①xuè 血战　血气方刚　热血　流血　贫血　心血　血液　血统　血型　血性　血迹　血泪　血泊　血气　血洗　血汗　血债　血晕　②xiě 血晕　血淋淋　吐血　验血　一针见血

14. 熏 ①xūn 熏染　熏陶　熏风　熏制　利欲熏心　②xùn 被煤气熏着了（中毒）

15. 兴 ①xīng 兴奋　兴建　兴旺　兴风作浪　方兴未艾　兴隆　新兴　复兴　兴起　兴办　兴修　不兴胡说　兴许　兴盛　兴师动众　②xìng 兴会　兴趣　兴致　兴高采烈　豪兴　助兴　败兴　即兴　尽兴　扫兴　兴头

16. 旋 ①xuán 螺旋　旋律　周旋　天旋地转　盘旋　回旋　旋即　凯旋　旋转　②xuàn 旋风　旋工　旋床

17. 铣 ①xǐ 铣床　铣工　铣刀　②xiǎn 铣铁

18. 芯 ①xīn 灯芯　②xìn 芯子

19. 吁①xū 长吁短叹　气喘吁吁　②yù 呼吁

Y 部

1. 呀 ①yā 呀，下雪了　②ya 大家快来呀

2. 压 ①yā 压迫　压缩　挤压　镇压　高血压　压制　压抑　压力　②yà 压根儿

3. 哑 ①yā 哑哑　咿哑　②yǎ 哑巴　哑然　哑场　哑谜　哑口无言　装聋作哑　哑然失笑　嘶哑

4. 轧 ①yà 轧滚　倾轧　轧棉花　②zhá 轧钢　轧制　滚轧　冷轧　热轧

5. 殷 ①yān 殷红　②yīn 殷实　殷勤　殷切　殷商　③yǐn 殷殷（象声词，形容雷声）

6. 咽 ①yān 咽喉　鼻咽　口咽　②yàn 狼吞虎咽　咽气　③yè 呜咽　哽咽　悲咽

7. 燕 ①yàn 燕雏　燕麦　燕雀　燕窝　燕子　燕尾服　海燕　家燕　莺歌燕舞　②yān 燕山

8. 要 ①yào 要点　要害　要紧　要领　要事　次要　纲要　简要　将要　只要　②yāo 要求　要挟

9. 约 ①yāo 用称约　约一斤肉　②yuē 节约　大约　预约　制约　条约　特约　约束

10. 钥 ①yào 钥匙　②yuè 锁钥

11. 掖 ①yē 掖进去　②yè 扶掖　奖掖　掖县

12. 耶 ①yē 耶和华　耶稣　②yé（语气助词）是耶　非耶

13. 叶 ①yè 叶片　茶叶　肺叶　树叶　一叶蔽目　粗枝大叶　叶落归根　叶公好龙　②xié 叶韵

14. 饮 ①yǐn 饮恨　饮料　饮食　饮水思源　②yìn 饮牲口

15. 艾 ①yì 自怨自艾　惩艾　②ài　方兴未艾　艾草

16. 迤 ①yí 逶迤　②yǐ 迤逦

17. 应 ①yīng 应届　应声　应该　应允　应有尽有　咎有应得　应分　②yìng 应酬　应付　应承　应运　应变　应从　应对　应和　应急　应景　应聘　应时　应诺　应用　应验　应征　应邀　应招　应诊　应制　应接不暇　应声而至　里应外合　得心应手　有求必应

18. 佣 ①yōng 雇佣　佣工　女佣　②yòng 佣金　佣钱

19. 有 ①yǒu 有利　有名　有趣　有用　有目共睹　富有　固有　具有　没有　②yòu 三十有八年

20. 熨 ①yù 熨帖　②yùn 熨烫

21. 与 ①yǔ 给与　与其　与人为善　与日俱增　与虎谋皮　与世无争　付与　相与　赠与　事与愿违　②yù 参与　与会　与闻　③yú 同"欤"

22. 育 ①yù 育肥　育龄　育苗　哺育　德育　发育　抚育　培育　生育　体育　②yō 杭育

23. 员 ①yuán 员工　超员　成员　复员　官员　会员　教员　人员　委员　辅导员　②yún 伍员（用于人名）　③yùn〔姓〕

24. 吁 ①yù 呼吁　吁请　吁求　②yū（吆喝牲口，拟声词）　③xū 长吁短叹　气喘吁吁

25. 予 ①yú（文言中：我）予取予求　②yǔ 授予　予以

26. 晕 ①yūn 晕倒　头晕　晕厥　晕头转向　②yùn 月晕　日晕　晕车　晕船　晕机　晕针　晕场　红晕　眩晕　眼晕

27. 腌 ①yān 腌菜　②ā 腌臜（zā）

28. 哟 ①yō 哟，你踩我脚了　②yo 大家用力哟

Z 部

1. 咋 ①zǎ 咋办　咋样　②zé 咋舌　③zhā 咋唬　咋呼

2. 载 ①zǎi 记载　登载　载文　转载　千载难逢　三年五载　刊载　②zài 载誉　超载　负载　装载　载运　载歌载舞　载体　载荷　载重　怨声载道　风雪载途

3. 脏 ①zāng 肮脏　脏话　脏土　②zàng 心脏　内脏　脏腑

4. 择 ①zé 选择　抉择　不择手段　饥不择食　②zhái 择菜　择席　择不开

5. 扎 ①zhá 挣扎　马扎　②zhā 扎根　扎实　扎针　驻扎　安营扎寨　扎堆　扎眼　③zā 包扎　捆扎　扎辫子　扎腿　扎彩楼　一扎啤酒　扎腰带　一扎线

6. 轧 ①zhá 轧钢 轧辊（挤制义） ②yà 倾轧 轧花 轧场（碾压义）

7. 炸 ①zhá 炸糕 油炸 炸酱 ②zhà 炸药 炸弹 轰炸 爆炸

8. 粘 ①zhān（动词义）粘贴 粘连 ②nián（形容词义）粘稠 粘土 粘液

9. 涨 ①zhǎng 涨落 高涨 涨潮 涨幅 物价上涨 水涨船高 暴涨 ②zhàng 泡涨 头昏脑涨 脸涨得通红

10. 占 ①zhān 占卜 占卦 占梦 ②zhàn 占据 攻占 强占 占领 占有 霸占 独占 侵占 占优势

11. 爪 ①zhǎo 爪牙 鹰爪 张牙舞爪 一鳞半爪 ②zhuǎ 爪子 狗爪儿 这个锅有三个爪儿

12. 长 ①zhǎng 长辈 长者 班长 成长 校长 院长 滋长 ②cháng 长城 长江 长久 长期 长途 长远 长征 长年累月 长驱直入

13. 着 ①zhāo 着数 失着 支着儿 ②zháo 着慌 着火 着急 着凉 着忙 捞着 歪打正着 着迷 ③zhuó 着笔 着力 着落 着实 着手 着想 着意 着重 沉着 穿着 衣着 大处着眼 ④zhe 帮着 比着 跟着 向着

14. 折 ①zhé 折叠 折断 折服 折合 折磨 折射 波折 存折 挫折 曲折 周折 转折 不折不扣 ②zhē 折腾 折跟头 把热水折一折就凉了 ③shé 折本 折秤 折耗 棍子折了

15. 正 ①zhēng 正月 ②zhèng 正常 正点 正告 正规 正好 正经 正面 正派 正气 正确 正色 光明正大 堂堂正正

16. 挣 ①zhēng 挣扎 ②zhèng 挣断 挣命 挣钱 挣脱

17. 症 ①zhèng 症候 症状 病症 急症 后遗症 ②zhēng 症结

18. 只 ①zhī 只身 只言片语 船只 独具只眼 ②zhǐ 只得 只好 只怕 只是 只要 只有 只争朝夕

19. 殖 ①zhí 殖民 繁殖 生殖 养殖 增殖 ②shi 骨殖

20. 中 ①zhōng 中等 中断 中国 暗中 集中 无中生有 外强中干 ②zhòng 中毒 中计 中奖 中肯 中意 击中 恶意中伤 正中下怀

21. 种 ①zhǒng 种类 种种 种族 变种 播种 各种 人种 育种 ②zhòng 种地 种植 耕种 夏种 轮种 ③chóng〔姓〕

22. 转 ①zhuǎn 转变 转达 转动 转化 转换 转让 转正 好转 倒转 天旋地转 回心转意 回转 ②zhuàn 转动 转盘 转向 转椅 打转 公转 自转 晕头转向 ③zhuǎi 转文

23. 子 ①zǐ 子弹 子弟 子女 才子 臣子 独子 妻子 公子 正人君子 ②zi 杯子 虫子 担子 房子 孩子

24. 钻 ①zuān 钻探 钻研 钻营 刁钻 ②zuàn 钻床 钻井 钻石 电钻 风钻 台钻 金刚钻

25. 作 ①zuò 作对 作恶 作风 作家 作品 作罢 作战 操作 动作 工作 ②zuō 作坊

26. 攒 ①zǎn 攒粪 攒钱 积攒 ②cuán 攒聚 攒三聚五

27. 喳 ①zhā 喜鹊叫喳喳 ②chā 嘁嘁喳喳
28. 栅 ①zhà 栅栏 ②shān 栅极
29. 吱 ①zhī 咯吱 嘎吱 ②zī 老鼠吱吱地叫
30. 轴 ①zhóu 轴承 轴心 车轴 ②zhòu 压轴子
31. 琢 ①zhuó 雕琢 琢磨（mó） ②zuó 琢磨（mo） 爸爸的话我琢磨了好久

附录五　普通话水平测试用词语表一

阿	ā	阿姨	āyí	挨	āi	挨	ái
矮	ǎi	爱	ài	爱国	àiguó	爱好	àihào
爱护	àihù	爱情	àiqíng	爱人	àiren	安	ān
安定	āndìng	安静	ānjìng	安排	ānpái	安培	ānpéi
安全	ānquán	安慰	ānwèi	安心	ānxīn	安置	ānzhì
安装	ānzhuāng	氨	ān	氨基酸	ānjīsuān	岸	àn
按	àn	按照	ànzhào	案	àn	案件	ànjiàn
暗	àn	暗示	ànshì	暗中	ànzhōng	凹	āo
熬	áo	敖	áo	奥秘	àomì	奥运会	àoyùnhuì
八	bā	巴	bā	扒	bā	拔	bá
把	bǎ	把握	bǎwò	把儿	bàr	爸	bà
爸爸	bàba	罢	bà	罢工	bàgōng	白	bái
白色	báisè	白天	báitiān	百	bǎi	百年	bǎinián
百姓	bǎixìng	摆	bǎi	摆动	bǎidòng	摆脱	bǎituō
败	bài	拜	bài	班	bān	般	bān
颁布	bānbù	搬	bān	搬家	bānjiā	搬运	bānyùn
板	bǎn	板凳	bǎndèng	板块	bǎnkuài	版	bǎn
办	bàn	办法	bànfǎ	办公室	bàngōngshì	办理	bànlǐ
办事	bànshì	半	bàn	半导体	bàndǎotǐ	半岛	bàndǎo
半径	bànjìng	半天	bàntiān	半夜	bànyè	扮演	bànyǎn
伴	bàn	伴随	bànsuí	伴奏	bànzòu	瓣	bàn
帮	bāng	帮忙	bāngmáng	帮助	bāngzhù	榜样	bǎngyàng
棒	bàng	傍晚	bàngwǎn	包	bāo	包袱	bāofu
包干儿	bāogànr	包含	bāohán	包括	bāokuò	包围	bāowéi
包装	bāozhuāng	孢子	bāozǐ	炮	bāo	薄	báo
饱	bǎo	饱和	bǎohé	宝	bǎo	宝贝	bǎobèi
宝贵	bǎoguì	宝石	bǎoshí	保	bǎo	保持	bǎochí

（续上表）

保存	bǎocún	保管	bǎoguǎn	保护	bǎohù	保留	bǎoliú
保守	bǎoshǒu	保卫	bǎowèi	保险	bǎoxiǎn	保障	bǎozhàng
保证	bǎozhèng	报	bào	报酬	bàochóu	报道	bàodào
报复	bàofù	报告	bàogào	报刊	bàokān	报名	bàomíng
报纸	bàozhǐ	抱	bào	暴动	bàodòng	暴力	bàolì
暴露	bàolù	暴雨	bàoyǔ	爆发	bàofā	爆炸	bàozhà
杯	bēi	背	bēi	悲哀	bēi'āi	悲惨	bēicǎn
悲剧	bēijù	北	běi	北方	běifāng	贝	bèi
备	bèi	背	bèi	背后	bèihòu	背景	bèijǐng
倍	bèi	被	bèi	被动	bèidòng	被告	bèigào
被子	bèizi	辈	bèi	奔	bēn	奔跑	bēnpǎo
本	běn	本地	běndì	本来	běnlái	本领	běnlǐng
本能	běnnéng	本人	běnrén	本身	běnshēn	本事	běnshì
本事	běnshi	本体	běntǐ	本性	běnxìng	本质	běnzhì
苯	běn	奔	bèn	笨	bèn	崩溃	bēngkuì
蹦	bèng	逼	bī	鼻	bí	鼻孔	bíkǒng
鼻子	bízi	比	bǐ	比价	bǐjià	比较	bǐjiào
比例	bǐlì	比如	bǐrú	比赛	bǐsài	比喻	bǐyù
比重	bǐzhòng	彼	bǐ	彼此	bǐcǐ	笔	bǐ
笔记	bǐjì	笔者	bǐzhě	必	bì	必定	bìdìng
必然	bìrán	必然性	bìránxìng	必须	bìxū	必需	bìxū
必要	bìyào	毕竟	bìjìng	毕业	bìyè	闭	bì
闭合	bìhé	壁	bì	壁画	bìhuà	避	bì
避免	bìmiǎn	臂	bì	边	biān	边疆	biānjiāng
边界	biānjiè	边境	biānjìng	边区	biānqū	边缘	biānyuán
编	biān	编辑	biānjí	编写	biānxiě	编制	biānzhì
鞭	biān	鞭子	biānzi	扁	biǎn	变	biàn
变动	biàndòng	变法	biànfǎ	变革	biàngé	变更	biàngēng
变化	biànhuà	变换	biànhuàn	变量	biànliàng	变迁	biànqiān
变态	biàntài	变形	biànxíng	变异	biànyì	便	biàn
便利	biànlì	便于	biànyú	遍	biàn	辨	biàn
辨别	biànbié	辨认	biànrèn	辩护	biànhù	辩证	biànzhèng

（续上表）

辩证法	biànzhèngfǎ	标	biāo	标本	biāoběn	标题	biāotí
标语	biāoyǔ	标志	biāozhì	标准	biāozhǔn	标准化	biāozhǔnhuà
表	biǎo	表层	biǎocéng	表达	biǎodá	表面	biǎomiàn
表明	biǎomíng	表皮	biǎopí	表情	biǎoqíng	表示	biǎoshì
表述	biǎoshù	表现	biǎoxiàn	表象	biǎoxiàng	表演	biǎoyǎn
表扬	biǎoyáng	表彰	biǎozhāng	别	bié	别人	biérén
别	biè	宾	bīn	冰	bīng	冰川	bīngchuān
兵	bīng	兵力	bīnglì	丙	bǐng	柄	bǐng
饼	bǐng	屏	bǐng	并	bìng	并且	bìngqiě
并用	bìngyòng	病	bìng	病变	bìngbiàn	病毒	bìngdú
病理	bìnglǐ	病情	bìngqíng	病人	bìngrén	拨	bō
波	bō	波长	bōcháng	波动	bōdòng	波浪	bōlàng
玻璃	bōli	剥夺	bōduó	剥削	bōxuē	播种	bōzhǒng
播种	bōzhòng	伯	bó	脖子	bózi	博士	bóshì
搏斗	bódòu	薄	bó	薄弱	bóruò	薄	bò
补	bǔ	补偿	bǔcháng	补充	bǔchōng	补贴	bǔtiē
捕	bǔ	捕捞	bǔlāo	捕食	bǔshí	捕捉	bǔzhuō
不	bù	不安	bù'ān	不必	bùbì	不便	bùbiàn
不曾	bùcéng	不错	bùcuò	不但	bùdàn	不当	bùdāng
不等	bùděng	不定	bùdìng	不断	bùduàn	不对	bùduì
不妨	bùfáng	不服	bùfú	不够	bùgòu	不顾	bùgù
不管	bùguǎn	不光	bùguāng	不过	bùguò	不合	bùhé
不及	bùjí	不禁	bùjīn	不仅	bùjǐn	不久	bùjiǔ
不堪	bùkān	不可	bùkě	不快	bùkuài	不利	bùlì
不良	bùliáng	不料	bùliào	不论	bùlùn	不满	bùmǎn
不免	bùmiǎn	不怕	bùpà	不平	bùpíng	不然	bùrán
不容	bùróng	不如	bùrú	不时	bùshí	不惜	bùxī
不想	bùxiǎng	不行	bùxíng	不幸	bùxìng	不许	bùxǔ
不要	bùyào	不宜	bùyí	不已	bùyǐ	不用	bùyòng
不止	bùzhǐ	不足	bùzú	布	bù	布局	bùjú
布置	bùzhì	步	bù	步伐	bùfá	步骤	bùzhòu
步子	bùzi	部	bù	部队	bùduì	部分	bùfen

（续上表）

部落	bùluò	部门	bùmén	部署	bùshǔ	部位	bùwèi
擦	cā	猜	cāi	才	cái	才能	cáinéng
材	cái	材料	cáiliào	财	cái	财产	cáichǎn
财富	cáifù	财力	cáilì	财务	cáiwù	财政	cáizhèng
采	cǎi	采访	cǎifǎng	采购	cǎigòu	采集	cǎijí
采取	cǎiqǔ	采用	cǎiyòng	彩	cǎi	彩色	cǎisè
踩	cǎi	菜	cài	蔡	cài	参	cān
参观	cānguān	参加	cānjiā	参考	cānkǎo	参谋	cānmóu
参数	cānshù	参与	cānyù	参照	cānzhào	残	cán
残酷	cánkù	残余	cányú	蚕	cán	灿烂	cànlàn
仓	cāng	仓库	cāngkù	苍白	cāngbái	苍蝇	cāngying
舱	cāng	藏	cáng	操	cāo	操纵	cāozòng
操作	cāozuò	曹	cáo	槽	cáo	草	cǎo
草案	cǎo'àn	草地	cǎodì	草原	cǎoyuán	册	cè
侧	cè	侧面	cèmiàn	侧重	cèzhòng	测	cè
测定	cèdìng	测量	cèliáng	测验	cèyàn	策略	cèlüè
层	céng	层次	céngcì	曾	céng	曾经	céngjīng
叉	chā	差	chā	差别	chābié	差价	chājià
差距	chājù	差异	chāyì	插	chā	茶	chá
茶馆儿	cháguǎnr	茶叶	cháyè	查	chá	察	chá
叉	chǎ	差	chà	差不多	chàobùduō	差点儿	chàdiǎnr
拆	chāi	差	chāi	柴	chái	缠	chán
产	chǎn	产地	chǎndì	产量	chǎnliàng	产品	chǎnpǐn
产生	chǎnshēng	产物	chǎnwù	产业	chǎnyè	产值	chǎnzhí
阐明	chǎnmíng	阐述	chǎnshù	颤抖	chàndǒu	长	cháng
长城	chángchéng	长处	chángchù	长度	chángdù	长短	chángduǎn
长久	chángjiǔ	长期	chángqī	长远	chángyuǎn	长征	chángzhēng
场	cháng	肠	cháng	尝	cháng	尝试	chángshì
常	cháng	常规	chángguī	常年	chángnián	常识	chángshí
常数	chángshù	厂	chǎng	厂房	chǎngfáng	场	chǎng
场地	chǎngdì	场合	chǎnghé	场面	chǎngmiàn	场所	chǎngsuǒ
唱	chàng	抄	chāo	超	chāo	超出	chāochū

（续上表）

超额	chāo'é	超过	chāoguò	超越	chāoyuè	巢	cháo
朝	cháo	朝廷	cháotíng	潮	cháo	潮流	cháoliú
潮湿	cháoshī	吵	chǎo	炒	chǎo	车	chē
车间	chējiān	车辆	chēliàng	车厢	chēxiāng	车站	chēzhàn
车子	chēzi	扯	chě	彻底	chèdǐ	撤	chè
撤销	chèxiāo	臣	chén	尘	chén	沉	chén
沉淀	chéndiàn	沉积	chénjī	沉默	chénmò	沉思	chénsī
沉重	chénzhòng	沉着	chénzhuó	陈	chén	陈旧	chénjiù
陈述	chénshù	称	chèn	趁	chèn	称	chēng
称号	chēnghào	称呼	chēnghu	称赞	chēngzàn	撑	chēng
成	chéng	成本	chéngběn	成虫	chéngchóng	成分	chéngfèn
成功	chénggōng	成果	chéngguǒ	成绩	chéngjì	成就	chéngjiù
成立	chénglì	成年	chéngnián	成人	chéngrén	成熟	chéngshú
成为	chéngwéi	成效	chéngxiào	成语	chéngyǔ	成员	chéngyuán
成长	chéngzhǎng	呈	chéng	呈现	chéngxiàn	诚	chéng
诚恳	chéngkěn	诚实	chéngshí	承	chéng	承包	chéngbāo
承担	chéngdān	承认	chéngrèn	承受	chéngshòu	城	chéng
城市	chéngshì	城镇	chéngzhèn	乘	chéng	乘机	chéngjī
乘客	chéngkè	盛	chéng	程	chéng	程度	chéngdù
程式	chéngshì	程序	chéngxù	惩罚	chéngfá	秤	chèng
吃	chī	吃饭	chīfàn	吃惊	chījīng	吃力	chīlì
池	chí	池塘	chítáng	迟	chí	持	chí
持久	chíjiǔ	持续	chíxù	尺	chǐ	尺度	chǐdù
齿	chǐ	赤	chì	赤道	chìdào	翅	chì
翅膀	chìbǎng	冲	chōng	冲动	chōngdòng	冲击	chōngjī
冲破	chōngpò	冲突	chōngtū	充	chōng	充当	chōngdāng
充分	chōngfèn	充满	chōngmǎn	充实	chōngshí	充足	chōngzú
虫	chóng	重	chóng	重复	chóngfù	重合	chónghé
重新	chóngxīn	崇拜	chóngbài	崇高	chónggāo	冲	chòng
抽	chōu	抽象	chōuxiàng	仇恨	chóuhèn	愁	chóu
丑	chǒu	臭	chòu	出	chū	出版	chūbǎn
出产	chūchǎn	出发	chūfā	出发点	chūfādiǎn	出国	chūguó

（续上表）

出口	chūkǒu	出来	chūlái	出路	chūlù	出卖	chūmài
出门	chūmén	出去	chūqù	出色	chūsè	出身	chūshēn
出生	chūshēng	出售	chūshòu	出土	chūtǔ	出席	chūxí
出现	chūxiàn	出血	chūxiě	初	chū	初步	chūbù
初级	chūjí	初期	chūqī	初中	chūzhōng	除	chú
除非	chúfēi	除了	chúle	厨房	chúfáng	处	chǔ
处罚	chǔfá	处分	chǔfèn	处境	chǔjìng	处理	chǔlǐ
处于	chǔyú	储备	chǔbèi	储存	chǔcún	储量	chǔliàng
储蓄	chǔxù	楚	chǔ	处	chù	畜	chù
触	chù	川	chuān	穿	chuān	穿着	chuānzhuó
传	chuán	传播	chuánbō	传达	chuándá	传导	chuándǎo
传递	chuándì	传教士	chuánjiàoshì	传染病	chuánrǎnbìng	传授	chuánshòu
传说	chuánshuō	传统	chuántǒng	船	chuán	船舶	chuánbó
船长	chuánzhǎng	船只	chuánzhī	喘	chuǎn	串	chuàn
串联	chuànlián	创	chuāng	创伤	chuāngshāng	窗	chuāng
窗户	chuānghu	窗口	chuāngkǒu	窗子	chuāngzi	床	chuáng
幢	chuáng	闯	chuǎng	创	chuàng	创办	chuàngbàn
创立	chuànglì	创新	chuàngxīn	创造	chuàngzào	创造性	chuàngzàoxìng
创作	chuàngzuò	吹	chuī	垂	chuí	垂直	chuízhí
锤	chuí	春	chūn	春季	chūnjì	春节	chūnjié
春秋	chūnqiū	春天	chūntiān	纯	chún	纯粹	chúncuì
纯洁	chúnjié	唇	chún	词	cí	词典	cídiǎn
词汇	cíhuì	词义	cíyì	词语	cíyǔ	词组	cízǔ
辞	cí	辞职	cízhí	磁	cí	磁场	cíchǎng
磁力	cílì	磁铁	cítiě	雌	cí	此	cǐ
此地	cǐdì	此后	cǐhòu	此刻	cǐkè	此外	cǐwài
次	cì	次数	cìshù	次序	cìxù	次要	cìyào
刺	cì	刺激	cìjī	赐	cì	聪明	cōngmíng
从	cóng	从此	cóngcǐ	从而	cóng'ér	从来	cónglái
从前	cóngqián	从事	cóngshì	从小	cóngxiǎo	从中	cóngzhōng
丛	cóng	凑	còu	粗	cū	粗糙	cūcāo
促	cù	促成	cùchéng	促进	cùjìn	促使	cùshǐ

（续上表）

簇	cù	窜	cuàn	催	cuī	摧残	cuīcán
摧毁	cuīhuǐ	村	cūn	村庄	cūnzhuāng	村子	cūnzi
存	cún	存款	cúnkuǎn	存在	cúnzài	寸	cùn
挫折	cuòzhé	措施	cuòshī	锉	cuò	错误	cuòwù
搭	dā	答应	dāying	打	dá	达	dá
达到	dádào	答	dá	答案	dá'àn	答复	dáfù
打	dǎ	打败	dǎbài	打扮	dǎban	打倒	dǎdǎo
打击	dǎjī	打架	dǎjià	打开	dǎkāi	打量	dǎliang
打破	dǎpò	打算	dǎsuan	打听	dǎting	打下	dǎxià
打仗	dǎzhàng	大	dà	大伯	dàbó	大臣	dàchén
大胆	dàdǎn	大地	dàdì	大豆	dàdòu	大队	dàduì
大多	dàduō	大多数	dàduōshù	大风	dàfēng	大概	dàgài
大纲	dàgāng	大哥	dàgē	大会	dàhuì	大伙儿	dàhuǒr
大家	dàjiā	大街	dàjiē	大姐	dàjiě	大量	dàliàng
大陆	dàlù	大妈	dàmā	大门	dàmén	大脑	dànǎo
大娘	dàniáng	大炮	dàpào	大气	dàqì	大庆	dàqìng
大人	dàrén	大嫂	dàsǎo	大厦	dàshà	大婶儿	dàshěnr
大师	dàshī	大事	dàshì	大叔	dàshū	大体	dàtǐ
大厅	dàtīng	大小	dàxiǎo	大型	dàxíng	大学	dàxué
大学生	dàxuéshēng	大洋	dàyáng	大爷	dàyé	大爷	dàye
大衣	dàyī	大雨	dàyǔ	大约	dàyuē	大战	dàzhàn
大致	dàzhì	大众	dàzhòng	大自然	dàzìrán	呆	dāi
待	dāi	大夫	dàifu	大王	dàiwang	代	dài
代表	dàibiǎo	代价	dàijià	代理	dàilǐ	代理人	dàilǐrén
代替	dàitì	代谢	dàixiè	带	dài	带动	dàidòng
带领	dàilǐng	带头	dàitóu	贷款	dàikuǎn	待	dài
待遇	dàiyù	袋	dài	逮捕	dàibǔ	戴	dài
担	dān	担负	dānfù	担任	dānrèn	担心	dānxīn
单	dān	单纯	dānchún	单调	dāndiào	单独	dāndú
单位	dānwèi	单一	dānyī	耽误	dānwu	胆	dǎn
石	dàn	但	dàn	但是	dànshì	担	dàn
担子	dànzi	诞生	dànshēng	淡	dàn	淡水	dànshuǐ

（续上表）

弹	dàn	蛋	dàn	蛋白	dànbái	蛋白质	dànbáizhì
氮	dàn	当	dāng	当场	dāngchǎng	当初	dāngchū
当代	dāngdài	当地	dāngdì	当即	dāngjí	当今	dāngjīn
当局	dāngjú	当年	dāngnián	当前	dāngqián	当然	dāngrán
当时	dāngshí	当事人	dāngshìrén	当选	dāngxuǎn	当中	dāngzhōng
挡	dǎng	党	dǎng	党委	dǎngwěi	党性	dǎngxìng
党员	dǎngyuán	当	dàng	当成	dàngchéng	当年	dàngnián
当时	dàngshí	当天	dàngtiān	当做	dàngzuò	档案	dàng'àn
刀	dāo	导	dǎo	导弹	dǎodàn	导管	dǎoguǎn
导体	dǎotǐ	导线	dǎoxiàn	导演	dǎoyǎn	导致	dǎozhì
岛	dǎo	岛屿	dǎoyǔ	倒	dǎo	倒霉	dǎoméi
到	dào	到处	dàochù	到达	dàodá	到底	dàodǐ
到来	dàolái	盗	dào	盗窃	dàoqiè	道	dào
道德	dàodé	道教	dàojiào	道理	dàolǐ	道路	dàolù
稻	dào	稻谷	dàogǔ	得	dé	得到	dédào
得以	déyǐ	得意	déyì	德	dé	德育	déyù
得	děi	灯	dēng	灯光	dēngguāng	灯泡儿	dēngpàor
登	dēng	登记	dēngjì	蹬	dēng	等	děng
等待	děngdài	等到	děngdào	等候	děnghòu	等级	děngjí
等于	děngyú	邓	dèng	瞪	dèng	低	dī
低级	dījí	低头	dītóu	低温	dīwēn	低下	dīxià
滴	dī	的确	díquè	敌	dí	敌对	díduì
敌人	dírén	抵	dǐ	抵抗	dǐkàng	抵制	dǐzhì
底	dǐ	底层	dǐcéng	底下	dǐxià	地	dì
地板	dìbǎn	地表	dìbiǎo	地步	dìbù	地层	dìcéng
地带	dìdài	地点	dìdiǎn	地方	dìfāng	地方	dìfang
地理	dìlǐ	地貌	dìmào	地面	dìmiàn	地壳	dìqiào
地球	dìqiú	地区	dìqū	地势	dìshì	地图	dìtú
地位	dìwèi	地下	dìxià	地下	dìxia	地下水	dìxiàshuǐ
地形	dìxíng	地域	dìyù	地震	dìzhèn	地质	dìzhì
地主	dìzhǔ	地租	dìzū	弟弟	dìdi	弟兄	dìxiong
弟子	dìzǐ	帝	dì	帝国	dìguó	递	dì

（续上表）

第	dì	典型	diǎnxíng	点	diǎn	点燃	diǎnrán
点头	diǎntóu	碘	diǎn	电	diàn	电报	diànbào
电场	diànchǎng	电池	diànchí	电磁	diàncí	电磁波	diàncíbō
电灯	diàndēng	电动	diàndòng	电荷	diànhè	电话	diànhuà
电离	diànlí	电力	diànlì	电量	diànliàng	电流	diànliú
电路	diànlù	电脑	diànnǎo	电能	diànnéng	电器	diànqì
电容	diànróng	电视	diànshì	电视剧	diànshìjù	电视台	diànshìtái
电台	diàntái	电线	diànxiàn	电压	diànyā	电影	diànyǐng
电源	diànyuán	电子	diànzǐ	电阻	diànzǔ	店	diàn
垫	diàn	淀粉	diànfěn	奠定	diàndìng	雕	diāo
雕刻	diāokè	雕塑	diāosù	吊	diào	调	diào
调拨	diàobō	调查	diàochá	调动	diàodòng	掉	diào
爹	diē	跌	diē	迭	dié	叠	dié
丁	dīng	叮	dīng	盯	dīng	顶	dǐng
顶点	dǐngdiǎn	顶端	dǐngduān	订	dìng	订货	dìnghuò
钉	dìng	定	dìng	定额	dìng'é	定理	dìnglǐ
定量	dìngliàng	定律	dìnglǜ	定期	dìngqī	定向	dìngxiàng
定型	dìngxíng	定义	dìngyì	丢	diū	东	dōng
东北	dōngběi	东方	dōngfāng	东南	dōngnán	东欧	dōng'ōu
东西	dōngxī	东西	dōngxi	冬	dōng	冬季	dōngjì
冬天	dōngtiān	懂	dǒng	懂得	dǒngdé	动	dòng
动词	dòngcí	动机	dòngjī	动静	dòngjing	动力	dònglì
动量	dòngliàng	动脉	dòngmài	动能	dòngnéng	动人	dòngrén
动手	dòngshǒu	动态	dòngtài	动物	dòngwù	动摇	dòngyáo
动员	dòngyuán	动作	dòngzuò	冻	dòng	洞	dòng
都	dōu	兜	dōu	斗	dǒu	抖	dǒu
斗	dòu	斗争	dòuzhēng	豆	dòu	豆腐	dòufu
逗	dòu	都	dū	都会	dūhuì	都市	dūshì
毒	dú	毒素	dúsù	独	dú	独立	dúlì
独特	dútè	独占	dúzhàn	独自	dúzì	读	dú
读书	dúshū	读者	dúzhě	肚子	dǔzi	堵	dǔ
杜	dù	肚皮	dùpí	肚子	dùzi	度	dù

（续上表）

渡	dù	端	duān	端正	duānzhèng	短	duǎn
短期	duǎnqī	短暂	duǎnzàn	段	duàn	断	duàn
断定	duàndìng	锻炼	duànliàn	堆	duī	堆积	duījī
队	duì	队伍	duìwu	对	duì	对比	duìbǐ
对不起	duìbùqǐ	对称	duìchèn	对待	duìdài	对方	duìfāng
对付	duìfu	对话	duìhuà	对抗	duìkàng	对立	duìlì
对流	duìliú	对面	duìmiàn	对手	duìshǒu	对象	duìxiàng
对应	duìyìng	对于	duìyú	对照	duìzhào	吨	dūn
蹲	dūn	顿	dùn	顿时	dùnshí	多	duō
多边形	duōbiānxíng	多么	duōme	多少	duōshǎo	多数	duōshù
多余	duōyú	夺	duó	夺取	duóqǔ	度	duó
朵	duǒ	躲	duǒ	阿	ē	俄	é
鹅	é	额	é	恶	è	恶化	èhuà
恶劣	èliè	饿	è	恩	ēn	儿	ér
儿女	érnǚ	儿童	értóng	儿子	érzi	而	ér
而后	érhòu	而且	érqiě	尔	ěr	耳	ěr
耳朵	ěrduo	饵料	ěrliào	二	èr	发	fā
发表	fābiǎo	发病	fābìng	发布	fābù	发出	fāchū
发达	fādá	发电	fādiàn	发动	fādòng	发动机	fādòngjī
发抖	fādǒu	发挥	fāhuī	发觉	fājué	发掘	fājué
发明	fāmíng	发起	fāqǐ	发热	fārè	发射	fāshè
发生	fāshēng	发现	fāxiàn	发行	fāxíng	发芽	fāyá
发言	fāyán	发扬	fāyáng	发音	fāyīn	发育	fāyù
发展	fāzhǎn	发作	fāzuò	罚	fá	罚款	fákuǎn
法	fǎ	法定	fǎdìng	法官	fǎguān	法规	fǎguī
法令	fǎlìng	法律	fǎlǜ	法人	fǎrén	法庭	fǎtíng
法西斯	fǎxīsī	法学	fǎxué	法院	fǎyuàn	法则	fǎzé
法制	fǎzhì	发	fà	番	fān	翻	fān
翻身	fānshēn	翻译	fānyì	凡	fán	凡是	fánshì
烦恼	fánnǎo	繁	fán	繁多	fánduō	繁荣	fánróng
繁殖	fánzhí	繁重	fánzhòng	反	fǎn	反动	fǎndòng
反对	fǎnduì	反而	fǎn'ér	反复	fǎnfù	反抗	fǎnkàng

（续上表）

反馈	fǎnkuì	反面	fǎnmiàn	反射	fǎnshè	反应	fǎnyìng
反映	fǎnyìng	反正	fǎnzhèng	反之	fǎnzhī	返	fǎn
返回	fǎnhuí	犯	fàn	犯罪	fànzuì	饭	fàn
饭店	fàndiàn	泛	fàn	范	fàn	范畴	fànchóu
范围	fànwéi	方	fāng	方案	fāng'àn	方便	fāngbiàn
方才	fāngcái	方程	fāngchéng	方法	fāngfǎ	方法论	fāngfǎlùn
方面	fāngmiàn	方式	fāngshì	方向	fāngxiàng	方言	fāngyán
方针	fāngzhēn	防御	fángyù	防止	fángzhǐ	防治	fángzhì
妨	fáng	妨碍	fáng'ài	房	fáng	房间	fángjiān
房屋	fángwū	房子	fángzi	仿佛	fǎngfú	访	fǎng
访问	fǎngwèn	纺织	fǎngzhī	放	fàng	放大	fàngdà
放弃	fàngqì	放射	fàngshè	放射性	fàngshèxìng	放松	fàngsōng
放心	fàngxīn	飞	fēi	飞船	fēichuán	飞机	fēijī
飞快	fēikuài	飞翔	fēixiáng	飞行	fēixíng	飞跃	fēiyuè
非	fēi	非常	fēicháng	非法	fēifǎ	肥	féi
肥料	féiliào	匪	fěi	肺	fèi	废	fèi
废除	fèichú	沸腾	fèiténg	费	fèi	费用	fèiyòng
分	fēn	分辨	fēnbiàn	分别	fēnbié	分布	fēnbù
分成	fēnchéng	分割	fēngē	分工	fēngōng	分化	fēnhuà
分解	fēnjiě	分开	fēnkāi	分类	fēnlèi	分离	fēnlí
分裂	fēnliè	分泌	fēnmì	分明	fēnmíng	分配	fēnpèi
分歧	fēnqí	分散	fēnsàn	分析	fēnxī	分支	fēnzhī
分子	fēnzǐ	粉	fěn	粉末	fěnmò	粉碎	fěnsuì
分	fèn	分量	fènliàng	分子	fènzǐ	份	fèn
奋斗	fèndòu	粪	fèn	愤怒	fènnù	丰	fēng
丰富	fēngfù	丰收	fēngshōu	风	fēng	风暴	fēngbào
风格	fēnggé	风光	fēngguāng	风景	fēngjǐng	风力	fēnglì
风气	fēngqì	风俗	fēngsú	风速	fēngsù	风险	fēngxiǎn
风雨	fēngyǔ	封	fēng	封闭	fēngbì	封建	fēngjiàn
封锁	fēngsuǒ	疯狂	fēngkuáng	峰	fēng	锋	fēng
蜂	fēng	冯	féng	缝	féng	讽刺	fěngcì
奉	fèng	奉献	fèngxiàn	缝	fèng	佛	fó

（续上表）

佛教	fójiào	否	fǒu	否定	fǒudìng	否认	fǒurèn
否则	fǒuzé	夫	fū	夫妇	fūfù	夫妻	fūqī
夫人	fūrén	孵化	fūhuà	伏	fú	伏特	fútè
扶	fú	服	fú	服从	fúcóng	服务	fúwù
服务员	fúwùyuán	服装	fúzhuāng	俘虏	fúlǔ	浮	fú
浮动	fúdòng	浮游	fúyóu	符号	fúhào	符合	fúhé
幅	fú	幅度	fúdù	辐射	fúshè	福	fú
福利	fúlì	抚摸	fǔmō	府	fǔ	辅助	fǔzhù
腐	fǔ	腐败	fǔbài	腐蚀	fǔshí	腐朽	fǔxiǔ
父母	fùmǔ	父亲	fùqīn	付	fù	付出	fùchū
负	fù	负担	fùdān	负责	fùzé	妇	fù
妇女	fùnǚ	附	fù	附加	fùjiā	附近	fùjìn
附着	fùzhuó	服	fù	赴	fù	复	fù
复辟	fùbì	复合	fùhé	复杂	fùzá	复制	fùzhì
副	fù	副业	fùyè	赋	fù	赋予	fùyǔ
富	fù	富有	fùyǒu	富裕	fùyù	腹	fù
覆盖	fùgài	该	gāi	改	gǎi	改编	gǎibiān
改变	gǎibiàn	改革	gǎigé	改进	gǎijìn	改良	gǎiliáng
改善	gǎishàn	改造	gǎizào	改正	gǎizhèng	改组	gǎizǔ
钙	gài	盖	gài	概括	gàikuò	概率	gàilǜ
概念	gàiniàn	干	gān	干脆	gāncuì	干旱	gānhàn
干净	gānjing	干扰	gānrǎo	干涉	gānshè	干预	gānyù
干燥	gānzào	甘心	gānxīn	杆	gān	肝	gān
肝脏	gānzàng	杆	gǎn	赶	gǎn	赶紧	gǎnjǐn
赶快	gǎnkuài	赶忙	gǎnmáng	敢	gǎn	敢于	gǎnyú
感	gǎn	感到	gǎndào	感动	gǎndòng	感官	gǎnguān
感激	gǎnjī	感觉	gǎnjué	感慨	gǎnkǎi	感情	gǎnqíng
感染	gǎnrǎn	感受	gǎnshòu	感谢	gǎnxiè	感性	gǎnxìng
感应	gǎnyìng	感知	gǎnzhī	干	gàn	干部	gànbù
刚	gāng	刚才	gāngcái	纲	gāng	纲领	gānglǐng
钢	gāng	钢琴	gāngqín	钢铁	gāngtiě	岗位	gǎngwèi
港	gǎng	港口	gǎngkǒu	高	gāo	高产	gāochǎn

（续上表）

高潮	gāocháo	高大	gāodà	高等	gāoděng	高低	gāodī
高地	gāodì	高度	gāodù	高级	gāojí	高空	gāokōng
高尚	gāoshàng	高速	gāosù	高温	gāowēn	高校	gāoxiào
高兴	gāoxìng	高压	gāoyā	高原	gāoyuán	高涨	gāozhǎng
高中	gāozhōng	搞	gǎo	稿	gǎo	告	gào
告别	gàobié	告诉	gàosu	疙瘩	gēda	哥哥	gēge
胳膊	gēbo	鸽子	gēzi	搁	gē	割	gē
歌	gē	歌唱	gēchàng	歌剧	gējù	歌曲	gēqǔ
歌声	gēshēng	歌颂	gēsòng	歌舞	gēwǔ	革命	gémìng
革新	géxīn	格	gé	格外	géwài	隔	gé
隔壁	gébì	隔离	gélí	个	gè	个别	gèbié
个人	gèrén	个体	gètǐ	个性	gèxìng	各	gè
各自	gèzì	给	gěi	给以	gěiyǐ	根	gēn
根本	gēnběn	根据	gēnjù	根据地	gēnjùdì	根系	gēnxì
根源	gēnyuán	跟	gēn	跟前	gēnqián	跟随	gēnsuí
更	gēng	更新	gēngxīn	耕	gēng	耕地	gēngdì
耕作	gēngzuò	更	gèng	更加	gèngjiā	工	gōng
工厂	gōngchǎng	工场	gōngchǎng	工程	gōngchéng	工程师	gōngchéngshī
工地	gōngdì	工夫	gōngfu	工会	gōnghuì	工具	gōngjù
工人	gōngrén	工商业	gōngshāngyè	工业	gōngyè	工业化	gōngyèhuà
工艺	gōngyì	工资	gōngzī	工作	gōngzuò	弓	gōng
公	gōng	公安	gōng'ān	公布	gōngbù	公公	gōnggong
公共	gōnggòng	公开	gōngkāi	公理	gōnglǐ	公路	gōnglù
公民	gōngmín	公平	gōngpíng	公认	gōngrèn	公社	gōngshè
公式	gōngshì	公司	gōngsī	公有	gōngyǒu	公有制	gōngyǒuzhì
公元	gōngyuán	公园	gōngyuán	公正	gōngzhèng	公主	gōngzhǔ
功	gōng	功夫	gōngfu	功课	gōngkè	功率	gōnglǜ
功能	gōngnéng	攻	gōng	攻击	gōngjī	供	gōng
供给	gōngjǐ	供求	gōngqiú	供应	gōngyìng	宫	gōng
宫廷	gōngtíng	巩固	gǒnggù	汞	gǒng	拱	gǒng
共	gòng	共产党	gòngchǎndǎng	共和国	gònghéguó	共鸣	gòngmíng
共同	gòngtóng	贡献	gòngxiàn	供	gòng	勾结	gōujié

（续上表）

沟	gōu	沟通	gōutōng	钩	gōu	狗	gǒu
构	gòu	构成	gòuchéng	构思	gòusī	构造	gòuzào
购	gòu	购买	gòumǎi	购销	gòuxiāo	够	gòu
估计	gūjì	姑娘	gūniang	孤独	gūdú	孤立	gūlì
古	gǔ	古代	gǔdài	古典	gǔdiǎn	古老	gǔlǎo
古人	gǔrén	谷	gǔ	股	gǔ	股票	gǔpiào
骨	gǔ	骨干	gǔgàn	骨骼	gǔgé	骨头	gǔtou
鼓	gǔ	鼓吹	gǔchuī	鼓励	gǔlì	鼓舞	gǔwǔ
固	gù	固定	gùdìng	固然	gùrán	固体	gùtǐ
固有	gùyǒu	固执	gùzhí	故	gù	故事	gùshi
故乡	gùxiāng	故意	gùyì	顾	gù	顾客	gùkè
顾虑	gùlǜ	顾问	gùwèn	雇	gù	瓜	guā
刮	guā	寡妇	guǎfù	挂	guà	拐	guǎi
怪	guài	怪物	guàiwù	关	guān	关闭	guānbì
关怀	guānhuái	关键	guānjiàn	关节	guānjié	关联	guānlián
关系	guānxi	关心	guānxīn	关于	guānyú	关注	guānzhù
观	guān	观测	guāncè	观察	guānchá	观点	guāndiǎn
观看	guānkàn	观念	guānniàn	观众	guānzhòng	官	guān
官兵	guānbīng	官吏	guānlì	官僚	guānliáo	官员	guānyuán
冠	guān	馆	guǎn	管	guǎn	管道	guǎndào
管理	guǎnlǐ	管辖	guǎnxiá	观	guàn	贯彻	guànchè
贯穿	guànchuān	冠	guàn	冠军	guànjūn	惯	guàn
惯性	guànxìng	灌	guàn	灌溉	guàngài	光	guāng
光彩	guāngcǎi	光滑	guānghuá	光辉	guānghuī	光景	guāngjǐng
光亮	guāngliàng	光芒	guāngmáng	光明	guāngmíng	光谱	guāngpǔ
光荣	guāngróng	光线	guāngxiàn	光学	guāngxué	光源	guāngyuán
光泽	guāngzé	光照	guāngzhào	广	guǎng	广播	guǎngbō
广场	guǎngchǎng	广大	guǎngdà	广泛	guǎngfàn	广告	guǎnggào
广阔	guǎngkuò	广义	guǎngyì	逛	guàng	归	guī
归结	guījié	归来	guīlái	归纳	guīnà	规定	guīdìng
规范	guīfàn	规格	guīgé	规划	guīhuà	规矩	guīju
规律	guīlǜ	规模	guīmó	规则	guīzé	闺女	guīnü

（续上表）

硅	guī	轨道	guǐdào	鬼	guǐ	鬼子	guǐzi
贵	guì	贵族	guìzú	桂	guì	跪	guì
滚	gǔn	郭	guō	锅	guō	国	guó
国防	guófáng	国会	guóhuì	国际	guójì	国家	guójiā
国民	guómín	国情	guóqíng	国土	guótǔ	国王	guówáng
国务院	guówùyuàn	国营	guóyíng	国有	guóyǒu	果	guǒ
果断	guǒduàn	果然	guǒrán	果实	guǒshí	果树	guǒshù
裹	guǒ	过	guò	过程	guòchéng	过度	guòdù
过渡	guòdù	过分	guòfèn	过后	guòhòu	过来	guòlái
过年	guònián	过去	guòqù	过去	guòqu	过于	guòyú
哈	hā	还	hái	孩子	háizi	海	hǎi
海岸	hǎi'àn	海拔	hǎibá	海带	hǎidài	海关	hǎiguān
海军	hǎijūn	海面	hǎimiàn	海区	hǎiqū	海外	hǎiwài
海湾	hǎiwān	海洋	hǎiyáng	海域	hǎiyù	害	hài
害虫	hàichóng	害怕	hàipà	含	hán	含量	hánliàng
含义	hányì	函数	hánshù	寒	hán	寒冷	hánlěng
罕见	hǎnjiàn	喊	hǎn	汉	hàn	汉奸	hànjiān
汉语	hànyǔ	汉子	hànzi	汉字	hànzì	汗	hàn
汗水	hànshuǐ	旱	hàn	行	háng	行列	hángliè
行业	hángyè	航海	hánghǎi	航空	hángkōng	航行	hángxíng
号	háo	好	hǎo	好比	hǎobǐ	好处	hǎochù
好多	hǎoduō	好看	hǎokàn	好人	hǎorén	好事	hǎoshì
好听	hǎotīng	好像	hǎoxiàng	好转	hǎozhuǎn	号	hào
号召	hàozhào	好	hào	好奇	hàoqí	好事	hàoshì
耗	hào	耗费	hàofèi	呵	hē	喝	hē
合	hé	合并	hébìng	合成	héchéng	合法	héfǎ
合格	hégé	合乎	héhū	合金	héjīn	合理	hélǐ
合力	hélì	合适	héshì	合同	hétong	合作	hézuò
合作社	hézuòshè	何	hé	何必	hébì	何等	héděng
何况	hékuàng	何以	héyǐ	和	hé	和平	hépíng
和尚	héshang	和谐	héxié	河	hé	河流	héliú
荷	hé	核	hé	核算	hésuàn	核心	héxīn

（续上表）

盒	hé	颌	hé	和	hè	荷	hè
喝	hè	黑	hēi	黑暗	hēi'àn	黑人	hēirén
黑夜	hēiyè	痕迹	hénjì	很	hěn	恨	hèn
恒	héng	恒星	héngxīng	横	héng	横向	héngxiàng
衡量	héngliáng	横	hèng	轰	hōng	哄	hōng
红	hóng	红军	hóngjūn	红旗	hóngqí	红色	hóngsè
宏观	hóngguān	宏伟	hóngwěi	洪	hóng	洪水	hóngshuǐ
哄	hǒng	哄	hòng	喉咙	hóulóng	猴子	hóuzi
后	hòu	后边	hòubiān	后代	hòudài	后方	hòufāng
后果	hòuguǒ	后悔	hòuhuǐ	后来	hòulái	后面	hòumiàn
后期	hòuqī	后人	hòurén	后世	hòushì	后天	hòutiān
厚	hòu	厚度	hòudù	候	hòu	乎	hū
呼喊	hūhǎn	呼唤	hūhuàn	呼吸	hūxī	呼吁	hūyù
忽略	hūlüè	忽然	hūrán	忽视	hūshì	和	hú
弧	hú	胡	hú	壶	hú	核儿	húr
湖	hú	湖泊	húpō	蝴蝶	húdié	糊涂	hútu
虎	hǔ	互	hù	互补	hùbǔ	互相	hùxiāng
互助	hùzhù	户	hù	户口	hùkǒu	护	hù
护士	hùshì	沪	hù	花	huā	花朵	huāduǒ
花费	huāfèi	花粉	huāfěn	花色	huāsè	花生	huāshēng
花纹	huāwén	花园	huāyuán	划	huá	华	huá
华北	huáběi	华侨	huáqiáo	滑	huá	滑动	huádòng
化	huà	化肥	huàféi	化工	huàgōng	化合	huàhé
化合物	huàhéwù	化石	huàshí	化学	huàxué	划	huà
划分	huàfēn	华	huà	画	huà	画家	huàjiā
画面	huàmiàn	话	huà	话剧	huàjù	话题	huàtí
话筒	huàtǒng	话语	huàyǔ	怀	huái	怀抱	huáibào
怀念	huáiniàn	怀疑	huáiyí	坏	huài	坏人	huàirén
欢乐	huānlè	欢喜	huānxǐ	欢迎	huānyíng	还	huán
还原	huányuán	环	huán	环节	huánjié	环境	huánjìng
环流	huánliú	缓	huǎn	缓和	huǎnhé	缓慢	huǎnmàn
幻觉	huànjué	幻想	huànxiǎng	换	huàn	唤	huàn

（续上表）

唤起	huànqǐ	患	huàn	患者	huànzhě	荒	huāng
慌	huāng	皇帝	huángdì	黄	huáng	黄昏	huánghūn
黄金	huángjīn	黄色	huángsè	黄土	huángtǔ	晃	huǎng
晃	huàng	灰	huī	灰尘	huīchén	灰色	huīsè
挥	huī	恢复	huīfù	辉煌	huīhuáng	回	huí
回避	huíbì	回答	huídá	回顾	huígù	回归	huíguī
回来	huílái	回去	huíqù	回头	huítóu	回忆	huíyì
毁	huǐ	毁灭	huǐmiè	汇报	huìbào	会	huì
会场	huìchǎng	会见	huìjiàn	会议	huìyì	会员	huìyuán
绘	huì	绘画	huìhuà	婚	hūn	婚礼	hūnlǐ
婚姻	hūnyīn	浑身	húnshēn	混	hún	魂	hún
混	hùn	混合	hùnhé	混乱	hùnluàn	混淆	hùnxiáo
和	huó	活	huó	活动	huódòng	活力	huólì
活泼	huópo	活跃	huóyuè	火	huǒ	火柴	huǒchái
火车	huǒchē	火光	huǒguāng	火箭	huǒjiàn	火山	huǒshān
火星	huǒxīng	火焰	huǒyàn	伙伴	huǒbàn	或	huò
或许	huòxǔ	或者	huòzhě	和	huò	货	huò
货币	huòbì	货物	huòwù	获	huò	获得	huòdé
获取	huòqǔ	几乎	jīhū	击	jī	饥饿	jī'è
机	jī	机场	jīchǎng	机车	jīchē	机构	jīgòu
机关	jīguān	机会	jīhuì	机能	jīnéng	机器	jīqì
机器人	jīqìrén	机体	jītǐ	机械	jīxiè	机械化	jīxièhuà
机智	jızhì	肌	jī	肌肉	jīròu	鸡	jī
积	jī	积极	jījí	积极性	jījíxìng	积累	jīlěi
积压	jīyā	基	jī	基本	jīběn	基层	jīcéng
基础	jīchǔ	基地	jīdì	基督教	jīdūjiào	基建	jījiàn
基金	jījīn	基因	jīyīn	基于	jīyú	畸形	jīxíng
激	jī	激动	jīdòng	激发	jīfā	激光	jīguāng
激励	jīlì	激烈	jīliè	激情	jīqíng	激素	jīsù
及	jí	及时	jíshí	级	jí	极	jí
极端	jíduān	极力	jílì	极其	jíqí	极为	jíwéi
即	jí	即将	jíjiāng	即使	jíshǐ	急	jí

（续上表）

急剧	jíjù	急忙	jímáng	急性	jíxìng	急需	jíxū
急于	jíyú	疾病	jíbìng	集	jí	集合	jíhé
集会	jíhuì	集体	jítǐ	集团	jítuán	集中	jízhōng
集资	jízī	几	jǐ	几何	jǐhé	己	jǐ
挤	jǐ	济济	jǐjǐ	给予	jǐyǔ	脊	jǐ
计	jì	计划	jìhuà	计算	jìsuàn	计算机	jìsuànjī
记	jì	记得	jìdé	记录	jìlù	记忆	jìyì
记载	jìzǎi	记者	jìzhě	纪律	jìlǜ	纪念	jìniàn
技能	jìnéng	技巧	jìqiǎo	技术	jìshù	技术员	jìshùyuán
技艺	jìyì	系	jì	季	jì	季风	jìfēng
季节	jìjié	剂	jì	济	jì	既	jì
既然	jìrán	既是	jìshì	继	jì	继承	jìchéng
继承人	jìchéngrén	继续	jìxù	祭	jì	祭祀	jìsì
寄	jì	寄生	jìshēng	寄生虫	jìshēngchóng	寄托	jìtuō
寄主	jìzhǔ	寂静	jìjìng	寂寞	jìmò	加	jiā
加工	jiāgōng	加紧	jiājǐn	加剧	jiājù	加快	jiākuài
加强	jiāqiáng	加热	jiārè	加入	jiārù	加深	jiāshēn
加速	jiāsù	加速度	jiāsùdù	加以	jiāyǐ	加重	jiāzhòng
夹	jiā	家	jiā	家畜	jiāchù	家伙	jiāhuo
家具	jiājù	家人	jiārén	家属	jiāshǔ	家庭	jiātíng
家务	jiāwù	家乡	jiāxiāng	家长	jiāzhǎng	家族	jiāzú
夹	jiá	甲	jiǎ	甲板	jiǎbǎn	钾	jiǎ
假	jiǎ	假定	jiǎdìng	假如	jiǎrú	假设	jiǎshè
假使	jiǎshǐ	假说	jiǎshuō	价	jià	价格	jiàgé
价钱	jiàqián	价值	jiàzhí	驾驶	jiàshǐ	架	jià
架子	jiàzi	假	jiǎ	嫁	jià	嫁接	jiàjiē
尖	jiān	尖锐	jiānruì	歼灭	jiānmiè	坚持	jiānchí
坚定	jiāndìng	坚固	jiāngù	坚决	jiānjué	坚强	jiānqiáng
坚实	jiānshí	坚硬	jiānyìng	间	jiān	肩	jiān
肩膀	jiānbǎng	艰巨	jiānjù	艰苦	jiānkǔ	艰难	jiānnán
监督	jiāndū	监视	jiānshì	监狱	jiānyù	兼	jiān
拣	jiǎn	茧	jiǎn	捡	jiǎn	检	jiǎn

（续上表）

检查	jiǎnchá	检验	jiǎnyàn	减	jiǎn	减轻	jiǎnqīng
减弱	jiǎnruò	减少	jiǎnshǎo	剪	jiǎn	简	jiǎn
简称	jiǎnchēng	简单	jiǎndān	简化	jiǎnhuà	简直	jiǎnzhí
碱	jiǎn	见	jiàn	见解	jiànjiě	见面	jiànmiàn
件	jiàn	间	jiàn	间隔	jiàngé	间接	jiànjiē
建	jiàn	建国	jiànguó	建立	jiànlì	建设	jiànshè
建议	jiànyì	建造	jiànzào	建筑	jiànzhù	剑	jiàn
健康	jiànkāng	健全	jiànquán	健壮	jiànzhuàng	渐渐	jiànjiàn
鉴别	jiànbié	鉴定	jiàndìng	键	jiàn	箭	jiàn
江	jiāng	江南	jiāngnán	将	jiāng	将近	jiāngjìn
将军	jiāngjūn	将来	jiānglái	将要	jiāngyào	浆	jiāng
讲	jiǎng	讲话	jiǎnghuà	讲究	jiǎngjiū	讲述	jiǎngshù
奖	jiǎng	奖金	jiǎngjīn	奖励	jiǎnglì	蒋	jiǎng
降	jiàng	降低	jiàngdī	降落	jiàngluò	降水	jiàngshuǐ
将	jiàng	强	jiàng	交	jiāo	交叉	jiāochā
交错	jiāocuò	交代	jiāodài	交换	jiāohuàn	交际	jiāojì
交流	jiāoliú	交谈	jiāotán	交替	jiāotì	交通	jiāotōng
交往	jiāowǎng	交易	jiāoyì	交织	jiāozhī	郊区	jiāoqū
浇	jiāo	骄傲	jiāo'ào	胶	jiāo	教	jiāo
教学	jiāoxué	焦	jiāo	焦点	jiāodiǎn	焦急	jiāojí
嚼	jiáo	角	jiǎo	角度	jiǎodù	角落	jiǎoluò
脚	jiǎo	脚步	jiǎobù	脚下	jiǎoxià	脚印	jiǎoyìn
搅	jiǎo	叫	jiào	叫做	jiàozuò	觉	jiào
校	jiào	较	jiào	较为	jiàowéi	教	jiào
教材	jiàocái	教导	jiàodǎo	教会	jiàohuì	教练	jiàoliàn
教师	jiàoshī	教室	jiàoshì	教授	jiàoshòu	教堂	jiàotáng
教学	jiàoxué	教训	jiàoxùn	教养	jiàoyǎng	教义	jiàoyì
教育	jiàoyù	教员	jiàoyuán	阶层	jiēcéng	阶段	jiēduàn
阶级	jiējí	皆	jiē	结	jiē	结果	jiēguǒ
结实	jiēshi	接	jiē	接触	jiēchù	接待	jiēdài
接近	jiējìn	接连	jiēlián	接收	jiēshōu	接受	jiēshòu
揭露	jiēlù	揭示	jiēshì	街	jiē	街道	jiēdào

（续上表）

街头	jiētóu	节	jié	节目	jiémù	节日	jiérì
节省	jiéshěng	节约	jiéyuē	节奏	jiézòu	杰出	jiéchū
洁白	jiébái	结	jié	结构	jiégòu	结果	jiéguǒ
结合	jiéhé	结婚	jiéhūn	结晶	jiéjīng	结局	jiéjú
结论	jiélùn	结束	jiéshù	结算	jiésuàn	截	jié
竭力	jiélì	姐姐	jiějie	姐妹	jiěmèi	解	jiě
解除	jiěchú	解答	jiědá	解放	jiěfàng	解放军	jiěfàngjūn
解决	jiějué	解剖	jiěpōu	解散	jiěsàn	解释	jiěshì
解脱	jiětuō	介绍	jièshào	介质	jièzhì	戒	jiè
届	jiè	界	jiè	界限	jièxiàn	借	jiè
借鉴	jièjiàn	借口	jièkǒu	借款	jièkuǎn	借用	jièyòng
借助	jièzhù	解	jiè	斤	jīn	今	jīn
今后	jīnhòu	今年	jīnnián	今日	jīnrì	今天	jīntiān
金	jīn	金额	jīn’é	金刚石	jīngāngshí	金牌	jīnpái
金钱	jīnqián	金融	jīnróng	金属	jīnshǔ	津	jīn
仅	jǐn	尽	jǐn	尽管	jǐnguǎn	尽快	jǐnkuài
尽量	jǐnliàng	紧	jǐn	紧急	jǐnjí	紧密	jǐnmì
紧张	jǐnzhāng	锦标赛	jǐnbiāosài	谨慎	jǐnshèn	尽	jìn
尽力	jìnlì	尽量	jìnliàng	进	jìn	进步	jìnbù
进程	jìnchéng	进而	jìn’ér	进攻	jìngōng	进化	jìnhuà
进化论	jìnhuàlùn	进军	jìnjūn	进口	jìnkǒu	进来	jìnlái
进取	jìnqǔ	讲去	jìnqù	进入	jìnrù	进行	jìnxíng
进展	jìnzhǎn	近	jìn	近代	jìndài	近来	jìnlái
近似	jìnsì	劲	jìn	晋	jìn	浸	jìn
禁止	jìnzhǐ	茎	jīng	京	jīng	京剧	jīngjù
经	jīng	经常	jīngcháng	经典	jīngdiǎn	经费	jīngfèi
经过	jīngguò	经济	jīngjì	经理	jīnglǐ	经历	jīnglì
经受	jīngshòu	经验	jīngyàn	经营	jīngyíng	惊	jīng
惊奇	jīngqí	惊人	jīngrén	惊喜	jīngxǐ	惊醒	jīngxǐng
惊讶	jīngyà	惊异	jīngyì	晶	jīng	晶体	jīngtǐ
精	jīng	精力	jīnglì	精密	jīngmì	精确	jīngquè
精神	jīngshén	精神	jīngshen	精细	jīngxì	精心	jīngxīn

（续上表）

精子	jīngzǐ	鲸	jīng	井	jǐng	颈	jǐng
景	jǐng	景色	jǐngsè	景物	jǐngwù	景象	jǐngxiàng
警察	jǐngchá	警告	jǐnggào	警惕	jǐngtì	劲	jìng
径	jìng	径流	jìngliú	净	jìng	净化	jìnghuà
竞赛	jìngsài	竞争	jìngzhēng	竟	jìng	竟然	jìngrán
敬	jìng	静	jìng	静脉	jìngmài	静止	jìngzhǐ
境	jìng	境地	jìngdì	境界	jìngjiè	镜	jìng
镜头	jìngtóu	镜子	jìngzi	纠纷	jiūfēn	纠正	jiūzhèng
究	jiū	究竟	jiūjìng	九	jiǔ	久	jiǔ
酒	jiǔ	酒精	jiǔjīng	旧	jiù	救	jiù
救国	jiùguó	救济	jiùjì	就	jiù	就是	jiùshì
就算	jiùsuàn	就业	jiùyè	舅舅	jiùjiu	车	jū
居	jū	居民	jūmín	居然	jūrán	居于	jūyú
居住	jūzhù	局	jú	局部	júbù	局面	júmiàn
局势	júshì	局限	júxiàn	菊花	júhuā	咀嚼	jǔjué
举	jǔ	举办	jǔbàn	举动	jǔdòng	举行	jǔxíng
巨	jù	巨大	jùdà	句	jù	句子	jùzi
拒绝	jùjué	具	jù	具备	jùbèi	具体	jùtǐ
具有	jùyǒu	俱	jù	剧	jù	剧本	jùběn
剧场	jùchǎng	剧烈	jùliè	剧团	jùtuán	剧种	jùzhǒng
据	jù	据点	jùdiǎn	据说	jùshuō	距	jù
距离	jùlí	聚	jù	聚集	jùjí	捐	juān
圈	juān	卷	juǎn	卷	juàn	圈	juàn
决	jué	决策	juécè	决定	juédìng	决定性	juédìngxìng
决心	juéxīn	决议	juéyì	角	jué	角色	juésè
觉	jué	觉察	juéchá	觉得	juéde	觉悟	juéwù
绝	jué	绝对	juéduì	绝望	juéwàng	嚼	jué
军	jūn	军队	jūnduì	军阀	jūnfá	军官	jūnguān
军舰	jūnjiàn	军民	jūnmín	军区	jūnqū	军人	jūnrén
军事	jūnshì	均	jūn	均衡	jūnhéng	均匀	jūnyún
君	jūn	君主	jūnzhǔ	菌	jūn	咖啡	kāfēi
卡	kǎ	开	kāi	开办	kāibàn	开采	kāicǎi

（续上表）

开除	kāichú	开创	kāichuàng	开发	kāifā	开放	kāifàng
开关	kāiguān	开花	kāihuā	开会	kāihuì	开垦	kāikěn
开口	kāikǒu	开阔	kāikuò	开门	kāimén	开幕	kāimù
开辟	kāipì	开设	kāishè	开始	kāishǐ	开水	kāishuǐ
开头	kāitóu	开拓	kāituò	开玩笑	kāiwánxiào	开展	kāizhǎn
开支	kāizhī	刊登	kāndēng	刊物	kānwù	看	kān
勘探	kāntàn	砍	kǎn	看	kàn	看待	kàndài
看法	kànfǎ	看见	kànjiàn	看望	kànwàng	扛	káng
抗	kàng	抗议	kàngyì	抗战	kàngzhàn	炕	kàng
考	kǎo	考察	kǎochá	考古	kǎogǔ	考核	kǎohé
考虑	kǎolǜ	考试	kǎoshì	考验	kǎoyàn	靠	kào
靠近	kàojìn	科	kē	科技	kējì	科学	kēxué
科学家	kēxuéjiā	科学院	kēxuéyuàn	科研	kēyán	棵	kē
颗	kē	颗粒	kēlì	壳	ké	咳	ké
咳嗽	késou	可	kě	可爱	kě'ài	可见	kějiàn
可靠	kěkào	可怜	kělián	可能	kěnéng	可是	kěshì
可谓	kěwèi	可惜	kěxī	可笑	kěxiào	可以	kěyǐ
渴望	kěwàng	克	kè	克服	kèfú	刻	kè
刻度	kèdù	刻画	kèhuà	刻苦	kèkǔ	客	kè
客观	kèguān	客气	kèqi	客人	kèrén	客体	kètǐ
客厅	kètīng	课	kè	课本	kèběn	课程	kèchéng
课堂	kètáng	课题	kètí	肯	kěn	肯定	kěndìng
啃	kěn	坑	kēng	空	kōng	空间	kōngjiān
空军	kōngjūn	空气	kōngqì	空前	kōngqián	空虚	kōngxū
空中	kōngzhōng	孔	kǒng	孔雀	kǒngquè	恐怖	kǒngbù
恐慌	kǒnghuāng	恐惧	kǒngjù	恐怕	kǒngpà	空	kòng
空白	kòngbái	控制	kòngzhì	口	kǒu	口袋	kǒudai
口号	kǒuhào	口腔	kǒuqiāng	口头	kǒutóu	口语	kǒuyǔ
扣	kòu	哭	kū	苦	kǔ	苦难	kǔnàn
苦恼	kǔ'nǎo	库	kù	库存	kùcún	裤子	kùzi
夸张	kuāzhāng	跨	kuà	会计	kuàijì	块	kuài
快	kuài	快活	kuàihuó	快乐	kuàilè	快速	kuàisù

（续上表）

快要	kuàiyào	筷子	kuàizi	宽	kuān	宽大	kuāndà
宽阔	kuānkuò	款	kuǎn	筐	kuāng	狂	kuáng
况且	kuàngqiě	矿	kuàng	矿产	kuàngchǎn	矿物	kuàngwù
亏	kuī	亏损	kuīsǔn	昆虫	kūnchóng	捆	kǔn
困	kùn	困境	kùnjìng	困难	kùnnan	扩大	kuòdà
扩散	kuòsàn	扩展	kuòzhǎn	扩张	kuòzhāng	阔	kuò
拉	lā	拉	lá	喇叭	lǎba	落	là
蜡	là	蜡烛	làzhú	辣椒	làjiāo	来	lái
来不及	láibùjí	来回	láihuí	来临	láilín	来往	láiwǎng
来信	láixìn	来源	láiyuán	赖	lài	兰	lán
栏	lán	蓝	lán	烂	làn	狼	láng
浪	làng	浪费	làngfèi	浪花	lànghuā	捞	lāo
劳	láo	劳动	láodòng	劳动力	láodònglì	劳动日	láodòngrì
劳动者	láodòngzhě	劳力	láolì	牢	láo	牢固	láogù
老	lǎo	老百姓	lǎobǎixìng	老板	lǎobǎn	老伴儿	lǎobànr
老大	lǎodà	老汉	lǎohàn	老虎	lǎohǔ	老年	lǎonián
老婆	lǎopo	老人	lǎorén	老人家	lǎorénjiā	老师	lǎoshī
老实	lǎoshi	老鼠	lǎoshǔ	老太太	lǎotàitai	老头子	lǎotóuzi
老乡	lǎoxiāng	老爷	lǎoye	老子	lǎozi	落	lào
乐	lè	乐观	lèguān	累	léi	雷	léi
雷达	léidá	累	lěi	泪	lèi	泪水	lèishuǐ
类	lèi	类似	lèisì	类型	lèixíng	累	lèi
冷	lěng	冷静	lěngjìng	冷却	lěngquè	冷水	lěngshuǐ
冷笑	lěngxiào	愣	lèng	离	lí	离婚	líhūn
离开	líkāi	离子	lízǐ	梨	lí	犁	lí
礼	lǐ	礼貌	lǐmào	礼物	lǐwù	里	lǐ
里边	lǐbiān	里面	lǐmiàn	里头	lǐtou	理	lǐ
理解	lǐjiě	理论	lǐlùn	理想	lǐxiǎng	理性	lǐxìng
理由	lǐyóu	理智	lǐzhì	力	lì	力量	lìliàng
力气	lìqi	力求	lìqiú	力图	lìtú	力学	lìxué
历	lì	历代	lìdài	历来	lìlái	历史	lìshǐ
厉害	lìhai	立	lì	立场	lìchǎng	立法	lìfǎ

（续上表）

立即	lìjí	立刻	lìkè	立体	lìtǐ	利	lì
利害	lìhài	利率	lìlǜ	利润	lìrùn	利息	lìxī
利益	lìyì	利用	lìyòng	利于	lìyú	例	lì
例如	lìrú	例外	lìwài	例子	lìzi	粒	lì
粒子	lìzǐ	俩	liǎ	连	lián	连队	liánduì
连接	liánjiē	连结	liánjié	连忙	liánmáng	连同	liántóng
连续	liánxù	莲子	liánzǐ	联	lián	联邦	liánbāng
联合	liánhé	联合国	liánhéguó	联结	liánjié	联络	liánluò
联盟	liánméng	联系	liánxì	联想	liánxiǎng	联营	liányíng
廉价	liánjià	脸	liǎn	脸色	liǎnsè	练	liàn
练习	liànxí	炼	liàn	恋爱	liàn'ài	链	liàn
良	liáng	良好	liánghǎo	良心	liángxīn	良种	liángzhǒng
凉	liáng	梁	liáng	量	liáng	粮	liáng
粮食	liángshi	两	liǎng	两岸	liǎng'àn	两边	liǎngbiān
两极	liǎngjí	两旁	liǎngpáng	亮	liàng	谅	liàng
辆	liàng	量	liàng	量子	liàngzǐ	辽阔	liáokuò
了	liǎo	了不起	liǎobùqǐ	了解	liǎojiě	料	liào
咧	liě	列	liè	列车	lièchē	列举	lièjǔ
烈士	lièshì	猎	liè	裂	liè	邻	lín
邻近	línjìn	邻居	línjū	林	lín	林木	línmù
林业	línyè	临	lín	临床	línchuáng	临时	línshí
淋	lín	淋巴	línbā	磷	lín	灵	líng
灵感	línggǎn	灵魂	línghún	灵活	línghuó	灵敏	língmǐn
铃	líng	零	líng	零件	língjiàn	零售	língshòu
龄	líng	令	lǐng	岭	lǐng	领	lǐng
领导	lǐngdǎo	领会	lǐnghuì	领事	lǐngshì	领土	lǐngtǔ
领袖	lǐngxiù	领域	lǐngyù	另	lìng	另外	lìngwài
令	lìng	溜	liū	刘	liú	留	liú
留学	liúxué	流	liú	流传	liúchuán	流动	liúdòng
流露	liúlù	流氓	liúmáng	流派	liúpài	流水	liúshuǐ
流体	liútǐ	流通	liútōng	流向	liúxiàng	流行	liúxíng
流血	liúxuè	流域	liúyù	硫	liú	硫酸	liúsuān

（续上表）

瘤	liú	柳	liǔ	六	liù	陆	liù
溜	liù	龙	lóng	笼	lóng	垄断	lǒngduàn
拢	lǒng	笼	lǒng	笼罩	lǒngzhào	弄	lòng
搂	lōu	楼	lóu	楼房	lóufáng	搂	lǒu
漏	lòu	露	lòu	炉	lú	炉子	lúzi
卤	lǔ	鲁	lǔ	陆	lù	陆地	lùdì
陆军	lùjūn	陆续	lùxù	录	lù	鹿	lù
路	lù	路程	lùchéng	路过	lùguò	路线	lùxiàn
路子	lùzi	露	lù	驴	lǘ	旅	lǚ
旅馆	lǚguǎn	旅客	lǚkè	旅行	lǚxíng	旅游	lǚyóu
铝	lǚ	缕	lǚ	履行	lǚxíng	律	lǜ
律师	lǜshī	率	lǜ	绿	lǜ	绿化	lǜhuà
氯	lǜ	氯气	lǜqì	滤	lǜ	卵	luǎn
卵巢	luǎncháo	乱	luàn	掠夺	lüèduó	略	lüè
伦理	lúnlǐ	轮	lún	轮船	lúnchuán	轮廓	lúnkuò
轮流	lúnliú	论	lùn	论点	lùndiǎn	论述	lùnshù
论文	lùnwén	论证	lùnzhèng	罗	luó	逻辑	luójí
螺旋	luóxuán	骆驼	luòtuo	络	luò	落	luò
落地	luòdì	落后	luòhòu	落实	luòshí	妈妈	māma
抹	mā	麻	má	麻烦	máfan	麻醉	mázuì
马	mǎ	马车	mǎchē	马路	mǎlù	马上	mǎshàng
码	mǎ	码头	mǎtou	蚂蚁	mǎyǐ	骂	mà
埋	mái	买	mǎi	买卖	mǎimai	迈	mài
麦	mài	卖	mài	脉	mài	蛮	mán
馒头	mántou	瞒	mán	满	mǎn	满意	mǎnyì
满足	mǎnzú	漫长	màncháng	慢	màn	慢性	mànxìng
忙	máng	忙碌	mánglù	盲目	mángmù	茫然	mángrán
猫	māo	毛	máo	毛病	máobìng	毛巾	máojīn
矛盾	máodùn	冒	mào	冒险	màoxiǎn	贸易	màoyì
帽	mào	帽子	màozi	没	méi	没事	méishì
没有	méiyǒu	枚	méi	眉	méi	眉毛	méimao
眉头	méitóu	梅	méi	媒介	méijiè	煤	méi

（续上表）

煤炭	méitàn	酶	méi	每	měi	每年	měinián
美	měi	美感	měigǎn	美好	měihǎo	美化	měihuà
美丽	měilì	美妙	měimiào	美术	měishù	美学	měixué
美元	měiyuán	镁	měi	妹妹	mèimei	魅力	mèilì
闷	mēn	门	mén	门口	ménkǒu	闷	mèn
蒙	mēng	萌发	méngfā	萌芽	méngyá	蒙	méng
猛	měng	猛烈	měngliè	蒙	měng	孟	mèng
梦	mèng	弥补	míbǔ	弥漫	mímàn	迷	mí
迷人	mírén	迷信	míxìn	谜	mí	米	mǐ
秘密	mìmì	秘书	mìshū	密	mì	密度	mìdù
密集	mìjí	密切	mìqiè	蜜	mì	蜜蜂	mìfēng
棉	mián	棉花	miánhuā	免	miǎn	免疫	miǎnyì
勉强	miǎnqiǎng	面	miàn	面积	miànjī	面孔	miànkǒng
面临	miànlín	面貌	miànmào	面目	miànmù	面前	miànqián
苗	miáo	描绘	miáohuì	描述	miáoshù	描写	miáoxiě
秒	miǎo	妙	miào	庙	miào	灭	miè
灭亡	mièwáng	民	mín	民兵	mínbīng	民歌	míngē
民国	mínguó	民间	mínjiān	民事	mínshì	民俗	mínsú
民众	mínzhòng	民主	mínzhǔ	民族	mínzú	敏感	mǐngǎn
敏捷	mǐnjié	敏锐	mǐnruì	名	míng	名称	míngchēng
名词	míngcí	名义	míngyì	名字	míngzi	明	míng
明白	míngbai	明亮	míngliàng	明年	míngnián	明确	míngquè
明天	míngtiān	明显	míngxiǎn	鸣	míng	命	mìng
命令	mìnglìng	命名	mìngmíng	命题	mìngtí	命运	mìngyùn
摸	mō	摸索	mōsuǒ	模	mó	模范	mófàn
模仿	mófǎng	模糊	móhu	模拟	mónǐ	模式	móshì
模型	móxíng	膜	mó	摩	mó	摩擦	mócā
磨	mó	抹	mǒ	末	mò	末期	mòqī
没	mò	没落	mòluò	没收	mòshōu	抹	mò
陌生	mòshēng	莫	mò	墨	mò	默默	mòmò
磨	mò	谋	móu	某	mǒu	模样	múyàng
母	mǔ	母亲	mǔqīn	母体	mǔtǐ	亩	mǔ

（续上表）

木	mù	木材	mùcái	木头	mùtou	目	mù
目标	mùbiāo	目的	mùdì	目光	mùguāng	目前	mùqián
墓	mù	幕	mù	拿	ná	哪	nǎ
哪里	nǎlǐ	哪儿	nǎr	哪些	nǎxiē	那	nà
那里	nàlǐ	那么	nàme	那儿	nàr	那些	nàxiē
那样	nàyàng	纳	nà	纳入	nàrù	纳税	nàshuì
钠	nà	乃	nǎi	乃至	nǎizhì	奶	nǎi
奶奶	nǎinai	耐	nài	耐心	nàixīn	男	nán
男女	nánnǚ	男人	nánrén	男性	nánxìng	男子	nánzǐ
南	nán	南北	nánběi	南方	nánfāng	南极	nánjí
难	nán	难道	nándào	难得	nándé	难怪	nánguài
难过	nánguò	难免	nánmiǎn	难受	nánshòu	难题	nántí
难以	nányǐ	难于	nányú	难	nàn	囊	náng
脑	nǎo	脑袋	nǎodai	脑子	nǎozi	闹	nào
内	nèi	内部	nèibù	内地	nèidì	内涵	nèihán
内容	nèiróng	内外	nèiwài	内心	nèixīn	内在	nèizài
内脏	nèizàng	嫩	nèn	能	néng	能动	néngdòng
能够	nénggòu	能力	nénglì	能量	néngliàng	能源	néngyuán
泥	ní	泥土	nítǔ	拟	nǐ	你	nǐ
你们	nǐmen	逆	nì	年	nián	年初	niánchū
年代	niándài	年底	niándǐ	年度	niándù	年级	niánjí
年纪	niánjì	年间	niánjiān	年龄	niánlíng	年青	niánqīng
年轻	niánqīng	年头儿	niántóur	念	niàn	念头	niàntou
娘	niáng	鸟	niǎo	尿	niào	捏	niē
您	nín	宁	níng	宁静	níngjìng	拧	níng
凝	níng	凝固	nínggù	凝结	níngjié	凝聚	níngjù
凝视	níngshì	拧	nǐng	宁	nìng	拧	nìng
牛	niú	牛顿	niúdùn	扭	niǔ	扭转	niǔzhuǎn
农	nóng	农产品	nóngchǎnpǐn	农场	nóngchǎng	农村	nóngcūn
农户	nónghù	农具	nóngjù	农民	nóngmín	农田	nóngtián
农药	nóngyào	农业	nóngyè	农作物	nóngzuòwù	浓	nóng
浓度	nóngdù	浓厚	nónghòu	脓	nóng	弄	nòng

（续上表）

奴隶	núlì	奴役	núyì	努力	nǔlì	怒	nù
女	nǚ	女儿	nǚ'ér	女工	nǚgōng	女人	nǚrén
女士	nǚshì	女性	nǚxìng	女婿	nǚxu	女子	nǚzǐ
暖	nuǎn	欧	ōu	偶	ǒu	偶尔	ǒu'ěr
偶然	ǒurán	偶然性	ǒuránxìng	扒	pá	爬	pá
怕	pà	拍	pāi	拍摄	pāishè	排	pái
排斥	páichì	排除	páichú	排放	páifàng	排列	páiliè
牌	pái	牌子	páizi	派	pài	派出所	pàichūsuǒ
派遣	pàiqiǎn	潘	pān	攀	pān	盘	pán
判	pàn	判处	pànchǔ	判定	pàndìng	判断	pànduàn
判决	pànjué	盼	pàn	盼望	pànwàng	庞大	pángdà
旁	páng	旁边	pángbiān	胖	pàng	抛	pāo
抛弃	pāoqì	泡	pāo	炮	páo	跑	pǎo
泡	pào	炮	pào	炮弹	pàodàn	胚	pēi
胚胎	pēitāi	陪	péi	培训	péixùn	培养	péiyǎng
培育	péiyù	赔偿	péicháng	佩服	pèifú	配	pèi
配合	pèihé	配套	pèitào	配置	pèizhì	喷	pēn
盆	pén	盆地	péndì	朋友	péngyou	彭	péng
棚	péng	蓬勃	péngbó	膨胀	péngzhàng	捧	pěng
碰	pèng	批	pī	批发	pīfā	批判	pīpàn
批评	pīpíng	批准	pīzhǔn	披	pī	皮	pí
皮肤	pífū	疲倦	píjuàn	疲劳	píláo	脾	pí
脾气	píqi	匹	pǐ	屁股	pìgu	譬如	pìrú
偏	piān	偏见	piānjiàn	偏偏	piānpiān	偏向	piānxiàng
篇	piān	便宜	piányi	片	piàn	片刻	piànkè
片面	piànmiàn	骗	piàn	飘	piāo	票	piào
漂亮	piàoliang	拼命	pīnmìng	贫	pín	贫困	pínkùn
贫穷	pínqióng	频繁	pínfán	频率	pínlǜ	品	pǐn
品德	pǐndé	品质	pǐnzhì	品种	pǐnzhǒng	乒乓球	pīngpāngqiú
平	píng	平常	píngcháng	平等	píngděng	平凡	píngfán
平分	píngfēn	平衡	pínghéng	平静	píngjìng	平均	píngjūn
平面	píngmiàn	平民	píngmín	平日	píngrì	平时	píngshí

（续上表）

平坦	píngtǎn	平行	píngxíng	平原	píngyuán	评	píng
评价	píngjià	评论	pínglùn	评选	píngxuǎn	苹果	píngguǒ
凭	píng	凭借	píngjiè	屏	píng	屏幕	píngmù
瓶	píng	坡	pō	颇	pō	婆婆	pópo
迫	pò	迫害	pòhài	迫切	pòqiè	迫使	pòshǐ
破	pò	破产	pòchǎn	破坏	pòhuài	破裂	pòliè
剖面	pōumiàn	扑	pū	铺	pū	菩萨	púsà
葡萄	pútáo	葡萄糖	pútáotáng	朴素	pǔsù	普遍	pǔbiàn
普及	pǔjí	普通	pǔtōng	普通话	pǔtōnghuà	谱	pǔ
铺	pù	七	qī	妻子	qīzǐ	凄凉	qīliáng
期	qī	期待	qīdài	期货	qīhuò	期间	qījiān
期望	qīwàng	期限	qīxiàn	欺骗	qīpiàn	漆	qī
齐	qí	其	qí	其次	qícì	其间	qíjiān
其实	qíshí	其他	qítā	其余	qíyú	其中	qízhōng
奇	qí	奇怪	qíguài	奇迹	qíjì	奇特	qítè
奇异	qíyì	骑	qí	旗	qí	旗帜	qízhì
企图	qǐtú	企业	qǐyè	启发	qǐfā	启示	qǐshì
起	qǐ	起初	qǐchū	起点	qǐdiǎn	起伏	qǐfú
起来	qǐlái	起码	qǐmǎ	起身	qǐshēn	起义	qǐyì
起源	qǐyuán	气	qì	气氛	qìfēn	气愤	qìfèn
气候	qìhòu	气流	qìliú	气体	qìtǐ	气团	qìtuán
气味	qìwèi	气温	qìwēn	气息	qìxī	气象	qìxiàng
气压	qìyā	气质	qìzhì	弃	qì	汽车	qìchē
汽油	qìyóu	契约	qìyuē	砌	qì	器	qì
器材	qìcái	器官	qìguān	卡	qiǎ	恰当	qiàdàng
恰好	qiàhǎo	千	qiān	千方百计	qiānfāngbǎijì	千克	qiānkè
迁	qiān	迁移	qiānyí	牵	qiān	铅	qiān
铅笔	qiānbǐ	签订	qiāndìng	前	qián	前边	qiánbiān
前方	qiánfāng	前后	qiánhòu	前进	qiánjìn	前景	qiánjǐng
前面	qiánmiàn	前期	qiánqī	前人	qiánrén	前提	qiántí
前头	qiántou	前途	qiántú	前往	qiánwǎng	前夕	qiánxī

（续上表）

前线	qiánxiàn	钱	qián	潜	qián	潜力	qiánlì
潜在	qiánzài	浅	qiǎn	遣	qiǎn	欠	qiàn
嵌	qiàn	抢	qiāng	腔	qiāng	强	qiáng
强大	qiángdà	强盗	qiángdào	强调	qiángdiào	强度	qiángdù
强化	qiánghuà	强烈	qiángliè	强制	qiángzhì	墙	qiáng
墙壁	qiángbì	抢	qiǎng	抢救	qiǎngjiù	强	qiǎng
悄悄	qiāoqiāo	敲	qiāo	桥	qiáo	桥梁	qiáoliáng
瞧	qiáo	巧	qiǎo	巧妙	qiǎomiào	壳	qiào
切	qiē	且	qiě	切	qiè	切实	qièshí
侵	qīn	侵犯	qīnfàn	侵略	qīnlüè	侵权	qīnquán
侵入	qīnrù	侵蚀	qīnshí	侵占	qīnzhàn	亲	qīn
亲密	qīnmì	亲戚	qīnqi	亲切	qīnqiè	亲热	qīnrè
亲人	qīnrén	亲属	qīnshǔ	亲眼	qīnyǎn	亲友	qīnyǒu
亲自	qīnzì	秦	qín	琴	qín	勤	qín
勤劳	qínláo	青	qīng	青春	qīngchūn	青年	qīngnián
青蛙	qīngwā	轻	qīng	轻工业	qīnggōngyè	轻声	qīngshēng
轻视	qīngshì	轻松	qīngsōng	轻微	qīngwēi	轻易	qīngyì
轻重	qīngzhòng	氢	qīng	氢气	qīngqì	倾	qīng
倾听	qīngtīng	倾向	qīngxiàng	倾斜	qīngxié	清	qīng
清晨	qīngchén	清除	qīngchú	清楚	qīngchu	清洁	qīngjié
清理	qīnglǐ	清晰	qīngxī	清醒	qīngxǐng	情	qíng
情报	qíngbào	情操	qíngcāo	情感	qínggǎn	情节	qíngjié
情景	qíngjǐng	情境	qíngjìng	情况	qíngkuàng	情趣	qíngqù
情形	qíngxíng	情绪	qíngxù	请	qǐng	请求	qǐngqiú
请示	qǐngshì	庆祝	qìngzhù	穷	qióng	穷人	qióngrén
秋	qiū	秋季	qiūjì	秋天	qiūtiān	求	qiú
求证	qiúzhèng	酋长	qiúzhǎng	球	qiú	区	qū
区别	qūbié	区分	qūfēn	区域	qūyù	曲	qū
曲线	qūxiàn	曲折	qūzhé	驱	qū	驱逐	qūzhú
屈服	qūfú	趋	qū	趋势	qūshì	趋向	qūxiàng
渠	qú	渠道	qúdào	曲	qǔ	取	qǔ
取代	qǔdài	取得	qǔdé	取消	qǔxiāo	娶	qǔ

（续上表）

去	qù	去年	qùnián	去世	qùshì	趣味	qùwèi
圈	quān	权	quán	权力	quánlì	权利	quánlì
权威	quánwēi	权益	quányì	全	quán	全部	quánbù
全局	quánjú	全面	quánmiàn	全民	quánmín	全球	quánqiú
全身	quánshēn	全体	quántǐ	泉	quán	拳	quán
拳头	quántou	劝	quàn	缺	quē	缺点	quēdiǎn
缺乏	quēfá	缺少	quēshǎo	缺陷	quēxiàn	却	què
确	què	确保	quèbǎo	确定	quèdìng	确立	quèlì
确切	quèqiè	确认	quèrèn	确实	quèshí	群	qún
群落	qúnluò	群体	qúntǐ	群众	qúnzhòng	然	rán
然而	rán'ér	然后	ránhòu	燃	rán	燃料	ránliào
燃烧	ránshāo	染	rǎn	染色	rǎnsè	染色体	rǎnsètǐ
嚷	rǎng	让	ràng	扰动	rǎodòng	扰乱	rǎoluàn
绕	rào	惹	rě	热	rè	热爱	rè'ài
热带	rèdài	热量	rèliàng	热烈	rèliè	热闹	rènao
热能	rènéng	热情	rèqíng	热心	rèxīn	人	rén
人才	réncái	人格	réngé	人工	réngōng	人家	rénjiā
人家	rénjia	人间	rénjiān	人均	rénjūn	人口	rénkǒu
人类	rénlèi	人力	rénlì	人们	rénmen	人民	rénmín
人民币	rénmínbì	人群	rénqún	人身	rénshēn	人生	rénshēng
人士	rénshì	人事	rénshì	人体	réntǐ	人为	rénwéi
人物	rénwù	人心	rénxīn	人性	rénxìng	人影	rényǐng
人员	rényuán	人造	rénzào	仁	rén	任	rén
忍	rěn	忍耐	rěnnài	忍受	rěnshòu	认	rèn
认定	rèndìng	认识	rènshi	认识论	rènshílùn	认为	rènwéi
认真	rènzhēn	任	rèn	任何	rènhé	任命	rènmìng
任务	rènwù	任意	rènyì	扔	rēng	仍	réng
仍旧	réngjiù	仍然	réngrán	日	rì	日报	rìbào
日常	rìcháng	日记	rìjì	日期	rìqī	日前	rìqián
日趋	rìqū	日夜	rìyè	日益	rìyì	日子	rìzi
荣誉	róngyù	容	róng	容量	róngliàng	容纳	róngnà
容器	róngqì	容易	róngyì	溶	róng	溶剂	róngjì

（续上表）

溶解	róngjiě	溶液	róngyè	熔	róng	熔点	róngdiǎn
融合	rónghé	柔和	róuhé	柔软	róuruǎn	揉	róu
肉	ròu	肉体	ròutǐ	如	rú	如此	rúcǐ
如果	rúguǒ	如何	rúhé	如今	rújīn	如同	rútóng
如下	rúxià	儒家	rújiā	乳	rǔ	入	rù
入侵	rùqīn	入手	rùshǒu	入学	rùxué	软	ruǎn
若	ruò	若干	ruògān	若是	ruòshì	弱	ruò
弱点	ruòdiǎn	撒	sā	洒	sǎ	撒	sǎ
鳃	sāi	塞	sāi	塞	sài	赛	sài
三	sān	三角	sānjiǎo	三角形	sānjiǎoxíng	伞	sǎn
散	sǎn	散射	sǎnshè	散文	sǎnwén	散	sàn
散布	sànbù	散步	sànbù	散发	sànfā	嗓子	sǎngzi
丧失	sàngshī	扫	sǎo	扫荡	sǎodàng	嫂子	sǎozi
色	sè	色彩	sècǎi	塞	sè	森林	sēnlín
僧	sēng	僧侣	sēnglǚ	杀	shā	杀害	shāhài
沙	shā	沙发	shāfā	沙漠	shāmò	沙滩	shātān
纱	shā	砂	shā	傻	shǎ	色	shǎi
晒	shài	山	shān	山地	shāndì	山峰	shānfēng
山谷	shāngǔ	山林	shānlín	山路	shānlù	山脉	shānmài
山区	shānqū	山水	shānshuǐ	山头	shāntóu	扇	shān
闪	shǎn	闪电	shǎndiàn	闪光	shǎnguāng	闪烁	shǎnshuò
单	shàn	扇	shàn	善	shàn	善良	shànliáng
善于	shànyú	伤	shāng	伤害	shānghài	伤口	shāngkǒu
伤心	shāngxīn	伤员	shāngyuán	商	shāng	商标	shāngbiāo
商店	shāngdiàn	商量	shāngliang	商品	shāngpǐn	商人	shāngrén
商业	shāngyè	上	shǎng	赏	shǎng	上	shàng
上班	shàngbān	上边	shàngbiān	上层	shàngcéng	上帝	shàngdì
上级	shàngjí	上课	shàngkè	上空	shàngkōng	上来	shànglái
上面	shàngmiàn	上去	shàngqù	上山	shàngshān	上升	shàngshēng
上市	shàngshì	上述	shàngshù	上诉	shàngsù	上午	shàngwǔ
上下	shàngxià	上学	shàngxué	上衣	shàngyī	上游	shàngyóu
上涨	shàngzhǎng	尚	shàng	烧	shāo	梢	shāo

（续上表）

稍	shāo	稍稍	shāoshāo	稍微	shāowēi	少	shǎo
少量	shǎoliàng	少数	shǎoshù	少	shào	少年	shàonián
少女	shàonǚ	少爷	shàoye	舌	shé	舌头	shétou
折	shé	蛇	shé	舍	shě	舍不得	shěbudé
设	shè	设备	shèbèi	设法	shèfǎ	设计	shèjì
设立	shèlì	设施	shèshī	设想	shèxiǎng	设置	shèzhì
社	shè	社会	shèhuì	社会学	shèhuìxué	舍	shè
射	shè	射击	shèjī	射线	shèxiàn	涉及	shèjí
摄	shè	摄影	shèyǐng	谁	shuí	申请	shēnqǐng
伸	shēn	伸手	shēnshǒu	身	shēn	身边	shēnbiān
身材	shēncái	身份	shēnfèn	身后	shēnhòu	身躯	shēnqū
身体	shēntǐ	身心	shēnxīn	身影	shēnyǐng	身子	shēnzi
参	shēn	深	shēn	深沉	shēnchén	深度	shēndù
深厚	shēnhòu	深化	shēnhuà	深刻	shēnkè	深情	shēnqíng
深入	shēnrù	深夜	shēnyè	深远	shēnyuǎn	什么	shénme
神	shén	神话	shénhuà	神经	shénjīng	神秘	shénmì
神奇	shénqí	神气	shénqì	神情	shénqíng	神色	shénsè
神圣	shénshèng	神态	shéntài	神学	shénxué	沈	shěn
审查	shěnchá	审美	shěnměi	审判	shěnpàn	婶	shěn
肾	shèn	甚	shèn	甚至	shènzhì	渗透	shèntòu
慎重	shènzhòng	升	shēng	生	shēng	生产	shēngchǎn
生产力	shēngchǎnlì	生成	shēngchéng	生存	shēngcún	生动	shēngdòng
生活	shēnghuó	生理	shēnglǐ	生命	shēngmìng	生命力	shēngmìnglì
生气	shēngqì	生前	shēngqián	生态	shēngtài	生物	shēngwù
生意	shēngyì	生意	shēngyi	生育	shēngyù	生长	shēngzhǎng
生殖	shēngzhí	声	shēng	声调	shēngdiào	声明	shēngmíng
声响	shēngxiǎng	声音	shēngyīn	牲畜	shēngchù	牲口	shēngkou
绳	shéng	绳子	shéngzi	省	shěng	圣	shèng
圣经	shèngjīng	胜	shèng	胜利	shènglì	盛	shèng
盛行	shèngxíng	剩	shèng	剩余	shèngyú	尸体	shītǐ
失	shī	失败	shībài	失掉	shīdiào	失去	shīqù
失调	shītiáo	失望	shīwàng	失误	shīwù	失业	shīyè

（续上表）

师	shī	师范	shīfàn	师傅	shīfu	师长	zhīzhǎng
诗	shī	诗歌	shīgē	诗人	shīrén	诗意	shīyì
施	shī	施肥	shīféi	施工	shīgōng	施行	shīxíng
湿	shī	湿度	shīdù	湿润	shīrùn	十	shí
石	shí	石灰	shíhuī	石头	shítou	石油	shíyóu
时	shí	时常	shícháng	时代	shídài	时而	shí'ér
时候	shíhou	时机	shíjī	时间	shíjiān	时节	shíjié
时刻	shíkè	时空	shíkōng	时髦	shímáo	时期	shíqī
识	shí	识别	shíbié	识字	shízì	实	shí
实际	shíjì	实践	shíjiàn	实力	shílì	实例	shílì
实施	shíshī	实体	shítǐ	实物	shíwù	实现	shíxiàn
实行	shíxíng	实验	shíyàn	实用	shíyòng	实在	shízài
实在	shízai	实质	shízhì	拾	shí	食	shí
食品	shípǐn	食堂	shítáng	食物	shíwù	食盐	shíyán
食用	shíyòng	史	shǐ	史学	shǐxué	使	shǐ
使得	shǐdé	使劲	shǐjìn	使命	shǐmìng	使用	shǐyòng
始	shǐ	始终	shǐzhōng	士	shì	士兵	shìbīng
氏	shì	氏族	shìzú	示	shì	示范	shìfàn
示威	shìwēi	世	shì	世代	shìdài	世纪	shìjì
世界	shìjiè	世界观	shìjièguān	市	shì	市场	shìchǎng
市民	shìmín	式	shì	似的	shìde	事	shì
事变	shìbiàn	事故	shìgù	事后	shìhòu	事迹	shìjì
事件	shìjiàn	事例	shìlì	事情	shìqing	事实	shìshí
事务	shìwù	事物	shìwù	事先	shìxiān	事业	shìyè
势	shì	势必	shìbì	势力	shìlì	势能	shìnéng
试	shì	试管	shìguǎn	试图	shìtú	试验	shìyàn
试制	shìzhì	视	shì	视觉	shìjué	视线	shìxiàn
视野	shìyě	是	shì	是非	shìfēi	是否	shìfǒu
适	shì	适当	shìdàng	适合	shìhé	适宜	shìyí
适应	shìyìng	适用	shìyòng	室	shì	逝世	shìshì
释放	shìfàng	收	shōu	收购	shōugòu	收回	shōuhuí
收获	shōuhuò	收集	shōují	收入	shōurù	收拾	shōushi

（续上表）

收缩	shōusuō	收益	shōuyì	收音机	shōuyīnjī	熟	shóu
手	shǒu	手臂	shǒubì	手表	shǒubiǎo	手段	shǒuduàn
手法	shǒufǎ	手工	shǒugōng	手工业	shǒugōngyè	手脚	shǒujiǎo
手榴弹	shǒuliúdàn	手枪	shǒuqiāng	手势	shǒushì	手术	shǒushù
手续	shǒuxù	手掌	shǒuzhǎng	手指	shǒuzhǐ	守	shǒu
守恒	shǒuhéng	首	shǒu	首都	shǒudū	首领	shǒulǐng
首先	shǒuxiān	首要	shǒuyào	首长	shǒuzhǎng	寿命	shòumìng
受	shòu	受精	shòujīng	受伤	shòushāng	狩猎	shòuliè
授	shòu	兽	shòu	瘦	shòu	书	shū
书包	shūbāo	书本	shūběn	书籍	shūjí	书记	shūjì
书面	shūmiàn	书写	shūxiě	抒情	shūqíng	叔叔	shūshu
梳	shū	舒服	shūfu	舒适	shūshì	疏	shū
输	shū	输出	shūchū	输入	shūrù	输送	shūsòng
蔬菜	shūcài	熟	shú	熟练	shúliàn	熟悉	shúxī
属	shǔ	属性	shǔxìng	属于	shǔyú	鼠	shǔ
数	shǔ	术	shù	术语	shùyǔ	束	shù
束缚	shùfù	述	shù	树	shù	树干	shùgàn
树立	shùlì	树林	shùlín	树木	shùmù	树种	shùzhǒng
竖	shù	数	shù	数据	shùjù	数量	shùliàng
数目	shùmù	数学	shùxué	数值	shùzhí	数字	shùzì
刷	shuā	耍	shuǎ	衰变	shuāibiàn	衰老	shuāilǎo
摔	shuāi	甩	shuǎi	率	shuài	率领	shuàilǐng
拴	shuān	双	shuāng	双方	shuāngfāng	霜	shuāng
谁	shuí	水	shuǐ	水稻	shuǐdào	水分	shuǐfèn
水果	shuǐguǒ	水库	shuǐkù	水利	shuǐlì	水流	shuǐliú
水面	shuǐmiàn	水泥	shuǐní	水平	shuǐpíng	水汽	shuǐqì
水手	shuǐshǒu	水位	shuǐwèi	水文	shuǐwén	水银	shuǐyín
水源	shuǐyuán	水蒸气	shuǐzhēngqì	税	shuì	税收	shuìshōu
睡	shuì	睡觉	shuìjiào	睡眠	shuìmián	顺	shùn
顺利	shùnlì	顺手	shùnshǒu	顺序	shùnxù	瞬间	shùnjiān
说	shuō	说法	shuōfǎ	说服	shuōfú	说话	shuōhuà
说明	shuōmíng	司	sī	司法	sīfǎ	司机	sījī

（续上表）

司令	sīlìng	丝	sī	丝毫	sīháo	私	sī
私人	sīrén	私营	sīyíng	私有	sīyǒu	私有制	sīyǒuzhì
思	sī	思潮	sīcháo	思考	sīkǎo	思路	sīlù
思索	sīsuǒ	思维	sīwéi	思想	sīxiǎng	思想家	sīxiǎngjiā
斯	sī	死	sǐ	死亡	sǐwáng	死刑	sǐxíng
四	sì	四边形	sìbiānxíng	四处	sìchù	四面	sìmiàn
四肢	sìzhī	四周	sìzhōu	寺	sì	寺院	sìyuàn
似	sì	似乎	sìhū	饲料	sìliào	饲养	sìyǎng
松	sōng	宋	sòng	送	sòng	搜集	sōují
艘	sōu	苏	sū	俗	sú	俗称	súchēng
诉讼	sùsòng	素	sù	素材	sùcái	素质	sùzhì
速	sù	速度	sùdù	速率	sùlǜ	宿	sù
宿舍	sùshè	塑料	sùliào	塑造	sùzào	酸	suān
算	suàn	虽	suī	虽然	suīrán	虽说	suīshuō
隋	suí	随	suí	随便	suíbiàn	随后	suíhòu
随即	suíjí	随时	suíshí	随意	suíyì	遂	suí
髓	suǐ	岁	suì	岁月	suìyuè	遂	suì
碎	suì	穗	suì	孙	sūn	孙子	sūnzi
损害	sǔnhài	损耗	sǔnhào	损伤	sǔnshāng	损失	sǔnshī
缩	suō	缩短	suōduǎn	缩小	suōxiǎo	所	suǒ
所属	suǒshǔ	所谓	suǒwèi	所以	suǒyǐ	所有	suǒyǒu
所有制	suǒyǒuzhì	所在	suǒzài	索	suǒ	锁	suǒ
他	tā	他们	tāmen	他人	tārén	它	tā
它们	tāmen	她	tā	她们	tāmen	塔	tǎ
踏	tà	胎	tāi	胎儿	tāi'ér	台	tái
台风	táifēng	抬	tái	抬头	táitóu	太	tài
太空	tàikōng	太平	tàipíng	太太	tàitai	太阳	tàiyáng
太阳能	tàiyángnéng	太阳系	tàiyángxì	态	tài	态度	tàidù
摊	tān	滩	tān	谈	tán	谈话	tánhuà
谈论	tánlùn	谈判	tánpàn	弹	tán	弹簧	tánhuáng
弹性	tánxìng	痰	tán	坦克	tǎnkè	叹	tàn
叹息	tànxī	探	tàn	探测	tàncè	探索	tànsuǒ

（续上表）

探讨	tàntǎo	碳	tàn	汤	tāng	唐	táng
堂	táng	塘	táng	糖	táng	倘若	tǎngruò
躺	tǎng	烫	tàng	趟	tàng	掏	tāo
逃	táo	逃避	táobì	逃跑	táopǎo	逃走	táozǒu
桃	táo	陶	táo	陶冶	táoyě	淘汰	táotài
讨	tǎo	讨论	tǎolùn	讨厌	tǎoyàn	套	tào
特	tè	特别	tèbié	特地	tèdì	特点	tèdiǎn
特定	tèdìng	特权	tèquán	特色	tèsè	特殊	tèshū
特务	tèwu	特性	tèxìng	特意	tèyì	特征	tèzhēng
疼	téng	疼痛	téngtòng	藤	téng	踢	tī
提	tí	提倡	tíchàng	提高	tígāo	提供	tígōng
提炼	tíliàn	提起	tíqǐ	提前	tíqián	提取	tíqǔ
提醒	tíxǐng	提议	tíyì	题	tí	题材	tícái
题目	tímù	体	tǐ	体裁	tǐcái	体操	tǐcāo
体会	tǐhuì	体积	tǐjī	体力	tǐlì	体温	tǐwēn
体系	tǐxì	体现	tǐxiàn	体验	tǐyàn	体育	tǐyù
体制	tǐzhì	体质	tǐzhì	体重	tǐzhòng	替	tì
替代	tìdài	天	tiān	天才	tiāncái	天地	tiāndì
天鹅	tiān’é	天空	tiānkōng	天气	tiānqì	天然	tiānrán
天然气	tiānránqì	天生	tiānshēng	天体	tiāntǐ	天文	tiānwén
天下	tiānxià	天真	tiānzhēn	天主教	tiānzhǔjiào	添	tiān
田	tián	田地	tiándì	田野	tiányě	甜	tián
填	tián	挑	tiāo	挑选	tiāoxuǎn	条	tiáo
条件	tiáojiàn	条款	tiáokuǎn	条例	tiáolì	条约	tiáoyuē
调	tiáo	调和	tiáohé	调节	tiáojié	调解	tiáojiě
调整	tiáozhěng	挑	tiǎo	挑战	tiǎozhàn	跳	tiào
跳动	tiàodòng	跳舞	tiàowǔ	跳跃	tiàoyuè	贴	tiē
铁	tiě	铁路	tiělù	厅	tīng	听	tīng
听话	tīnghuà	听见	tīngjiàn	听觉	tīngjué	听取	tīngqǔ
听众	tīngzhòng	停	tíng	停顿	tíngdùn	停留	tíngliú
停止	tíngzhǐ	挺	tǐng	通	tōng	通常	tōngcháng
通道	tōngdào	通电	tōngdiàn	通过	tōngguò	通红	tōnghóng

（续上表）

通信	tōngxìn	通讯	tōngxùn	通用	tōngyòng	通知	tōngzhī
同	tóng	同伴	tóngbàn	同胞	tóngbāo	同等	tóngděng
同行	tóngháng	同化	tónghuà	同类	tónglèi	同年	tóngnián
同期	tóngqī	同情	tóngqíng	同时	tóngshí	同事	tóngshì
同行	tóngxíng	同学	tóngxué	同样	tóngyàng	同意	tóngyì
同志	tóngzhì	铜	tóng	童话	tónghuà	童年	tóngnián
统	tǒng	统计	tǒngjì	统一	tǒngyī	统治	tǒngzhì
桶	tǒng	筒	tǒng	通	tòng	痛	tòng
痛苦	tòngkǔ	痛快	tòngkuài	偷	tōu	偷偷	tōutōu
头	tóu	头顶	tóudǐng	头发	tóufa	头脑	tóunǎo
投	tóu	投产	tóuchǎn	投机	tóujī	投入	tóurù
投降	tóuxiáng	投资	tóuzī	透	tòu	透镜	tòujìng
透露	tòulù	透明	tòumíng	凸	tū	突	tū
突变	tūbiàn	突出	tūchū	突击	tūjī	突破	tūpò
突然	tūrán	图	tú	图案	tú'àn	图画	túhuà
图书	túshū	图书馆	túshūguǎn	图形	túxíng	图纸	túzhǐ
徒	tú	途径	tújìng	涂	tú	屠杀	túshā
土	tǔ	土地	tǔdì	土匪	tǔfěi	土壤	tǔrǎng
吐	tǔ	吐	tù	兔子	tùzi	湍流	tuānliú
团	tuán	团结	tuánjié	团体	tuántǐ	团员	tuányuán
推	tuī	推测	tuīcè	推动	tuīdòng	推翻	tuīfān
推广	tuīguǎng	推荐	tuījiàn	推进	tuījìn	推理	tuīlǐ
推论	tuīlùn	推销	tuīxiāo	推行	tuīxíng	腿	tuǐ
退	tuì	退出	tuìchū	退化	tuìhuà	退休	tuìxiū
托	tuō	拖	tuō	拖拉机	tuōlājī	脱	tuō
脱离	tuōlí	脱落	tuōluò	妥协	tuǒxié	挖	wā
挖掘	wājué	娃娃	wáwa	瓦	wǎ	歪	wāi
歪曲	wāiqū	外	wài	外边	wàibiān	外表	wàibiǎo
外部	wàibù	外地	wàidì	外国	wàiguó	外汇	wàihuì
外交	wàijiāo	外界	wàijiè	外科	wàikē	外来	wàilái
外力	wàilì	外贸	wàimào	外面	wàimiàn	外商	wàishāng
外行	wàiháng	外语	wàiyǔ	外在	wàizài	外资	wàizī

（续上表）

弯	wān	弯曲	wānqū	完	wán	完备	wánbèi
完毕	wánbì	完成	wánchéng	完美	wánměi	完全	wánquán
完善	wánshàn	完整	wánzhěng	玩	wán	玩具	wánjù
玩笑	wánxiào	顽强	wánqiáng	挽	wǎn	晚	wǎn
晚饭	wǎnfàn	晚期	wǎnqī	晚上	wǎnshang	碗	wǎn
万	wàn	万物	wànwù	万一	wànyī	汪	wāng
亡	wáng	王	wáng	王朝	wángcháo	王国	wángguó
网	wǎng	网络	wǎngluò	往	wǎng	往来	wǎnglái
往往	wǎngwǎng	忘	wàng	忘记	wàngjì	旺	wàng
旺盛	wàngshèng	望	wàng	望远镜	wàngyuǎnjìng	危害	wēihài
危机	wēijī	危险	wēixiǎn	威力	wēilì	威胁	wēixié
威信	wēixìn	微	wēi	微观	wēiguān	微粒	wēilì
微弱	wēiruò	微生物	wēishēngwù	微微	wēiwēi	微小	wēixiǎo
微笑	wēixiào	为	wéi	为难	wéinán	为人	wéirén
为首	wéishǒu	为止	wéizhǐ	违背	wéibèi	违法	wéifǎ
违反	wéifǎn	围	wéi	围剿	wéijiǎo	围绕	wéirào
唯	wéi	维	wéi	维持	wéichí	维护	wéihù
维生素	wéishēngsù	维新	wéixīn	维修	wéixiū	伟大	wěidà
伪	wěi	尾	wěi	尾巴	wěiba	纬	wěi
纬度	wěidù	委屈	wěiqu	委托	wěituō	委员	wěiyuán
委员会	wěiyuánhuì	卫	wèi	卫生	wèishēng	卫星	wèixīng
为	wèi	为何	wèihé	为了	wèile	未	wèi
未必	wèibì	未曾	wèicéng	未来	wèilái	位	wèi
位移	wèiyí	位置	wèizhi	味	wèi	味道	wèidào
胃	wèi	谓	wèi	喂	wèi	魏	wèi
温	wēn	温带	wēndài	温度	wēndù	温度计	wēndùjì
温和	wēnhé	温暖	wēnnuǎn	温柔	wēnróu	文	wén
文化	wénhuà	文件	wénjiàn	文明	wénmíng	文人	wénrén
文物	wénwù	文献	wénxiàn	文学	wénxué	文艺	wényì
文章	wénzhāng	文字	wénzì	纹	wén	闻	wén
蚊子	wénzi	吻	wěn	稳	wěn	稳定	wěndìng
问	wèn	问世	wènshì	问题	wèntí	窝	wō

（续上表）

我	wǒ	我们	wǒmen	卧	wò	卧室	wòshì
握	wò	握手	wòshǒu	乌龟	wūguī	污染	wūrǎn
屋	wū	屋子	wūzi	无	wú	无比	wúbǐ
无从	wúcóng	无法	wúfǎ	无非	wúfēi	无关	wúguān
无机	wújī	无可奈何	wúkěnàihé	无力	wúlì	无论	wúlùn
无情	wúqíng	无穷	wúqióng	无声	wúshēng	无数	wúshù
无限	wúxiàn	无线电	wúxiàndiàn	无效	wúxiào	无形	wúxíng
无疑	wúyí	无意	wúyì	无知	wúzhī	吾	wú
吴	wú	五	wǔ	武	wǔ	武力	wǔlì
武器	wǔqì	武装	wǔzhuāng	侮辱	wǔrǔ	舞	wǔ
舞蹈	wǔdǎo	舞剧	wǔjù	舞台	wǔtái	勿	wù
务	wù	物	wù	物化	wùhuà	物价	wùjià
物理	wùlǐ	物力	wùlì	物品	wùpǐn	物体	wùtǐ
物质	wùzhì	物种	wùzhǒng	物资	wùzī	误	wù
误差	wùchā	误会	wùhuì	误解	wùjiě	恶	wù
雾	wù	西	xī	西北	xīběi	西方	xīfāng
西风	xīfēng	西瓜	xīguā	西南	xīnán	西欧	xī'ōu
吸	xī	吸附	xīfù	吸取	xīqǔ	吸收	xīshōu
吸引	xīyǐn	希望	xīwàng	牺牲	xīshēng	息	xī
稀	xī	稀少	xīshǎo	锡	xī	熄灭	xīmiè
习	xí	习惯	xíguàn	习俗	xísú	习性	xíxìng
席	xí	袭击	xíjī	媳妇	xífù	洗	xǐ
洗澡	xǐzǎo	喜	xǐ	喜爱	xǐ'ài	喜欢	xǐhuan
喜剧	xǐjù	喜悦	xǐyuè	戏	xì	戏剧	xìjù
戏曲	xìqǔ	系	xì	系列	xìliè	系数	xìshù
系统	xìtǒng	细	xì	细胞	xìbāo	细节	xìjié
细菌	xìjūn	细小	xìxiǎo	细心	xìxīn	细致	xìzhì
虾	xiā	瞎	xiā	狭	xiá	狭隘	xiá'ài
狭义	xiáyì	狭窄	xiázhǎi	下	xià	下班	xiàbān
下边	xiàbiān	下层	xiàcéng	下达	xiàdá	下颌	xiàhé
下级	xiàjí	下降	xiàjiàng	下来	xiàlái	下列	xiàliè

（续上表）

下令	xiàlìng	下落	xiàluò	下面	xiàmiàn	下去	xiàqù
下属	xiàshǔ	下午	xiàwǔ	下旬	xiàxún	下游	xiàyóu
吓	xià	夏	xià	夏季	xiàjì	夏天	xiàtiān
仙	xiān	先	xiān	先后	xiānhòu	先进	xiānjìn
先前	xiānqián	先生	xiānsheng	先天	xiāntiān	纤维	xiānwéi
掀起	xiānqǐ	鲜	xiān	鲜花	xiānhuā	鲜明	xiānmíng
鲜血	xiānxuè	鲜艳	xiānyàn	闲	xián	弦	xián
咸	xián	衔	xián	嫌	xián	显	xiǎn
显得	xiǎndé	显露	xiǎnlù	显然	xiǎnrán	显示	xiǎnshì
显微镜	xiǎnwēijìng	显现	xiǎnxiàn	显著	xiǎnzhù	险	xiǎn
鲜	xiǎn	县	xiàn	县城	xiànchéng	现	xiàn
现场	xiànchǎng	现存	xiàncún	现代	xiàndài	现代化	xiàndàihuà
现今	xiànjīn	现金	xiànjīn	现实	xiànshí	现象	xiànxiàng
现行	xiànxíng	现在	xiànzài	现状	xiànzhuàng	限	xiàn
限度	xiàndù	限于	xiànyú	限制	xiànzhì	线	xiàn
线段	xiànduàn	线路	xiànlù	线圈	xiànquān	线索	xiànsuǒ
线条	xiàntiáo	宪法	xiànfǎ	陷	xiàn	陷入	xiànrù
陷于	xiànyú	羡慕	xiànmù	献	xiàn	献身	xiànshēn
腺	xiàn	乡	xiāng	乡村	xiāngcūn	乡下	xiāngxia
相	xiāng	相当	xiāngdāng	相等	xiāngděng	相对	xiāngduì
相反	xiāngfǎn	相关	xiāngguān	相互	xiānghù	相继	xiāngjì
相交	xiāngjiāo	相近	xiāngjìn	相连	xiānglián	相似	xiāngsì
相通	xiāngtōng	相同	xiāngtóng	相信	xiāngxìn	相应	xiāngyìng
香	xiāng	香烟	xiāngyān	箱	xiāng	箱子	xiāngzi
详细	xiángxì	降	xiáng	享	xiǎng	享受	xiǎngshòu
享有	xiǎngyǒu	响	xiǎng	响声	xiǎngshēng	响应	xiǎngyìng
想	xiǎng	想法	xiǎngfǎ	想象	xiǎngxiàng	想象力	xiǎngxiànglì
向	xiàng	向来	xiànglái	向上	xiàngshàng	向往	xiàngwǎng
项	xiàng	项目	xiàngmù	相	xiàng	象	xiàng
象征	xiàngzhēng	像	xiàng	橡胶	xiàngjiāo	橡皮	xiàngpí
削	xiāo	消	xiāo	消除	xiāochú	消毒	xiāodú
消费	xiāofèi	消费品	xiāofèipǐn	消耗	xiāohào	消化	xiāohuà

（续上表）

消极	xiāojí	消灭	xiāomiè	消失	xiāoshī	消亡	xiāowáng
消息	xiāoxi	硝酸	xiāosuān	销	xiāo	销售	xiāoshòu
小	xiǎo	小儿	xiǎo'ér	小伙子	xiǎohuǒzi	小姐	xiǎojiě
小麦	xiǎomài	小朋友	xiǎopéngyǒu	小时	xiǎoshí	小说儿	xiǎoshuōr
小心	xiǎoxīn	小型	xiǎoxíng	小学	xiǎoxué	小学生	xiǎoxuéshēng
小子	xiǎozi	小组	xiǎozǔ	晓得	xiǎodé	校	xiào
校长	xiàozhǎng	笑	xiào	笑话	xiàohua	笑话儿	xiàohuar
笑容	xiàoróng	效	xiào	效果	xiàoguǒ	效力	xiàolì
效率	xiàolǜ	效益	xiàoyì	效应	xiàoyìng	些	xiē
歇	xiē	协定	xiédìng	协会	xiéhuì	协商	xiéshāng
协调	xiétiáo	协同	xiétóng	协议	xiéyì	协助	xiézhù
协作	xiézuò	邪	xié	斜	xié	携带	xiédài
鞋	xié	写	xiě	写作	xiězuò	血	xiě
泄	xiè	谢	xiè	谢谢	xièxie	解	xiè
蟹	xiè	心	xīn	心底	xīndǐ	心里	xīnlǐ
心理	xīnlǐ	心灵	xīnlíng	心情	xīnqíng	心事	xīnshì
心思	xīnsi	心头	xīntóu	心血	xīnxuè	心脏	xīnzàng
辛苦	xīnkǔ	辛勤	xīnqín	欣赏	xīnshǎng	锌	xīn
新	xīn	新陈代谢	xīnchéndàixiè	新娘	xīnniáng	新奇	xīnqí
新人	xīnrén	新式	xīnshì	新闻	xīnwén	新鲜	xīnxiān
新兴	xīnxīng	新型	xīnxíng	新颖	xīnyǐng	信	xìn
信贷	xìndài	信号	xìnhào	信念	xìnniàn	信任	xìnrèn
信徒	xìntú	信息	xìnxī	信心	xìnxīn	信仰	xìnyǎng
信用	xìnyòng	兴	xīng	兴奋	xīngfèn	兴建	xīngjiàn
兴起	xīngqǐ	星	xīng	星际	xīngjì	星期	xīngqī
星球	xīngqiú	星系	xīngxì	星星	xīngxing	星云	xīngyún
刑	xíng	刑罚	xíngfá	刑法	xíngfǎ	刑事	xíngshì
行	xíng	行动	xíngdòng	行军	xíngjūn	行李	xíngli
行人	xíngrén	行使	xíngshǐ	行驶	xíngshǐ	行为	xíngwéi
行星	xíngxīng	行政	xíngzhèng	行走	xíngzǒu	形	xíng
形成	xíngchéng	形容	xíngróng	形式	xíngshì	形势	xíngshì

（续上表）

形态	xíngtài	形体	xíngtǐ	形象	xíngxiàng	形状	xíngzhuàng
型	xíng	省	xǐng	醒	xǐng	兴	xìng
兴趣	xìngqù	幸福	xìngfú	性	xìng	性别	xìngbié
性格	xìnggé	性能	xìngnéng	性情	xìngqíng	性质	xìngzhì
性状	xìngzhuàng	姓	xìng	姓名	xìngmíng	凶	xiōng
兄	xiōng	兄弟	xiōngdì	兄弟	xiōngdi	胸	xiōng
胸脯	xiōngpú	雄	xióng	雄伟	xióngwěi	熊	xióng
休眠	xiūmián	休息	xiūxi	修	xiū	修辞	xiūcí
修复	xiūfù	修改	xiūgǎi	修建	xiūjiàn	修理	xiūlǐ
修养	xiūyǎng	修正	xiūzhèng	宿	xiǔ	臭	xiù
袖	xiù	宿	xiù	绣	xiù	嗅	xiù
须	xū	虚	xū	需	xū	需求	xūqiú
需要	xūyào	徐	xú	许	xǔ	许多	xǔduō
许可	xǔkě	序	xù	叙述	xùshù	畜	xù
宣布	xuānbù	宣传	xuānchuán	宣告	xuāngào	宣言	xuānyán
宣扬	xuānyáng	悬	xuán	悬挂	xuánguà	旋	xuán
旋律	xuánlǜ	旋转	xuánzhuàn	选	xuǎn	选拔	xuǎnbá
选举	xuǎnjǔ	选手	xuǎnshǒu	选用	xuǎnyòng	选择	xuǎnzé
旋	xuàn	削	xuē	削弱	xuēruò	穴	xué
学	xué	学会	xuéhuì	学科	xuékē	学派	xuépài
学生	xuésheng	学术	xuéshù	学说	xuéshuō	学堂	xuétáng
学徒	xuétú	学问	xuéwen	学习	xuéxí	学校	xuéxiào
学员	xuéyuán	学院	xuéyuàn	学者	xuézhě	雪	xuě
雪白	xuěbái	雪花	xuěhuā	血	xuè	血管	xuèguǎn
血液	xuèyè	寻	xún	寻求	xúnqiú	寻找	xúnzhǎo
询问	xúnwèn	循环	xúnhuán	训	xùn	训练	xùnliàn
迅速	xùnsù	压	yā	压力	yālì	压迫	yāpò
压强	yāqiáng	压缩	yāsuō	压抑	yāyì	压制	yāzhì
押	yā	鸦片	yāpiàn	鸭	yā	牙	yá
牙齿	yáchǐ	芽	yá	亚	yà	咽	yān
烟	yān	烟囱	yāncōng	延长	yáncháng	延伸	yánshēn
延续	yánxù	严	yán	严格	yángé	严寒	yánhán

（续上表）

严峻	yánjùn	严厉	yánlì	严密	yánmì	严肃	yánsù
严重	yánzhòng	言	yán	言论	yánlùn	言语	yányǔ
岩	yán	岩石	yánshí	炎	yán	沿	yán
沿岸	yán'àn	沿海	yánhǎi	研究	yánjiū	研究生	yánjiūshēng
研制	yánzhì	盐	yán	盐酸	yánsuān	颜色	yánsè
掩盖	yǎngài	掩护	yǎnhù	眼	yǎn	眼光	yǎnguāng
眼睛	yǎnjing	眼镜	yǎnjìng	眼看	yǎnkàn	眼泪	yǎnlèi
眼前	yǎnqián	眼神	yǎnshén	演	yǎn	演变	yǎnbiàn
演唱	yǎnchàng	演出	yǎnchū	演化	yǎnhuà	演讲	yǎnjiǎng
演说	yǎnshuō	演绎	yǎnyì	演员	yǎnyuán	演奏	yǎnzòu
厌	yàn	厌恶	yànwù	咽	yàn	宴会	yànhuì
验	yàn	验证	yànzhèng	秧	yāng	扬	yáng
羊	yáng	羊毛	yángmáo	阳	yáng	阳光	yángguāng
杨	yáng	洋	yáng	仰	yǎng	养	yǎng
养分	yǎngfèn	养料	yǎngliào	养殖	yǎngzhí	氧	yǎng
氧化	yǎnghuà	氧气	yǎngqì	样	yàng	样本	yàngběn
样品	yàngpǐn	样式	yàngshì	样子	yàngzi	约	yāo
要	yāo	要求	yāoqiú	腰	yāo	邀请	yāoqǐng
摇	yáo	摇晃	yáohuàng	摇头	yáotóu	遥感	yáogǎn
遥远	yáoyuǎn	咬	yǎo	药	yào	药品	yàopǐn
药物	yàowù	要	yào	要紧	yàojǐn	要素	yàosù
钥匙	yàoshi	耶稣	yēsū	爷爷	yéye	也	yě
也许	yěxǔ	冶金	yějīn	冶炼	yěliàn	野	yě
野蛮	yěmán	野生	yěshēng	野兽	yěshòu	野外	yěwài
业	yè	业务	yèwù	业余	yèyú	叶	yè
叶片	yèpiàn	叶子	yèzi	页	yè	夜	yè
夜间	yèjiān	夜里	yèlǐ	夜晚	yèwǎn	液	yè
液态	yètài	液体	yètǐ	一	yī	一般	yībān
一半	yībàn	一辈子	yībèizi	一边	yībiān	一带	yīdài
一旦	yīdàn	一定	yīdìng	一度	yīdù	一端	yīduān
一共	yīgòng	一贯	yīguàn	一会儿	yīhuìr	一块儿	yīkuàir
一连	yīlián	一律	yīlǜ	一面	yīmiàn	一旁	yīpáng

（续上表）

一齐	yīqí	一起	yīqǐ	一切	yīqiè	一时	yīshí
一体	yītǐ	一同	yītóng	一线	yīxiàn	一向	yīxiàng
一心	yīxīn	一再	yīzài	一早	yīzǎo	一直	yīzhí
一致	yīzhì	衣	yī	衣服	yīfu	衣裳	yīshang
医	yī	医疗	yīliáo	医生	yīshēng	医学	yīxué
医药	yīyào	医院	yīyuàn	依	yī	依次	yīcì
依法	yīfǎ	依附	yīfù	依旧	yījiù	依据	yījù
依靠	yīkào	依赖	yīlài	依然	yīrán	依照	yīzhào
仪	yí	仪器	yíqì	仪式	yíshì	宜	yí
移	yí	移动	yídòng	移民	yímín	移植	yízhí
遗	yí	遗产	yíchǎn	遗传	yíchuán	遗憾	yíhàn
遗留	yíliú	遗址	yízhǐ	遗嘱	yízhǔ	疑	yí
疑惑	yíhuò	疑问	yíwèn	乙	yǐ	已	yǐ
已经	yǐjīng	以	yǐ	以便	yǐbiàn	以后	yǐhòu
以及	yǐjí	以来	yǐlái	以免	yǐmiǎn	以内	yǐnèi
以前	yǐqián	以外	yǐwài	以往	yǐwǎng	以为	yǐwéi
以下	yǐxià	以至	yǐzhì	以致	yǐzhì	矣	yǐ
蚁	yǐ	倚	yǐ	椅子	yǐzi	亿	yì
义	yì	义务	yìwù	艺	yì	艺术	yìshù
艺术家	yìshùjiā	议	yì	议会	yìhuì	议论	yìlùn
议员	yìyuán	亦	yì	异	yì	异常	yìcháng
抑制	yìzhì	役	yì	译	yì	易	yì
易于	yìyú	益	yì	意	yì	意见	yìjiàn
意境	yìjìng	意识	yìshí	意思	yìsi	意图	yìtú
意外	yìwài	意味	yìwèi	意象	yìxiàng	意义	yìyì
意志	yìzhì	毅然	yìrán	翼	yì	因	yīn
因此	yīncǐ	因地制宜	yīndìzhìyí	因而	yīn'ér	因果	yīnguǒ
因素	yīnsù	因为	yīnwèi	因子	yīnzǐ	阴	yīn
阴谋	yīnmóu	阴阳	yīnyáng	阴影	yīnyǐng	音	yīn
音调	yīndiào	音阶	yīnjiē	音节	yīnjié	音响	yīnxiǎng
音乐	yīnyuè	银	yín	银行	yínháng	引	yǐn

（续上表）

引导	yǐndǎo	引进	yǐnjìn	引力	yǐnlì	引起	yǐnqǐ
引用	yǐnyòng	饮	yǐn	饮食	yǐnshí	隐	yǐn
隐蔽	yǐnbì	隐藏	yǐncáng	印	yìn	印刷	yìnshuā
印象	yìnxiàng	饮	yìn	应	yīng	应当	yīngdāng
应该	yīnggāi	英	yīng	英雄	yīngxióng	英勇	yīngyǒng
婴儿	yīng'ér	鹰	yīng	迎	yíng	迎接	yíngjiē
荧光屏	yíngguāngpíng	盈利	yínglì	营	yíng	营养	yíngyǎng
营业	yíngyè	赢得	yíngdé	影	yǐng	影片	yǐngpiàn
影响	yǐngxiǎng	影子	yǐngzi	应	yìng	应付	yìngfù
应用	yìngyòng	映	yìng	硬	yìng	拥	yōng
拥护	yōnghù	拥挤	yōngjǐ	拥有	yōngyǒu	永	yǒng
永恒	yǒnghéng	永久	yǒngjiǔ	永远	yǒngyuǎn	勇敢	yǒnggǎn
勇气	yǒngqì	勇于	yǒngyú	涌	yǒng	涌现	yǒngxiàn
用	yòng	用处	yòngchù	用户	yònghù	用力	yònglì
用品	yòngpǐn	用途	yòngtú	优	yōu	优点	yōudiǎn
优惠	yōuhuì	优良	yōuliáng	优美	yōuměi	优势	yōushì
优先	yōuxiān	优秀	yōuxiù	优越	yōuyuè	优质	yōuzhì
忧郁	yōuyù	幽默	yōumò	悠久	yōujiǔ	尤	yóu
尤其	yóuqí	尤为	yóuwéi	由	yóu	由于	yóuyú
邮票	yóupiào	犹	yóu	犹如	yóurú	犹豫	yóuyù
油	yóu	油画	yóuhuà	油田	yóutián	铀	yóu
游	yóu	游击	yóujī	游击队	yóujīduì	游戏	yóuxì
游行	yóuxíng	游泳	yóuyǒng	友	yǒu	友好	yǒuhǎo
友人	yǒurén	友谊	yǒuyì	有	yǒu	有关	yǒuguān
有机	yǒujī	有力	yǒulì	有利	yǒulì	有名	yǒumíng
有趣	yǒuqù	有如	yǒurú	有时	yǒushí	有限	yǒuxiàn
有效	yǒuxiào	有益	yǒuyì	有意	yǒuyì	又	yòu
右	yòu	右边	yòuobiān	右手	yòushǒu	幼	yòu
幼虫	yòuchóng	幼儿	yòu'ér	幼苗	yòumiáo	幼年	yòunián
诱导	yòudǎo	于	yú	于是	yúshì	予	yú
余	yú	余地	yúdì	鱼	yú	娱乐	yúlè
渔	yú	渔业	yúyè	愉快	yúkuài	舆论	yúlùn

（续上表）

与	yǔ	与其	yǔqí	予	yǔ	予以	yǔyǐ
宇宙	yǔzhòu	羽	yǔ	羽毛	yǔmáo	雨	yǔ
雨水	yǔshuǐ	语	yǔ	语法	yǔfǎ	语句	yǔjù
语气	yǔqì	语文	yǔwén	语言	yǔyán	语音	yǔyīn
玉	yù	玉米	yùmǐ	育	yù	育种	yùzhǒng
预报	yùbào	预备	yùbèi	预测	yùcè	预定	yùdìng
预防	yùfáng	预计	yùjì	预料	yùliào	预期	yùqī
预算	yùsuàn	预先	yùxiān	预言	yùyán	域	yù
欲	yù	欲望	yùwàng	遇	yù	遇见	yùjiàn
愈	yù	元	yuán	元素	yuánsù	园	yuán
员	yuán	袁	yuán	原	yuán	原材料	yuáncáiliào
原来	yuánlái	原理	yuánlǐ	原谅	yuánliàng	原料	yuánliào
原始	yuánshǐ	原先	yuánxiān	原因	yuányīn	原则	yuánzé
原子	yuánzǐ	原子核	yuánzǐhé	圆	yuán	圆心	yuánxīn
援助	yuánzhù	缘	yuán	缘故	yuángù	源	yuán
源泉	yuánquán	远	yuǎn	远方	yuǎnfāng	怨	yuàn
院	yuàn	院子	yuànzi	愿	yuàn	愿望	yuànwàng
愿意	yuànyì	曰	yuē	约	yuē	约束	yuēshù
月	yuè	月初	yuèchū	月份	yuèfèn	月光	yuèguāng
月亮	yuèliàng	月球	yuèqiú	乐	yuè	乐队	yuèduì
乐器	yuèqì	乐曲	yuèqǔ	阅读	yuèdú	跃	yuè
越	yuè	越冬	yuèdōng	越过	yuèguò	粤	yuè
云	yún	匀	yún	允许	yǔnxǔ	运	yùn
运动	yùndòng	运动员	yùndòngyuán	运输	yùnshū	运算	yùnsuàn
运行	yùnxíng	运用	yùnyòng	运转	yùnzhuǎn	韵	yùn
蕴藏	yùncáng	扎	zā	杂	zá	杂交	zájiāo
杂志	zázhì	杂质	zázhì	砸	zá	灾难	zāinàn
栽	zāi	栽培	zāipéi	再	zài	再见	zàijiàn
再现	zàixiàn	在	zài	在场	zàichǎng	在家	zàijiā
在于	zàiyú	载	zài	咱	zán	咱们	zánmen
暂	zàn	暂时	zànshí	赞成	zànchéng	赞美	zànměi
赞叹	zàntàn	赞扬	zànyáng	赃	zāng	脏	zàng

（续上表）

葬	zàng	藏	zàng	遭	zāo	遭受	zāoshòu
遭遇	zāoyù	糟	zāo	早	zǎo	早晨	zǎochén
早期	zǎoqī	早日	zǎorì	早上	zǎoshang	早已	zǎoyǐ
藻	zǎo	灶	zào	造	zào	造就	zàojiù
造型	zàoxíng	则	zé	怎	zěn	怎么	zěnme
怎么样	zěnmeyàng	怎样	zěnyàng	曾	zēng	增	zēng
增产	zēngchǎn	增多	zēngduō	增高	zēnggāo	增加	zēngjiā
增进	zēngjìn	增强	zēngqiáng	增添	zēngtiān	增长	zēngzhǎng
增殖	zēngzhí	扎	zhā	炸	zhá	眨	zhǎ
炸	zhà	炸弹	zhàdàn	摘	zhāi	窄	zhǎi
债	zhài	债务	zhàiwù	寨	zhài	占	zhān
沾	zhān	粘	zhān	盏	zhǎn	展	zhǎn
展开	zhǎnkāi	展览	zhǎnlǎn	展示	zhǎnshì	展现	zhǎnxiàn
崭新	zhǎnxīn	占	zhàn	占据	zhànjù	占领	zhànlǐng
占用	zhànyòng	占有	zhànyǒu	战	zhàn	战场	zhànchǎng
战斗	zhàndòu	战国	zhànguó	战略	zhànlüè	战胜	zhànshèng
战士	zhànshì	战术	zhànshù	战线	zhànxiàn	战役	zhànyì
战友	zhànyǒu	战争	zhànzhēng	站	zhàn	张	zhāng
章	zhāng	章程	zhāngchéng	长	zhǎng	长官	zhǎngguān
涨	zhǎng	掌	zhǎng	掌握	zhǎngwò	丈	zhàng
丈夫	zhàngfu	仗	zhàng	帐	zhàng	帐篷	zhàngpeng
账	zhàng	胀	zhàng	涨	zhàng	障碍	zhàng'ài
招	zhāo	招待	zhāodài	招呼	zhāohu	招生	zhāoshēng
着	zhāo	朝	zhāo	着	zháo	着急	zháojí
找	zhǎo	召集	zhàojí	召开	zhàokāi	赵	zhào
照	zhào	照顾	zhàogù	照例	zhàolì	照明	zhàomíng
照片	zhàopiàn	照射	zhàoshè	照相	zhàoxiàng	照相机	zhàoxiàngjī
照样	zhàoyàng	照耀	zhàoyào	遮	zhē	折	zhé
折磨	zhémó	折射	shéshè	哲学	zhéxué	者	zhě
这	zhè	这个	zhège	这里	zhèlǐ	这么	zhème
这儿	zhèr	这些	zhèxiē	这样	zhèyàng	针	zhēn
针对	zhēnduì	针灸	zhēnjiǔ	侦查	zhēnchá	侦察	zhēnchá

（续上表）

珍贵	zhēnguì	珍珠	zhēnzhū	真	zhēn	真诚	zhēnchéng
真空	zhēnkōng	真理	zhēnlǐ	真实	zhēnshí	真正	zhēnzhèng
诊断	zhěnduàn	枕头	zhěntou	阵	zhèn	阵地	zhèndì
振	zhèn	振荡	zhèndàng	振动	zhèndòng	振奋	zhènfèn
振兴	zhènxīng	震	zhèn	震动	zhèndòng	震惊	zhènjīng
镇	zhèn	镇压	zhènyā	争	zhēng	争夺	zhēngduó
争论	zhēnglùn	争取	zhēngqǔ	征	zhēng	征服	zhēngfú
征求	zhēngqiú	征收	zhēngshōu	挣	zhēng	睁	zhēng
蒸	zhēng	蒸发	zhēngfā	蒸气	zhēngqì	整	zhěng
整顿	zhěngdùn	整个	zhěnggè	整理	zhěnglǐ	整齐	zhěngqí
整体	zhěngtǐ	正	zhèng	正常	zhèngcháng	正当	zhèngdāng
正当	zhèngdàng	正规	zhèngguī	正好	zhènghǎo	正面	zhèngmiàn
正确	zhèngquè	正式	zhèngshì	正义	zhèngyì	正在	zhèngzài
证	zhèng	证据	zhèngjù	证明	zhèngmíng	证实	zhèngshí
证书	zhèngshū	郑	zhèng	政	zhèng	政策	zhèngcè
政党	zhèngdǎng	政府	zhèngfǔ	政权	zhèngquán	政委	zhèngwěi
政治	zhèngzhì	挣	zhèng	症	zhèng	症状	zhèngzhuàng
之	zhī	之后	zhīhòu	之前	zhīqián	支	zhī
支部	zhībù	支撑	zhīchēng	支持	zhīchí	支出	zhīchū
支队	zhīduì	支付	zhīfù	支配	zhīpèi	支援	zhīyuán
只	zhī	汁	zhī	枝	zhī	枝条	zhītiáo
枝叶	zhīyè	知	zhī	知道	zhīdào	知觉	zhījué
知识	zhīshi	肢	zhī	织	zhī	脂肪	zhīfáng
执行	zhíxíng	直	zhí	直观	zhíguān	直角	zhíjiǎo
直接	zhíjiē	直径	zhíjìng	直觉	zhíjué	直立	zhílì
直辖市	zhíxiáshì	直线	zhíxiàn	直至	zhízhì	值	zhí
值班	zhíbān	值得	zhídé	职	zhí	职工	zhígōng
职能	zhínéng	职权	zhíquán	职务	zhíwù	职业	zhíyè
职员	zhíyuán	职责	zhízé	植	zhí	植物	zhíwù
植株	zhízhū	殖	zhí	殖民	zhímín	殖民地	zhímíndì
止	zhǐ	只	zhǐ	只得	zhǐdé	只顾	zhǐgù
只好	zhǐhǎo	只是	zhǐshì	只要	zhǐyào	只有	zhǐyǒu

（续上表）

旨	zhǐ	指	zhǐ	指标	zhǐbiāo	指导	zhǐdǎo
指定	zhǐdìng	指挥	zhǐhuī	指令	zhǐlìng	指明	zhǐmíng
指示	zhǐshì	指数	zhǐshù	指责	zhǐzé	至	zhì
至此	zhìcǐ	至今	zhìjīn	至少	zhìshǎo	至于	zhìyú
志	zhì	制	zhì	制定	zhìdìng	制订	zhìdìng
制度	zhìdù	制品	zhìpǐn	制约	zhìyuē	制造	zhìzào
制止	zhìzhǐ	制作	zhìzuò	质	zhì	质变	zhìbiàn
质量	zhìliàng	质子	zhìzǐ	治	zhì	治安	zhì'ān
治理	zhìlǐ	治疗	zhìliáo	致	zhì	致富	zhìfù
致使	zhìshǐ	秩序	zhìxù	智	zhì	智慧	zhìhuì
智力	zhìlì	智能	zhìnéng	滞	zhì	置	zhì
中	zhōng	中等	zhōngděng	中断	zhōngduàn	中华	zhōnghuá
中间	zhōngjiān	中年	zhōngnián	中期	zhōngqī	中世纪	zhōngshìjì
中枢	zhōngshū	中外	zhōngwài	中午	zhōngwǔ	中心	zhōngxīn
中性	zhōngxìng	中学	zhōngxué	著作	zhùzuò	筑	zhù
抓	zhuā	抓紧	zhuājǐn	专	zhuān	专家	zhuānjiā
专利	zhuānlì	专门	zhuānmén	专题	zhuāntí	专业	zhuānyè
专用	zhuānyòng	专政	zhuānzhèng	专制	zhuānzhì	砖	zhuān
转	zhuǎn	转变	zhuǎnbiàn	转动	zhuǎndòng	转化	zhuǎnhuà
转换	zhuǎnhuàn	转身	zhuǎnshēn	转向	zhuǎnxiàng	转移	zhuǎnyí
传	zhuàn	转	zhuàn	转动	zhuàndòng	转向	zhuànxiàng
赚	zhuàn	庄	zhuāng	庄稼	zhuāngjia	庄严	zhuāngyán
桩	zhuāng	装	zhuāng	装备	zhuāngbèi	装饰	zhuāngshì
装置	zhuāngzhì	壮	zhuàng	壮大	zhuàngdà	状	zhuàng
状况	zhuàngkuàng	状态	zhuàngtài	撞	zhuàng	幢	zhuàng
追	zhuī	追究	zhuījiū	追求	zhuīqiú	追逐	zhuīzhú
准	zhǔn	准备	zhǔnbèi	准确	zhǔnquè	准则	zhǔnzé
捉	zhuō	桌	zhuō	桌子	zhuōzi	卓越	zhuóyuè
啄木鸟	zhuómùniǎo	着	zhuó	着手	zhuóshǒu	着重	zhuózhòng
琢磨	zhuómó	咨询	zīxún	姿势	zīshì	姿态	zītài
资	zī	资本	zīběn	资产	zīchǎn	资格	zīgé
资金	zījīn	资料	zīliào	资源	zīyuán	滋味	zīwèi

（续上表）

子	zǐ	子弹	zǐdàn	子弟	zǐdì	子宫	zǐgōng
子女	zǐnǚ	子孙	zǐsūn	仔细	zǐxì	姊妹	zǐmèi
紫	zǐ	自	zì	自称	zìchēng	自从	zìcóng
自动	zìdòng	自动化	zìdònghuà	自发	zìfā	自豪	zìháo
自己	zìjǐ	自觉	zìjué	自力更生	zìlìgèngshēng	自然	zìrán
自然界	zìránjiè	自杀	zìshā	自身	zìshēn	自卫	zìwèi
自我	zìwǒ	自信	zìxìn	自行	zìxíng	自行车	zìxíngchē
自由	zìyóu	自愿	zìyuàn	自在	zìzài	自在	zìzai
自治	zìzhì	自治区	zìzhìqū	自主	zìzhǔ	自转	zìzhuàn
字	zì	字母	zìmǔ	宗	zōng	宗教	zōngjiào
宗旨	zōngzhǐ	综合	zōnghé	总	zǒng	总额	zǒng'é
总和	zǒnghé	总结	zǒngjié	总理	zǒnglǐ	总数	zǒngshù
总算	zǒngsuàn	总体	zǒngtǐ	总统	zǒngtǒng	总之	zǒngzhī
纵	zòng	纵队	zòngduì	走	zǒu	走廊	zǒuláng
走向	zǒuxiàng	奏	zòu	租	zū	租界	zūjiè
足	zú	足够	zúgòu	足球	zúqiú	足以	zúyǐ
族	zú	阻	zǔ	阻碍	zǔ'ài	阻力	zǔlì
阻止	zǔzhǐ	组	zǔ	组合	zǔhé	组织	zǔzhī
祖	zǔ	祖父	zǔfù	祖国	zǔguó	祖母	zǔmǔ
祖先	zǔxiān	祖宗	zǔzong	钻	zuān	钻研	zuānyán
钻	zuàn	嘴	zuǐ	嘴巴	zuǐba	嘴唇	zuǐchún
最	zuì	最初	zuìchū	最后	zuìhòu	最近	zuìjìn
最为	zuìwéi	最终	zuìzhōng	罪	zuì	罪恶	zuì'è
罪犯	zuìfàn	罪行	zuìxíng	醉	zuì	尊	zūn
尊敬	zūnjìng	尊严	zūnyán	尊重	zūnzhòng	遵守	zūnshǒu
遵循	zūnxún	昨天	zuótiān	琢磨	zuómo	左	zuǒ
左边	zuǒbiān	左手	zuǒshǒu	左右	zuǒyòu	作	zuò
作法	zuòfǎ	作风	zuòfēng	作家	zuòjiā	作品	zuòpǐn
作为	zuòwéi	作物	zuòwù	作业	zuòyè	作用	zuòyòng
作战	zuòzhàn	作者	zuòzhě	坐	zuò	坐标	zuòbiāo
座	zuò	座位	zuòwèi	做	zuò	做法	zuòfǎ
做梦	zuòmèng						

附录六　普通话水平测试用词语表二

哀伤	āishāng	哀怨	āiyuàn	哀乐	āiyuè	皑皑	ái'ái
癌	ái	矮小	ǎixiǎo	艾	ài	爱戴	àidài
爱抚	àifǔ	爱慕	àimù	爱惜	àixī	碍	ài
碍事	àishì	安插	ānchā	安顿	āndùn	安放	ānfàng
安分	ānfèn	安抚	ānfǔ	安家	ānjiā	安居乐业	ānjūlèyè
安理会	ānlǐhuì	安宁	ānníng	安生	ānshēng	安稳	ānwěn
安息	ānxī	安闲	ānxián	安详	ānxiáng	安逸	ānyì
安葬	ānzàng	庵	ān	按摩	ànmó	按捺	ànnà
按钮	ànniǔ	按期	ànqī	按时	ànshí	按说	ànshuō
案例	ànlì	案情	ànqíng	案头	àntóu	案子	ànzi
暗藏	àncáng	暗淡	àndàn	暗号	ànhào	暗杀	ànshā
暗自	ànzì	黯	àn	黯然	ànrán	昂	áng
昂贵	ǎngguì	昂然	ángrán	昂首	ángshǒu	昂扬	ángyáng
盎然	àngrán	凹陷	āoxiàn	遨游	áoyóu	螯	áo
翱翔	áoxiáng	袄	ǎo	坳	ào	傲	ào
傲慢	àomàn	傲然	àorán	奥	ào	奥妙	àomiào
澳	ào	懊悔	àohuǐ	懊恼	àonǎo	懊丧	àosàng
八股	bāgǔ	八卦	bāguà	八仙桌	bāxiānzhuō	八字	bāzì
巴掌	bāzhang	芭蕉	bājiāo	芭蕾舞	bālěiwǔ	疤	bā
疤痕	bāhén	拔除	báchú	拔节	bájié	拔腿	bátuǐ
跋涉	báshè	把柄	bǎbǐng	把持	bǎchí	把门儿	bǎménr
把手	bǎshǒu	把守	bǎshǒu	把戏	bǎxì	把子	bǎzi
靶	bǎ	靶场	bǎchǎng	坝	bà	把子	bàzi
耙	bà	罢官	bàguān	罢课	bàkè	罢免	bàmiǎn
罢休	bàxiū	霸	bà	霸权	bàquán	霸王	bàwáng
白桦	báihuà	白净	báijing	白酒	báijiǔ	白人	báirén

（续上表）

白日	báirì	白薯	báishǔ	白糖	báitáng	白皙	báixī
白眼	báiyǎn	白蚁	báiyǐ	白银	báiyín	白昼	báizhòu
百般	bǎibān	百分比	bǎifēnbǐ	百合	bǎihé	百花齐放	bǎihuāqífàng
百货	bǎihuò	百家争鸣	bǎijiā zhēngmíng	百科全书	bǎikēquánshū	百灵	bǎilíng
柏	bǎi	柏油	bǎiyóu	摆布	bǎibù	摆弄	bǎinòng
摆设	bǎishè	败坏	bàihuài	败仗	bàizhàng	拜访	bàifǎng
拜年	bàinián	扳	bān	班车	bānchē	班级	bānjí
班主任	bānzhǔrèn	班子	bānzi	颁发	bānfā	斑	bān
斑白	bānbái	斑驳	bānbó	斑点	bāndiǎn	斑斓	bānlán
斑纹	bānwén	搬迁	bānqiān	搬用	bānyòng	板栗	bǎnlì
板子	bǎnzi	版本	bǎnběn	版画	bǎnhuà	版面	bǎnmiàn
版权	bǎnquán	版图	bǎntú	办案	bàn’àn	办公	bàngōng
办学	bànxué	半边	bànbiān	半成品	bànchéngpǐn	半截	bànjié
半空	bànkōng	半路	bànlù	半途	bàntú	半圆	bànyuán
扮	bàn	伴侣	bànlǚ	拌	bàn	绊	bàn
邦	bāng	帮办	bāngbàn	帮工	bānggōng	帮手	bāngshou
帮凶	bāngxiōng	梆	bāng	梆子	bāngzi	绑	bǎng
绑架	bǎngjià	榜	bǎng	膀	bǎng	膀子	bǎngzi
蚌	bàng	棒槌	bàngchui	棒球	bàngqiú	棒子	bàngzi
傍	bàng	磅	bàng	包办	bāobàn	包庇	bāobì
包工	bāogōng	包裹	bāoguǒ	包涵	bāohan	包揽	bāolǎn
包罗万象	bāoluó wànxiàng	包容	bāoróng	包销	bāoxiāo	包扎	bāozā
包子	bāozi	苞	bāo	胞	bāo	剥	bāo
褒贬	bāobiǎn	雹	báo	饱含	bǎohán	饱满	bǎomǎn
宝剑	bǎojiàn	宝库	bǎokù	宝塔	bǎotǎ	宝物	bǎowù
宝藏	bǎozàng	宝座	bǎozuò	保安	bǎo’ān	保护色	bǎohùsè
保健	bǎojiàn	保密	bǎomì	保姆	bǎomǔ	保全	bǎoquán
保温	bǎowēn	保险丝	bǎoxiǎnsī	保养	bǎoyǎng	保佑	bǎoyòu
保证金	bǎozhèngjīn	保证人	bǎozhèngrén	保重	bǎozhòng	堡	bǎo

（续上表）

堡垒	bǎolěi	报表	bàobiǎo	报仇	bàochóu	报答	bàodá
报导	bàodǎo	报到	bàodào	报废	bàofèi	报馆	bàoguǎn
报警	bàojǐng	报考	bàokǎo	报请	bàoqǐng	报社	bàoshè
报喜	bàoxǐ	报销	bàoxiāo	报信	bàoxìn	报应	bàoyìng
刨	bào	抱不平	bàobùpíng	抱负	bàofù	抱歉	bàoqiàn
抱怨	bàoyuàn	豹	bào	豹子	bàozi	鲍鱼	bàoyú
暴	bào	暴发	bàofā	暴风雪	bàofēngxuě	暴风雨	bàofēngyǔ
暴君	bàojūn	暴乱	bàoluàn	暴徒	bàotú	暴行	bàoxíng
暴躁	bàozào	暴涨	bàozhǎng	爆	bào	爆裂	bàoliè
爆破	bàopò	爆竹	bàozhú	杯子	bēizi	卑	bēi
卑鄙	bēibǐ	卑劣	bēiliè	卑微	bēiwēi	卑下	bēixià
悲	bēi	悲愤	bēifèn	悲观	bēiguān	悲苦	bēikǔ
悲凉	bēiliáng	悲伤	bēishāng	悲痛	bēitòng	悲壮	bēizhuàng
碑	bēi	碑文	bēiwén	北半球	běibànqiú	北边	běibiān
北国	běiguó	北极	běijí	北极星	běijíxīng	贝壳	bèiké
备案	bèi'àn	备课	bèikè	备用	bèiyòng	备战	bèizhàn
背包	bēibāo	背道而驰	bèidào'érchí	背风	bèifēng	背脊	bèijǐ
背离	bèilí	背面	bèimiàn	背叛	bèipàn	背诵	bèisòng
背心	bèixīn	背影	bèiyǐng	钡	bèi	倍数	bèishù
倍增	bèizēng	被单	bèidān	被褥	bèirù	奔波	bēnbō
奔驰	bēnchí	奔放	bēnfàng	奔赴	bēnfù	奔流	bēnliú
奔腾	bēnténg	奔涌	bēnyǒng	奔走	bēnzǒu	本部	běnbù
本分	běnfèn	本行	běnháng	本家	běnjiā	本科	běnkē
本钱	běnqián	本色	běnsè	本土	běntǔ	本位	běnwèi
本义	běnyì	本意	běnyì	本原	běnyuán	本源	běnyuán
本子	běnzi	笨重	bènzhòng	笨拙	bènzhuō	崩	bēng
绷	bēng	绷带	bēngdài	绷	běng	泵	bèng
迸	bèng	迸发	bèngfā	绷	bèng	逼近	bījìn
逼迫	bīpò	逼真	bīzhēn	鼻尖	bíjiān	鼻梁	bíliáng
鼻腔	bíqiāng	鼻涕	bítì	鼻音	bíyīn	匕首	bǐshǒu
比方	bǐfang	比分	bǐfēn	比例尺	bǐlìchǐ	比率	bǐlǜ

（续上表）

比拟	bǐnǐ	比热	bǐrè	比武	bǐwǔ	比值	bǐzhí
彼岸	bǐ'àn	笔触	bǐchù	笔法	bǐfǎ	笔画	bǐhuà
笔迹	bǐjì	笔尖	bǐjiān	笔名	bǐmíng	笔墨	bǐmò
笔直	bǐzhí	鄙	bǐ	鄙视	bǐshì	鄙夷	bǐyí
币	bì	币制	bìzhì	必需品	bìxūpǐn	毕	bì
毕生	bìshēng	闭幕	bìmù	闭塞	bìsè	庇护	bìhù
陛下	bìxià	毙	bì	婢女	bìnǚ	痹	bì
辟	bì	弊端	bìduān	碧	bì	碧波	bìbō
碧绿	bìlǜ	蔽	bì	弊	bì	壁垒	bìlěi
避雷针	bìléizhēn	避风	bìfēng	避难	bìnàn	璧	bì
敝	bì	臂膀	bìbǎng	弊病	bìbìng	边陲	biānchuí
贬	biǎn	贬低	biǎndī	贬义	biǎnyì	贬值	biǎnzhí
扁担	biǎndan	匾	biǎn	变故	biàngù	变幻	biànhuàn
变卖	biànmài	变色	biànsè	变数	biànshù	变通	biàntōng
变相	biànxiàng	变性	biànxìng	变压器	biànyāqì	变样	biànyàng
变质	biànzhì	变种	biànzhǒng	便秘	biànmì	便衣	biànyī
遍布	biànbù	遍地	biàndì	遍及	biànjí	辨正	biànzhèng
辩	biàn	辩驳	biànbó	辩护人	biànhùrén	辩解	biànjiě
辩论	biànlùn	辫	biàn	辫子	biànzi	标榜	biāobǎng
标兵	biāobīng	标尺	biāochǐ	标的	biāodì	标记	biāojì
标明	biāomíng	标签	biāoqiān	标新立异	biāoxīnlìyì	标识	biāozhì
膘	biāo	表白	biǎobái	表格	biǎogé	表决	biǎojué
表露	biǎolù	表率	biǎoshuài	表态	biǎotài	憋	biē
鳖	biē	别出心裁	biéchūxīncái	别具一格	biéjùyīgé	别开生面	biékāi shēngmiàn
别名	biémíng	别墅	biéshù	别有用心	biéyǒuyòngxīn	别致	biézhì
瘪	biě	别扭	bièniu	宾馆	bīnguǎn	宾客	bīnkè
宾语	bīnyǔ	宾主	bīnzhǔ	滨	bīn	濒临	bīnlín
濒于	bīnyú	摈弃	bìnqì	鬓	bìn	冰雹	bīngbáo
冰点	bīngdiǎn	冰冻	bīngdòng	冰窖	bīngjiào	冰晶	bīngjīng

（续上表）

冰冷	bīnglěng	冰凉	bīngliáng	冰山	bīngshān	冰天雪地	bīngtiānxuědì
冰箱	bīngxiāng	兵法	bīngfǎ	兵家	bīngjiā	兵器	bīngqì
兵团	bīngtuán	兵役	bīngyì	兵营	bīngyíng	兵站	bīngzhàn
兵种	bīngzhǒng	饼干	bǐnggān	饼子	bǐngzi	屏息	bǐngxī
禀	bǐng	并发	bìngfā	并肩	bìngjiān	并进	bìngjìn
病房	bìngfáng	病根	bìnggēn	病故	bìnggù	病害	bìnghài
病号	bìnghào	病菌	bìngjūn	病例	bìnglì	病魔	bìngmó
病症	bìngzhèng	摒弃	bìngqì	拨款	bōkuǎn	拨弄	bōnòng
波段	bōduàn	波峰	bōfēng	波谷	bōgǔ	波及	bōjí
波澜	bōlán	波涛	bōtāo	波纹	bōwén	波折	bōzhé
钵	bō	剥离	bōlí	剥蚀	bōshí	菠菜	bōcài
菠萝	bōluó	播	bō	播放	bōfàng	播送	bōsòng
伯父	bófù	伯乐	bólè	伯母	bómǔ	驳	bó
驳斥	bóchì	驳回	bóhuí	泊	bó	铂	bó
脖	bó	脖颈儿	bógěnr	博	bó	博爱	bó'ài
博大	bódà	博得	bódé	博览会	bólǎnhuì	博物馆	bówùguǎn
搏	bó	搏击	bójī	膊	bó	箔	bó
帛	bó	跛	bǒ	簸箕	bòjī	补丁	bǔding
补给	bǔjǐ	补救	bǔjiù	补课	bǔkè	补习	bǔxí
补助	bǔzhù	补足	bǔzú	捕获	bǔhuò	捕杀	bǔshā
哺乳	bǔrǔ	哺育	bǔyù	卜	bǔ	不啻	bùchì
不得了	bùdéliǎo	不得已	bùdéyǐ	不动产	bùdòngchǎn	不动声色	bùdòng shēngsè
不乏	bùfá	不法	bùfǎ	不凡	bùfán	不符	bùfú
不甘	bùgān	不敢当	bùgǎndāng	不计其数	bùjìqíshù	不见得	bùjiàndé
不胫而走	bùjìng'érzǒu	不可思议	bùkěsīyì	不可一世	bùkěyīshì	不力	bùlì
不妙	bùmiào	不配	bùpèi	不屈	bùqū	不忍	bùrěn
不善	bùshàn	不适	bùshì	不速之客	bùsùzhīkè	不祥	bùxiáng
不像话	bùxiànghuà	不孝	bùxiào	不屑	bùxiè	不懈	bùxiè

（续上表）

不约而同	bùyuē'értóng	不在乎	bùzàihu	不只	bùzhǐ	不至于	bùzhìyú
布告	bùgào	布景	bùjǐng	布匹	bùpǐ	布衣	bùyī
步兵	bùbīng	步履	bùlǚ	步枪	bùqiāng	步行	bùxíng
部件	bùjiàn	部属	bùshǔ	部委	bùwěi	部下	bùxià
埠	bù	簿	bù	擦拭	cāshì	猜测	cāicè
猜想	cāixiǎng	猜疑	cāiyí	才干	cáigàn	才华	cáihuá
才智	cáizhì	财经	cáijīng	财会	cáikuài	财贸	cáimào
财权	cáiquán	财团	cáituán	财物	cáiwù	财源	cáiyuán
财主	cáizhu	裁	cái	裁定	cáidìng	裁缝	cáifeng
裁减	cáijiǎn	裁剪	cáijiǎn	裁决	cáijué	裁军	cáijūn
裁判	cáipàn	采伐	cǎifá	采掘	cǎijué	采矿	cǎikuàng
采纳	cǎinà	采写	cǎixiě	采样	cǎiyàng	采油	cǎiyóu
采摘	cǎizhāi	彩电	cǎidiàn	彩虹	cǎihóng	彩绘	cǎihuì
彩礼	cǎilǐ	彩旗	cǎiqí	彩塑	cǎisù	彩陶	cǎitáo
睬	cǎi	菜场	càichǎng	菜刀	càidāo	菜蔬	càishū
菜肴	càiyáo	菜园	càiyuán	参见	cānjiàn	参军	cānjūn
参看	cānkàn	参赛	cānsài	参天	cāntiān	参议院	cānyìyuàn
参与	cānyù	参阅	cānyuè	参展	cānzhǎn	参战	cānzhàn
参政	cānzhèng	餐	cān	餐具	cānjù	餐厅	cāntīng
参桌	cānzhuō	残暴	cánbào	残存	cáncún	残废	cánfèi
残害	cánhài	残疾	cánjí	残留	cánliú	残破	cánpò
残缺	cánquē	残忍	cánrěn	残杀	cánshā	蚕豆	cándòu
蚕食	cánshí	蚕丝	cánsī	惭愧	cánkuì	惨	cǎn
惨案	cǎn'àn	惨白	cǎnbái	惨败	cǎnbài	惨死	cǎnsǐ
惨痛	cǎntòng	惨重	cǎnzhòng	仓促	cāngcù	仓皇	cānghuáng
藏书	cángshū	操办	cāobàn	操场	cāochǎng	操持	cāochí
操劳	cāoláo	操练	cāoliàn	操心	cāoxīn	嘈杂	cáozá
草本	cǎoběn	草场	cǎochǎng	草丛	cǎocóng	草帽	cǎomào
草莓	cǎoméi	草拟	cǎonǐ	草皮	cǎopí	草坪	cǎopíng
草率	cǎoshuài	草图	cǎotú	草屋	cǎowū	草鞋	cǎoxié
草药	cǎoyào	厕所	cèsuǒ	侧耳	cè'ěr	侧身	cèshēn

（续上表）

测绘	cèhuì	测试	cèshì	测算	cèsuàn	策	cè
策动	cèdòng	策划	cèhuà	层出不穷	céngchū bùqióng	层面	céngmiàn
蹭	cèng	叉腰	chāyāo	杈	chā	差错	chācuò
差额	chā'é	插队	chāduì	插话	chāhuà	插曲	chāqǔ
插手	chāshǒu	插图	chātú	插秧	chāyāng	插嘴	chāzuǐ
茬	chá	茶点	chádiǎn	茶花	cháhuā	茶儿	chájī
茶具	chájù	茶水	cháshuǐ	茶园	cháyuán	查处	cháchǔ
查对	cháduì	查获	cháhuò	查禁	chájìn	查看	chákàn
查问	cháwèn	查询	cháxún	查阅	cháyuè	查找	cházhǎo
察觉	chájué	察看	chákàn	杈	chà	岔	chà
刹	chà	刹那	chànà	诧异	chàyì	拆除	chāichú
拆毁	chāihuǐ	拆迁	chāiqiān	拆卸	chāixiè	差使	chāishǐ
差事	chāishi	柴火	cháihuo	柴油	cháiyóu	搀	chān
搀扶	chānfú	掺	chān	馋	chán	禅	chán
禅宗	chánzōng	缠绵	chánmián	缠绕	chánrào	蝉	chán
潺潺	chánchán	蟾蜍	chánchú	产妇	chǎnfù	产权	chǎnquán
产销	chǎnxiāo	铲	chǎn	铲除	chǎnchú	阐发	chǎnfā
阐释	chǎnshì	颤	chàn	颤动	chàndòng	忏悔	chànhuǐ
昌	chāng	猖獗	chāngjué	猖狂	chāngkuáng	娼妓	chāngjì
长臂猿	chángbìyuán	长波	chángbō	长笛	chángdí	长方形	chángfāngxíng
长工	chánggōng	长颈鹿	chángjǐnglù	长空	chángkōng	长年	chángnián
长袍	chángpáo	长跑	chángpǎo	长篇	chángpiān	长衫	chángshān
长寿	chángshòu	长叹	chángtàn	长途	chángtú	长线	chángxiàn
长夜	chángyè	长于	chángyú	长足	chángzú	肠胃	chángwèi
肠子	chángzi	常人	chángrén	常设	chángshè	常态	chángtài
常委	chángwěi	常温	chángwēn	常务	chángwù	常住	chángzhù
尝新	chángxīn	偿	cháng	偿付	chángfù	偿还	chánghuán
厂家	chǎngjiā	厂矿	chǎngkuàng	厂商	chǎngshāng	厂子	chǎngzi
场景	chǎngjǐng	场子	chǎngzi	敞	chǎng	敞开	chǎngkāi
怅惘	chàngwǎng	畅	chàng	畅快	chàngkuài	畅所欲言	chàngsuǒ yùyán

（续上表）

畅谈	chàngtán	畅通	chàngtōng	畅销	chàngxiāo	倡	chàng
倡导	chàngdǎo	倡议	chàngyì	唱词	chàngcí	唱片	chàngpiàn
唱腔	chàngqiāng	唱戏	chàngxì	抄袭	chāoxí	抄写	chāoxiě
钞	chāo	钞票	chāopiào	超产	chāochǎn	超常	chāocháng
超导体	chāodǎotǐ	超级	chāojí	超前	chāoqián	超然	chāorán
超人	chāorén	超声波	chāoshēngbō	超脱	chāotuō	剿	chāo
巢穴	cháoxué	朝拜	cháobài	朝代	cháodài	朝向	cháoxiàng
朝阳	cháoyáng	朝野	cháoyě	朝政	cháozhèng	嘲讽	cháofěng
嘲弄	cháonòng	嘲笑	cháoxiào	潮水	cháoshuǐ	潮汐	cháoxī
吵架	chǎojià	吵闹	chǎonào	吵嘴	chǎozuǐ	车床	chēchuáng
车队	chēduì	车夫	chēfū	车祸	chēhuò	车门	chēmén
车身	chēshēn	车头	chētóu	扯皮	chěpí	彻	chè
撤换	chèhuàn	撤回	chèhuí	撤离	chèlí	撤退	chètuì
撤销	chèxiāo	撤职	chèzhí	澈	chè	抻	chēn
臣民	chénmín	尘埃	chén'āi	尘土	chéntǔ	沉寂	chénjì
沉降	chénjiàng	沉浸	chénjìn	沉静	chénjìng	沉沦	chénlún
沉闷	chénmèn	沉没	chénmò	沉睡	chénshuì	沉痛	chéntòng
沉吟	chényín	沉郁	chényù	沉醉	chénzuì	辰	chén
陈腐	chénfǔ	陈规	chénguī	陈迹	chénjì	陈列	chénliè
陈设	chénshè	晨	chén	晨光	chénguāng	晨曦	chénxī
衬	chèn	衬衫	chènshān	衬托	chèntuō	衬衣	chènyī
趁机	chènjī	趁势	chènshì	趁早	chènzǎo	称职	chènzhí
称霸	chēngbà	称道	chēngdào	称颂	chēngsòng	称谓	chēngwèi
撑腰	chēngyāo	成败	chéngbài	成才	chéngcái	成材	chéngcái
成风	chéngfēng	成活	chénghuó	成家	chéngjiā	成见	chéngjiàn
成交	chéngjiāo	成名	chéngmíng	成品	chéngpǐn	成亲	chéngqīn
成全	chéngquán	成书	chéngshū	成套	chéngtào	成天	chéngtiān
成行	chéngxíng	成形	chéngxíng	成因	chéngyīn	丞	chéng
丞相	chéngxiàng	逞	chěng	诚然	chéngrán	诚心	chéngxīn
诚挚	chéngzhì	承办	chéngbàn	承继	chéngjì	承建	chéngjiàn
承袭	chéngxí	城堡	chéngbǎo	城郊	chéngjiāo	城楼	chénglóu
城墙	chéngqiáng	城区	chéngqū	乘法	chéngfǎ	乘方	chéngfāng

（续上表）

乘积	chéngjī	乘凉	chéngliáng	乘务员	chéngwùyuán	乘坐	chéngzuò
惩	chéng	惩办	chéngbàn	惩处	chéngchǔ	惩戒	chéngjiè
惩治	chéngzhì	澄清	chéngqīng	橙	chéng	吃不消	chībùxiāo
吃苦	chīkǔ	吃亏	chīkuī	吃水	chīshuǐ	吃香	chīxiāng
嗤	chī	痴	chī	痴呆	chīdāi	池子	chízǐ
驰骋	chíchěng	驰名	chímíng	迟到	chídào	迟缓	chíhuǎn
迟疑	chíyí	迟早	chízǎo	持之以恒	chízhīyǐhéng	持重	chízhòng
尺寸	chǐcùn	尺子	chǐzi	齿轮	chǐlún	齿龈	chǐyín
耻辱	chǐrǔ	斥	chì	斥责	chìzé	赤诚	chìchéng
赤裸	chìluǒ	赤手空拳	chìshǒu kōngquán	赤字	chìzì	炽烈	chìliè
炽热	chìrè	冲淡	chōngdàn	冲锋	chōngfēng	冲积	chōngjī
冲刷	chōngshuā	冲天	chōngtiān	冲洗	chōngxǐ	冲撞	chōngzhuàng
充斥	chōngchì	充电	chōngdiàn	充饥	chōngjī	充沛	chōngpèi
充塞	chōngsè	充血	chōngxuè	充溢	chōngyì	充裕	chōngyù
舂	chōng	憧憬	chōngjǐng	虫害	chónghài	虫子	chóngzi
重叠	chóngdié	重逢	chóngféng	重申	chóngshēn	重围	chóngwéi
重行	chóngxíng	重修	chóngxiū	重演	chóngyǎn	崇敬	chóngjìng
崇尚	chóngshàng	宠	chǒng	宠爱	chǒng'ài	宠儿	chǒng'ér
抽查	chōuchá	抽搐	chōuchù	抽打	chōudǎ	抽调	chōudiào
抽空	chōukòng	抽泣	chōuqì	抽签	chōuqiān	抽取	chōuqǔ
抽穗	chōusuì	抽屉	chōutì	抽样	chōuyàng	踌躇	chóuchú
仇	chóu	仇敌	chóudí	仇人	chóurén	仇视	chóushì
惆怅	chóuchàng	绸	chóu	绸缎	chóuduàn	绸子	chóuzi
稠	chóu	稠密	chóumì	愁苦	chóukǔ	筹	chóu
筹办	chóubàn	筹备	chóubèi	筹措	chóucuò	筹划	chóuhuà
筹集	chóují	筹建	chóujiàn	丑恶	chǒu'è	丑陋	chǒulòu
臭氧	chòuyǎng	出兵	chūbīng	出差	chūchāi	出厂	chūchǎng
出场	chūchǎng	出动	chūdòng	出工	chūgōng	出海	chūhǎi
出击	chūjī	出家	chūjiā	出嫁	chūjià	出境	chūjìng

(续上表)

出类拔萃	chūlèibácuì	出力	chūlì	出马	chūmǎ	出面	chūmiàn
出苗	chūmiáo	出名	chūmíng	出没	chūmò	出品	chūpǐn
出其不意	chūqíbùyì	出奇	chūqí	出气	chūqì	出勤	chūqín
出人意料	chūrényìliào	出任	chūrèn	出入	chūrù	出山	chūshān
出神	chūshén	出生率	chūshēnglǜ	出师	chūshī	出使	chūshǐ
出示	chūshì	出世	chūshì	出事	chūshì	出手	chūshǒu
出台	chūtái	出头	chūtóu	出外	chūwài	出院	chūyuàn
出征	chūzhēng	出众	chūzhòng	出资	chūzī	出走	chūzǒu
出租	chūzū	初春	chūchūn	初等	chūděng	初冬	chūdōng
初恋	chūliàn	初年	chūnián	初秋	chūqiū	初夏	chūxià
初学	chūxué	除尘	chúchén	除法	chúfǎ	除外	chúwài
除夕	chúxī	厨	chú	厨师	chúshī	锄	chú
锄头	chútou	雏	chú	雏形	chúxíng	橱	chú
橱窗	chúchuāng	处方	chǔfāng	处决	chǔjué	处女	chǔnǚ
处世	chǔshì	处事	chǔshì	处死	chǔsǐ	处置	chǔzhì
储	chǔ	储藏	chǔcáng	处所	chùsuǒ	畜力	chùlì
畜生	chùsheng	触电	chùdiàn	触动	chùdòng	触发	chùfā
触犯	chùfàn	触及	chùjí	触角	chùjiǎo	触觉	chùjué
触摸	chùmō	触目惊心	chùmùjīngxīn	触手	chùshǒu	触须	chùxū
矗立	chùlì	揣	chuāi	揣测	chuǎicè	揣摩	chuǎimó
踹	chuài	川剧	chuānjù	川流不息	chuānliúbùxī	穿插	chuānchā
穿刺	chuāncì	穿戴	chuāndài	穿孔	chuānkǒng	穿山甲	chuānshānjiǎ
穿梭	chuānsuō	穿行	chuānxíng	穿越	chuānyuè	传布	chuánbù
传承	chuánchéng	传单	chuándān	传道	chuándào	传教	chuánjiào
传令	chuánlìng	传奇	chuánqí	传染	chuánrǎn	传人	chuánrén
传神	chuánshén	传输	chuánshū	传送	chuánsòng	传诵	chuánsòng
传闻	chuánwén	传真	chuánzhēn	船舱	chuáncāng	船夫	chuánfū
船家	chuánjiā	船台	chuántái	船舷	chuánxián	船员	chuányuán

（续上表）

船闸	chuánzhá	喘气	chuǎnqì	喘息	chuǎnxī	创口	chuāngkǒu
疮	chuāng	疮疤	chuāngbā	窗帘	chuānglián	窗台	chuāngtái
床单	chuángdān	床铺	chuángpù	床位	chuángwèi	创汇	chuànghuì
创见	chuàngjiàn	创建	chuàngjiàn	创举	chuàngjǔ	创刊	chuàngkān
创设	chuàngshè	创始	chuàngshǐ	创业	chuàngyè	创制	chuàngzhì
炊烟	chuīyān	吹拂	chuīfú	吹牛	chuīniú	吹捧	chuīpěng
吹嘘	chuīxū	吹奏	chuīzòu	垂钓	chuídiào	垂柳	chuíliǔ
垂死	chuísǐ	垂危	chuíwēi	捶	chuí	锤炼	chuíliàn
锤子	chuízi	春分	chūnfēn	春风	chūnfēng	春耕	chūngēng
春光	chūnguāng	春雷	chūnléi	春色	chūnsè	纯度	chúndù
纯净	chúnjìng	纯真	chúnzhēn	纯正	chúnzhèng	淳朴	chúnpǔ
醇	chún	蠢	chǔn	蠢事	chǔnshì	戳	chuō
戳穿	chuōchuān	啜泣	chuòqì	绰号	chuòhào	瓷	cí
瓷器	cíqì	瓷砖	cízhuān	词句	cíjù	祠	cí
祠堂	cítáng	词典	cídiǎn	辞退	cítuì	慈	cí
慈爱	cí'ài	慈悲	cíbēi	慈善	císhàn	慈祥	cíxiáng
磁带	cídài	磁化	cíhuà	磁极	cíjí	磁体	cítǐ
磁头	cítóu	磁性	cíxìng	雌蕊	círuǐ	雌性	cíxìng
雌雄	cíxióng	此间	cǐjiān	此起彼伏	cǐqǐbǐfú	次第	cìdì
次品	cìpǐn	次日	cìrì	刺刀	cìdāo	刺耳	cì'ěr
刺骨	cìgǔ	刺客	cìkè	刺杀	cìshā	刺猬	cìwei
刺绣	cìxiù	刺眼	cìyǎn	赐予	cìyǔ	匆忙	cōngmáng
葱	cōng	聪慧	cōnghuì	从容	cóngróng	从军	cóngjūn
从属	cóngshǔ	从头	cóngtóu	从新	cóngxīn	从业	cóngyè
从众	cóngzhòng	丛林	cónglín	丛生	cóngshēng	丛书	cóngshū
凑合	còuhé	凑近	còujìn	凑巧	còuqiǎo	粗暴	cūbào
粗笨	cūbèn	粗布	cūbù	粗大	cūdà	粗放	cūfàng
粗犷	cūguǎng	粗鲁	cūlǔ	粗略	cūlüè	粗俗	cūsú
粗细	cūxì	粗心	cūxīn	粗野	cūyě	粗壮	cūzhuàng
醋	cù	簇拥	cùyōng	蹿	cuān	攒	cuán
篡夺	cuànduó	篡改	cuàngǎi	崔	cuī	催促	cuīcù

（续上表）

催化	cuīhuà	催化剂	cuīhuàjì	催眠	cuīmián	摧	cuī
璀璨	cuǐcàn	脆	cuì	脆弱	cuìruò	萃取	cuìqǔ
啐	cuì	淬火	cuìhuǒ	翠	cuì	翠绿	cuìlǜ
村落	cūnluò	村民	cūnmín	村寨	cūnzhài	村镇	cūnzhèn
皴	cūn	存储	cúnchǔ	存放	cúnfàng	存活	cúnhuó
存货	cúnhuò	存留	cúnliú	存亡	cúnwáng	存心	cúnxīn
存折	cúnzhé	搓	cuō	磋商	cuōshāng	撮	cuō
挫	cuò	挫败	cuòbài	挫伤	cuòshāng	锉	cuò
错过	cuòguò	错觉	cuòjué	错位	cuòwèi	错综复杂	cuòzōngfùzá
耷拉	dāla	搭救	dājiù	搭配	dāpèi	搭讪	dāshàn
答辩	dábiàn	答话	dáhuà	打岔	dǎchà	打点	dǎdian
打动	dǎdòng	打赌	dǎdǔ	打盹儿	dǎdǔnr	打发	dǎfa
打火机	dǎhuǒjī	打交道	dǎjiāodào	打搅	dǎjiǎo	打垮	dǎkuǎ
打捞	dǎlāo	打猎	dǎliè	打趣	dǎqù	打扰	dǎrǎo
打扫	dǎsǎo	打铁	dǎtiě	打通	dǎtōng	打消	dǎxiāo
打印	dǎyìn	打颤	dǎzhàn	打字	dǎzì	大白	dàbái
大本营	dàběnyíng	大便	dàbiàn	大不了	dàbuliǎo	大肠	dàcháng
大潮	dàcháo	大车	dàchē	大抵	dàdǐ	大殿	dàdiàn
大度	dàdù	大法	dàfǎ	大凡	dàfán	大方	dàfāng
大方	dàfang	大副	dàfù	大公无私	dàgōngwúsī	大鼓	dàgǔ
大褂	dàguà	大汉	dàhàn	大号	dàhào	大户	dàhù
大计	dàjì	大将	dàjiàng	大惊小怪	dàjīngxiǎoguài	大局	dàjú
大举	dàjǔ	大理石	dàlǐshí	大陆架	dàlùjià	大路	dàlù
大略	dàlüè	大麻	dàmá	大麦	dàmài	大米	dàmǐ
大气层	dàqìcéng	大气压	dàqìyā	大权	dàquán	大人物	dàrénwù
大赛	dàsài	大使	dàshǐ	大势	dàshì	大肆	dàsì
大同小异	dàtóngxiǎoyì	大腿	dàtuǐ	大喜	dàxǐ	大显身手	dàxiǎn shēnshǒu
大相径庭	dàxiāng jìngtíng	大修	dàxiū	大选	dàxuǎn	大雪	dàxuě

（续上表）

大雁	dàyàn	大业	dàyè	大义	dàyì	大专	dàzhuān
大宗	dàzōng	大作	dàzuò	呆板	dāibǎn	呆滞	dāizhì
歹徒	dǎitú	逮	dǎi	代办	dàibàn	代表作	dàibiǎozuò
代词	dàicí	代号	dàihào	代数	dàishù	玳瑁	dàimào
带电	dàidiàn	带劲	dàijìn	带路	dàilù	带子	dàizi
贷	dài	待命	dàimìng	待业	dàiyè	怠工	dàigōng
怠慢	dàimàn	袋子	dàizi	逮	dài	耽搁	dānge
丹	dān	丹顶鹤	dāndǐnghè	担保	dānbǎo	担当	dāndāng
担架	dānjià	担忧	dānyōu	单薄	dānbó	单产	dānchǎn
单词	dāncí	单方	dānfāng	单干	dāngàn	单价	dānjià
单据	dānjù	单身	dānshēn	单项	dānxiàng	单衣	dānyī
单元	dānyuán	单子	dānzi	掸	dǎn	胆固醇	dǎngùchún
胆量	dǎnliàng	胆略	dǎnlüè	胆囊	dǎnnáng	胆怯	dǎnqiè
胆小鬼	dǎnxiǎoguǐ	胆汁	dǎnzhī	胆子	dǎnzi	旦	dàn
旦角儿	dànjuér	诞辰	dànchén	淡薄	dànbó	淡化	dànhuà
淡漠	dànmò	淡然	dànrán	弹片	dànpiàn	弹头	dàntóu
弹药	dànyào	蛋糕	dàngāo	氮肥	dànféi	氮气	dànqì
当差	dāngchāi	当归	dāngguī	当家	dāngjiā	当量	dāngliàng
当面	dāngmiàn	当权	dāngquán	当日	dāngrì	当下	dāngxià
当心	dāngxīn	当众	dāngzhòng	裆	dāng	党籍	dǎngjí
党纪	dǎngjì	党派	dǎngpài	党团	dǎngtuán	党务	dǎngwù
党校	dǎngxiào	党章	dǎngzhāng	当铺	dàngpù	当日	dàngrì
当晚	dàngwǎn	当夜	dàngyè	当真	dàngzhēn	荡	dàng
荡漾	dàngyàng	档	dàng	档次	dàngcì	刀枪	dāoqiāng
刀子	dāozi	导电	dǎodiàn	导航	dǎoháng	导热	dǎorè
导师	dǎoshī	导向	dǎoxiàng	导游	dǎoyóu	导语	dǎoyǔ
捣	dǎo	捣鬼	dǎoguǐ	捣毁	dǎohuǐ	捣乱	dǎoluàn
倒闭	dǎobì	倒伏	dǎofú	倒卖	dǎomài	倒塌	dǎotā
祷告	dǎogào	蹈	dǎo	到家	dàojiā	倒挂	dàoguà
倒立	dàolì	倒数	dàoshǔ	倒数	dàoshù	倒退	dàotuì
倒影	dàoyǐng	倒置	dàozhì	倒转	dàozhuǎn	倒转	dàozhuàn
盗	dào	盗贼	dàozéi	悼念	dàoniàn	道家	dàojiā

（续上表）

道具	dàojù	道歉	dàoqiàn	道士	dàoshi	道喜	dàoxǐ
道谢	dàoxiè	道义	dàoyì	稻草	dàocǎo	稻子	dàozi
得逞	déchěng	得当	dédàng	得分	défēn	得救	déjiù
得力	délì	得失	déshī	得体	détǐ	得天独厚	détiāndúhòu
得心应手	déxīnyìngshǒu	得罪	dézuì	灯火	dēnghuǒ	灯笼	dēnglong
灯塔	dēngtǎ	登	dēng	登场	dēngcháng	登场	dēngchǎng
登高	dēnggāo 登陆	dēnglù	登门	dēngmén	登山	dēngshān	
登台	dēngtái	登载	dēngzǎi	等号	děnghào	等价	děngjià
等式	děngshì	等同	děngtóng	澄	dèng	瞪眼	dèngyǎn
凳子	dèngzi	低层	dīcéng	低潮	dīcháo	低沉	dīchén
低估	dīgū	低空	dīkōng	低廉	dīlián	低劣	dīliè
低落	dīluò	低能	dīnéng	低洼	dīwā	低微	dīwēi
低压	dīyā	堤	dī	堤坝	dībà	提防	dīfang
滴灌	dīguàn	敌国	díguó	敌后	díhòu	敌寇	díkòu
敌情	díqíng	敌视	díshì	敌意	díyì	涤纶	dílún
笛	dí	笛子	dízi	嫡	dí	诋毁	dǐhuǐ
抵偿	dǐcháng	抵触	dǐchù	抵达	dǐdá	抵挡	dǐdǎng
抵消	dǐxiāo	抵押	dǐyā	抵御	dǐyù	底片	dǐpiàn
底细	dǐxì	底子	dǐzi	地产	dìchǎn	地磁	dìcí
地道	dìdào	地道	dìdao	地段	dìduàn	地核	dìhé
地基	dìjī	地窖	dìjiào	地雷	dìléi	地力	dìlì
地幔	dìmàn	地盘	dìpán	地皮	dìpí	地平线	dìpíngxiàn
地热	dìrè	地毯	dìtǎn	地下室	dìxiàshì	地衣	dìyī
地狱	dìyù	地址	dìzhǐ	弟妹	dìmèi	帝王	dìwáng
帝制	dìzhì	递减	dìjiǎn	递增	dìzēng	谛听	dìtīng
蒂	dì	缔	dì	缔结	dìjié	缔约	dìyuē
掂	diān	滇	diān	颠	diān	颠簸	diānbǒ
颠倒	diāndǎo	颠覆	diānfù	巅	diān	典	diǎn
典范	diǎnfàn	典故	diǎngù	典籍	diǎnjí	典礼	diǎnlǐ
典雅	diǎnyǎ	点滴	diǎndī	点火	diǎnhuǒ	点名	diǎnmíng

（续上表）

点心	diǎnxin	点缀	diǎnzhuì	电表	diànbiǎo	电波	diànbō
电车	diànchē	电磁场	diàncíchǎng	电镀	diàndù	电工	diàngōng
电光	diànguāng	电焊	diànhàn	电机	diànjī	电极	diànjí
电解	diànjiě	电解质	diànjiězhì	电缆	diànlǎn	电铃	diànlíng
电炉	diànlú	电气	diànqì	电气化	diànqìhuà	电容	diànróng
电扇	diànshàn	电梯	diàntī	电筒	diàntǒng	电网	diànwǎng
电文	diànwén	电信	diànxìn	电讯	diànxùn	电影院	diànyǐngyuàn
店铺	diànpù	店堂	diàntáng	店员	diànyuán	垫圈	diànquān
惦记	diànjì	惦念	diànniàn	奠	diàn	奠基	diànjī
佃	diàn	殿	diàn	殿堂	diàntáng	殿下	diànxià
貂	diāo	碉堡	diāobǎo	雕琢	diāozhuó	刁	diāo
刁难	diāonàn	叼	diāo	吊环	diàohuán	钓	diào
钓竿	diàogān	调度	diàodù	调换	diàohuàn	调集	diàojí
调配	diàopèi	调遣	diàoqiǎn	调运	diàoyùn	调子	diàozi
掉队	diàoduì	掉头	diàotóu	跌落	diēluò	碟	dié
蝶	dié	叮	dīng	叮咛	dīngníng	叮嘱	dīngzhǔ
钉子	dīngzi	顶峰	dǐngfēng	顶替	dǐngtì	鼎	dǐng
鼎盛	dǐngshèng	订购	dìnggòu	订婚	dìnghūn	订立	dìnglì
订阅	dìngyuè	订正	dìngzhèng	定点	dìngdiǎn	定都	dìngdū
定购	dìnggòu	定价	dìngjià	定居	dìngjū	定论	dìnglùn
定名	dìngmíng	定神	dìngshén	定时	dìngshí	定位	dìngwèi
定性	dìngxìng	定语	dìngyǔ	定员	dìngyuán	定罪	dìngzuì
锭	dìng	丢掉	diūdiào	丢脸	diūliǎn	丢人	diūrén
丢失	diūshī	东边	dōngbiān	东道主	dōngdàozhǔ	东风	dōngfēng
东家	dōngjia	东经	dōngjīng	东正教	dōngzhèngjiào	冬眠	dōngmián
冬至	dōngzhì	董	dǒng	董事	dǒngshì	董事会	dǒngshìhuì
懂事	dǒngshì	动产	dòngchǎn	动荡	dòngdàng	动工	dònggōng
动画片	dònghuàpiàn	动乱	dòngluàn	动情	dòngqíng	动身	dòngshēn
动弹	dòngtan	动听	dòngtīng	动物园	dòngwùyuán	动向	dòngxiàng
动心	dòngxīn	动用	dòngyòng	动辄	dòngzhé	冻疮	dòngchuāng
冻结	dòngjié	栋	dòng	洞察	dòngchá	洞房	dòngfáng
洞穴	dòngxué	斗笠	dǒulì	抖动	dǒudòng	抖擞	dǒusǒu

（续上表）

陡	dǒu	陡坡	dǒupō	陡峭	dǒuqiào	陡然	dǒurán
斗志	dòuzhì	豆浆	dòujiāng	豆芽儿	dòuyár	豆子	dòuzi
逗乐儿	dòulèr	逗留	dòuliú	痘	dòu	窦	dòu
都城	dūchéng	督	dū	督办	dūbàn	督促	dūcù
督军	dūjūn	嘟囔	dūnang	毒草	dúcǎo	毒打	dúdǎ
毒害	dúhài	毒剂	dújì	毒品	dúpǐn	毒气	dúqì
毒蛇	dúshé	毒物	dúwù	毒药	dúyào	毒霸	dúbà
独白	dúbái	独裁	dúcái	独唱	dúchàng	独创	dúchuàng
独到	dúdào	独断	dúduàn	独家	dújiā	独身	dúshēn
独舞	dúwǔ	独一无二	dúyīwú'èr	独奏	dúzòu	读数	dúshù
读物	dúwù	读音	dúyīn	犊	dú	笃信	dǔxìn
堵截	dǔjié	堵塞	dǔsè	赌	dǔ	赌博	dǔbó
赌气	dǔqì	睹	dǔ	杜鹃	dùjuān	杜绝	dùjué
妒忌	dùjì	度量	dùliàng	度日	dùrì	渡船	dùchuán
渡口	dùkǒu	镀	dù	端午	duānwǔ	端详	duānxiáng
端庄	duānzhuāng	短波	duǎnbō	短处	duǎnchù	短促	duǎncù
短工	duǎngōng	短路	duǎnlù	短跑	duǎnpǎo	短缺	duǎnquē
短线	duǎnxiàn	短小	duǎnxiǎo	短语	duǎnyǔ	段落	duànluò
断层	duàncéng	断绝	duànjué	断然	duànrán	断送	duànsòng
断言	duànyán	缎	duàn	缎子	duànzi	煅	duàn
锻	duàn	堆放	duīfàng	堆砌	duīqì	对岸	duì'àn
对策	duìcè	对答	duìdá	对等	duìděng	对接	duìjiē
对口	duìkǒu	对联	duìlián	对路	duìlù	对门	duìmén
对偶	duì'ǒu	对数	duìshù	对头	duìtou	对虾	duìxiā
对峙	duìzhì	队列	duìliè	兑	duì	兑换	duìhuàn
兑现	duìxiàn	敦促	dūncù	墩	dūn	囤	dùn
炖	dùn	钝	dùn	盾	dùn	顿悟	dùnwù
多寡	duōguǎ	多亏	duōkuī	多情	duōqíng	多事	duōshì
多谢	duōxiè	多嘴	duōzuǐ	夺目	duómù	踱	duó
垛	duǒ	躲避	duǒbì	躲藏	duǒcáng	躲闪	duǒshǎn
剁	duò	垛	duò	舵	duò	堕	duò

（续上表）

堕落	duòluò	惰性	duòxìng	跺	duò	跺脚	duòjiǎo
鹅卵石	éluǎnshí	蛾子	ézi	额定	édìng	额角	éjiǎo
额头	étóu	额外	éwài	厄运	èyùn	扼	è
扼杀	èshā	扼要	èyào	恶霸	èbà	恶臭	èchòu
恶毒	èdú	恶棍	ègùn	恶果	èguǒ	恶魔	èmó
恶人	èrén	恶习	èxí	恶性	èxìng	恶意	èyì
恶作剧	èzuòjù	萼片	èpiàn	遏止	èzhǐ	遏制	èzhì
愕然	èrán	腭	è	鄂	è	恩赐	ēncì
恩情	ēnqíng	恩人	ēnrén	儿科	érkē	儿孙	érsūn
儿戏	érxì	而今	érjīn	而后	érhòu	耳光	ěrguāng
耳环	ěrhuán	耳机	ěrjī	耳鸣	ěrmíng	耳目	ěrmù
耳语	ěryǔ	饵	ěr	二胡	èrhú	发报	fābào
发财	fācái	发愁	fāchóu	发呆	fādāi	发放	fāfàng
发疯	fāfēng	发还	fāhuán	发火	fāhuǒ	发酵	fājiào
发狂	fākuáng	发愣	fālèng	发毛	fāmáo	发霉	fāméi
发怒	fānù	发配	fāpèi	发票	fāpiào	发情	fāqíng
发球	fāqiú	发散	fāsàn	发烧	fāshāo	发誓	fāshì
发售	fāshòu	发送	fāsòng	发文	fāwén	发问	fāwèn
发笑	fāxiào	发泄	fāxiè	发言人	fāyánrén	发源	fāyuán
乏	fá	乏力	fálì	乏味	fáwèi	伐	fá
伐木	fámù	罚金	fájīn	阀	fá	筏	fá
法案	fǎ'àn	法宝	fǎbǎo	法典	fǎdiǎn	法纪	fǎjì
法权	fǎquán	法师	fǎshī	法术	fǎshù	法医	fǎyī
法治	fǎzhì	发型	fàxíng	帆	fān	帆布	fānbù
帆船	fānchuán	番茄	fānqié	藩镇	fānzhèn	翻案	fān'àn
翻动	fāndòng	翻滚	fāngǔn	翻腾	fānténg	翻阅	fānyuè
凡人	fánrén	凡事	fánshì	烦	fán	烦闷	fánmèn
烦躁	fánzào	繁复	fánfù	繁华	fánhuá	繁忙	fánmáng
繁茂	fánmào	繁盛	fánshèng	繁琐	fánsuǒ	繁星	fánxīng
繁衍	fányǎn	繁育	fányù	繁杂	fánzá	反比	fǎnbǐ
反驳	fǎnbó	反常	fǎncháng	反刍	fǎnchú	反倒	fǎndào
反感	fǎngǎn	反攻	fǎngōng	反光	fǎnguāng	反击	fǎnjī

（续上表）

反叛	fǎnpàn	反扑	fǎnpū	反思	fǎnsī	反问	fǎnwèn
反响	fǎnxiǎng	反省	fǎnxǐng	反义词	fǎnyìcí	反证	fǎnzhèng
返航	fǎnháng	返还	fǎnhuán	返青	fǎnqīng	泛滥	fànlàn
范例	fànlì	梵文	fànwén	犯法	fànfǎ	犯人	fànrén
饭菜	fàncài	饭馆儿	fànguǎnr	饭盒	fànhé	饭厅	fàntīng
饭碗	fànwǎn	饭桌	fànzhuō	贩	fàn	贩卖	fànmài
贩运	fànyùn	贩子	fànzi	方剂	fāngjì	方略	fānglüè
方位	fāngwèi	方向盘	fāngxiàngpán	方兴未艾	fāngxīng wèi'ài	方圆	fāngyuán
方桌	fāngzhuō	芳香	fāngxiāng	防备	fángbèi	防毒	fángdú
防范	fángfàn	防寒	fánghán	防洪	fánghóng	防护	fánghù
防护林	fánghùlín	防空	fángkōng	防守	fángshǒu	防卫	fángwèi
防务	fángwù	防线	fángxiàn	防汛	fángxùn	防疫	fángyì
妨害	fánghài	房产	fángchǎn	房东	fángdōng	房租	fángzū
仿	fǎng	仿效	fǎngxiào	仿照	fǎngzhào	仿制	fǎngzhì
纺	fǎng	纺织品	fǎngzhīpǐn	放大镜	fàngdàjìng	放电	fàngdiàn
放火	fànghuǒ	放假	fàngjià	放宽	fàngkuān	放牧	fàngmù
放炮	fàngpào	放任	fàngrèn	放哨	fàngshào	放射线	fàngshèxiàn
放声	fàngshēng	放手	fàngshǒu	放肆	fàngsì	放行	fàngxíng
放学	fàngxué	放眼	fàngyǎn	放养	fàngyǎng	放映	fàngyìng
放置	fàngzhì	放纵	fàngzòng	非得	fēiděi	非凡	fēifán
非难	fēinàn	非同小可	fēitóngxiǎokě	非议	fēiyì	绯红	fēihóng
飞驰	fēichí	飞碟	fēidié	飞溅	fēijiàn	飞禽	fēiqín
飞速	fēisù	飞腾	fēiténg	飞天	fēitiān	飞艇	fēitǐng
飞舞	fēiwǔ	飞行器	fēixíngqì	飞行员	fēixíngyuán	飞扬	fēiyáng
飞越	fēiyuè	飞涨	fēizhǎng	妃	fēi	肥大	féidà
肥厚	féihòu	肥力	féilì	肥胖	féipàng	肥水	féishuǐ
肥沃	féiwò	肥效	féixiào	肥皂	féizào	诽谤	fěibàng
匪帮	fěibāng	匪徒	fěitú	翡翠	fěicuì	吠	fèi
肺病	fèibìng	肺活量	fèihuóliàng	肺结核	fèijiéhé	肺炎	fèiyán
废话	fèihuà	废旧	fèijiù	废料	fèiliào	废品	fèipǐn

（续上表）

废气	fèiqì	废弃	fèiqì	废水	fèishuǐ	废物	fèiwù
废物	fèiwu	废渣	fèizhā	废止	fèizhǐ	沸	fèi
沸点	fèidiǎn	沸水	fèishuǐ	费解	fèijiě	费劲	fèijìn
费力	fèilì	分辨	fēnbiàn	分兵	fēnbīng	分寸	fēncùn
分担	fēndān	分队	fēnduì	分发	fēnfā	分隔	fēngé
分管	fēnguǎn	分红	fēnhóng	分家	fēnjiā	分居	fēnjū
分流	fēnliú	分娩	fēnmiǎn	分蘖	fēnniè	分派	fēnpài
分清	fēnqīng	分手	fēnshǒu	分数	fēnshù	分水岭	fēnshuǐlǐng
分摊	fēntān	分头	fēntóu	分享	fēnxiǎng	芬芳	fēnfāng
纷繁	fēnfán	纷飞	fēnfēi	纷乱	fēnluàn	纷纭	fēnyún
纷争	fēnzhēng	氛围	fēnwéi	酚	fēn	坟	fén
坟地	féndì	坟墓	fénmù	坟头	féntóu	焚	fén
焚毁	fénhuǐ	焚烧	fénshāo	粉笔	fěnbǐ	粉尘	fěnchén
粉刺	fěncì	粉红	fěnhóng	粉剂	fěnjì	粉饰	fěnshì
分外	fènwài	份额	fèn'é	份儿	fènr	份子	fènzi
奋不顾身	fènbùgùshēn	奋发	fènfā	奋力	fènlì	奋起	fènqǐ
奋勇	fènyǒng	奋战	fènzhàn	粪便	fènbiàn	愤	fèn
愤恨	fènhèn	愤慨	fènkǎi	愤然	fènrán	丰产	fēngchǎn
丰厚	fēnghòu	丰满	fēngmǎn	丰年	fēngnián	丰盛	fēngshèng
丰硕	fēngshuò	丰腴	fēngyú	风波	fēngbō	风采	fēngcǎi
风潮	fēngcháo	风车	fēngchē	风驰电掣	fēngchídiànchè	风度	fēngdù
风帆	fēngfān	风寒	fēnghán	风化	fēnghuà	风浪	fēnglàng
风流	fēngliú	风貌	fēngmào	风靡	fēngmí	风起云涌	fēngqǐyúnyǒng
风情	fēngqíng	风趣	fēngqù	风沙	fēngshā	风尚	fēngshàng
风声	fēngshēng	风水	fēngshuǐ	风味	fēngwèi	风箱	fēngxiāng
风向	fēngxiàng	风行	fēngxíng	风雅	fēngyǎ	风云	fēngyún
风韵	fēngyùn	风筝	fēngzheng	风姿	fēngzī	枫	fēng
封面	fēngmiàn	疯	fēng	疯子	fēngzi	烽火	fēnghuǒ
锋利	fēnglì	锋芒	fēngmáng	蜂巢	fēngcháo	蜂房	fēngfáng

（续上表）

蜂蜜	fēngmì	蜂王	fēngwáng	蜂窝	fēngwō	峰峦	fēngluán
逢	féng	缝合	fénghé	缝纫	féngrèn	讽	fěng
凤	fèng	凤凰	fènghuáng	奉命	fèngmìng	奉行	fèngxíng
缝隙	fèngxì	佛典	fódiǎn	佛法	fófǎ	佛经	fójīng
佛寺	fósì	佛像	fóxiàng	佛学	fóxué	否决	fǒujué
夫子	fūzǐ	肤浅	fūqiǎn	肤色	fūsè	孵	fū
敷	fū	敷衍	fūyǎn	弗	fú	伏击	fújī
伏帖	fútiē	芙蓉	fúróng	扶持	fúchí	扶贫	fúpín
扶桑	fúsāng	扶手	fúshǒu	扶养	fúyǎng	扶植	fúzhí
扶助	fúzhù	拂	fú	拂晓	fúxiǎo	服饰	fúshì
服侍	fúshì	服药	fúyào	服役	fúyì	氟	fú
俘	fú	俘获	fúhuò	浮雕	fúdiāo	浮力	fúlì
浮现	fúxiàn	浮云	fúyún	浮肿	fúzhǒng	符	fú
辐	fú	福气	fúqi	福音	fúyīn	甫	fǔ
抚	fǔ	抚摩	fǔmó	抚慰	fǔwèi	抚养	fǔyǎng
抚育	fǔyù	斧头	fǔtóu	斧子	fǔzi	俯	fǔ
俯冲	fǔchōng	俯瞰	fǔkàn	俯视	fǔshì	俯首	fǔshǒu
辅	fǔ	辅导	fǔdǎo	腐化	fǔhuà	腐烂	fǔlàn
父辈	fùbèi	父老	fùlǎo	负电	fùdiàn	负荷	fùhè
负极	fùjí	负离子	fùlízǐ	负伤	fùshāng	负载	fùzài
负债	fùzhài	负重	fùzhòng	妇科	fùkē	附带	fùdài
附和	fùhè	附件	fùjiàn	附录	fùlù	附设	fùshè
附属	fùshǔ	附庸	fùyōng	复查	fùchá	复仇	fùchóu
复发	fùfā	复古	fùgǔ	复核	fùhé	复活	fùhuó
复述	fùshù	复苏	fùsū	复习	fùxí	复兴	fùxīng
复眼	fùyǎn	复议	fùyì	复员	fùyuán	复原	fùyuán
副本	fùběn	副词	fùcí	副官	fùguān	副刊	fùkān
副食	fùshí	副作用	fùzuòyòng	赋税	fùshuì	富贵	fùguì
富丽	fùlì	富强	fùqiáng	富饶	fùráo	富庶	fùshù
富翁	fùwēng	富足	fùzú	腹地	fùdì	腹膜	fùmó
腹腔	fùqiāng	腹泻	fùxiè	缚	fù	覆	fù
覆灭	fùmiè	改道	gǎidào	改动	gǎidòng	改观	gǎiguān

（续上表）

改行	gǎiháng	改换	gǎihuàn	改悔	gǎihuǐ	改嫁	gǎijià
改建	gǎijiàn	改口	gǎikǒu	改写	gǎixiě	改选	gǎixuǎn
改制	gǎizhì	改装	gǎizhuāng	盖子	gàizi	概	gài
概况	gàikuàng	概论	gàilùn	概述	gàishù	干杯	gānbēi
干瘪	gānbiě	干冰	gānbīng	干草	gāncǎo	干涸	gānhé
干枯	gānkū	干粮	gānliáng	甘	gān	甘草	gāncǎo
甘露	gānlù	甘薯	gānshǔ	甘愿	gānyuàn	甘蔗	gānzhe
杆子	gānzi	坩埚	gānguō	柑	gān	柑橘	gānjú
竿	gān	杆菌	gǎnjūn	杆子	gǎnzi	秆	gǎn
赶场	gǎnchǎng	赶车	gǎnchē	赶集	gǎnjí	赶路	gǎnlù
感触	gǎnchù	感光	gǎnguāng	感化	gǎnhuà	感冒	gǎnmào
感人	gǎnrén	感伤	gǎnshāng	感叹	gǎntàn	感想	gǎnxiǎng
橄榄	gǎnlǎn	擀	gǎn	干劲	gànjìn	干流	gànliú
干事	gànshì	干线	gànxiàn	赣	gàn	刚好	gānghǎo
刚健	gāngjiàn	刚劲	gāngjìn	刚强	gāngqiáng	肛门	gāngmén
纲要	gāngyào	钢板	gāngbǎn	钢笔	gāngbǐ	钢材	gāngcái
钢筋	gāngjīn	钢盔	gāngkuī	缸	gāng	岗	gǎng
港币	gǎngbì	港湾	gǎngwān	杠	gàng	杠杆	gànggǎn
杠子	gàngzi	高昂	gāo'áng	高傲	gāo'ào	高倍	gāobèi
高层	gāocéng	高超	gāochāo	高档	gāodàng	高贵	gāoguì
高寒	gāohán	高价	gāojià	高举	gāojǔ	高亢	gāokàng
高考	gāokǎo	高粱	gāoliang	高龄	gāolíng	高明	gāomíng
高能	gāonéng	高强	gāoqiáng	高热	gāorè	高烧	gāoshāo
高深	gāoshēn	高手	gāoshǒu	高耸	gāosǒng	高下	gāoxià
高效	gāoxiào	高血压	gāoxuèyā	高雅	gāoyǎ	羔	gāo
羔皮	gāopí	羔羊	gāoyáng	膏	gāo	膏药	gāoyao
篙	gāo 糕	gāo	糕点	gāodiǎn	镐	gǎo	
稿费	gǎofèi	稿件	gǎojiàn	稿纸	gǎozhǐ	稿子	gǎozi
告辞	gàocí	告发	gàofā	告急	gàojí	告诫	gàojiè
告示	gàoshi	告知	gàozhī	告终	gàozhōng	告状	gàozhuàng
膏	gào	戈壁	gēbì	哥们儿	gēmenr	搁置	gēzhì
割断	gēduàn	割据	gējù	割裂	gēliè	割让	gēràng

（续上表）

歌词	gēcí	歌喉	gēhóu	歌手	gēshǒu	歌星	gēxīng
歌咏	gēyǒng	革	gé	革除	géchú	阁	gé
阁楼	gélóu	阁下	géxià	格调	gédiào	格局	géjú
格律	gélǜ	格式	géshì	格言	géyán	格子	gézi
隔断	géduàn	隔阂	géhé	隔绝	géjué	隔膜	gémó
膈	gé	葛	gě	个子	gèzi	个别	gèbié
根除	gēnchú	根基	gēnjī	根深蒂固	gēnshēndìgù	根治	gēnzhì
根子	gēnzi	跟头	gēntou	跟踪	gēnzōng	更改	gēnggǎi
更换	gēnghuàn	更替	gēngtì	更正	gēngzhèng	庚	gēng
耕耘	gēngyún	耕种	gēngzhòng	羹	gēng	埂	gěng
耿	gěng	哽咽	gěngyè	梗	gěng	工段	gōngduàn
工分	gōngfēn	工匠	gōngjiàng	工矿	gōngkuàng	工龄	gōnglíng
工期	gōngqī	工钱	gōngqián	工时	gōngshí	工事	gōngshì
工头	gōngtóu	工效	gōngxiào	工序	gōngxù	工艺品	gōngyìpǐn
工友	gōngyǒu	工种	gōngzhǒng	工作日	gōngzuòrì	弓子	gōngzi
公案	gōng'àn	公报	gōngbào	公差	gōngchāi	公道	gōngdào
公法	gōngfǎ	公费	gōngfèi	公告	gōnggào	公关	gōngguān
公馆	gōngguǎn	公海	gōnghǎi	公害	gōnghài	公函	gōnghán
工会	gōnghuì	公积金	gōngjījīn	公家	gōngjiā	公款	gōngkuǎn
公墓	gōngmù	公婆	gōngpó	公仆	gōngpú	公然	gōngrán
公使	gōngshǐ	公事	gōngshì	公私	gōngsī	公诉	gōngsù
公文	gōngwén	公务	gōngwù	公务员	gōngwùyuán	公益	gōngyì
公用	gōngyòng	公寓	gōngyù	公约	gōngyuē	公债	gōngzhài
公证	gōngzhèng	公职	gōngzhí	公众	gōngzhòng	公转	gōngzhuàn
公子	gōngzǐ	功臣	gōngchén	功德	gōngdé	功绩	gōngjì
功劳	gōngláo	功力	gōnglì	功利	gōnglì	功名	gōngmíng
功效	gōngxiào	功勋	gōngxūn	功用	gōngyòng	攻打	gōngdǎ
攻读	gōngdú	攻关	gōngguān	攻克	gōngkè	攻破	gōngpò
攻势	gōngshì	攻陷	gōngxiàn	攻占	gōngzhàn	供销	gōngxiāo
供需	gōngxū	供养	gōngyǎng	宫殿	gōngdiàn	宫女	gōngnǚ
恭敬	gōngjìng	恭维	gōngwéi	恭喜	gōngxǐ	躬	gōng

（续上表）

龚	gōng	拱桥	gǒngqiáo	拱手	gǒngshǒu	共存	gòngcún
共和	gònghé	共计	gòngjì	共生	gòngshēng	共事	gòngshì
共通	gòngtōng	共性	gòngxìng	共振	gòngzhèn	贡	gòng
供奉	gòngfèng	供养	gòngyǎng	勾	gōu	勾画	gōuhuà
勾勒	gōulè	勾引	gōuyǐn	沟谷	gōugǔ	沟渠	gōuqú
钩子	gōuzi	篝火	gōuhuǒ	苟且	gǒuqiě	狗熊	gǒuxióng
勾当	gòudàng	构件	gòujiàn	构图	gòutú	构想	gòuxiǎng
构筑	gòuzhù	购置	gòuzhì	垢	gòu	估	gū
估价	gūjià	估量	gūliáng	估算	gūsuàn	姑姑	gūgu
姑且	gūqiě	姑息	gūxī	孤	gū	孤单	gūdān
孤儿	gū'ér	孤寂	gūjì	孤军	gūjūn	孤僻	gūpì
辜负	gūfù	古董	gǔdǒng	古怪	gǔguài	古籍	gǔjí
古迹	gǔjì	古兰经	gǔlánjīng	古朴	gǔpǔ	古书	gǔshū
古文	gǔwén	古音	gǔyīn	谷地	gǔdì	谷物	gǔwù
谷子	gǔzi	股东	gǔdōng	股份	gǔfèn	股金	gǔjīn
股息	gǔxī	骨灰	gǔhuī	骨架	gǔjià	骨盆	gǔpén
骨气	gǔqì	骨肉	gǔròu	骨髓	gǔsuǐ	骨折	gǔzhé
鼓动	gǔdòng	鼓膜	gǔmó	鼓掌	gǔzhǎng	固守	gùshǒu
故态	gùtài	故此	gùcǐ	故而	gù'ér	故宫	gùgōng
故国	gùguó	故土	gùtǔ	故障	gùzhàng	顾及	gùjí
顾忌	gùjì	顾名思义	gùmíngsīyì	顾盼	gùpàn	雇工	gùgōng
雇佣	gùyōng	雇用	gùyòng	雇员	gùyuán	雇主	gùzhǔ
乖	guāi	拐棍	guǎigùn	拐弯	guǎiwān	拐杖	guǎizhàng
怪事	guàishì	怪异	guàiyì	关口	guānkǒu	关门	guānmén
关卡	guānqiǎ	关切	guānqiè	关税	guānshuì	关头	guāntóu
关押	guānyā	关照	guānzhào	观光	guānguāng	观摩	guānmó
观赏	guānshǎng	观望	guānwàng	官办	guānbàn	官场	guānchǎng
官方	guānfāng	官府	guānfǔ	官司	guānsi	官职	guānzhí
管家	guǎnjiā	管教	guǎnjiào	管事	guǎnshì	管弦乐	guǎnxiányuè
管用	guǎnyòng	管制	guǎnzhì	贯通	guàntōng	惯例	guànlì
惯用	guànyòng	灌木	guànmù	灌区	guànqū	灌输	guànshū

（续上表）

灌注	guànzhù	罐	guàn	罐头	guàntou	罐子	guànzi
光波	guāngbō	光度	guāngdù	光复	guāngfù	光顾	guānggù
光环	guānghuán	光洁	guāngjié	光临	guānglín	光能	guāngnéng
光年	guāngnián	光束	guāngshù	光速	guāngsù	光阴	guāngyīn
广博	guǎngbó	广度	guǎngdù	广袤	guǎngmào	广漠	guǎngmò
归队	guīduì	归附	guīfù	归还	guīhuán	归侨	guīqiáo
归属	guīshǔ	归宿	guīsù	归途	guītú	归于	guīyú
龟	guī	规	guī	规程	guīchéng	规范化	guīfànhuà
规劝	guīquàn	规章	guīzhāng	皈依	guīyī	瑰丽	guīlì
轨	guǐ	轨迹	guǐjì	诡辩	guǐbiàn	诡秘	guǐmì
鬼魂	guǐhún	鬼脸	guǐliǎn	鬼神	guǐshén	柜	guì
柜台	guìtái	柜子	guìzi	贵宾	guìbīn	贵妃	guìfēi
贵贱	guìjiàn	贵人	guìrén	贵姓	guìxìng	贵重	guìzhòng
桂冠	guìguān	桂花	guìhuā	桂圆	guìyuán	滚动	gǔndòng
滚烫	gǔntàng	棍	gùn	棍棒	gùnbàng	棍子	gùnzi
锅炉	guōlú	锅台	guōtái	锅子	guōzi	国策	guócè
国境	guójìng	国君	guójūn	国库	guókù	国力	guólì
国立	guólì	国难	guónàn	国旗	guóqí	国庆	guóqìng
国人	guórén	国事	guóshì	国势	guóshì	国体	guótǐ
国务	guówù	国语	guóyǔ	果木	guǒmù	果皮	guǒpí
果品	guǒpǐn	果肉	guǒròu	果园	guǒyuán	果真	guǒzhēn
果子	guǒzi	过场	guòchǎng	过错	guòcuò	过道	guòdào
过冬	guòdōng	过关	guòguān	过火	guòhuǒ	过境	guòjìng
过量	guòliàng	过路	guòlù	过滤	guòlǜ	过敏	guòmǐn
过热	guòrè	过人	guòrén	过剩	guòshèng	过失	guòshī
过时	guòshí	过头	guòtóu	过往	guòwǎng	过问	guòwèn
过夜	guòyè	过瘾	guòyǐn	过硬	guòyìng	哈密瓜	hāmìguā
蛤蟆	háma	孩提	háití	海岸线	hǎi’ànxiàn	海报	hǎibào
海滨	hǎibīn	海潮	hǎicháo	海岛	hǎidǎo	海盗	hǎidào
海防	hǎifáng	海风	hǎifēng	海港	hǎigǎng	海口	hǎikǒu
海里	hǎilǐ	海流	hǎiliú	海轮	hǎilún	海绵	hǎimián

（续上表）

海参	hǎishēn	海市蜃楼	hǎishì shènlóu	海滩	hǎitān	海棠	hǎitáng
海豚	hǎitún	海峡	hǎixiá	海啸	hǎixiào	海员	hǎiyuán
海运	hǎiyùn	海蜇	hǎizhé	氦	hài	骇	hài
害处	hàichù	害羞	hàixiū	酣	hān	酣睡	hānshuì
憨	hān	憨厚	hānhòu	鼾声	hānshēng	含糊	hánhu
含混	hánhùn	含笑	hánxiào	含蓄	hánxù	含义	hányì
函	hán	函授	hánshòu	涵义	hányì	韩	hán
寒潮	háncháo	寒带	hándài	寒假	hánjià	寒噤	hánjìn
寒流	hánliú	寒气	hánqì	寒热	hánrè	寒暑	hánshǔ
寒暄	hánxuān	寒意	hányì	寒颤	hánzhàn	罕	hǎn
喊叫	hǎnjiào	汗流浃背	hànliújiābèi	汗毛	hànmáo	汗衫	hànshān
旱地	hàndì	旱烟	hànyān	旱灾	hànzāi	捍卫	hànwèi
悍然	hànrán	焊	hàn	焊接	hànjiē	憾	hàn
行当	hángdang	行会	hánghuì	行家	hángjiā	行情	hángqíng
杭	háng	航	háng	航程	hángchéng	航船	hángchuán
航道	hángdào	航路	hánglù	航天	hángtiān	航线	hángxiàn
航运	hángyùn	巷道	hàngdào	毫	háo	豪	háo
豪放	háofàng	豪华	háohuá	豪迈	háomài	豪情	háoqíng
豪爽	háoshuǎng	壕	háo	壕沟	háogōu	嚎	háo
嚎啕	háotáo	好歹	hǎodǎi	好感	hǎogǎn	好汉	hǎohàn
好评	hǎopíng	好受	hǎoshòu	好说	hǎoshuō	好似	hǎosì
好玩儿	hǎowánr	好笑	hǎoxiào	好心	hǎoxīn	好意	hǎoyì
郝	hǎo	号称	hàochēng	号角	hàojiǎo	号令	hàolìng
号码	hàomǎ	好客	hàokè	好恶	hàowù	耗资	hàozī
浩大	hàodà	浩劫	hàojié	呵斥	hēchì	禾	hé
合唱	héchàng	合伙	héhuǒ	合击	héjī	合计	héjì
合流	héliú	合算	hésuàn	合体	hétǐ	合营	héyíng
合影	héyǐng	合用	héyòng	合资	hézī	合奏	hézòu
何尝	hécháng	何苦	hékǔ	何止	hézhǐ	和蔼	hé'ǎi
和缓	héhuǎn	和解	héjiě	和睦	hémù	和气	héqì

（续上表）

和声	héshēng	和约	héyuē	河床	héchuáng	河道	hédào
河谷	hégǔ	河口	hékǒu	河山	héshān	河滩	hétān
河豚	hétún	荷包	hébāo	核定	hédìng	核对	héduì
核能	hénéng	核实	héshí	核桃	hétao	核准	hézhǔn
核子	hézǐ	盒子	hézi	贺	hè	贺喜	hèxǐ
喝彩	hècǎi	赫	hè	赫然	hèrán	褐	hè
鹤	hè	壑	hè	黑白	hēibái	黑板	hēibǎn
黑洞	hēidòng	黑体	hēitǐ	痕	hén	狠	hěn
狠心	hěnxīn	恒定	héngdìng	恒温	héngwēn	恒心	héngxīn
横渡	héngdù	横亘	hénggèn	横贯	héngguàn	横扫	héngsǎo
横行	héngxíng	衡	héng	轰动	hōngdòng	轰击	hōngjī
轰鸣	hōngmíng	轰然	hōngrán	轰响	hōngxiǎng	轰炸	hōngzhà
烘	hōng	烘托	hōngtuō	弘扬	hóngyáng	红火	hónghuǒ
红利	hónglì	红领巾	hónglǐngjīn	红木	hóngmù	红娘	hóngniáng
红润	hóngrùn	红烧	hóngshāo	红外线	hóngwàixiàn	红星	hóngxīng
红叶	hóngyè	红晕	hóngyùn	宏大	hóngdà	虹	hóng
洪亮	hóngliàng	洪流	hóngliú	鸿沟	hónggōu	侯	hóu
喉	hóu	喉舌	hóushé	吼	hǒu	吼叫	hǒujiào
吼声	hǒushēng	后备	hòubèi	后盾	hòudùn	后顾之忧	hòugùzhīyōu
后继	hòujì	后劲	hòujìn	后门	hòumén	后台	hòutái
后头	hòutou	后退	hòutuì	后卫	hòuwèi	后续	hòuxù
后裔	hòuyì	后院	hòuyuàn	厚薄	hòubó	厚道	hòudao
候补	hòubǔ	候鸟	hòuniǎo	候审	hòushěn	呼号	hūhào
呼叫	hūjiào	呼救	hūjiù	呼声	hūshēng	呼啸	hūxiào
呼应	hūyìng	忽而	hū'ér	狐狸	húli	狐疑	húyí
弧光	húguāng	胡乱	húluàn	胡萝卜	húluóbo	胡闹	húnào
胡琴	húqin	胡同儿	hútòngr	胡须	húxū	糊	hú
唬	hǔ	互利	hùlì	户主	hùzhǔ	护理	hùlǐ
护送	hùsòng	护照	hùzhào	花白	huābái	花瓣	huābàn
花边	huābiān	花草	huācǎo	花丛	huācóng	花旦	huādàn
花萼	huā'è	花岗岩	huāgāngyán	花冠	huāguān	花卉	huāhuì

（续上表）

花轿	huājiào	花蕾	huālěi	花脸	huāliǎn	花蜜	huāmì
花木	huāmù	花鸟	huāniǎo	花瓶	huāpíng	花圃	huāpǔ
花期	huāqī	花圈	huāquān	花蕊	huāruǐ	花坛	huātán
花厅	huātīng	花样	huāyàng	华贵	huáguì	华丽	huálì
华美	huáměi	华人	huárén	华夏	huáxià	哗然	huárán
滑稽	huájī	滑轮	huálún	滑行	huáxíng	滑雪	huáxuě
化脓	huànóng	化身	huàshēn	化纤	huàxiān	化验	huàyàn
化妆	huàzhuāng	化妆品	huàzhuāngpǐn	化装	huàzhuāng	画报	huàbào
画笔	huàbǐ	画册	huàcè	画卷	huàjuàn	画廊	huàláng
画片	huàpiàn	画师	huàshī	画室	huàshì	画坛	huàtán
画图	huàtú	画外音	huàwàiyīn	画院	huàyuàn	画展	huàzhǎn
话音	huàyīn	桦	huà	怀孕	huáiyùn	淮	huái
槐	huái	坏蛋	huàidàn	坏事	huàishì	坏死	huàisǐ
欢	huān	欢呼	huānhū	欢快	huānkuài	欢送	huānsòng
欢腾	huānténg	欢笑	huānxiào	欢心	huānxīn	欢欣	huānxīn
还击	huánjī	环抱	huánbào	环顾	huángù	环球	huánqiú
环绕	huánrào	环视	huánshì	环行	huánxíng	缓冲	huǎnchōng
缓解	huǎnjiě	缓刑	huǎnxíng	幻	huàn	幻灯	huàndēng
幻象	huànxiàng	幻影	huànyǐng	宦官	huànguān	换取	huànqǔ
换算	huànsuàn	唤醒	huànxǐng	涣散	huànsàn	患难	huànnàn
焕发	huànfā	焕然一新	huànrányīxīn	豢养	huànyǎng	荒诞	huāngdàn
荒地	huāngdì	荒废	huāngfèi	荒凉	huāngliáng	荒谬	huāngmiù
荒漠	huāngmò	荒僻	huāngpì	荒唐	huāngtáng	荒芜	huāngwú
荒野	huāngyě	荒原	huāngyuán	慌乱	huāngluàn	慌忙	huāngmáng
慌张	huāngzhāng	皇	huáng	皇宫	huánggōng	皇冠	huángguān
皇后	huánghòu	皇家	huángjiā	皇权	huángquán	皇上	huángshang
皇室	huángshì	黄疸	huángdǎn	黄澄澄	huángdēngdēng	黄帝	huángdì
黄豆	huángdòu	黄瓜	huángguā	黄花	huánghuā	黄连	huánglián
黄鼠狼	huángshǔláng	黄莺	huángyīng	惶惑	huánghuò	惶恐	huángkǒng
蝗虫	huángchóng	簧	huáng	恍惚	huǎnghū	恍然	huǎngrán
谎	huǎng	谎话	huǎnghuà	谎言	huǎngyán	幌子	huǎngzi

（续上表）

晃动	huàngdòng	灰暗	huī'àn	灰白	huībái	灰烬	huījìn
灰心	huīxīn	诙谐	huīxié	挥动	huīdòng	挥发	huīfā
挥霍	huīhuò	挥手	huīshǒu	挥舞	huīwǔ	辉	huī
辉映	huīyìng	徽	huī	回报	huíbào	回荡	huídàng
回复	huífù	回归线	huíguīxiàn	回合	huíhé	回话	huíhuà
回环	huíhuán	回击	huíjī	回敬	huíjìng	回流	huíliú
回路	huílù	回身	huíshēn	回升	huíshēng	回声	huíshēng
回师	huíshī	回收	huíshōu	回首	huíshǒu	回味	huíwèi
回响	huíxiǎng	回想	huíxiǎng	回信	huíxìn	回旋	huíxuán
回忆录	huíyìlù	回音	huíyīn	回应	huíyìng	回转	huízhuǎn
洄游	huíyóu	蛔虫	huíchóng	悔	huǐ	悔改	huǐgǎi
悔恨	huǐhèn	毁坏	huǐhuài	汇	huì	汇编	huìbiān
汇合	huìhé	汇集	huìjí	汇率	huìlǜ	汇总	huìzǒng
会合	huìhé	会话	huìhuà	会聚	huìjù	会面	huìmiàn
会师	huìshī	会谈	huìtán	会堂	huìtáng	会晤	huìwù
会心	huìxīn	会意	huìyì	会战	huìzhàn	讳言	huìyán
荟萃	huìcuì	绘制	huìzhì	贿赂	huìlù	彗星	huìxīng
晦气	huìqì	惠	huì	喙	huì	慧	huì
昏	hūn	昏暗	hūn'àn	昏黄	hūnhuáng	昏迷	hūnmí
昏睡	hūnshuì	荤	hūn	婚配	hūnpèi	婚事	hūnshì
浑	hún	浑厚	húnhòu	混浊	húnzhuó	魂魄	húnpò
混沌	hùndùn	混合物	hùnhéwù	混凝土	hùnníngtǔ	混同	hùntóng
混杂	hùnzá	混战	hùnzhàn	混浊	hùnzhuó	豁	huō
豁口	huōkǒu	活命	huómìng	活期	huóqī	活塞	huósāi
活体	huótǐ	活捉	huózhuō	火把	huǒbǎ	火海	huǒhǎi
火红	huǒhóng	火候	huǒhou	火花	huǒhuā	火化	huǒhuà
火炬	huǒjù	火坑	huǒkēng	火力	huǒlì	火炉	huǒlú
火苗	huǒmiáo	火炮	huǒpào	火气	huǒqì	火器	huǒqì
火热	huǒrè	火速	huǒsù	火线	huǒxiàn	火药	huǒyào
火灾	huǒzāi	火葬	huǒzàng	火种	huǒzhǒng	伙	huǒ
伙房	huǒfáng	伙计	huǒji	伙食	huǒshí	货场	huòchǎng
货车	huòchē	货款	huòkuǎn	货轮	huòlún	货色	huòsè

（续上表）

货源	huòyuán	货运	huòyùn	获悉	huòxī	祸	huò
祸害	huòhài	惑	huò	霍	huò	霍乱	huòluàn
豁免	huòmiǎn	几率	jīlǜ	讥讽	jīfěng	讥笑	jīxiào
击败	jībài	击毙	jībì	击毁	jīhuǐ	击落	jīluò
饥	jī	机舱	jīcāng	机床	jīchuáng	机电	jīdiàn
机动	jīdòng	机井	jījǐng	机警	jījǐng	机理	jīlǐ
机灵	jīling	机密	jīmì	机敏	jīmǐn	机枪	jīqiāng
机遇	jīyù	机缘	jīyuán	机智	jīzhì	机组	jīzǔ
肌肤	jīfū	肌腱	jījiàn	肌体	jītǐ	积存	jīcún
积分	jīfēn	积聚	jījù	积蓄	jīxù	姬	jī
基本功	jīběngōng	基调	jīdiào	基石	jīshí	基数	jīshù
激昂	jī'áng	激荡	jīdàng	激奋	jīfèn	激化	jīhuà
激活	jīhuó	激进	jījìn	激流	jīliú	激怒	jīnù
激增	jīzēng	激战	jīzhàn	羁绊	jībàn	及格	jígé
及早	jízǎo	吉	jí	吉利	jílì	吉普车	jípǔchē
吉他	jítā	吉祥	jíxiáng	汲取	jíqǔ	级别	jíbié
级差	jíchā	极地	jídì	极点	jídiǎn	极度	jídù
极限	jíxiàn	即便	jíbiàn	即刻	jíkè	即日	jírì
即时	jíshí	即位	jíwèi	即兴	jíxìng	急促	jícù
急救	jíjiù	急遽	jíjù	急流	jíliú	急迫	jípò
急切	jíqiè	急事	jíshì	急速	jísù	急中生智	jízhōng shēngzhì
疾	jí	疾驰	jíchí	疾患	jíhuàn	疾苦	jíkǔ
棘手	jíshǒu	集成	jíchéng	集结	jíjié	集聚	jíjù
集权	jíquán	集市	jíshì	集训	jíxùn	集邮	jíyóu
集约	jíyuē	集镇	jízhèn	集装箱	jízhuāngxiāng	辑	jí
嫉妒	jídù	瘠	jí	几经	jǐjīng	几时	jǐshí
纪	jǐ	给养	jǐyǎng	脊背	jǐbèi	脊梁	jǐliang
脊髓	jǐsuǐ	脊柱	jǐzhù	脊椎	jǐzhuī	戟	jǐ
麂	jǐ	计价	jìjià	计较	jìjiào	计量	jìliàng
计数	jìshù	记号	jìhao	记事	jìshì	记述	jìshù
记性	jìxing	记忆力	jìyìlì	伎俩	jìliǎng	纪年	jìnián

（续上表）

纪实	jìshí	纪要	jìyào	技法	jìfǎ	技工	jìgōng
技师	jìshī	妓女	jìnǚ	季度	jìdù	剂量	jìliàng
迹象	jìxiàng	继承权	jìchéngquán	继而	jì'ér	继母	jìmǔ
继任	jìrèn	祭礼	jìlǐ	祭坛	jìtán	寄居	jìjū
寄予	jìyǔ	寂	jì	暨	jì	髻	jì
冀	jì	忌	jì	忌讳	jìhuì	加班	jiābān
加倍	jiābèi	加法	jiāfǎ	加固	jiāgù	加油	jiāyóu
夹攻	jiāgōng	夹击	jiājī	夹杂	jiāzá	夹子	jiāzi
佳话	jiāhuà	佳节	jiājié	佳肴	jiāyáo	佳作	jiāzuò
枷锁	jiāsuǒ	家产	jiāchǎn	家常	jiācháng	家访	jiāfǎng
家教	jiājiào	家境	jiājìng	家眷	jiājuàn	家禽	jiāqín
家业	jiāyè	家用	jiāyòng	家喻户晓	jiāyùhùxiǎo	家园	jiāyuán
嘉奖	jiājiǎng	荚	jiá	颊	jiá	甲虫	jiǎchóng
甲骨文	jiǎgǔwén	甲壳	jiǎqiào	甲鱼	jiǎyú	甲状腺	jiǎzhuàngxiàn
贾	jiǎ	钾肥	jiǎféi	假借	jiǎjiè	假冒	jiǎmào
假若	jiǎruò	假设	jiǎshè	假想	jiǎxiǎng	假象	jiǎxiàng
假意	jiǎyì	假装	jiǎzhuāng	嫁妆	jiàzhuang	驾	jià
驾驭	jiàyù	架空	jiàkōng	架势	jiàshi	假期	jiàqī
假日	jiàrì	尖刀	jiāndāo	尖端	jiānduān	尖利	jiānlì
尖子	jiānzi	奸	jiān	奸商	jiānshāng	歼	jiān
坚	jiān	坚韧	jiānrèn	坚守	jiānshǒu	坚信	jiānxìn
坚毅	jiānyì	坚贞	jiānzhēn	肩负	jiānfù	肩胛	jiānjiǎ
肩头	jiāntóu	间距	jiānjù	艰险	jiānxiǎn	艰辛	jiānxīn
监	jiān	监测	jiāncè	监察	jiānchá	监工	jiāngōng
监管	jiānguǎn	监禁	jiānjìn	监牢	jiānláo	兼备	jiānbèi
兼并	jiānbìng	兼顾	jiāngù	兼任	jiānrèn	兼职	jiānzhí
缄默	jiānmò	煎	jiān	煎熬	jiān'áo	茧子	jiǎnzi
柬	jiǎn	检测	jiǎncè	检察	jiǎnchá	检举	jiǎnjǔ
检索	jiǎnsuǒ	检讨	jiǎntǎo	检修	jiǎnxiū	检疫	jiǎnyì
检阅	jiǎnyuè	减产	jiǎnchǎn	减低	jiǎndī	减免	jiǎnmiǎn
减速	jiǎnsù	减退	jiǎntuì	剪裁	jiǎncái	剪刀	jiǎndāo

（续上表）

剪纸	jiǎnzhǐ	剪子	jiǎnzi	简便	jiǎnbiàn	简短	jiǎnduǎn
简洁	jiǎnjié	简介	jiǎnjiè	简练	jiǎnliàn	简陋	jiǎnlòu
简略	jiǎnlüè	简明	jiǎnmíng	简朴	jiǎnpǔ	简要	jiǎnyào
简易	jiǎnyì	见长	jiàncháng	见地	jiàndì	见识	jiànshi
见闻	jiànwén	见效	jiànxiào	见于	jiànyú	见证	jiànzhèng
间谍	jiàndié	间断	jiànduàn	间或	jiànhuò	间隙	jiànxì
间歇	jiànxiē	间作	jiànzuò	建材	jiàncái	建交	jiànjiāo
建树	jiànshù	建制	jiànzhì	荐	jiàn	贱	jiàn
涧	jiàn	健儿	jiàn’ér	健将	jiànjiàng	健美	jiànměi
健身	jiànshēn	舰	jiàn	舰队	jiànduì	舰艇	jiàntǐng
渐变	jiànbiàn	渐次	jiàncì	渐进	jiànjìn	谏	jiàn
践踏	jiàntà	毽子	jiànzi	腱	jiàn	溅	jiàn
鉴赏	jiànshǎng	鉴于	jiànyú	箭头	jiàntóu	江湖	jiānghú
江山	jiāngshān	将就	jiāngjiu	姜	jiāng	僵	jiāng
僵化	jiānghuà	僵死	jiāngsǐ	僵硬	jiāngyìng	缰	jiāng
缰绳	jiāngshéng	疆	jiāng	疆域	jiāngyù	讲解	jiǎngjiě
讲理	jiǎnglǐ	讲求	jiǎngqiú	讲师	jiǎngshī	讲授	jiǎngshòu
讲台	jiǎngtái	讲坛	jiǎngtán	讲学	jiǎngxué	讲演	jiǎngyǎn
讲义	jiǎngyì	讲座	jiǎngzuò	奖惩	jiǎngchéng	奖品	jiǎngpǐn
奖券	jiǎngquàn	奖赏	jiǎngshǎng	奖章	jiǎngzhāng	奖状	jiǎngzhuàng
浆	jiàng	匠	jiàng	降价	jiàngjià	降临	jiànglín
降生	jiàngshēng	降温	jiàngwēn	将领	jiànglǐng	将士	jiàngshì
绛	jiàng	酱	jiàng	酱油	jiàngyóu	犟	jiàng
交待	jiāodài	交道	jiāodào	交点	jiāodiǎn	交锋	jiāofēng
交付	jiāofù	交互	jiāohù	交还	jiāohuán	交汇	jiāohuì
交加	jiāojiā	交接	jiāojiē	交界	jiāojiè	交纳	jiāonà
交配	jiāopèi	交情	jiāoqing	交融	jiāoróng	交涉	jiāoshè
交尾	jiāowěi	交响乐	jiāoxiǎngyuè	交易所	jiāoyìsuǒ	交战	jiāozhàn
郊	jiāo	郊外	jiāowài	郊野	jiāoyě	浇灌	jiāoguàn
娇	jiāo	娇嫩	jiāonèn	娇艳	jiāoyàn	胶布	jiāobù
胶片	jiāopiàn	教书	jiāoshū	椒	jiāo	焦距	jiāojù
焦虑	jiāolǜ	焦炭	jiāotàn	焦躁	jiāozào	焦灼	jiāozhuó

（续上表）

跤	jiāo	礁	jiāo	礁石	jiāoshí	角膜	jiǎomó
角质	jiǎozhì	狡猾	jiǎohuá	饺子	jiǎozi	绞	jiǎo
矫	jiǎo	矫健	jiǎojiàn	矫揉造作	jiǎoróuzàozuò	矫正	jiǎozhèng
矫治	jiǎozhì	皎洁	jiǎojié	脚背	jiǎobèi	脚跟	jiǎogēn
脚尖	jiǎojiān	脚手架	jiǎoshǒujià	脚掌	jiǎozhǎng	脚趾	jiǎozhǐ
搅拌	jiǎobàn	搅动	jiǎodòng	剿	jiǎo	缴	jiǎo
缴获	jiǎohuò	缴纳	jiǎonà	叫喊	jiàohǎn	叫好	jiàohǎo
叫唤	jiàohuan	叫卖	jiàomài	叫嚷	jiàorǎng	叫嚣	jiàoxiāo
校对	jiàoduì	校样	jiàoyàng	校正	jiàozhèng	轿	jiào
轿车	jiàochē	轿子	jiàozi	较量	jiàoliàng	教案	jiào’àn
教程	jiàochéng	教官	jiàoguān	教规	jiàoguī	教化	jiàohuà
教皇	jiàohuáng	教诲	jiàohuì	教科书	jiàokēshū	教士	jiàoshì
教条	jiàotiáo	教徒	jiàotú	教务	jiàowù	教益	jiàoyì
窖	jiào	酵母	jiàomǔ	阶	jiē	阶梯	jiētī
接管	jiēguǎn	接合	jiēhé	接济	jiējì	接见	jiējiàn
接纳	jiēnà	接洽	jiēqià	接壤	jiērǎng	接生	jiēshēng
接替	jiētì	接头	jiētóu	接吻	jiēwěn	接线	jiēxiàn
接种	jiēzhòng	秸	jiē	秸秆	jiēgǎn	揭	jiē
揭穿	jiēchuān	揭发	jiēfā	揭晓	jiēxiǎo	街坊	jiēfang
街市	jiēshì	节俭	jiéjiǎn	节律	jiélǜ	节能	jiénéng
节拍	jiépāi	节余	jiéyú	节制	jiézhì	劫	jié
劫持	jiéchí	杰作	jiézuò	洁	jié	洁净	jiéjìng
结伴	jiébàn	结核	jiéhé	结集	jiéjí	结膜	jiémó
结社	jiéshè	结石	jiéshí	结识	jiéshí	结尾	jiéwěi
结业	jiéyè	结余	jiéyú	捷	jié	捷报	jiébào
捷径	jiéjìng	睫毛	jiémáo	截断	jiéduàn	截面	jiémiàn
截取	jiéqǔ	截然	jiérán	截止	jiézhǐ	截至	jiézhì
竭	jié	姐夫	jiěfu	解冻	jiědòng	解毒	jiědú
解雇	jiěgù	解救	jiějiù	解渴	jiěkě	解说	jiěshuō
解体	jiětǐ	介	jiè	介入	jièrù	介意	jièyì
戒备	jièbèi	戒律	jièlǜ	戒严	jièyán	戒指	jièzhi

（续上表）

诫	jiè	届时	jièshí	界定	jièdìng	界面	jièmiàn
界线	jièxiàn	借贷	jièdài	借以	jièyǐ	借重	jièzhòng
巾	jīn	金刚	jīngāng	金龟子	jīnguīzǐ	金黄	jīnhuáng
金库	jīnkù	金石	jīnshí	金丝猴	jīnsīhóu	金文	jīnwén
金星	jīnxīng	金鱼	jīnyú	金子	jīnzi	金字塔	jīnzìtǎ
津贴	jīntiē	津液	jīnyè	矜持	jīnchí	筋	jīn
筋骨	jīngǔ	禁	jīn	禁不住	jīnbùzhù	襟	jīn
尽早	jǐnzǎo	紧凑	jǐncòu	紧迫	jǐnpò	紧俏	jǐnqiào
紧缺	jǐnquē	紧缩	jǐnsuō	紧要	jǐnyào	锦	jǐn
锦旗	jǐnqí	锦绣	jǐnxiù	谨	jǐn	尽情	jìnqíng
尽头	jìntóu	尽心	jìnxīn	进逼	jìnbī	进餐	jìncān
进出	jìnchū	进度	jìndù	进发	jìnfā	进犯	jìnfàn
进贡	jìngòng	进货	jìnhuò	进食	jìnshí	进退	jìntuì
进位	jìnwèi	进行曲	jìnxíngqǔ	进修	jìnxiū	进驻	jìnzhù
近海	jìnhǎi	近郊	jìnjiāo	近邻	jìnlín	近旁	jìnpáng
近期	jìnqī	近亲	jìnqīn	近视	jìnshì	劲头	jìntóu
晋级	jìnjí	晋升	jìnshēng	浸泡	jìnpào	浸润	jìnrùn
浸透	jìntòu	靳	jìn	禁	jìn	禁锢	jìngù
禁忌	jìnjì	禁令	jìnlìng	禁区	jìnqū	京城	jīngchéng
京师	jīngshī	京戏	jīngxì	经度	jīngdù	经纪人	jīngjìrén
经久	jīngjiǔ	经络	jīngluò	经脉	jīngmài	经贸	jīngmào
经商	jīngshāng	经书	jīngshū	经线	jīngxiàn	经销	jīngxiāo
经由	jīngyóu	荆	jīng	荆棘	jīngjí	惊诧	jīngchà
惊动	jīngdòng	惊愕	jīng'è	惊骇	jīnghài	惊慌	jīnghuāng
惊惶	jīnghuáng	惊恐	jīngkǒng	惊扰	jīngrǎo	惊叹	jīngtàn
惊吓	jīngxià	惊险	jīngxiǎn	惊疑	jīngyí	晶莹	jīngyíng
睛	jīng	精彩	jīngcǎi	精干	jīnggàn	精光	jīngguāng
精华	jīnghuá	精简	jīngjiǎn	精练	jīngliàn	精灵	jīngling
精美	jīngměi	精明	jīngmíng	精辟	jīngpì	精品	jīngpǐn
精巧	jīngqiǎo	精锐	jīngruì	精髓	jīngsuǐ	精通	jīngtōng
精微	jīngwēi	精益求精	jīngyìqiújīng	精英	jīngyīng	精湛	jīngzhàn

（续上表）

精制	jīngzhì	精致	jīngzhì	颈椎	jǐngzhuī	景观	jǐngguān
景况	jǐngkuàng	景致	jǐngzhì	警	jǐng	警报	jǐngbào
警备	jǐngbèi	警车	jǐngchē	警官	jǐngguān	警戒	jǐngjiè
警觉	jǐngjué	警犬	jǐngquǎn	警卫	jǐngwèi	劲旅	jìnglǚ
径直	jìngzhí	净土	jìngtǔ	竞	jìng	竞技	jìngjì
竞相	jìngxiāng	竞选	jìngxuǎn	敬爱	jìng'ài	敬礼	jìnglǐ
敬佩	jìngpèi	敬畏	jìngwèi	敬仰	jìngyǎng	敬意	jìngyì
敬重	jìngzhòng	静电	jìngdiàn	静谧	jìngmì	静默	jìngmò
静穆	jìngmù	静态	jìngtài	境况	jìngkuàng	境遇	jìngyù
镜框	jìngkuàng	镜片	jìngpiàn	炯炯	jiǒngjiǒng	窘	jiǒng
窘迫	jiǒngpò	纠	jiū	纠缠	jiūchán	纠葛	jiūgě
纠集	jiūjí	揪	jiū	久远	jiǔyuǎn	灸	jiǔ
韭菜	jiǔcài	酒吧	jiǔbā	酒店	jiǔdiàn	酒会	jiǔhuì
酒家	jiǔjiā	酒席	jiǔxí	旧历	jiùlì	旧式	jiùshì
旧址	jiùzhǐ	臼齿	jiùchǐ	厩	jiù	救护	jiùhù
救火	jiùhuǒ	救命	jiùmìng	救亡	jiùwáng	救援	jiùyuán
救灾	jiùzāi	救助	jiùzhù	就餐	jiùcān	就此	jiùcǐ
就地	jiùdì	就读	jiùdú	就近	jiùjìn	就任	jiùrèn
就绪	jiùxù	就学	jiùxué	就职	jiùzhí	就座	jiùzuò
舅妈	jiùmā	拘	jū	拘谨	jūjǐn	拘留	jūliú
拘泥	jūnì	拘束	jūshù	拘留	jūliú	居室	jūshì
驹	jū	鞠躬	jūgōng	鞠躬尽瘁	jūgōngjìncuì	局促	júcù
桔	jú	菊	jú	橘子	júzi	沮丧	jǔsàng
矩	jǔ	矩形	jǔxíng	举例	jǔlì	举目	jǔmù
举止	jǔzhǐ	举重	jǔzhòng	举足轻重	jǔzú qīngzhòng	巨额	jù'é
巨人	jùrén	巨星	jùxīng	巨著	jùzhù	句法	jùfǎ
惧怕	jùpà	锯	jù	锯齿	jùchǐ	聚变	jùbiàn
聚餐	jùcān	聚合	jùhé	聚会	jùhuì	聚积	jùjī
聚居	jùjū	踞	jù	捐款	juānkuǎn	捐税	juānshuì
捐赠	juānzèng	卷烟	juǎnyān	卷子	juànzi	倦	juàn

（续上表）

绢	juàn	眷恋	juànliàn	撅	juē	决断	juéduàn
决裂	juéliè	决赛	juésài	决死	juésǐ	决算	juésuàn
决意	juéyì	决战	juézhàn	诀	jué	诀别	juébié
诀窍	juéqiào	抉择	juézé	角逐	juézhú	觉醒	juéxǐng
绝迹	juéjì	绝技	juéjì	绝境	juéjìng	绝妙	juémiào
绝食	juéshí	绝缘	juéyuán	倔强	juéjiàng	掘	jué
崛起	juéqǐ	厥	jué	蕨	jué	爵	jué
爵士	juéshì	爵士乐	juéshìyuè	攫	jué	攫取	juéqǔ
倔	juè	军备	jūnbèi	军费	jūnfèi	军服	jūnfú
军工	jūngōng	军火	jūnhuǒ	军机	jūnjī	军礼	jūnlǐ
军粮	jūnliáng	军属	jūnshǔ	军务	jūnwù	军校	jūnxiào
军需	jūnxū	军训	jūnxùn	军医	jūnyī	军营	jūnyíng
军用	jūnyòng	军装	jūnzhuāng	均等	jūnděng	君权	jūnquán
君子	jūnzǐ	钧	jūn	俊	jùn	俊美	jùnměi
俊俏	jùnqiào	郡	jùn	峻	jùn	骏马	jùnmǎ
竣工	jùngōng	卡车	kǎchē	卡片	kǎpiàn	咯	kǎ
开场	kāichǎng	开车	kāichē	开春	kāichūn	开刀	kāidāo
开导	kāidǎo	开动	kāidòng	开端	kāiduān	开饭	kāifàn
开赴	kāifù	开工	kāigōng	开荒	kāihuāng	开火	kāihuǒ
开机	kāijī	开掘	kāijué	开朗	kāilǎng	开明	kāimíng
开炮	kāipào	开启	kāiqǐ	开窍	kāiqiào	开山	kāishān
开凿	kāizáo	开战	kāizhàn	开张	kāizhāng	揩	kāi
凯歌	kǎigē	凯旋	kǎixuán	慨然	kǎirán	慨叹	kǎitàn
楷模	kǎimó	刊	kān	刊载	kānzǎi	看管	kānguǎn
看护	kānhù	看守	kānshǒu	勘测	kāncè	勘察	kānchá
堪	kān	坎	kǎn	坎坷	kǎnkě	砍伐	kǎnfá
看病	kànbìng	看不起	kànbùqǐ	看穿	kànchuān	看好	kànhǎo
看台	kàntái	看透	kàntòu	看中	kànzhòng	看重	kànzhòng
看做	kànzuò	康	kāng	康复	kāngfù	慷慨	kāngkǎi
糠	kāng	亢奋	kàngfèn	亢进	kàngjìn	抗旱	kànghàn
抗衡	kànghéng	抗击	kàngjī	抗拒	kàngjù	抗体	kàngtǐ
抗原	kàngyuán	抗灾	kàngzāi	抗争	kàngzhēng	考察	kǎochá

（续上表）

考场	kǎochǎng	考究	kǎojiū	考据	kǎojù	考取	kǎoqǔ
考生	kǎoshēng	考问	kǎowèn	考证	kǎozhèng	烤	kǎo
烤火	kǎohuǒ	靠不住	kàobùzhù	靠拢	kàolǒng	靠山	kàoshān
苛刻	kēkè	苛求	kēqiú	柯	kē	科班	kēbān
科举	kējǔ	科目	kēmù	科普	kēpǔ	科室	kēshì
磕	kē	磕头	kētóu	瞌睡	kēshuì	蝌蚪	kēdǒu
可悲	kěbēi	可耻	kěchǐ	可观	kěguān	可贵	kěguì
可恨	kěhèn	可口	kěkǒu	可取	kěqǔ	可恶	kěwù
可喜	kěxǐ	可行	kěxíng	可疑	kěyí	渴	kě
渴求	kěqiú	克己	kèjǐ	克制	kèzhì	刻板	kèbǎn
刻薄	kèbó	刻不容缓	kèbùrónghuǎn	恪守	kèshǒu	客车	kèchē
客房	kèfáng	客户	kèhù	客机	kèjī	客轮	kèlún
客商	kèshāng	客运	kèyùn	课外	kèwài	课文	kèwén
课余	kèyú	垦	kěn	垦荒	kěnhuāng	恳切	kěnqiè
恳求	kěnqiú	坑道	kēngdào	吭声	kēngshēng	铿锵	kēngqiāng
空洞	kōngdòng	空话	kōnghuà	空旷	kōngkuàng	空谈	kōngtán
空投	kōngtóu	空袭	kōngxí	空想	kōngxiǎng	空心	kōngxīn
空洞	kōngdòng	孔隙	kǒngxì	恐	kǒng	恐吓	kǒnghè
恐龙	kǒnglóng	空地	kòngdì	空隙	kòngxì	空闲	kòngxián
空子	kòngzi	控	kòng	控告	kònggào	控诉	kòngsù
抠	kōu	口岸	kǒu’àn	口服	kǒufú	口角	kǒujiǎo
口径	kǒujìng	口诀	kǒujué	口粮	kǒuliáng	口令	kǒulìng
口琴	kǒuqín	口哨	kǒushào	口水	kǒushuǐ	口味	kǒuwèi
口吻	kǒuwěn	口音	kǒuyīn	口罩	kǒuzhào	口子	kǒuzi
叩	kòu	叩头	kòutóu	扣除	kòuchú	扣留	kòuliú
扣押	kòuyā	扣子	kòuzi	寇	kòu	枯	kū
枯黄	kūhuáng	枯竭	kūjié	枯萎	kūwěi	枯燥	kūzào
哭泣	kūqì	哭诉	kūsù	窟	kū	窟窿	kūlong
苦果	kǔguǒ	苦力	kǔlì	苦闷	kǔmèn	苦涩	kǔsè
苦痛	kǔtòng	苦头	kǔtóu	苦笑	kǔxiào	苦心	kǔxīn
苦于	kǔyú	苦战	kǔzhàn	苦衷	kǔzhōng	库房	kùfáng

（续上表）

裤	kù	裤脚	kùjiǎo	裤腿	kùtuǐ	酷	kù
酷爱	kù'ài	酷热	kùrè	酷暑	kùshǔ	酷似	kùsì
夸	kuā	夸大	kuādà	夸奖	kuājiǎng	夸耀	kuāyào
垮	kuǎ	垮台	kuǎtái	挎	kuà	挎包	kuàbāo
跨度	kuàdù	跨越	kuàyuè	快感	kuàigǎn	快慢	kuàimàn
快艇	kuàitǐng	快意	kuàiyì	脍炙人口	kuàizhìrénkǒu	宽敞	kuānchǎng
宽度	kuāndù	宽广	kuānguǎng	宽厚	kuānhòu	宽容	kuānróng
宽恕	kuānshù	宽慰	kuānwèi	宽裕	kuānyù	款待	kuǎndài
款式	kuǎnshì	款项	kuǎnxiàng	狂奔	kuángbēn	狂风	kuángfēng
狂欢	kuánghuān	狂热	kuángrè	狂妄	kuángwàng	狂喜	kuángxǐ
狂笑	kuángxiào	旷	kuàng	旷工	kuànggōng	旷野	kuàngyě
况	kuàng	矿藏	kuàngcáng	矿床	kuàngchuáng	矿工	kuànggōng
矿井	kuàngjǐng	矿区	kuàngqū	矿山	kuàngshān	矿石	kuàngshí
矿业	kuàngyè	框	kuàng	框架	kuàngjià	框子	kuàngzi
眶	kuàng	亏本	kuīběn	盔	kuī	窥	kuī
窥见	kuījiàn	窥探	kuītàn	奎	kuí	葵花	kuíhuā
魁梧	kuíwú	傀儡	kuǐlěi	匮乏	kuìfá	溃	kuì
溃烂	kuìlàn	溃疡	kuìyáng	愧	kuì	坤	kūn
昆曲	kūnqǔ	困惑	kùnhuò	困苦	kùnkǔ	困扰	kùnrǎo
扩	kuò	扩充	kuòchōng	扩建	kuòjiàn	括	kuò
括号	kuòhào	阔气	kuòqi	廓	kuò	拉力	lālì
拉拢	lālǒng	喇嘛	lǎma	腊	là	腊梅	làméi
腊月	làyuè	辣	là	来宾	láibīn	来电	láidiàn
来访	láifǎng	来客	láikè	来历	láilì	来龙去脉	láilóngqùmài
来年	láinián	来去	láiqù	来世	láishì	来势	láishì
来意	láiyì	来者	láizhě	癞	lài	兰花	lánhuā
拦	lán	拦截	lánjié	拦腰	lányāo	拦阻	lánzǔ
栏杆	lángān	蓝图	lántú	篮	lán	篮球	lánqiú
篮子	lánzi	览	lǎn	揽	lǎn	缆	lǎn
懒	lǎn	懒得	lǎnde	懒惰	lǎnduò	懒汉	lǎnhàn

（续上表）

懒散	lǎnsǎn	烂泥	lànní	滥	làn	滥用	lànyòng
郎	láng	狼狈	lángbèi	廊	láng	朗读	lǎngdú
朗诵	lǎngsòng	浪潮	làngcháo	浪漫	làngmàn	浪涛	làngtāo
浪头	làngtou	劳工	láogōng	劳驾	láojià	劳教	láojiào
劳苦	láokǔ	劳累	láolèi	劳模	láomó	劳务	láowù
劳役	láoyì	劳资	láozī	劳作	láozuò	牢房	láofáng
牢记	láojì	牢笼	láolóng	牢骚	láosāo	牢狱	láoyù
老伯	lǎobó	老化	lǎohuà	老家	lǎojiā	老练	lǎoliàn
老少	lǎoshào	老生	lǎoshēng	老式	lǎoshì	老天爷	lǎotiānyé
老头儿	lǎotóur	老鹰	lǎoyīng	老者	lǎozhě	老总	lǎozǒng
姥姥	lǎolao	烙	lào	烙印	làoyìn	涝	lào
乐趣	lèqù	乐意	lèyì	乐于	lèyú	乐园	lèyuán
勒	lè	勒令	lèlìng	勒索	lèsuǒ	勒	lēi
累赘	léizhuì	雷暴	léibào	雷电	léidiàn	雷鸣	léimíng
雷同	léitóng	雷雨	léiyǔ	擂	léi	镭	léi
垒	lěi	累积	lěijī	累及	lěijí	累计	lěijì
肋	lèi	肋骨	lèigǔ	泪痕	lèihén	泪花	lèihuā
泪眼	lèiyǎn	泪珠	lèizhū	类比	lèibǐ	类别	lèibié
类群	lèiqún	类推	lèituī	擂	lèi	棱	léng
棱角	léngjiǎo	棱镜	léngjìng	冷不防	lěngbùfáng	冷藏	lěngcáng
冷淡	lěngdàn	冷冻	lěngdòng	冷风	lěngfēng	冷汗	lěnghàn
冷峻	lěngjùn	冷酷	lěngkù	冷落	lěngluò	冷漠	lěngmò
冷凝	lěngníng	冷暖	lěngnuǎn	冷气	lěngqì	冷清	lěngqīng
冷眼	lěngyǎn	冷饮	lěngyǐn	冷遇	lěngyù	厘	lí
离别	líbié	离奇	líqí	离散	lísàn	离心	líxīn
离心力	líxīnlì	离休	líxiū	离异	líyì	离职	lízhí
梨园	líyuán	黎明	límíng	篱笆	líba	礼拜	lǐbài
礼法	lǐfǎ	礼教	lǐjiào	礼节	lǐjié	礼品	lǐpǐn
礼让	lǐràng	礼堂	lǐtáng	礼仪	lǐyí	里程	lǐchéng
里程碑	lǐchéngbēi	理财	lǐcái	理睬	lǐcǎi	理发	lǐfà
理会	lǐhuì	理科	lǐkē	理事	lǐshì	理应	lǐyīng

（续上表）

理直气壮	lǐzhíqìzhuàng	锂	lǐ	鲤	lǐ	力度	lìdù
力争	lìzhēng	历程	lìchéng	历次	lìcì	历法	lìfǎ
历届	lìjiè	历尽	lìjìn	历经	lìjīng	历年	lìnián
历书	lìshū	厉声	lìshēng	立案	lì'àn	立方	lìfāng
立功	lìgōng	立国	lìguó	立论	lìlùn	立宪	lìxiàn
立意	lìyì	立正	lìzhèng	立志	lìzhì	立足	lìzú
吏	lì	利弊	lìbì	利落	lìluo	利尿	lìniào
利索	lìsuo	沥青	lìqīng	例证	lìzhèng	隶	lì
隶属	lìshǔ	荔枝	lìzhī	栗子	lìzi	砾石	lìshí
痢疾	lìji	连带	liándài	连贯	liánguàn	连环	liánhuán
连环画	liánhuánhuà	连累	liánlèi	连绵	liánmián	连年	liánnián
连日	liánrì	连声	liánshēng	连锁	liánsuǒ	连通	liántōng
连夜	liányè	连衣裙	liányīqún	怜	lián	怜悯	liánmǐn
帘	lián	帘子	liánzi	莲	lián	莲花	liánhuā
涟漪	liányī	联欢	liánhuān	联结	liánjiē	联名	liánmíng
联赛	liánsài	联姻	liányīn	廉	lián	廉洁	liánjié
镰	lián	镰刀	liándāo	敛	liǎn	脸红	liǎnhóng
脸颊	liǎnjiá	脸面	liǎnmiàn	脸庞	liǎnpáng	脸皮	liǎnpí
脸谱	liǎnpǔ	练兵	liànbīng	练功	liàngōng	练武	liànwǔ
恋	liàn	恋人	liànrén	链条	liàntiáo	良机	liángjī
良久	liángjiǔ	良田	liángtián	良性	liángxìng	凉快	liángkuai
凉爽	liángshuǎng	凉水	liángshuǐ	凉鞋	liángxié	粮仓	liángcāng
两口子	liǎngkǒuzi	两栖	liǎngqī	两性	liǎngxìng	两样	liǎngyàng
两翼	liǎngyì	亮度	liàngdù	亮光	liàngguāng	亮相	liàngxiàng
谅解	liàngjiě	量变	liàngbiàn	量词	liàngcí	量刑	liàngxíng
晾	liàng	踉跄	liàngqiàng	撩	liāo	辽	liáo
疗	liáo	疗程	liáochéng	疗效	liáoxiào	疗养	liáoyǎng
疗养院	liáoyǎngyuàn	聊	liáo	聊天儿	liáotiānr	撩	liáo
嘹亮	liáoliàng	潦倒	liáodǎo	缭绕	liáorào	燎	liáo
了不得	liǎobùdé	了结	liǎojié	了然	liǎorán	了如指掌	liǎorúzhǐzhǎng

（续上表）

燎	liǎo	料理	liàolǐ	料想	liàoxiǎng	料子	liàozi
撂	liào	廖	liào	瞭望	liàowàng	列强	lièqiáng
列席	lièxí	劣	liè	劣等	lièděng	劣势	lièshì
劣质	lièzhì	烈	liè	烈火	lièhuǒ	烈日	lièrì
烈性	lièxìng	烈焰	lièyàn	猎狗	liègǒu	猎枪	lièqiāng
猎取	lièqǔ	猎犬	lièquǎn	猎人	lièrén	猎手	lièshǒu
猎物	lièwù	裂变	lièbiàn	裂缝	lièfèng	裂痕	lièhén
裂纹	lièwén	裂隙	lièxì	拎	līn	邻里	línlǐ
邻舍	línshè	林带	líndài	林地	líndì	林立	línlì
林荫道	línyīndào	林子	línzi	临别	línbié	临到	líndào
临界	línjiè	临近	línjìn	临摹	línmó	临终	línzhōng
淋巴结	línbājié	淋漓	línlí	淋漓尽致	línlíjìnzhì	琳琅满目	línlángmǎnmù
嶙峋	línxún	霖	lín	磷肥	línféi	磷脂	línzhī
鳞	lín	鳞片	línpiàn	吝啬	lìnsè	伶	líng
伶俐	línglì	灵巧	língqiǎo	灵堂	língtáng	灵通	língtōng
灵性	língxìng	灵芝	língzhī	玲珑	línglóng	凌	líng
凌晨	língchén	凌空	língkōng	凌乱	língluàn	陵	líng
陵墓	língmù	陵园	língyuán	聆听	língtīng	菱形	língxíng
翎子	língzi	羚羊	língyáng	绫	líng	零点	língdiǎn
凌乱	língluàn	零散	língsǎn	零碎	língsuì	零星	língxīng
领带	lǐngdài	领地	lǐngdì	领队	lǐngduì	领海	lǐnghǎi
领教	lǐngjiào	领口	lǐngkǒu	领略	lǐnglüè	领取	lǐngqǔ
领事馆	lǐngshìguǎn	领受	lǐngshòu	领头	lǐngtóu	领悟	lǐngwù
领先	lǐngxiān	领主	lǐngzhǔ	领子	lǐngzi	另行	lìngxíng
溜达	liūda	遛	liú	浏览	liúlǎn	留成	liúchéng
留存	liúcún	留恋	liúliàn	留神	liúshén	留声机	liúshēngjī
留守	liúshǒu	留心	liúxīn	留意	liúyì	流产	liúchǎn
流畅	liúchàng	流程	liúchéng	流毒	liúdú	流放	liúfàng
流浪	liúlàng	流利	liúlì	流量	liúliàng	流落	liúluò
流失	liúshī	流逝	liúshì	流水线	liúshuǐxiàn	流速	liúsù
流淌	liútǎng	流亡	liúwáng	流星	liúxīng	流言	liúyán

（续上表）

流转	liúzhuǎn	琉璃	liúlí	硫磺	liúhuáng	绺	liǔ
遛	liù	龙船	lóngchuán	龙灯	lóngdēng	龙骨	lónggǔ
龙卷风	lóngjuǎnfēng	龙王	lóngwáng	龙眼	lóngyǎn	聋	lóng
聋子	lóngzi	笼子	lóngzi	隆冬	lóngdōng	隆重	lóngzhòng
陇	lǒng	垄	lǒng	笼络	lǒngluò	笼统	lǒngtǒng
楼阁	lóugé	楼台	lóutái	楼梯	lóutī	篓	lǒu
陋	lòu	漏洞	lòudòng	漏斗	lòudǒu	卢	lú
芦笙	lúshēng	芦苇	lúwěi	炉灶	lúzào	颅	lú
卤水	lǔshuǐ	卤素	lǔsù	虏	lǔ	掳	lǔ
鲁莽	lǔmǎng	陆路	lùlù	录取	lùqǔ	录像	lùxiàng
录像机	lùxiàngjī	录音	lùyīn	录音机	lùyīnjī	录用	lùyòng
录制	lùzhì	绿林	lùlín	禄	lù	路标	lùbiāo
路灯	lùdēng	路费	lùfèi	路径	lùjìng	路口	lùkǒu
路面	lùmiàn	路人	lùrén	路途	lùtú	麓	lù
露骨	lùgǔ	露水	lùshuǐ	露天	lùtiān	露珠	lùzhū
吕	lǚ	捋	lǚ	旅伴	lǚbàn	旅程	lǚchéng
旅店	lǚdiàn	旅途	lǚtú	屡	lǚ	屡次	lǚcì
屡见不鲜	lǚjiànbùxiān	履	lǚ	虑	lù	绿灯	lǜdēng
绿地	lǜdì	绿豆	lǜdòu	绿肥	lǜféi	绿洲	lǜzhōu
峦	luán	孪生	luánshēng	卵石	luǎnshí	卵子	luǎnzǐ
掠	lüè	略微	lüèwēi	抡	lūn	沦陷	lúnxiàn
轮班	lúnbān	轮番	lúnfān	轮换	lúnhuàn	轮回	lúnhuí
轮胎	lúntāi	轮椅	lúnyǐ	轮子	lúnzi	论调	lùndiào
论断	lùnduàn	论据	lùnjù	论理	lùnlǐ	论说	lùnshuō
论坛	lùntán	论战	lùnzhàn	论著	lùnzhù	捋	luō
罗汉	luóhàn	罗列	luóliè	罗盘	luópán	萝卜	luóbo
锣	luó	锣鼓	luógǔ	箩	luó	箩筐	luókuāng
骡子	luózi	螺	luó	螺丝	luósī	螺旋桨	luóxuánjiǎng
裸	luǒ	裸露	luǒlù	裸体	luǒtǐ	洛	luò
落差	luòchā	落成	luòchéng	落户	luòhù	落脚	luòjiǎo
落空	luòkōng	落日	luòrì	落水	luòshuǐ	落伍	luòwǔ

（续上表）

摞	luò	抹布	mābù	麻痹	mábì	麻袋	mádài
麻将	májiàng	麻利	málì	麻木	mámù	麻雀	máquè
麻疹	mázhěn	麻子	mázi	马达	mǎdá	马灯	mǎdēng
马褂	mǎguà	马虎	mǎhu	马力	mǎlì	马铃薯	mǎlíngshǔ
马匹	mǎpǐ	马蹄	mǎtí	马桶	mǎtǒng	马戏	mǎxì
玛瑙	mǎnǎo	埋藏	máicáng	埋伏	máifú	埋没	máimò
埋头	máitóu	埋葬	máizàng	买主	mǎizhǔ	迈步	màibù
迈进	màijìn	麦收	màishōu	麦子	màizi	卖国	màiguó
卖力	màilì	卖命	màimìng	卖弄	màinòng	卖主	màizhǔ
脉搏	màibó	脉冲	màichōng	脉络	màiluò	蛮干	mángàn
蛮横	mánhèng	鳗	mán	满腹	mǎnfù	满怀	mǎnhuái
满口	mǎnkǒu	满面	mǎnmiàn	满目	mǎnmù	满腔	mǎnqiāng
满心	mǎnxīn	满月	mǎnyuè	满载	mǎnzài	满嘴	mǎnzuǐ
螨	mǎn	曼	màn	谩骂	mànmà	蔓	màn
蔓延	mànyán	漫	màn	漫不经心	mànbùjīngxīn	漫步	mànbù
漫画	mànhuà	漫天	màntiān	漫游	mànyóu	慢条斯理	màntiáosīlǐ
忙活	mánghuo	忙乱	mángluàn	盲	máng	盲肠	mángcháng
盲从	mángcóng	盲流	mángliú	盲人	mángrén	蟒	mǎng
猫头鹰	māotóuyīng	毛笔	máobǐ	毛虫	máochóng	毛发	máofà
毛骨悚然	máogǔsǒngrán	毛料	máoliào	毛驴	máolǘ	毛囊	máonáng
毛皮	máopí	毛毯	máotǎn	毛线	máoxiàn	毛衣	máoyī
矛	máo	矛头	máotóu	茅草	máocǎo	茅屋	máowū
锚	máo	卯	mǎo	铆	mǎo	茂密	màomì
茂盛	màoshèng	冒充	màochōng	冒火	màohuǒ	冒昧	màomèi
冒失	màoshī	贸然	màorán	貌	mào	貌似	màosì
没劲	méijìn	没命	méimìng	没趣	méiqù	没准儿	méizhǔnr
玫瑰	méiguī	眉飞色舞	méifēisèwǔ	眉开眼笑	méikāiyǎnxiào	眉目	méimù
眉眼	méiyǎn	眉宇	méiyǔ	梅花	méihuā	梅雨	méiyǔ
媒	méi	媒人	méiren	煤气	méiqì	煤油	méiyóu

（续上表）

霉	méi	霉菌	méijūn	霉烂	méilàn	美德	měidé
美观	měiguān	美景	měijǐng	美酒	měijiǔ	美满	měimǎn
美貌	měimào	美女	měinǚ	美人	měirén	美容	měiróng
美谈	měitán	美味	měiwèi	美育	měiyù	昧	mèi
媚	mèi	闷热	mēnrè	门板	ménbǎn	门道	méndao
门第	méndì	门洞儿	méndòngr	门户	ménhù	门槛	ménkǎn
门框	ménkuàng	门类	ménlèi	门帘	ménlián	门铃	ménlíng
门面	ménmiàn	门票	ménpiào	门生	ménshēng	门徒	méntú
门牙	ményá	门诊	ménzhěn	萌	méng	萌动	méngdòng
萌生	méngshēng	蒙蔽	méngbì	蒙昧	méngmèi	蒙受	méngshòu
盟	méng	盟国	méngguó	猛然	měngrán	猛兽	měngshòu
蒙古包	měnggǔbāo	锰	měng	梦幻	mènghuàn	梦境	mèngjìng
梦寐以求	mèngmèiyǐqiú	梦乡	mèngxiāng	梦想	mèngxiǎng	梦呓	mèngyì
眯	mī	眯缝	mīfeng	弥	mí	弥散	mísàn
迷宫	mígōng	迷糊	míhu	迷惑	míhuò	迷离	mílí
迷恋	míliàn	迷路	mílù	迷茫	mímáng	迷蒙	míméng
迷失	míshī	迷惘	míwǎng	迷雾	míwù	猕猴	míhóu
糜烂	mílàn	米饭	mǐfàn	觅	mì	秘	mì
秘诀	mìjué	密闭	mìbì	密布	mìbù	密封	mìfēng
密码	mìmǎ	幂	mì	蜜月	mìyuè	眠	mián
绵	mián	绵延	miányán	绵羊	miányáng	棉布	miánbù
棉纱	miánshā	棉田	miántián	棉絮	miánxù	免除	miǎnchú
免得	miǎndé	免费	miǎnfèi	免税	miǎnshuì	勉	miǎn
勉励	miǎnlì	缅怀	miǎnhuái	面额	miàn'é	面粉	miànfěn
面颊	miànjiá	面具	miànjù	面庞	miànpáng	面容	miànróng
面色	miànsè	面纱	miànshā	面谈	miàntán	面条儿	miàntiáor
面子	miànzi	苗木	miáomù	苗圃	miáopǔ	苗条	miáotiao
苗头	miáotou	描	miáo	描画	miáohuà	描摹	miáomó
瞄	miáo	瞄准	miáozhǔn	渺	miǎo	渺茫	miǎománg
渺小	miǎoxiǎo	藐视	miǎoshì	庙会	miàohuì	庙宇	miàoyǔ
灭火	mièhuǒ	灭绝	mièjué	蔑视	mièshì	篾	miè

（续上表）

民办	mínbàn	民法	mínfǎ	民房	mínfáng	民工	míngōng
民航	mínháng	民警	mínjǐng	民情	mínqíng	民权	mínquán
民生	mínshēng	民心	mínxīn	民谣	mínyáo	民意	mínyì
民营	mínyíng	民用	mínyòng	民政	mínzhèng	皿	mǐn
泯	mǐn	泯灭	mǐnmiè	闽	mǐn	名次	míngcì
名单	míngdān	名额	míng'é	名副其实	míngfùqíshí	名贵	míngguì
名家	míngjiā	名利	mínglì	名列前茅	mínglièqiánmáo	名流	míngliú
名目	míngmù	名牌	míngpái	名片	míngpiàn	名气	míngqì
名人	míngrén	名山	míngshān	名声	míngshēng	名胜	míngshèng
名师	míngshī	名堂	míngtang	名望	míngwàng	名下	míngxià
名言	míngyán	名誉	míngyù	名著	míngzhù	明矾	míngfán
明净	míngjìng	明镜	míngjìng	明快	míngkuài	明朗	mínglǎng
明了	míngliǎo	明媚	míngmèi	明日	míngrì	明晰	míngxī
明星	míngxīng	明珠	míngzhū	鸣叫	míngjiào	冥想	míngxiǎng
铭	míng	铭文	míngwén	命脉	mìngmài	命中	mìngzhòng
谬	miù	谬论	miùlùn	谬误	miùwù	摹	mó
模特儿	mótèr	摩登	módēng	摩托	mótuō	摩擦	mócā
磨练	móliàn	磨难	mónàn	磨损	mósǔn	蘑菇	mógu
魔	mó	魔法	mófǎ	魔鬼	móguǐ	魔力	mólì
魔术	móshù	魔王	mówáng	魔爪	mózhǎo	抹杀	mǒshā
末日	mòrì	末梢	mòshāo	末尾	mòwěi	沫	mò
莫大	mòdà	莫非	mòfēi	蓦然	mòrán	漠然	mòrán
漠视	mòshì	墨水	mòshuǐ	默	mò	默念	mòniàn
默契	mòqì	默然	mòrán	眸	móu	谋害	móuhài
谋略	móulüè	谋求	móuqiú	谋取	móuqǔ	谋杀	móushā
谋生	móushēng	模板	múbǎn	母爱	mǔ'ài	母本	mǔběn
母系	mǔxì	母校	mǔxiào	母语	mǔyǔ	牡丹	mǔdān
牡蛎	mǔlì	拇指	mǔzhǐ	木本	mùběn	木柴	mùchái
木耳	mù'ěr	木筏	mùfá	木工	mùgōng	木匠	mùjiang
木刻	mùkè	木料	mùliào	木偶	mù'ǒu	木炭	mùtàn

（续上表）

木星	mùxīng	目不转睛	mùbù zhuǎnjīng	目瞪口呆	mùdèngkǒudāi	目睹	mùdǔ
目录	mùlù	目送	mùsòng	沐浴	mùyù	牧	mù
牧草	mùcǎo	牧场	mùchǎng	牧民	mùmín	牧区	mùqū
募	mù	募捐	mùjuān	墓碑	mùbēi	墓地	mùdì
墓室	mùshì	墓葬	mùzàng	幕后	mùhòu	暮	mù
暮色	mùsè	穆	mù	穆斯林	mùsīlín	纳粹	nàcuì
纳闷儿	nàmènr	娜	nà	捺	nà	奶粉	nǎifěn
奶牛	nǎiniú	奶油	nǎiyóu	氖	nǎi	奈何	nàihé
耐力	nàilì	耐用	nàiyòng	男方	nánfāng	男生	nánshēng
南半球	nánbànqiú	南边	nánbiān	南瓜	nánguā	南面	nánmiàn
南洋	nányáng	难保	nánbǎo	难产	nánchǎn	难处	nánchù
难点	nándiǎn	难度	nándù	难关	nánguān	难堪	nánkān
难看	nánkàn	难说	nánshuō	难听	nántīng	难为	nánwei
难为情	nánwéiqíng	难民	nànmín	难友	nànyǒu	囊括	nángkuò
挠	náo	恼	nǎo	恼火	nǎohuǒ	恼怒	nǎonù
脑海	nǎohǎi	脑际	nǎojì	脑筋	nǎojīn	脑力	nǎolì
脑髓	nǎosuǐ	闹市	nàoshì	闹事	nàoshì	闹钟	nàozhōng
内阁	nèigé	内海	nèihǎi	内行	nèiháng	内疚	nèijiù
内科	nèikē	内力	nèilì	内陆	nèilù	内乱	nèiluàn
内幕	nèimù	内情	nèiqíng	内燃机	nèiránjī	内伤	nèishāng
内务	nèiwù	内线	nèixiàn	内向	nèixiàng	内销	nèixiāo
内省	nèixǐng	内衣	nèiyī	内因	nèiyīn	内政	nèizhèng
嫩绿	nènlǜ	能干	nénggàn	能耐	néngnai	能人	néngrén
能事	néngshì	能手	néngshǒu	尼	ní	尼姑	nígū
尼龙	nílóng	呢绒	níróng	泥浆	níjiāng	泥坑	níkēng
泥泞	nínìng	泥鳅	níqiū	泥塑	nísù	泥炭	nítàn
倪	ní	霓虹灯	níhóngdēng	拟订	nǐdìng	拟定	nǐdìng
拟人	nǐrén	逆差	nìchā	逆境	nìjìng	逆流	nìliú
逆向	nìxiàng	逆转	nìzhuǎn	腻	nì	溺	nì
溺爱	nì'ài	拈	niān	蔫	niān	年份	niánfèn
年华	niánhuá	年画	niánhuà	年会	niánhuì	年景	niánjǐng

（续上表）

年轮	niánlún	年迈	niánmài	年岁	niánsuì	年限	niánxiàn
年终	niánzhōng	黏	nián	捻	niǎn	碾	niǎn
撵	niǎn	廿	niàn	念白	niànbái	念叨	niàndao
娘家	niángjia	酿	niàng	鸟瞰	niǎokàn	袅袅	niǎoniǎo
尿布	niàobù	尿素	niàosù	捏造	niēzào	聂	niè
涅槃	nièpán	啮	niè	镍	niè	镊子	nièzi
孽	niè	狞笑	níngxiào	凝神	níngshén	凝望	níngwàng
宁可	nìngkě	宁肯	nìngkěn	宁愿	nìngyuàn	牛犊	niúdú
牛皮	niúpí	牛仔裤	niúzǎikù	扭曲	niǔqǔ	纽带	niǔdài
纽扣	niǔkòu	拗	niù	农夫	nóngfū	农妇	nóngfù
农耕	nónggēng	农机	nóngjī	农家	nóngjiā	农垦	nóngkěn
农历	nónglì	农忙	nóngmáng	农事	nóngshì	农闲	nóngxián
浓淡	nóngdàn	浓烈	nóngliè	浓眉	nóngméi	浓密	nóngmì
浓缩	nóngsuō	浓郁	nóngyù	浓重	nóngzhòng	弄虚作假	nòngxūzuòjiǎ
奴	nú	奴才	núcai	奴仆	núpú	怒放	nùfàng
怒吼	nùhǒu	怒火	nùhuǒ	怒气	nùqì	女方	nǚfāng
女皇	nǚhuáng	女郎	nǚláng	女神	nǚshén	女生	nǚshēng
女王	nǚwáng	暖和	nuǎnhuo	暖流	nuǎnliú	暖瓶	nuǎnpíng
暖气	nuǎnqì	疟疾	nüèji	虐待	nüèdài	挪	nuó
挪动	nuódòng	挪用	nuóyòng	诺言	nuòyán	懦弱	nuòruò
糯米	nuòmǐ	讴歌	ōugē	鸥	ōu	殴打	ōudǎ
呕	ǒu	呕吐	ǒutù	偶像	ǒuxiàng	藕	ǒu
趴	pā	爬行	páxíng	耙	pá	帕	pà
拍板	pāibǎn	拍卖	pāimài	拍手	pāishǒu	拍照	pāizhào
拍子	pāizi	排场	páichǎng	排队	páiduì	排挤	páijǐ
排练	páiliàn	排卵	páiluǎn	排球	páiqiú	排戏	páixì
排泄	páixiè	排演	páiyǎn	排忧解难	páiyōujiěnàn	牌坊	páifāng
牌价	páijià	牌楼	páilou	派别	pàibié	派生	pàishēng
派头	pàitóu	派系	pàixì	派性	pàixìng	攀登	pāndēng
攀谈	pāntán	攀援	pānyuán	盘剥	pánbō	盘踞	pánjù

（续上表）

盘算	pánsuan	盘问	pánwèn	盘旋	pánxuán	盘子	pánzi
判别	pànbié	判决书	pànjuéshū	判明	pànmíng	判刑	pànxíng
叛	pàn	叛变	pànbiàn	叛乱	pànluàn	叛逆	pànnì
叛徒	pàntú	畔	pàn	膀	pāng	庞	páng
旁白	pángbái	旁人	pángrén	旁听	pángtīng	膀胱	pángguāng
磅礴	pángbó	胖子	pàngzi	刨	páo	咆哮	páoxiào
狍子	páozi	炮制	páozhì	袍	páo	跑步	pǎobù
跑道	pǎodào	泡菜	pàocài	泡沫	pàomò	炮兵	pàobīng
炮楼	pàolóu	炮台	pàotái	炮火	pàohuǒ	炮击	pàojī
胚芽	pēiyá	陪伴	péibàn	陪衬	péichèn	陪同	péitóng
培	péi	培土	péitǔ	培植	péizhí	赔	péi
赔款	péikuǎn	赔钱	péiqián	裴	péi	佩	pèi
佩戴	pèidài	配备	pèibèi	配对	pèiduì	配方	pèifāng
配件	pèijiàn	配角	pèijué	配偶	pèi'ǒu	配伍	pèiwǔ
配制	pèizhì	配种	pèizhǒng	喷发	pēnfā	喷泉	pēnquán
喷洒	pēnsǎ	喷射	pēnshè	喷嚏	pēntì	喷涂	pēntú
盆景	pénjǐng	盆栽	pénzāi	盆子	pénzi	抨击	pēngjī
烹饪	pēngrèn	烹调	pēngtiáo	棚子	péngzi	蓬	péng
蓬乱	péngluàn	蓬松	péngsōng	硼	péng	篷	péng
膨大	péngdà	碰见	pèngjiàn	碰巧	pèngqiǎo	碰头	pèngtóu
碰撞	pèngzhuàng	批驳	pībó	批量	pīliàng	批示	pīshì
坯	pī	披露	pīlù	劈	pī	霹雳	pīlì
皮包	píbāo	皮层	pícéng	皮带	pídài	皮革	pígé
皮毛	pímáo	皮球	píqiú	皮肉	píròu	皮子	pízi
毗邻	pílín	疲	pí	疲惫	píbèi	疲乏	pífá
啤酒	píjiǔ	琵琶	pípá	脾胃	píwèi	脾脏	pízàng
匹配	pǐpèi	痞子	pǐzi	劈	pǐ	癖	pǐ
屁	pì	辟	pì	媲美	pìměi	僻静	pìjìng
片子	piānzi	偏爱	piān'ài	偏差	piānchā	偏激	piānjī
偏离	piānlí	偏旁	piānpáng	偏僻	piānpì	偏颇	piānpō
偏心	piānxīn	偏重	piānzhòng	篇幅	piānfú	篇章	piānzhāng
片段	piànduàn	片断	piànduàn	骗局	piànjú	骗取	piànqǔ

（续上表）

骗子	piànzi	漂	piāo	漂泊	piāobó	漂浮	piāofú
漂流	piāoliú	漂移	piāoyí	飘带	piāodài	飘荡	piāodàng
飘动	piāodòng	飘浮	piāofú	飘忽	piāohū	飘零	piāolíng
飘落	piāoluò	飘然	piāorán	飘散	piāosàn	飘扬	piāoyáng
飘逸	piāoyì	朴	piáo	瓢	piáo	漂	piǎo
漂白粉	piǎobáifěn	瞟	piǎo	票据	piàojù	票子	piàozi
撇	piē	撇开	piēkāi	瞥	piē	瞥见	piējiàn
撇	piě	拼	pīn	拼搏	pīnbó	拼凑	pīncòu
拼死	pīnsǐ	拼音	pīnyīn	贫乏	pínfá	贫寒	pínhán
贫瘠	pínjí	贫苦	pínkǔ	贫民	pínmín	贫血	pínxuè
频	pín	频道	píndào	品尝	pǐncháng	品格	pǐngé
品评	pǐnpíng	品位	pǐnwèi	品味	pǐnwèi	品行	pǐnxíng
聘	pìn	聘请	pìnqǐng	平安	píng'ān	平板	píngbǎn
平淡	píngdàn	平地	píngdì	平定	píngdìng	平反	píngfǎn
平方	píngfāng	平房	píngfáng	平衡木	pínghéngmù	平滑	pínghuá
平缓	pínghuǎn	平价	píngjià	平米	píngmǐ	平生	píngshēng
平素	píngsù	平台	píngtái	平稳	píngwěn	平息	píngxī
平移	píngyí	平庸	píngyōng	平整	píngzhěng	评比	píngbǐ
评定	píngdìng	评分	píngfēn	评估	pínggū	评奖	píngjiǎng
评剧	píngjù	评判	píngpàn	评审	píngshěn	评述	píngshù
评弹	píngtán	评议	píngyì	评语	píngyǔ	坪	píng
凭吊	píngdiào	凭空	píngkōng	凭证	píngzhèng	屏风	píngfēng
屏障	píngzhàng	瓶子	píngzi	萍	píng	坡地	pōdì
坡度	pōdù	泊	pō	泼	pō	泼辣	pōlà
婆家	pójia	迫不及待	pòbùjídài	破案	pò'àn	破除	pòchú
破格	pògé	破获	pòhuò	破旧	pòjiù	破烂	pòlàn
破例	pòlì	破灭	pòmiè	破碎	pòsuì	破绽	pòzhàn
魄	pò	魄力	pòlì	剖	pōu	剖析	pōuxī
仆	pū	扑鼻	pūbí	扑克	pūkè	扑灭	pūmiè
铺盖	pūgài	铺设	pūshè	仆	pú	仆人	púrén
仆役	púyì	匍匐	púfú	葡萄酒	pútáojiǔ	蒲公英	púgōngyīng

（续上表）

蒲扇	púshàn	朴实	pǔshí	圃	pǔ	浦	pǔ
普	pǔ	普查	pǔchá	普法	pǔfǎ	普选	pǔxuǎn
谱写	pǔxiě	堡	pù	瀑	pù	瀑布	pùbù
沏	qī	栖息	qīxī	凄惨	qīcǎn	凄楚	qīchǔ
凄厉	qīlì	凄然	qīrán	戚	qī	期刊	qīkān
欺	qī	欺负	qīfu	欺凌	qīlíng	欺侮	qīwǔ
欺压	qīyā	欺诈	qīzhà	漆黑	qīhēi	漆器	qīqì
齐备	qíbèi	齐名	qímíng	齐全	qíquán	齐整	qízhěng
奇观	qíguān	奇妙	qímiào	奇闻	qíwén	歧视	qíshì
歧途	qítú	歧义	qíyì	祈	qí	祈祷	qídǎo
祈求	qíqiú	畦	qí	崎岖	qíqū	骑兵	qíbīng
棋	qí	棋盘	qípán	棋子	qízǐ	旗号	qíhào
旗袍	qípáo	旗子	qízi	鳍	qí	乞丐	qǐgài
乞求	qǐqiú	乞讨	qǐtǎo	岂有此理	qǐyǒucǐlǐ	企鹅	qǐ'é
启	qǐ	启程	qǐchéng	启迪	qǐdí	启动	qǐdòng
启蒙	qǐméng	启事	qǐshì	起兵	qǐbīng	起步	qǐbù
起草	qǐcǎo	起床	qǐchuáng	起飞	qǐfēi	起哄	qǐhòng
起火	qǐhuǒ	起家	qǐjiā	起见	qǐjiàn	起劲	qǐjìn
起居	qǐjū	起立	qǐlì	起落	qǐluò	起事	qǐshì
起诉	qǐsù	起先	qǐxiān	起因	qǐyīn	绮丽	qǐlì
气喘	qìchuǎn	气垫	qìdiàn	气度	qìdù	气概	qìgài
气功	qìgōng	气管	qìguǎn	气急	qìjí	气节	qìjié
气孔	qìkǒng	气力	qìlì	气囊	qìnáng	气恼	qìnǎo
气馁	qìněi	气派	qìpài	气泡	qìpào	气魄	qìpò
气球	qìqiú	气色	qìsè	气势	qìshì	气态	qìtài
气虚	qìxū	气旋	qìxuán	气焰	qìyàn	迄	qì
迄今	qìjīn	汽	qì	汽笛	qìdí	汽缸	qìgāng
汽化	qìhuà	汽水	qìshuǐ	汽艇	qìtǐng	泣	qì
契	qì	契机	qìjī	器件	qìjiàn	器具	qìjù
器皿	qìmǐn	器物	qìwù	器械	qìxiè	器乐	qìyuè
器重	qìzhòng	掐	qiā	洽	qià	洽谈	qiàtán

（续上表）

恰	qià	恰巧	qiàqiǎo	恰如	qiàrú	恰似	qiàsì
千古	qiāngǔ	千金	qiānjīn	千钧一发	qiānjūnyīfà	千卡	qiānkǎ
千瓦	qiānwǎ	扦	qiān	迁就	qiānjiù	迁居	qiānjū
牵动	qiāndòng	牵挂	qiānguà	牵连	qiānlián	牵涉	qiānshè
牵引	qiānyǐn	牵制	qiānzhì	谦虚	qiānxū	谦逊	qiānxùn
签	qiān	签发	qiānfā	签名	qiānmíng	签署	qiānshǔ
签约	qiānyuē	签证	qiānzhèng	签字	qiānzì	前辈	qiánbèi
前臂	qiánbì	前程	qiánchéng	前额	qián'é	前锋	qiánfēng
前列	qiánliè	前年	qiánnián	前仆后继	qiánpūhòujì	前哨	qiánshào
前身	qiánshēn	前世	qiánshì	前天	qiántiān	前卫	qiánwèi
前沿	qiányán	前夜	qiányè	前肢	qiánzhī	前奏	qiánzòu
虔诚	qiánchéng	钱包	qiánbāo	钱币	qiánbì	钱财	qiáncái
钳工	qiángōng	钳子	qiánzi	乾	qián	乾坤	qiánkūn
潜藏	qiáncáng	潜伏	qiánfú	潜入	qiánrù	潜水	qiánshuǐ
潜艇	qiántǐng	潜移默化	qiányímòhuà	黔	qián	浅薄	qiǎnbáo
浅海	qiǎnhǎi	浅滩	qiǎntān	浅显	qiǎnxiǎn	谴责	qiǎnzé
欠缺	qiànquē	纤	qiàn	歉	qiàn	歉收	qiànshōu
歉意	qiànyì	呛	qiāng	枪毙	qiāngbì	枪弹	qiāngdàn
枪杀	qiāngshā	枪支	qiāngzhī	腔调	qiāngdiào	强渡	qiángdù
强攻	qiánggōng	强国	qiángguó	强加	qiángjiā	强健	qiángjiàn
强劲	qiángjìng	强力	qiánglì	强盛	qiángshèng	强行	qiángxíng
强硬	qiángyìng	强占	qiángzhàn	强壮	qiángzhuàng	墙根	qiánggēn
墙角	qiángjiǎo	墙头	qiángtóu	抢夺	qiǎngduó	抢购	qiǎnggòu
抢劫	qiǎngjié	抢先	qiǎngxiān	抢险	qiǎngxiǎn	抢修	qiǎngxiū
抢占	qiǎngzhàn	强求	qiǎngqiú	呛	qiàng	跷	qiāo
锹	qiāo	敲打	qiāodǎ	乔	qiáo	乔木	qiáomù
侨胞	qiáobāo	侨眷	qiáojuàn	侨民	qiáomín	侨务	qiáowù
桥头	qiáotóu	翘	qiáo	瞧见	qiáojiàn	巧合	qiǎohé
悄然	qiǎorán	悄声	qiǎoshēng	俏	qiào	俏皮	qiàopí

（续上表）

峭壁	qiàobì	窍	qiào	窍门	qiàomén	翘	qiào
橇	qiào	鞘	qiào	切除	qiēchú	切磋	qiēcuō
切点	qiēdiǎn	切割	qiēgē	切口	qiēkǒu	切面	qiēmiàn
切片	qiēpiàn	切线	qiēxiàn	茄子	qiézi	切合	qièhé
切忌	qièjì	切身	qièshēn	妾	qiè	怯	qiè
怯懦	qiènuò	窃	qiè	窃取	qièqǔ	惬意	qièyì
钦差	qīnchāi	钦佩	qīnpèi	侵害	qīnhài	侵吞	qīntūn
侵袭	qīnxí	亲爱	qīn'ài	亲笔	qīnbǐ	亲近	qīnjìn
亲口	qīnkǒu	亲临	qīnlín	亲昵	qīnnì	亲朋	qīnpéng
亲身	qīnshēn	亲生	qīnshēng	亲事	qīnshì	亲手	qīnshǒu
亲王	qīnwáng	亲吻	qīnwěn	亲信	qīnxìn	亲缘	qīnyuán
亲子	qīnzǐ	禽	qín	禽兽	qínshòu	勤奋	qínfèn
勤俭	qínjiǎn	勤快	qínkuai	擒	qín	噙	qín
寝	qǐn	寝室	qǐnshì	沁	qìn	青菜	qīngcài
青草	qīngcǎo	青翠	qīngcuì	青稞	qīngkē	青睐	qīnglài
青霉素	qīngméisù	青苔	qīngtái	青天	qīngtiān	青铜	qīngtóng
青衣	qīngyī	轻便	qīngbiàn	轻而易举	qīng'éryìjǔ	轻浮	qīngfú
轻快	qīngkuài	轻描淡写	qīngmiáo dànxiě	轻蔑	qīngmiè	轻骑	qīngqí
轻巧	qīngqiǎo	轻柔	qīngróu	轻率	qīngshuài	轻信	qīngxìn
轻音乐	qīngyīnyuè	轻盈	qīngyíng	氢弹	qīngdàn	倾倒	qīngdǎo
倾倒	qīngdào	倾角	qīngjiǎo	倾诉	qīngsù	倾吐	qīngtǔ
倾销	qīngxiāo	倾泻	qīngxiè	倾心	qīngxīn	倾注	qīngzhù
卿	qīng	清白	qīngbái	清查	qīngchá	清偿	qīngcháng
清澈	qīngchè	清脆	qīngcuì	清单	qīngdān	清淡	qīngdàn
清风	qīngfēng	清高	qīnggāo	清官	qīngguān	清净	qīngjìng
清静	qīngjìng	清冷	qīnglěng	清凉	qīngliáng	清明	qīngmíng
清扫	qīngsǎo	清瘦	qīngshòu	清爽	qīngshuǎng	清算	qīngsuàn
清洗	qīngxǐ	清闲	qīngxián	清香	qīngxiāng	清新	qīngxīn
清秀	qīngxiù	清早	qīngzǎo	清真寺	qīngzhēnsì	蜻蜓	qīngtíng

（续上表）

情不自禁	qíngbùzìjīn	情调	qíngdiào	情怀	qínghuái	情理	qínglǐ
情侣	qínglǚ	情人	qíngrén	情势	qíngshì	情书	qíngshū
情思	qíngsī	情态	qíngtài	情谊	qíngyì	情意	qíngyì
情欲	qíngyù	情愿	qíngyuàn	晴	qíng	晴空	qíngkōng
晴朗	qínglǎng	擎	qíng	顷	qǐng	顷刻	qǐngkè
请假	qǐngjià	请教	qǐngjiào	请客	qǐngkè	请愿	qǐngyuàn
庆	qìng	庆贺	qìnghè	庆幸	qìngxìng	亲家	qìngjia
磬	qìng	穷尽	qióngjìn	穷苦	qióngkǔ	穷困	qióngkùn
琼	qióng	丘陵	qiūlíng	邱	qiū	秋风	qiūfēng
秋收	qiūshōu	仇	qiú	囚	qiú	囚犯	qiúfàn
囚禁	qiújìn	囚徒	qiútú	求爱	qiú'ài	求婚	qiúhūn
求救	qiújiù	求解	qiújiě	求教	qiújiào	求人	qiúrén
求生	qiúshēng	求实	qiúshí	求学	qiúxué	求援	qiúyuán
求知	qiúzhī	求助	qiúzhù	球场	qiúchǎng	球迷	qiúmí
球面	qiúmiàn	球赛	qiúsài	球体	qiútǐ	裘	qiú
裘皮	qiúpí	区划	qūhuà	区间	qūjiān	曲解	qūjiě
曲面	qūmiàn	曲轴	qūzhóu	驱车	qūchē	驱除	qūchú
驱赶	qūgǎn	驱散	qūsàn	驱使	qūshǐ	屈	qū
屈从	qūcóng	屈辱	qūrǔ	祛	qū	蛆	qū
躯	qū	躯干	qūgàn	躯壳	qūqiào	躯体	qūtǐ
曲调	qǔdiào	曲目	qǔmù	曲牌	qǔpái	曲艺	qǔyì
曲子	qǔzi	取材	qǔcái	取缔	qǔdì	取经	qǔjīng
取乐	qǔlè	取暖	qǔnuǎn	取舍	qǔshě	取胜	qǔshèng
取笑	qǔxiào	取样	qǔyàng	取悦	qǔyuè	去处	qùchù
去路	qùlù	去向	qùxiàng	趣	qù	圈套	quāntào
圈子	quānzi	权贵	quánguì	权衡	quánhéng	权势	quánshì
权限	quánxiàn	全集	quánjí	全力	quánlì	全貌	quánmào
全能	quánnéng	全盘	quánpán	全权	quánquán	全文	quánwén
全线	quánxiàn	泉水	quánshuǐ	泉源	quányuán	拳击	quánjī
痊愈	quányù	蜷	quán	蜷缩	quánsuō	犬	quǎn
犬齿	quǎnchǐ	劝导	quàndǎo	劝告	quàngào	劝解	quànjiě

（续上表）

劝说	quànshuō	劝慰	quànwèi	劝阻	quànzǔ	券	quàn
缺德	quēdé	缺憾	quēhàn	缺口	quēkǒu	缺损	quēsǔn
瘸	qué	雀	què	确信	quèxìn	确证	quèzhèng
确凿	quèzáo	阙	què	裙	qún	裙子	qúnzi
群岛	qúndǎo	群居	qúnjū	冉冉	rǎnrǎn	染料	rǎnliào
让步	ràngbù	让位	ràngwèi	饶	ráo	饶恕	ráoshù
扰	rǎo	绕道	ràodào	热潮	rècháo	热忱	rèchén
热诚	rèchéng	热度	rèdù	热浪	rèlàng	热泪	rèlèi
热力	rèlì	热恋	rèliàn	热流	rèliú	热门	rèmén
热气	rèqì	热切	rèqiè	热望	rèwàng	热血	rèxuè
热源	rèyuán	人才	réncái	人称	rénchēng	人次	réncì
人道	réndào	人丁	réndīng	人和	rénhé	人际	rénjì
人迹	rénjì	人流	rénliú	人伦	rénlún	人马	rénmǎ
人命	rénmìng	人品	rénpǐn	人情	rénqíng	人权	rénquán
人参	rénshēn	人声	rénshēng	人世	rénshì	人手	rénshǒu
人文	rénwén	人像	rénxiàng	人行道	rénxíngdào	人选	rénxuǎn
人烟	rényān	人中	rénzhōng	人种	rénzhǒng	仁慈	réncí
仁义	rényì	忍痛	rěntòng	忍心	rěnxīn	刃	rèn
认错	rèncuò	认购	rèngòu	认可	rènkě	认同	rèntóng
认罪	rènzuì	任教	rènjiào	任免	rènmiǎn	任凭	rènpíng
任期	rènqī	任性	rènxìng	任用	rènyòng	任职	rènzhí
韧	rèn	韧带	rèndài	韧性	rènxìng	妊娠	rènshēn
日程	rìchéng	日光	rìguāng	日后	rìhòu	日见	rìjiàn
日渐	rìjiàn	日历	rìlì	日食	rìshí	日用	rìyòng
荣	róng	荣获	rónghuò	荣幸	róngxìng	荣耀	róngyào
绒	róng	绒毛	róngmáo	绒线	róngxiàn	容积	róngjī
容貌	róngmào	容忍	róngrěn	容许	róngxǔ	容颜	róngyán
溶洞	róngdòng	溶化	rónghuà	溶血	róngxuè	熔化	rónghuà
融	róng	融化	rónghuà	融洽	róngqià	融资	róngzī
冗长	rǒngcháng	柔	róu	柔道	róudào	柔美	róuměi
柔情	róuqíng	柔弱	róuruò	柔顺	róushùn	蹂躏	róulìn
肉食	ròushí	肉眼	ròuyǎn	肉质	ròuzhì	如期	rúqī

（续上表）

如实	rúshí	如释重负	rúshìzhòngfù	如意	rúyì	儒	rú
儒学	rúxué	蠕动	rúdòng	汝	rǔ	乳白	rǔbái
乳房	rǔfáng	乳牛	rǔniú	乳汁	rǔzhī	辱	rǔ
入股	rùgǔ	入境	rùjìng	入口	rùkǒu	入门	rùmén
入迷	rùmí	入睡	rùshuì	入伍	rùwǔ	入夜	rùyè
入座	rùzuò	褥子	rùzi	软骨	ruǎngǔ	软化	ruǎnhuà
软件	ruǎnjiàn	软禁	ruǎnjìn	软弱	ruǎnruò	蕊	ruǐ
锐	ruì	锐角	ruìjiǎo	锐利	ruìlì	瑞	ruì
闰	rùn	润	rùn	润滑	rùnhuá	若无其事	ruòwúqíshì
弱小	ruòxiǎo	仨	sā	撒谎	sāhuǎng	撒娇	sājiāo
撒手	sāshǒu	洒脱	sǎtuō	卅	sà	腮	sāi
塞子	sāizi	赛场	sàichǎng	赛跑	sàipǎo	赛事	sàishì
三角洲	sānjiǎozhōu	三轮车	sānlúnchē	散漫	sǎnmàn	散场	sànchǎng
散会	sànhuì	散伙	sànhuǒ	散落	sànluò	散失	sànshī
丧事	sāngshì	丧葬	sāngzàng	桑	sāng	嗓	sǎng
嗓门儿	sǎngménr	嗓音	sǎngyīn	丧气	sàngqì	搔	sāo
骚	sāo	骚动	sāodòng	骚扰	sāorǎo	缫	sāo
臊	sāo	扫除	sǎochú	扫地	sǎodì	扫盲	sǎománg
扫描	sǎomiáo	扫射	sǎoshè	扫视	sǎoshì	扫兴	sǎoxìng
扫帚	sàozhǒu	臊	sào	色调	sèdiào	色光	sèguāng
色盲	sèmáng	色情	sèqíng	色素	sèsù	色泽	sèzé
涩	sè	瑟	sè	森严	sēnyán	僧尼	sēngní
杀菌	shājūn	杀戮	shālù	杀伤	shāshāng	杉木	shāmù
沙丘	shāqiū	沙土	shātǔ	沙哑	shāyǎ	沙子	shāzi
纱布	shābù	纱锭	shādìng	刹	shā	刹车	shāchē
煞	shā	傻瓜	shǎguā	傻子	shǎzi	煞	shà
霎时	shàshí	筛	shāi	筛选	shāixuǎn	山坳	shān’ào
山茶	shānchá	山川	shānchuān	山村	shāncūn	山歌	shāngē
山沟	shāngōu	山河	shānhé	山洪	shānhóng	山涧	shānjiàn
山脚	shānjiǎo	山梁	shānliáng	山岭	shānlǐng	山麓	shānlù

（续上表）

山峦	shānluán	山门	shānmén	山系	shānxì	山崖	shānyá
山羊	shānyáng	山腰	shānyāo	山野	shānyě	山岳	shānyuè
山楂	shānzhā	杉	shān	衫	shān	珊瑚	shānhú
扇动	shāndòng	煽动	shāndòng	闪现	shǎnxiàn	闪耀	shǎnyào
陕	shǎn	扇贝	shànbèi	扇子	shànzi	善后	shànhòu
善意	shànyì	善战	shànzhàn	禅	shàn	擅长	shàncháng
擅自	shànzì	膳	shàn	膳食	shànshí	赡养	shànyǎng
伤疤	shāngbā	伤感	shānggǎn	伤寒	shānghán	伤痕	shānghén
伤势	shāngshì	伤亡	shāngwáng	商场	shāngchǎng	商船	shāngchuán
商定	shāngdìng	商贩	shāngfàn	商贾	shānggǔ	商会	shānghuì
商检	shāngjiǎn	商榷	shāngquè	商谈	shāngtán	商讨	shāngtǎo
商务	shāngwù	商议	shāngyì	晌	shǎng	晌午	shǎngwu
赏赐	shǎngcì	赏识	shǎngshí	上报	shàngbào	上臂	shàngbì
上场	shàngchǎng	上当	shàngdàng	上等	shàngděng	上吊	shàngdiào
上风	shàngfēng	上工	shànggōng	上古	shànggǔ	上好	shànghǎo
上将	shàngjiàng	上缴	shàngjiǎo	上进	shàngjìn	上列	shàngliè
上流	shàngliú	上路	shànglù	上马	shàngmǎ	上门	shàngmén
上品	shàngpǐn	上任	shàngrèn	上身	shàngshēn	上书	shàngshū
上司	shàngsi	上台	shàngtái	上头	shàngtou	上行	shàngxíng
上旬	shàngxún	上演	shàngyǎn	上阵	shàngzhèn	上肢	shàngzhī
上座	shàngzuò	尚且	shàngqiě	捎	shāo	烧杯	shāobēi
烧饼	shāobing	烧毁	shāohuǐ	烧火	shāohuǒ	烧酒	shāojiǔ
烧瓶	shāopíng	烧伤	shāoshāng	烧香	shāoxiāng	勺	sháo
勺子	sháozi	少见	shǎojiàn	少儿	shào'ér	少妇	shàofù
少将	shàojiàng	哨	shào	哨兵	shàobīng	哨所	shàosuǒ
哨子	shàozi	奢侈	shēchǐ	舌苔	shétāi	舍弃	shěqì
舍身	shěshēn	设防	shèfáng	社交	shèjiāo	社论	shèlùn
社区	shèqū	社团	shètuán	射程	shèchéng	射箭	shèjiàn
射门	shèmén	射手	shèshǒu	涉	shè	涉外	shèwài
涉足	shèzú	赦	shè	赦免	shèmiǎn	摄取	shèqǔ
摄食	shèshí	摄制	shèzhì	麝	shè	申	shēn
申报	shēnbào	申明	shēnmíng	申诉	shēnsù	伸缩	shēnsuō

（续上表）

伸展	shēnzhǎn	伸张	shēnzhāng	身长	shēncháng	身段	shēnduàn
身高	shēngāo	身价	shēnjià	身世	shēnshì	呻吟	shēnyín
绅士	shēnshì	砷	shēn	深奥	shēn'ào	深层	shēncéng
深海	shēnhǎi	深浅	shēnqiǎn	深切	shēnqiè	深秋	shēnqiū
深山	shēnshān	深思	shēnsī	深邃	shēnsuì	深信	shēnxìn
深渊	shēnyuān	深造	shēnzào	深重	shēnzhòng	神采	shéncǎi
神化	shénhuà	神经病	shénjīngbìng	神经质	shénjīngzhì	神龛	shénkān
神灵	shénlíng	神明	shénmíng	神速	shénsù	神通	shéntōng
神童	shéntóng	神往	shénwǎng	神仙	shénxiān	神像	shénxiàng
神韵	shényùn	神志	shénzhì	神州	shénzhōu	审	shěn
审定	shěndìng	审核	shěnhé	审理	shěnlǐ	审批	shěnpī
审慎	shěnshèn	审视	shěnshì	审问	shěnwèn	审讯	shěnxùn
审议	shěnyì	婶子	shěnzi	肾脏	shènzàng	甚而	shèn'ér
渗	shèn	渗入	shènrù	慎	shèn	升华	shēnghuá
升级	shēngjí	升降	shēngjiàng	升任	shēngrèn	升腾	shēngténg
升学	shēngxué	生病	shēngbìng	生发	shēngfā	生根	shēnggēn
生机	shēngjī	生计	shēngjì	生路	shēnglù	生怕	shēngpà
生平	shēngpíng	生日	shēngrì	生疏	shēngshū	生死	shēngsǐ
生息	shēngxī	生肖	shēngxiào	生效	shēngxiào	生性	shēngxìng
生涯	shēngyá	生硬	shēngyìng	生字	shēngzì	声波	shēngbō
声部	shēngbù	声称	shēngchēng	声带	shēngdài	声浪	shēnglàng
声名	shēngmíng	声势	shēngshì	声速	shēngsù	声望	shēngwàng
声息	shēngxī	声学	shēngxué	声言	shēngyán	声誉	shēngyù
声援	shēngyuán	声乐	shēngyuè	笙	shēng	绳索	shéngsuǒ
省城	shěngchéng	省份	shěngfèn	省会	shěnghuì	省略	shěnglüè
省事	shěngshì	圣诞节	shèngdànjié	圣地	shèngdì	圣母	shèngmǔ
圣人	shèngrén	圣旨	shèngzhǐ	胜地	shèngdì	胜任	shèngrèn
胜仗	shèngzhàng	盛产	shèngchǎn	盛大	shèngdà	盛会	shènghuì
盛开	shèngkāi	盛况	shèngkuàng	盛名	shèngmíng	盛怒	shèngnù
盛夏	shèngxià	盛装	shèngzhuāng	尸	shī	尸骨	shīgǔ
尸首	shīshǒu	失常	shīcháng	失传	shīchuán	失地	shīdì
失火	shīhuǒ	失控	shīkòng	失礼	shīlǐ	失利	shīlì

（续上表）

失恋	shīliàn	失灵	shīlíng	失落	shīluò	失眠	shīmián
失明	shīmíng	失散	shīsàn	失神	shīshén	失声	shīshēng
失实	shīshí	失守	shīshǒu	失陷	shīxiàn	失效	shīxiào
失血	shīxuè	失意	shīyì	失真	shīzhēn	失职	shīzhí
失重	shīzhòng	失踪	shīzōng	失足	shīzú	师父	shīfu
师母	shīmǔ	师资	shīzī	诗集	shījí	诗句	shījù
诗篇	shīpiān	虱子	shīzi	狮子	shīzi	施放	shīfàng
施加	shījiā	施舍	shīshě	施展	shīzhǎn	施政	shīzhèng
湿热	shīrè	十足	shízú	什	shí	石板	shíbǎn
石雕	shídiāo	石膏	shígāo	石匠	shíjiang	石刻	shíkè
石窟	shíkū	石料	shíliào	石榴	shíliu	石棉	shímián
石墨	shímò	石笋	shísǔn	石英	shíyīng	石子儿	shízǐr
时分	shífēn	时光	shíguāng	时局	shíjú	时区	shíqū
时日	shírì	时尚	shíshàng	时事	shíshì	时势	shíshì
时务	shíwù	时效	shíxiào	时兴	shíxīng	时针	shízhēn
时钟	shízhōng	时装	shízhuāng	识破	shípò	实测	shícè
实地	shídì	实话	shíhuà	实惠	shíhuì	实况	shíkuàng
实情	shíqíng	实权	shíquán	实事	shíshì	实数	shíshù
实习	shíxí	实效	shíxiào	实心	shíxīn	实业	shíyè
实战	shízhàn	实证	shízhèng	拾掇	shíduō	食道	shídào
食管	shíguǎn	食粮	shíliáng	食谱	shípǔ	食物链	shíwùliàn
食性	shíxìng	食欲	shíyù	食指	shízhǐ	蚀	shí
史册	shǐcè	史籍	shǐjí	史料	shǐliào	史前	shǐqián
史诗	shǐshī	史实	shǐshí	史书	shǐshū	矢	shǐ
使馆	shǐguǎn	使唤	shǐhuan	使节	shǐjié	使者	shǐzhě
始祖	shǐzǔ	驶	shǐ	屎	shǐ	士气	shìqì
士族	shìzú	示弱	shìruò	示意	shìyì	示众	shìzhòng
世道	shìdào	世故	shìgù	世故	shìgu	世家	shìjiā
世间	shìjiān	世面	shìmiàn	世人	shìrén	世事	shìshì
世俗	shìsú	世袭	shìxí	仕	shì	市价	shìjià
市郊	shìjiāo	市面	shìmiàn	市镇	shìzhèn	市政	shìzhèng
式样	shìyàng	事理	shìlǐ	事态	shìtài	事项	shìxiàng

（续上表）

事宜	shìyí	势头	shìtóu	侍	shì	侍从	shìcóng
侍奉	shìfèng	侍候	shìhòu	侍卫	shìwèi	饰	shì
试点	shìdiǎn	试剂	shìjì	试卷	shìjuàn	试看	shìkàn
试探	shìtàn	试题	shìtí	试问	shìwèn	试想	shìxiǎng
试行	shìxíng	试用	shìyòng	试纸	shìzhǐ	视察	shìchá
视角	shìjiǎo	视力	shìlì	视图	shìtú	视网膜	shìwǎngmó
柿子	shìzi	拭	shì	适度	shìdù	适量	shìliàng
适时	shìshí	适中	shìzhōng	恃	shì	逝	shì
舐	shì	嗜	shì	嗜好	shìhào	誓	shì
誓言	shìyán	噬	shì	螫	shì	收藏	shōucáng
收场	shōuchǎng	收成	shōucheng	收发	shōufā	收复	shōufù
收割	shōugē	收工	shōugōng	收缴	shōujiǎo	收看	shōukàn
收敛	shōuliǎn	收留	shōuliú	收录	shōulù	收买	shōumǎi
收取	shōuqǔ	收容	shōuróng	收听	shōutīng	收效	shōuxiào
收养	shōuyǎng	手背	shǒubèi	手册	shǒucè	手稿	shǒugǎo
手巾	shǒujīn	手绢儿	shǒujuànr	手铐	shǒukào	手帕	shǒupà
手软	shǒuruǎn	手套	shǒutào	手腕	shǒuwàn	手下	shǒuxià
手心	shǒuxīn	手艺	shǒuyì	手杖	shǒuzhàng	手足	shǒuzú
守备	shǒubèi	守法	shǒufǎ	守候	shǒuhòu	守护	shǒuhù
守旧	shǒujiù	守卫	shǒuwèi	守则	shǒuzé	首创	shǒuchuàng
首府	shǒufǔ	首届	shǒujiè	首脑	shǒunǎo	首饰	shǒushi
首尾	shǒuwěi	首席	shǒuxí	首相	shǒuxiàng	寿	shòu
受挫	shòucuò	受害	shòuhài	受贿	shòuhuì	受奖	shòujiǎng
受戒	shòujiè	受惊	shòujīng	受苦	shòukǔ	受累	shòulěi
受累	shòulèi	受理	shòulǐ	受命	shòumìng	受难	shòunàn
受骗	shòupiàn	受气	shòuqì	受热	shòurè	受训	shòuxùn
受益	shòuyì	受灾	shòuzāi	受制	shòuzhì	受阻	shòuzǔ
受罪	shòuzuì	授粉	shòufěn	授课	shòukè	授权	shòuquán
授予	shòuyǔ	售	shòu	兽医	shòuyī	瘦弱	shòuruò
瘦小	shòuxiǎo	书法	shūfǎ	书房	shūfáng	书画	shūhuà
书架	shūjià	书局	shūjú	书卷	shūjuàn	书刊	shūkān
书目	shūmù	书生	shūshēng	书信	shūxìn	书院	shūyuàn

（续上表）

书桌	shūzhuō	抒发	shūfā	枢	shū	枢纽	shūniǔ
倏然	shūrán	梳理	shūlǐ	梳子	shūzi	舒	shū
舒畅	shūchàng	舒坦	shūtan	舒展	shūzhǎn	舒张	shūzhāng
疏导	shūdǎo	疏忽	shūhu	疏散	shūsàn	疏松	shūsōng
疏通	shūtōng	疏远	shūyuǎn	孰	shú	赎	shú
赎罪	shúzuì	熟人	shúrén	熟睡	shúshuì	熟知	shúzhī
暑	shǔ	暑假	shǔjià	署	shǔ	署名	shǔmíng
蜀	shǔ	曙光	shǔguāng	述评	shùpíng	述说	shùshuō
树丛	shùcóng	树冠	shùguān	树苗	shùmiáo	树脂	shùzhī
树立	shùlì	恕	shù	庶民	shùmín	数额	shù'é
数码	shùmǎ	刷新	shuāxīn	衰	shuāi	衰败	shuāibài
衰减	shuāijiǎn	衰竭	shuāijié	衰落	shuāiluò	衰弱	shuāiruò
衰退	shuāituì	衰亡	shuāiwáng	摔跤	shuāijiāo	帅	shuài
率先	shuàixiān	栓	shuān	涮	shuàn	双边	shuāngbiān
双重	shuāngchóng	双亲	shuāngqīn	双向	shuāngxiàng	双语	shuāngyǔ
霜冻	shuāngdòng	霜期	shuāngqī	爽	shuǎng	爽快	shuǎngkuài
爽朗	shuǎnglǎng	水泵	shuǐbèng	水兵	shuǐbīng	水波	shuǐbō
水草	shuǐcǎo	水产	shuǐchǎn	水车	shuǐchē	水花	shuǐhuā
水火	shuǐhuǒ	水晶	shuǐjīng	水井	shuǐjǐng	水力	shuǐlì
水龙头	shuǐlóngtóu	水陆	shuǐlù	水路	shuǐlù	水鸟	shuǐniǎo
水牛	shuǐniú	水情	shuǐqíng	水渠	shuǐqú	水势	shuǐshì
水塔	shuǐtǎ	水獭	shuǐtǎ	水土	shuǐtǔ	水系	shuǐxì
水仙	shuǐxiān	水乡	shuǐxiāng	水箱	shuǐxiāng	水星	shuǐxīng
水性	shuǐxìng	水域	shuǐyù	水运	shuǐyùn	水灾	shuǐzāi
水闸	shuǐzhá	水质	shuǐzhì	水肿	shuǐzhǒng	水准	shuǐzhǔn
税额	shuì'é	税法	shuìfǎ	税利	shuìlì	税率	shuìlǜ
税务	shuìwù	睡梦	shuìmèng	睡意	shuìyì	吮	shǔn
顺便	shùnbiàn	顺从	shùncóng	顺风	shùnfēng	顺口	shùnkǒu
顺势	shùnshì	顺心	shùnxīn	顺眼	shùnyǎn	顺应	shùnyìng
舜	shùn	瞬时	shùnshí	说唱	shuōchàng	说穿	shuōchuān
说谎	shuōhuǎng	说教	shuōjiào	说理	shuōlǐ	说笑	shuōxiào

（续上表）

硕大	shuòdà	硕士	shuòshì	司空见惯	sīkōng jiànguàn	丝绸	sīchóu
丝绒	sīróng	丝线	sīxiàn	私产	sīchǎn	私法	sīfǎ
私立	sīlì	私利	sīlì	私事	sīshì	私塾	sīshú
私下	sīxià	私心	sīxīn	私语	sīyǔ	私自	sīzì
思辨	sībiàn	思忖	sīcǔn	思量	sīliang	思虑	sīlǜ
思念	sīniàn	思绪	sīxù	斯文	sīwén	厮杀	sīshā
撕	sī	撕毁	sīhuǐ	嘶哑	sīyǎ	死板	sǐbǎn
死活	sǐhuó	死寂	sǐjì	死伤	sǐshāng	死神	sǐshén
死守	sǐshǒu	四季	sìjì	四散	sìsàn	四时	sìshí
四外	sìwài	四围	sìwéi	寺庙	sìmiào	似是而非	sìshì'érfēi
伺机	sìjī	祀	sì	饲	sì	俟	sì
嗣	sì	肆无忌惮	sìwújìdàn	肆意	sìyì	松动	sōngdòng
松软	sōngruǎn	松散	sōngsǎn	松手	sōngshǒu	松鼠	sōngshǔ
松懈	sōngxiè	怂恿	sǒngyǒng	耸	sǒng	耸立	sǒnglì
讼	sòng	送别	sòngbié	送礼	sònglǐ	送气	sòngqì
送行	sòngxíng	送葬	sòngzàng	诵	sòng	诵读	sòngdú
颂	sòng	颂扬	sòngyáng	搜	sōu	搜捕	sōubǔ
搜查	sōuchá	搜刮	sōuguā	搜罗	sōuluó	搜索	sōusuǒ
搜寻	sōuxún	苏醒	sūxǐng	酥	sū	俗话	súhuà
俗名	súmíng	俗人	súrén	俗语	súyǔ	诉	sù
诉苦	sùkǔ	诉说	sùshuō	肃穆	sùmù	肃清	sùqīng
素来	sùlái	素描	sùmiáo	素养	sùyǎng	速成	sùchéng
速写	sùxiě	宿营	sùyíng	粟	sù	塑	sù
塑像	sùxiàng	溯	sù	酸痛	suāntòng	酸雨	suānyǔ
酸枣	suānzǎo	蒜	suàn	算计	suànji	算命	suànmìng
算盘	suànpán	算术	suànshù	算账	suànzhàng	绥	suí
随处	suíchù	随从	suícóng	随军	suíjūn	随身	suíshēn
随同	suítóng	随心所欲	suíxīnsuǒyù	岁数	suìshu	隧道	suìdào
孙女	sūnnǚ	损	sǔn	损坏	sǔnhuài	笋	sǔn

（续上表）

唆使	suōshǐ	梭	suō	蓑衣	suōyī	缩减	suōjiǎn
缩影	suōyǐng	索取	suǒqǔ	索性	suǒxìng	琐事	suǒshì
琐碎	suǒsuì	锁链	suǒliàn	他乡	tāxiāng	塌	tā
拓	tà	榻	tà	踏步	tàbù	胎盘	tāipán
胎生	tāishēng	台词	táicí	台灯	táidēng	台阶	táijiē
台子	táizi	抬升	táishēng	太后	tàihòu	太监	tàijiàn
太子	tàizǐ	汰	tài	态势	tàishì	钛	tài
泰	tài	泰山	tàishān	坍塌	tāntā	贪	tān
贪婪	tānlán	贪图	tāntú	贪污	tānwū	摊贩	tānfàn
摊派	tānpài	摊子	tānzi	滩涂	tāntú	瘫痪	tānhuàn
坛	tán	坛子	tánzi	谈天	tántiān	谈吐	tántǔ
谈心	tánxīn	弹劾	tánhé	弹力	tánlì	弹跳	tántiào
谭	tán	潭	tán	坦白	tǎnbái	坦然	tǎnrán
坦率	tǎnshuài	毯子	tǎnzi	叹气	tànqì	炭	tàn
探究	tànjiū	探亲	tànqīn	探求	tànqiú	探视	tànshì
探听	tàntīng	探头	tàntóu	探望	tànwàng	探问	tànwèn
探险	tànxiǎn	探寻	tànxún	探询	tànxún	堂皇	tánghuáng
搪瓷	tángcí	搪塞	tángsè	糖果	tángguǒ	糖尿病	tángniàobìng
螳螂	tángláng	倘使	tǎngshǐ	淌	tǎng	烫伤	tàngshāng
涛	tāo	绦虫	tāochóng	滔滔	tāotāo	逃兵	táobīng
逃窜	táocuàn	逃荒	táohuāng	逃命	táomìng	逃难	táonàn
逃脱	táotuō	逃亡	táowáng	逃学	táoxué	桃李	táolǐ
桃子	táozi	陶瓷	táocí	陶器	táoqì	陶醉	táozuì
淘	táo	淘气	táoqì	讨伐	tǎofá	讨饭	tǎofàn
讨好	tǎohǎo	套用	tàoyòng	特产	tèchǎn	特长	tècháng
特技	tèjì	特例	tèlì	特派	tèpài	特区	tèqū
特赦	tèshè	特写	tèxiě	特许	tèxǔ	特异	tèyì
特约	tèyuē	特制	tèzhì	特质	tèzhì	特种	tèzhǒng
疼爱	téng'ài	腾飞	téngfēi	腾空	téngkōng	藤	téng
藤萝	téngluó	剔除	tīchú	梯	tī	梯田	tītián
梯形	tīxíng	梯子	tīzi	提案	tí'àn	提拔	tíbá
提包	tíbāo	提成	tíchéng	提纯	tíchún	提纲	tígāng

（续上表）

提货	tíhuò	提交	tíjiāo	提留	tíliú	提名	tímíng
提琴	tíqín	提请	tíqǐng	提升	tíshēng	提示	tíshì
提问	tíwèn	提携	tíxié	提早	tízǎo	啼	tí
啼哭	tíkū	啼笑皆非	tíxiàojiēfēi	题词	tící	蹄	tí
蹄子	tízi	体察	tǐchá	体罚	tǐfá	体格	tǐgé
体检	tǐjiǎn	体谅	tǐliàng	体面	tǐmiàn	体魄	tǐpò
体态	tǐtài	体贴	tǐtiē	体味	tǐwèi	体形	tǐxíng
体型	tǐxíng	体液	tǐyè	体育场	tǐyùchǎng	体育馆	tǐyùguǎn
体征	tǐzhēng	剃	tì	剃头	tìtóu	替换	tìhuàn
天边	tiānbiān	天窗	tiānchuāng	天敌	tiāndí	天赋	tiānfù
天国	tiānguó	天花	tiānhuā	天花板	tiānhuābǎn	天际	tiānjì
天经地义	tiānjīngdìyì	天井	tiānjǐng	天理	tiānlǐ	天亮	tiānliàng
天明	tiānmíng	天命	tiānmìng	天幕	tiānmù	天平	tiānpíng
天色	tiānsè	天时	tiānshí	天使	tiānshǐ	天书	tiānshū
天堂	tiāntáng	天外	tiānwài	天线	tiānxiàn	天象	tiānxiàng
天性	tiānxìng	天涯	tiānyá	天灾	tiānzāi	天职	tiānzhí
天资	tiānzī	天子	tiānzǐ	添置	tiānzhì	田赋	tiánfù
田埂	tiángěng	田亩	tiánmǔ	田鼠	tiánshǔ	田园	tiányuán
恬静	tiánjìng	甜菜	tiáncài	甜美	tiánměi	甜蜜	tiánmì
填补	tiánbǔ	填充	tiánchōng	填空	tiánkòng	填塞	tiánsè
填写	tiánxiě	舔	tiǎn	挑剔	tiāotī	挑子	tiāozi
条理	tiáolǐ	条文	tiáowén	条子	tiáozi	调剂	tiáojì
调价	tiáojià	调控	tiáokòng	调配	tiáopèi	调皮	tiáopí
调试	tiáoshì	调停	tiáotíng	调制	tiáozhì	挑拨	tiǎobō
挑衅	tiǎoxìn	眺望	tiàowàng	跳板	tiàobǎn	跳高	tiàogāo
跳水	tiàoshuǐ	跳蚤	tiàozao	贴近	tiējìn	贴切	tiēqiè
帖	tiě	铁道	tiědào	铁轨	tiěguǐ	铁匠	tiějiang
铁青	tiěqīng	铁丝	tiěsī	铁索	tiěsuǒ	铁蹄	tiětí
铁锨	tiěxiān	帖	tiè	厅堂	tīngtáng	听从	tīngcóng
听候	tīnghòu	听讲	tīngjiǎng	听课	tīngkè	听任	tīngrèn

（续上表）

听筒	tīngtǒng	听信	tīngxìn	廷	tíng	亭	tíng
亭子	tíngzi	庭审	tíngshěn	庭院	tíngyuàn	停办	tíngbàn
停泊	tíngbó	停车	tíngchē	停放	tíngfàng	停刊	tíngkān
停息	tíngxī	停歇	tíngxiē	停业	tíngyè	停战	tíngzhàn
停滞	tíngzhì	挺拔	tǐngbá	挺进	tǐngjìn	挺立	tǐnglì
挺身	tǐngshēn	艇	tǐng	通报	tōngbào	通畅	tōngchàng
通车	tōngchē	通称	tōngchēng	通达	tōngdá	通风	tōngfēng
通告	tōnggào	通航	tōngháng	通话	tōnghuà	通婚	tōnghūn
通货	tōnghuò	通令	tōnglìng	通路	tōnglù	通气	tōngqì
通融	tōngróng	通商	tōngshāng	通俗	tōngsú	通宵	tōngxiāo
通晓	tōngxiǎo	通行	tōngxíng	通则	tōngzé	同班	tóngbān
同辈	tóngbèi	同步	tóngbù	同感	tónggǎn	同居	tóngjū
同龄	tónglíng	同盟	tóngméng	同名	tóngmíng	同位素	tóngwèisù
同乡	tóngxiāng	同心	tóngxīn	同性	tóngxìng	同姓	tóngxìng
佟	tóng	铜板	tóngbǎn	铜臭	tóngxiù	铜钱	tóngqián
童	tóng	童工	tónggōng	童心	tóngxīn	童子	tóngzǐ
瞳孔	tóngkǒng	统称	tǒngchēng	统筹	tǒngchóu	统购	tǒnggòu
统领	tǒnglǐng	统帅	tǒngshuài	统率	tǒngshuài	统辖	tǒngxiá
统一体	tǒngyītǐ	统制	tǒngzhì	捅	tǒng	痛斥	tòngchì
痛楚	tòngchǔ	痛恨	tònghèn	痛觉	tòngjué	痛哭	tòngkū
痛心	tòngxīn	偷懒	tōulǎn	偷窃	tōuqiè	偷袭	tōuxí
头等	tóuděng	头骨	tóugǔ	头号	tóuhào	头巾	tóujīn
头盔	tóukuī	头颅	tóulú	头目	tóumù	头疼	tóuténg
头痛	tóutòng	头衔	tóuxián	头绪	tóuxù	头子	tóuzi
投案	tóu'àn	投保	tóubǎo	投奔	tóubèn	投标	tóubiāo
投递	tóudì	投放	tóufàng	投考	tóukǎo	投靠	tóukào
投票	tóupiào	投射	tóushè	投身	tóushēn	投诉	tóusù
投影	tóuyǐng	投掷	tóuzhì	透彻	tòuchè	透亮	tòuliàng
透气	tòuqì	透视	tòushì	秃顶	tūdǐng	突起	tūqǐ
突围	tūwéi	突袭	tūxí	图表	túbiǎo	图解	tújiě
图景	tújǐng	图谋	túmóu	图片	túpiàn	图腾	túténg
图像	túxiàng	图样	túyàng	徒步	túbù	徒弟	túdì

（续上表）

徒工	túgōng	徒然	túrán	徒手	túshǒu	徒刑	túxíng
途	tú	涂料	túliào	涂抹	túmǒ	屠	tú
屠刀	túdāo	屠宰	túzǎi	土产	tǔchǎn	土豆	tǔdòu
土星	tǔxīng	土语	tǔyǔ	土质	tǔzhì	土著	tǔzhù
吐露	tǔlù	吐血	tùxiě	湍急	tuānjí	团队	tuánduì
团伙	tuánhuǒ	团聚	tuánjù	团圆	tuányuán	推迟	tuīchí
推崇	tuīchóng	推辞	tuīcí	推导	tuīdǎo	推倒	tuīdǎo
推定	tuīdìng	推断	tuīduàn	推举	tuījǔ	推力	tuīlì
推敲	tuīqiāo	推算	tuīsuàn	推想	tuīxiǎng	推卸	tuīxiè
推选	tuīxuǎn	推演	tuīyǎn	推移	tuīyí	颓废	tuífèi
颓然	tuírán	颓丧	tuísàng	腿脚	tuǐjiǎo	退步	tuìbù
退还	tuìhuán	退回	tuìhuí	退路	tuìlù	退却	tuìquè
退让	tuìràng	退守	tuìshǒu	退缩	tuìsuō	退位	tuìwèi
退伍	tuìwǔ	退学	tuìxué	蜕	tuì	蜕变	tuìbiàn
蜕化	tuìhuà	蜕皮	tuìpí	褪	tuì	吞	tūn
吞并	tūnbìng	吞没	tūnmò	吞食	tūnshí	吞噬	tūnshì
吞吐	tūntǔ	吞咽	tūnyàn	屯	tún	囤	tún
囤积	túnjī	臀	tún	拖车	tuōchē	拖累	tuōlěi
拖欠	tuōqiàn	拖鞋	tuōxié	拖延	tuōyán	托管	tuōguǎn
托盘	tuōpán	脱节	tuōjié	脱口	tuōkǒu	脱身	tuōshēn
脱水	tuōshuǐ	脱胎	tuōtāi	脱险	tuōxiǎn	脱销	tuōxiāo
驮	tuó	陀螺	tuóluó	驼	tuó	驼背	tuóbèi
妥	tuǒ	妥当	tuǒdang	妥善	tuǒshàn	椭圆	tuǒyuán
拓	tuò	唾	tuò	唾沫	tuòmo	唾液	tuòyè
挖苦	wāku	挖潜	wāqián	洼	wā	洼地	wādì
蛙	wā	瓦解	wǎjiě	瓦砾	wǎlì	瓦斯	wǎsī
袜	wà	袜子	wàzi	外币	wàibì	外宾	wàibīn
外出	wàichū	外感	wàigǎn	外公	wàigōng	外观	wàiguān
外海	wàihǎi	外行	wàiháng	外号	wàihào	外籍	wàijí
外加	wàijiā	外流	wàiliú	外露	wàilù	外貌	wàimào
外婆	wàipó	外人	wàirén	外伤	wàishāng	外省	wàishěng
外事	wàishì	外套	wàitào	外围	wàiwéi	外文	wàiwén

（续上表）

外线	wàixiàn	外销	wàixiāo	外延	wàiyán	外衣	wàiyī
外因	wàiyīn	外债	wàizhài	外长	wàizhǎng	外族	wàizú
外祖父	wàizǔfù	外祖母	wàizǔmǔ	弯路	wānlù	剜	wān
湾	wān	丸	wán	完工	wángōng	完好	wánhǎo
完结	wánjié	完满	wánmǎn	玩弄	wánnòng	玩赏	wánshǎng
玩耍	wánshuǎ	玩味	wánwèi	玩物	wánwù	玩意儿	wányìr
顽固	wángù	顽皮	wánpí	宛如	wǎnrú	挽回	wǎnhuí
挽救	wǎnjiù	挽留	wǎnliú	晚报	wǎnbào	晚辈	wǎnbèi
晚会	wǎnhuì	晚婚	wǎnhūn	晚年	wǎnnián	晚霞	wǎnxiá
惋惜	wǎnxī	婉转	wǎnzhuǎn	皖	wǎn	万恶	wàn'è
万国	wànguó	万能	wànnéng	万岁	wànsuì	万紫千红	wànzǐqiānhóng
腕	wàn	蔓	wàn	汪洋	wāngyáng	亡灵	wánglíng
王府	wángfǔ	王宫	wánggōng	王冠	wángguān	王后	wánghòu
王室	wángshì	王位	wángwèi	王子	wángzǐ	网点	wǎngdiǎn
网罗	wǎngluó	网球	wǎngqiú	枉	wǎng	往常	wǎngcháng
往返	wǎngfǎn	往复	wǎngfù	往年	wǎngnián	往日	wǎngrì
往事	wǎngshì	往昔	wǎngxī	妄	wàng	妄图	wàngtú
妄想	wàngxiǎng	忘恩负义	wàng'ēnfùyì	忘怀	wànghuái	忘情	wàngqíng
忘却	wàngquè	忘我	wàngwǒ	旺季	wàngjì	危	wēi
危及	wēijí	危急	wēijí	危难	wēinàn	危亡	wēiwáng
威	wēi	威风	wēifēng	威吓	wēihè	威望	wēiwàng
威武	wēiwǔ	威严	wēiyán	微波	wēibō	微风	wēifēng
微机	wēijī	微妙	wēimiào	微细	wēixì	微型	wēixíng
巍峨	wēi'é	韦	wéi	为害	wéihài	违	wéi
违犯	wéifàn	违抗	wéikàng	违心	wéixīn	违约	wéiyuē
违章	wéizhāng	围攻	wéigōng	围观	wéiguān	围巾	wéijīn
围困	wéikùn	围棋	wéiqí	围墙	wéiqiáng	围裙	wéiqún
桅杆	wéigān	帷幕	wéimù	惟恐	wéikǒng	惟一	wéiyī
惟有	wéiyǒu	维	wéi	维系	wéixì	伟	wěi
伟人	wěirén	伪善	wěishàn	伪造	wěizào	伪装	wěizhuāng

（续上表）

苇	wěi	尾声	wěishēng	尾随	wěisuí	纬线	wěixiàn
委	wěi	委派	wěipài	委任	wěirèn	委婉	wěiwǎn
萎	wěi	萎缩	wěisuō	卫兵	wèibīng	卫队	wèiduì
卫士	wèishì	未尝	wèicháng	未免	wèimiǎn	未遂	wèisuì
未能	wèinéng	位子	wèizi	味觉	wèijué	畏	wèi
畏惧	wèijù	畏缩	wèisuō	胃口	wèikǒu	胃液	wèiyè
谓语	wèiyǔ	喂养	wèiyǎng	蔚蓝	wèilán	慰藉	wèijiè
慰劳	wèiláo	慰问	wèiwèn	温饱	wēnbǎo	温差	wēnchā
温存	wēncún	温情	wēnqíng	温泉	wēnquán	温室	wēnshì
温顺	wēnshùn	温馨	wēnxīn	瘟	wēn	瘟疫	wēnyì
文本	wénběn	文笔	wénbǐ	文法	wénfǎ	文风	wénfēng
文书	wénshū	文坛	wéntán	文体	wéntǐ	文武	wénwǔ
文选	wénxuǎn	文雅	wényǎ	文言	wényán	文娱	wényú
纹理	wénlǐ	纹饰	wénshì	闻名	wénmíng	蚊虫	wénchóng
蚊帐	wénzhàng	吻合	wěnhé	紊乱	wěnluàn	稳步	wěnbù
稳产	wěnchǎn	稳当	wěndang	稳固	wěngù	稳健	wěnjiàn
稳妥	wěntuǒ	稳重	wěnzhòng	问答	wèndá	问号	wènhào
问候	wènhòu	问卷	wènjuàn	翁	wēng	瓮	wèng
涡	wō	涡流	wōliú	窝头	wōtóu	蜗牛	wōniú
卧床	wòchuáng	乌	wū	乌黑	wūhēi	乌鸦	wūyā
乌云	wūyún	乌贼	wūzéi	污秽	wūhuì	污蔑	wūmiè
侮辱	wǔrǔ	污浊	wūzhuó	巫	wū	巫师	wūshī
呜咽	wūyè	诬告	wūgào	诬蔑	wūmiè	诬陷	wūxiàn
屋脊	wūjǐ	屋檐	wūyán	无边	wúbiān	无常	wúcháng
无偿	wúcháng	无耻	wúchǐ	无端	wúduān	无辜	wúgū
无故	wúgù	无尽	wújìn	无赖	wúlài	无理	wúlǐ
无量	wúliàng	无聊	wúliáo	无奈	wúnài	无能	wúnéng
无视	wúshì	无私	wúsī	无损	wúsǔn	无望	wúwàng
无畏	wúwèi	无谓	wúwèi	无误	wúwù	无暇	wúxiá
无心	wúxīn	无须	wúxū	无需	wúxū	无遗	wúyí
无益	wúyì	无垠	wúyín	无缘	wúyuán	毋	wú
梧桐	wútóng	五谷	wǔgǔ	五行	wǔxíng	五脏	wǔzàng

（续上表）

午	wǔ	午餐	wǔcān	午饭	wǔfàn	午睡	wǔshuì
午夜	wǔyè	伍	wǔ	武打	wǔdǎ	武断	wǔduàn
武功	wǔgōng	武生	wǔshēng	武士	wǔshì	武术	wǔshù
武艺	wǔyì	捂	wǔ	舞弊	wǔbì	舞步	wǔbù
务农	wùnóng	物产	wùchǎn	物件	wùjiàn	物象	wùxiàng
悟	wù	悟性	wùxìng	晤	wù	雾气	wùqì
夕	xī	夕阳	xīyáng	兮	xī	西服	xīfú
西红柿	xīhóngshì	西天	xītiān	西医	xīyī	西域	xīyù
西装	xīzhuāng	吸毒	xīdú	吸盘	xīpán	吸食	xīshí
吸吮	xīshǔn	希冀	xījì	昔	xī	昔日	xīrì
析出	xīchū	唏嘘	xīxū	奚落	xīluò	悉	xī
惜	xī	稀薄	xībó	稀饭	xīfàn	稀罕	xīhan
稀奇	xīqí	稀释	xīshì	稀疏	xīshū	稀有	xīyǒu
犀利	xīlì	溪	xī	溪流	xīliú	蜥蜴	xīyì
熄	xī	熄灯	xīdēng	膝	xī	嬉戏	xīxì
习气	xíqì	习题	xítí	习作	xízuò	席卷	xíjuǎn
席位	xíwèi	席子	xízi	袭	xí	洗涤	xǐdí
洗礼	xǐlǐ	洗刷	xǐshuā	铣	xǐ	喜好	xǐhào
喜庆	xǐqìng	喜鹊	xǐquè	喜人	xǐrén	喜事	xǐshì
喜讯	xǐxùn	戏弄	xìnòng	戏台	xìtái	戏谑	xìxuè
戏院	xìyuàn	细胞核	xìbāohé	细密	xìmì	细腻	xìnì
细弱	xìruò	细碎	xìsuì	细微	xìwēi	细则	xìzé
瞎子	xiāzi	匣	xiá	匣子	xiázi	峡	xiá
峡谷	xiágǔ	狭长	xiácháng	狭小	xiáxiǎo	遐想	xiáxiǎng
辖	xiá	辖区	xiáqū	霞	xiá	下巴	xiàba
下笔	xiàbǐ	下等	xiàděng	下跌	xiàdiē	下海	xiàhǎi
下课	xiàkè	下流	xiàliú	下马	xiàmǎ	下手	xiàshǒu
下台	xiàtái	下文	xiàwén	下行	xiàxíng	下野	xiàyě
下肢	xiàzhī	吓唬	xiàhu	吓人	xiàrén	夏令	xiàlìng
仙鹤	xiānhè	仙境	xiānjìng	仙女	xiānnǚ	仙人	xiānrén
先辈	xiānbèi	先导	xiāndǎo	先锋	xiānfēng	先例	xiānlì
先驱	xiānqū	先人	xiānrén	先行	xiānxíng	先知	xiānzhī

（续上表）

纤	xiān	纤毛	xiānmáo	纤细	xiānxì	掀	xiān
鲜红	xiānhóng	鲜美	xiānměi	鲜嫩	xiānnèn	闲话	xiánhuà
闲人	xiánrén	闲散	xiánsǎn	闲谈	xiántán	闲暇	xiánxiá
闲置	xiánzhì	贤	xián	咸菜	xiáncài	涎	xián
娴熟	xiánshú	衔接	xiánjiē	舷窗	xiánchuāng	嫌弃	xiánqì
嫌疑	xiányí	显赫	xiǎnhè	显明	xiǎnmíng	显眼	xiǎnyǎn
险恶	xiǎn'è	险峻	xiǎnjùn	险情	xiǎnqíng	险要	xiǎnyào
现成	xiànchéng	现货	xiànhuò	现款	xiànkuǎn	现任	xiànrèn
现役	xiànyì	限定	xiàndìng	限额	xiàn'é	限期	xiànqī
宪兵	xiànbīng	宪章	xiànzhāng	宪政	xiànzhèng	陷害	xiànhài
陷阱	xiànjǐng	陷落	xiànluò	馅儿	xiànr	霰	xiàn
乡间	xiāngjiān	乡里	xiānglǐ	乡亲	xiāngqīn	乡土	xiāngtǔ
乡音	xiāngyīn	乡镇	xiāngzhèn	相称	xiāngchèn	相持	xiāngchí
相处	xiāngchǔ	相传	xiāngchuán	相得益彰	xiāngdé yìzhāng	相仿	xiāngfǎng
相逢	xiāngféng	相符	xiāngfú	相干	xiānggān	相隔	xiānggé
相间	xiāngjiàn	相距	xiāngjù	相识	xiāngshí	相思	xiāngsī
相宜	xiāngyí	相约	xiāngyuē	香火	xiānghuǒ	香蕉	xiāngjiāo
香料	xiāngliào	香炉	xiānglú	香水	xiāngshuǐ	香甜	xiāngtián
厢	xiāng	厢房	xiāngfáng	湘	xiāng	镶	xiāng
镶嵌	xiāngqiàn	详	xiáng	详尽	xiángjìn	详情	xiángqíng
祥	xiáng	翔	xiáng	享福	xiǎngfú	享乐	xiǎnglè
享用	xiǎngyòng	响动	xiǎngdong	响亮	xiǎngliàng	饷	xiǎng
想必	xiǎngbì	想见	xiǎngjiàn	想来	xiǎnglái	想念	xiǎngniàn
向导	xiàngdǎo	向日葵	xiàngrìkuí	向阳	xiàngyáng	项链	xiàngliàn
巷	xiàng	相机	xiàngjī	相貌	xiàngmào	相片	xiàngpiàn
相声	xiàngsheng	象棋	xiàngqí	象形	xiàngxíng	象牙	xiàngyá
像样	xiàngyàng	肖	xiāo	逍遥	xiāoyáo	消沉	xiāochén
消防	xiāofáng	消磨	xiāomó	消遣	xiāoqiǎn	消融	xiāoróng
消散	xiāosàn	消逝	xiāoshì	消瘦	xiāoshòu	消退	xiāotuì
消长	xiāozhǎng	萧	xiāo	萧条	xiāotiáo	硝	xiāo
硝烟	xiāoyān	销毁	xiāohuǐ	销路	xiāolù	箫	xiāo

（续上表）

潇	xiāo	潇洒	xiāosǎ	嚣张	xiāozhāng	小便	xiǎobiàn
小菜	xiǎocài	小肠	xiǎocháng	小车	xiǎochē	小吃	xiǎochī
小丑	xiǎochǒu	小调	xiǎodiào	小贩	xiǎofàn	小褂	xiǎoguà
小鬼	xiǎoguǐ	小节	xiǎojié	小结	xiǎojié	小看	xiǎokàn
小米	xiǎomǐ	小脑	xiǎonǎo	小品	xiǎopǐn	小气	xiǎoqi
小巧	xiǎoqiǎo	小区	xiǎoqū	小人	xiǎorén	小生	xiǎoshēng
小数	xiǎoshù	小偷	xiǎotōu	小腿	xiǎotuǐ	小雪	xiǎoxuě
小夜曲	xiǎoyèqǔ	晓	xiǎo	孝	xiào	孝敬	xiàojìng
孝顺	xiàoshùn	孝子	xiàozǐ	肖	xiào	肖像	xiàoxiàng
校风	xiàofēng	校舍	xiàoshè	校园	xiàoyuán	哮喘	xiāochuǎn
笑脸	xiàoliǎn	笑语	xiàoyǔ	效法	xiàofǎ	效劳	xiàoláo
效能	xiàonéng	效验	xiàoyàn	效用	xiàoyòng	效忠	xiàozhōng
啸	xiào	楔	xiē	歇脚	xiējiǎo	协	xié
协和	xiéhé	协力	xiélì	协约	xiéyuē	协奏曲	xiézòuqǔ
邪恶	xié'è	邪路	xiélù	邪气	xiéqì	胁	xié
胁迫	xiépò	挟	xié	偕	xié	斜面	xiémiàn
斜坡	xiépō	协调	xiétiáo	携	xié	携手	xiéshǒu
写法	xiěfǎ	写生	xiěshēng	写实	xiěshí	写意	xiěyì
写照	xiězhào	写字台	xiězìtái	泄漏	xièlòu	泄露	xièlòu
泄气	xièqì	泻	xiè	卸	xiè	屑	xiè
械	xiè	械斗	xièdòu	亵渎	xièdú	谢绝	xièjué
心爱	xīn'ài	心病	xīnbìng	心不在焉	xīnbùzàiyān	心肠	xīncháng
心得	xīndé	心地	xīndì	心烦	xīnfán	心房	xīnfáng
心肝	xīngān	心慌	xīnhuāng	心急	xīnjí	心计	xīnjì
心悸	xīnjì	心境	xīnjìng	心坎	xīnkǎn	心口	xīnkǒu
心旷神怡	xīnkuàng shényí	心力	xīnlì	心律	xīnlǜ	心率	xīnlǜ
心切	xīnqiè	心神	xīnshén	心声	xīnshēng	心室	xīnshì
心酸	xīnsuān	心态	xīntài	心疼	xīnténg	心田	xīntián
心跳	xīntiào	心弦	xīnxián	心胸	xīnxiōng	心虚	xīnxū
心绪	xīnxù	心眼儿	xīnyǎnr	心意	xīnyì	心愿	xīnyuàn

（续上表）

芯	xīn	辛	xīn	辛辣	xīnlà	辛劳	xīnláo
辛酸	xīnsuān	欣然	xīnrán	欣慰	xīnwèi	欣喜	xīnxǐ
新潮	xīncháo	新房	xīnfáng	新婚	xīnhūn	新近	xīnjìn
新居	xīnjū	新郎	xīnláng	新年	xīnnián	新诗	xīnshī
新书	xīnshū	新星	xīnxīng	新秀	xīnxiù	新学	xīnxué
新意	xīnyì	新月	xīnyuè	薪	xīn	薪金	xīnjīn
薪水	xīnshuǐ	信步	xìnbù	信风	xìnfēng	信封	xìnfēng
信奉	xìnfèng	信服	xìnfú	信函	xìnhán	信件	xìnjiàn
信赖	xìnlài	信使	xìnshǐ	信条	xìntiáo	信托	xìntuō
信誉	xìnyù	信纸	xìnzhǐ	兴办	xīngbàn	兴盛	xīngshèng
兴衰	xīngshuāi	兴亡	xīngwáng	兴旺	xīngwàng	兴修	xīngxiū
星辰	xīngchén	猩猩	xīngxing	星光	xīngguāng	星空	xīngkōng
星体	xīngtǐ	星座	xīngzuò	腥	xīng	刑场	xíngchǎng
刑期	xíngqī	刑侦	xíngzhēn	邢	xíng	行车	xíngchē
行程	xíngchéng	行船	xíngchuán	行将	xíngjiāng	行进	xíngjìn
行径	xíngjìng	行礼	xínglǐ	行文	xíngwén	行销	xíngxiāo
行凶	xíngxiōng	行医	xíngyī	行装	xíngzhuāng	形容词	xíngróngcí
型号	xínghào	醒目	xǐngmù	醒悟	xǐngwù	兴高采烈	xìnggāocǎiliè
兴致	xìngzhì	杏儿	xìngr	杏仁	xìngrén	幸	xìng
幸存	xìngcún	幸而	xìng'ér	幸好	xìnghǎo	幸亏	xìngkuī
幸免	xìngmiǎn	幸运	xìngyùn	性爱	xìng'ài	性病	xìngbìng
性急	xìngjí	性命	xìngmìng	性子	xìngzi	姓氏	xìngshì
凶残	xiōngcán	凶恶	xiōng'è	凶犯	xiōngfàn	凶狠	xiōnghěn
凶猛	xiōngměng	凶手	xiōngshǒu	匈奴	xiōngnú	汹涌	xiōngyǒng
胸骨	xiōnggǔ	胸怀	xiōnghuái	胸襟	xiōngjīn	胸口	xiōngkǒu
胸腔	xiōngqiāng	胸膛	xiōngtáng	胸有成竹	xiōngyǒu chéngzhú	雄辩	xióngbiàn
雄厚	xiónghòu	雄浑	xiónghún	雄蕊	xióngruǐ	雄心	xióngxīn
雄性	xióngxìng	雄壮	xióngzhuàng	雄姿	xióngzī	熊猫	xióngmāo
休	xiū	休假	xiūjià	休想	xiūxiǎng	修养	xiūyǎng
休整	xiūzhěng	休止	xiūzhǐ	修补	xiūbǔ	修长	xiūcháng

（续上表）

修订	xiūdìng	修好	xiūhǎo	修剪	xiūjiǎn	修配	xiūpèi
修缮	xiūshàn	修饰	xiūshì	修行	xiūxíng	修整	xiūzhěng
修筑	xiūzhù	羞	xiū	羞耻	xiūchǐ	羞愧	xiūkuì
羞怯	xiūqiè	羞辱	xiūrǔ	羞涩	xiūsè	朽	xiǔ
秀	xiù	秀才	xiùcai	秀丽	xiùlì	秀美	xiùměi
秀气	xiùqi	袖口	xiùkǒu	袖珍	xiùzhēn	袖子	xiùzi
绣花	xiùhuā	锈	xiù	嗅觉	xiùjué	戌	xū
需要	xūyào	须臾	xūyú	须知	xūzhī	虚构	xūgòu
虚幻	xūhuàn	虚假	xūjiǎ	虚拟	xūnǐ	虚弱	xūruò
虚实	xūshí	虚妄	xūwàng	虚伪	xūwěi	虚无	xūwú
虚线	xūxiàn	虚心	xūxīn	嘘	xū	许久	xǔjiǔ
许诺	xǔnuò	许愿	xǔyuàn	旭日	xùrì	序列	xùliè
序幕	xùmù	序曲	xùqǔ	序数	xùshù	序言	xùyán
叙	xù	叙事	xùshì	叙说	xùshuō	畜牧	xùmù
绪	xù	续	xù	絮	xù	蓄	xù
蓄电池	xùdiànchí	蓄积	xùjī	蓄意	xùyì	宣	xuān
宣称	xuānchēng	宣读	xuāndú	宣讲	xuānjiǎng	宣誓	xuānshì
宣泄	xuānxiè	宣战	xuānzhàn	喧哗	xuānhuá	喧闹	xuānnào
喧嚷	xuānrǎng	喧嚣	xuānxiāo	玄	xuán	悬浮	xuánfú
悬空	xuánkōng	悬念	xuánniàn	悬殊	xuánshū	悬崖	xuányá
旋即	xuánjí	旋涡	xuánwō	选集	xuǎnjí	选民	xuǎnmín
选派	xuǎnpài	选票	xuǎnpiào	选取	xuǎnqǔ	选送	xuǎnsòng
选种	xuǎnzhǒng	癣	xuǎn	炫耀	xuànyào	绚丽	xuànlì
眩晕	xuànyùn	旋风	xuànfēng	渲染	xuànrǎn	削价	xuējià
削减	xuējiǎn	靴	xuē	靴子	xuēzi	薛	xuē
穴位	xuéwèi	学报	xuébào	学费	xuéfèi	学风	xuéfēng
学府	xuéfǔ	学界	xuéjiè	学历	xuélì	学龄	xuélíng
学年	xuénián	学期	xuéqī	学识	xuéshí	学士	xuéshì
学位	xuéwèi	学业	xuéyè	学制	xuézhì	雪茄	xuějiā
雪亮	xuěliàng	雪片	xuěpiàn	雪山	xuěshān	雪线	xuěxiàn
雪原	xuěyuán	血汗	xuèhàn	血红	xuèhóng	血迹	xuèjì
血浆	xuèjiāng	血泪	xuèlèi	血脉	xuèmài	血泊	xuèpō

（续上表）

血气	xuèqì	血亲	xuèqīn	血清	xuèqīng	血肉	xuèròu
血色	xuèsè	血糖	xuètáng	血统	xuètǒng	血腥	xuèxīng
血型	xuèxíng	血压	xuèyā	血缘	xuèyuán	勋章	xūnzhāng
熏	xūn	熏陶	xūntáo	薰	xūn	循	xún
旬	xún	寻常	xúncháng	寻根	xúngēn	寻觅	xúnmì
巡	xún	巡回	xúnhuí	巡警	xúnjǐng	巡逻	xúnluó
巡视	xúnshì	训斥	xùnchì	训话	xùnhuà	讯	xùn
讯号	xùnhào	汛	xùn	汛期	xùnqī	迅	xùn
迅猛	xùnměng	驯	xùn	驯服	xùnfú	驯化	xùnhuà
驯鹿	xùnlù	驯养	xùnyǎng	逊	xùn	逊色	xùnsè
丫头	yātou	压倒	yādǎo	压低	yādī	压榨	yāzhà
押送	yāsòng	押韵	yāyùn	鸭子	yāzi	牙膏	yágāo
牙关	yáguān	牙刷	yáshuā	牙龈	yáyín	蚜虫	yáchóng
崖	yá	衙门	yámen	哑	yǎ	哑巴	yǎba
哑剧	yǎjù	雅	yǎ	雅致	yǎzhi	轧	yà
亚军	yàjūn	亚麻	yàmá	亚热带	yàrèdài	咽喉	yānhóu
殷红	yānhóng	胭脂	yānzhi	烟草	yāncǎo	烟尘	yānchén
烟袋	yāndài	烟斗	yāndǒu	烟花	yānhuā	烟灰	yānhuī
烟火	yānhuo	烟幕	yānmù	烟筒	yāntong	烟雾	yānwù
烟叶	yānyè	焉	yān	淹	yān	淹没	yānmò
腌	yān	湮没	yānmò	燕	yān	延	yán
延迟	yánchí	延缓	yánhuǎn	延期	yánqī	延误	yánwù
严惩	yánchéng	严冬	yándōng	严谨	yánjǐn	严禁	yánjìn
严酷	yánkù	严守	yánshǒu	严正	yánzhèng	言传	yánchuán
言辞	yáncí	言谈	yántán	阎	yán	岩层	yáncéng
岩洞	yándòng	岩浆	yánjiāng	炎热	yánrè	炎症	yánzhèng
沿路	yánlù	沿途	yántú	沿袭	yánxí	沿线	yánxiàn
沿用	yányòng	研读	yándú	研究员	yánjiūyuán	研讨	yántǎo
盐场	yánchǎng	盐分	yánfèn	盐田	yántián	筵席	yánxí
颜	yán	颜料	yánliào	颜面	yánmiàn	檐	yán
俨然	yǎnrán	衍	yǎn	掩	yǎn	掩蔽	yǎnbì
掩埋	yǎnmái	掩饰	yǎnshì	掩映	yǎnyìng	眼底	yǎndǐ

（续上表）

眼红	yǎnhóng	眼花	yǎnhuā	眼脸	yǎnjiǎn	眼见	yǎnjiàn
眼角	yǎnjiǎo	眼界	yǎnjiè	眼眶	yǎnkuàng	眼力	yǎnlì
眼帘	yǎnlián	眼皮	yǎnpí	眼球	yǎnqiú	眼圈	yǎnquān
眼色	yǎnsè	眼窝	yǎnwō	演技	yǎnjì	演进	yǎnjìn
演示	yǎnshì	演算	yǎnsuàn	演习	yǎnxí	演戏	yǎnxì
演义	yǎnyì	厌烦	yànfán	厌倦	yànjuàn	厌世	yànshì
砚	yàn	艳	yàn	艳丽	yànlì	宴	yàn
宴席	yànxí	验收	yànshōu	谚语	yànyǔ	堰	yàn
雁	yàn	焰	yàn	燕	yàn	燕麦	yànmài
燕子	yànzi	央求	yāngqiú	秧歌	yāngge	秧苗	yāngmiáo
秧田	yāngtián	扬弃	yángqì	扬言	yángyán	羊羔	yánggāo
阳历	yánglì	阳台	yángtái	阳性	yángxìng	杨柳	yángliǔ
杨梅	yángméi	佯	yáng	洋葱	yángcōng	洋流	yángliú
洋溢	yángyì	仰慕	yǎngmù	仰望	yǎngwàng	养病	yǎngbìng
养护	yǎnghù	养活	yǎnghuo	养老	yǎnglǎo	养生	yǎngshēng
养育	yǎngyù	痒	yǎng	样板	yàngbǎn	漾	yàng
夭折	yāozhé	吆喝	yāohe	妖	yāo	妖怪	yāoguài
妖精	yāojing	要挟	yāoxié	腰带	yāodài	腰身	yāoshēn
邀	yāo	尧	yáo	姚	yáo	窑	yáo
窑洞	yáodòng	谣言	yáoyán	摇摆	yáobǎi	摇动	yáodòng
摇篮	yáolán	摇曳	yáoyè	徭役	yáoyì	遥控	yáokòng
遥望	yáowàng	瑶	yáo	舀	yǎo	窈窕	yǎotiǎo
药材	yàocái	药店	yàodiàn	药方	yàofāng	药剂	yàojì
药水	yàoshuǐ	要道	yàodào	要地	yàodì	要点	yàodiǎn
要害	yàohài	要好	yàohǎo	要件	yàojiàn	要领	yàolǐng
要命	yàomìng	要人	yàorén	要职	yàozhí	耀	yào
耀眼	yàoyǎn	掖	yē	椰子	yēzi	噎	yē
冶	yě	野菜	yěcài	野地	yědì	野心	yěxīn
野性	yěxìng	业绩	yèjì	业已	yèyǐ	业主	yèzhǔ
叶柄	yèbǐng	叶绿素	yèlǜsù	叶脉	yèmài	曳	yè
夜班	yèbān	夜空	yèkōng	夜幕	yèmù	夜色	yèsè
夜市	yèshì	夜校	yèxiào	液	yè	液化	yèhuà

（续上表）

液晶	yèjīng	腋	yè	一筹莫展	yīchóumòzhǎn	一点儿	yīdiǎnr
一帆风顺	yīfānfēngshùn	一概	yīgài	一举	yījǔ	一流	yīliú
一目了然	yīmùliǎorán	一瞥	yīpiē	一气	yīqì	一瞬	yīshùn
一丝不苟	yīsībùgǒu	伊	yī	衣襟	yījīn	衣料	yīliào
衣衫	yīshān	衣食	yīshí	衣物	yīwù	衣着	yīzhuó
医师	yīshī	医务	yīwù	医治	yīzhì	依存	yīcún
依恋	yīliàn	依托	yītuō	依偎	yīwēi	依稀	yīxī
依仗	yīzhàng	仪表	yíbiǎo	夷	yí	宜人	yírén
贻误	yíwù	姨	yí	姨妈	yímā	胰岛素	yídǎosù
胰腺	yíxiàn	移交	yíjiāo	移居	yíjū	移存	yícún
遗风	yífēng	遗迹	yíjì	遗漏	yílòu	遗弃	yíqì
遗失	yíshī	遗体	yítǐ	遗忘	yíwàng	遗物	yíwù
遗像	yíxiàng	遗言	yíyán	疑虑	yílǜ	疑难	yínán
疑团	yítuán	疑心	yíxīn	已然	yǐrán	已往	yǐwǎng
倚靠	yǐkào	义气	yìqì	艺人	yìrén	忆	yì
议案	yì'àn	议程	yìchéng	议定	yìdìng	议价	yìjià
议决	yìjué	议题	yìtí	屹立	yìlì	异彩	yìcǎi
异端	yìduān	异国	yìguó	异化	yìhuà	异己	yìjǐ
异体	yìtǐ	异同	yìtóng	异物	yìwù	异乡	yìxiāng
异性	yìxìng	异样	yìyàng	异议	yìyì	异族	yìzú
抑	yì	抑或	yìhuò	抑扬顿挫	yìyángdùncuò	抑郁	yìyù
邑	yì	役使	yìshǐ	译本	yìběn	译文	yìwén
驿站	yìzhàn	疫	yì	疫苗	yìmiáo	益虫	yìchóng
益处	yìchù	逸	yì	翌日	yìrì	意会	yìhuì
意料	yìliào	意念	yìniàn	意想	yìxiǎng	意向	yìxiàng
意愿	yìyuàn	意蕴	yìyùn	意旨	yìzhǐ	溢	yì
毅力	yìlì	熠熠	yìyì	臆造	yìzào	因袭	yīnxí
阴暗	yīn'àn	阴沉	yīnchén	阴极	yīnjí	阴间	yīnjiān

（续上表）

阴冷	yīnlěng	阴历	yīnlì	阴凉	yīnliáng	阴霾	yīnmái
阴森	yīnsēn	阴险	yīnxiǎn	阴性	yīnxìng	阴雨	yīnyǔ
阴郁	yīnyù	阴云	yīnyún	音标	yīnbiāo	音程	yīnchéng
音符	yīnfú	音高	yīngāo	音量	yīnliàng	音律	yīnlǜ
音色	yīnsè	音讯	yīnxùn	音译	yīnyì	音韵	yīnyùn
姻缘	yīnyuán	殷	yīn	殷切	yīnqiè	殷勤	yīnqín
吟	yín	银河	yínhé	银幕	yínmù	银杏	yínxìng
银元	yínyuán	银子	yínzi	淫	yín	淫秽	yínhuì
寅	yín	尹	yǐn	引发	yǐnfā	引路	yǐnlù
引擎	yǐnqíng	引申	yǐnshēn	引水	yǐnshuǐ	引文	yǐnwén
引诱	yǐnyòu	引证	yǐnzhèng	饮料	yǐnliào	饮水	yǐnshuǐ
隐患	yǐnhuàn	隐居	yǐnjū	隐瞒	yǐnmán	隐秘	yǐnmì
隐没	yǐnmò	隐士	yǐnshì	隐约	yǐnyuē	瘾	yǐn
印发	yìnfā	印花	yìnhuā	印记	yìnjì	印染	yìnrǎn
印行	yìnxíng	印章	yìnzhāng	印证	yìnzhèng	荫庇	yìnbì
应届	yīngjiè	应允	yīngyǔn	英镑	yīngbàng	英俊	yīngjùn
英明	yīngmíng	英武	yīngwǔ	婴	yīng	樱花	yīnghuā
樱桃	yīngtáo	鹦鹉	yīngwǔ	膺	yīng	迎风	yíngfēng
迎合	yínghé	迎面	yíngmiàn	迎亲	yíngqīn	迎头	yíngtóu
迎战	yíngzhàn	荧光	yíngguāng	荧屏	yíngpíng	盈	yíng
盈亏	yíngkuī	盈余	yíngyú	萤	yíng	营地	yíngdì
营房	yíngfáng	营救	yíngjiù	营垒	yínglěi	营造	yíngzào
萦绕	yíngrào	蝇	yíng	赢	yíng	赢利	yínglì
影射	yǐngshè	影像	yǐngxiàng	影院	yǐngyuàn	应变	yìngbiàn
应酬	yìngchóu	应对	yìngduì	应急	yìngjí	应考	yìngkǎo
应邀	yìngyāo	应战	yìngzhàn	应征	yìngzhēng	映照	yìngzhào
硬币	yìngbì	硬度	yìngdù	硬化	yìnghuà	硬件	yìngjiàn
硬性	yìngxìng	拥抱	yōngbào	拥戴	yōngdài	痈	yōng
庸俗	yōngsú	壅	yōng	臃肿	yōngzhǒng	永别	yǒngbié
永生	yǒngshēng	甬道	yǒngdào	咏	yǒng	咏叹调	yǒngtàndiào
泳	yǒng	勇	yǒng	勇猛	yǒngměng	勇士	yǒngshì
蛹	yǒng	踊跃	yǒngyuè	用场	yòngchǎng	用法	yòngfǎ

（续上表）

用工	yònggōng	用功	yònggōng	用劲	yòngjìn	用具	yòngjù
用心	yòngxīn	用意	yòngyì	佣金	yòngjīn	优待	yōudài
优厚	yōuhòu	优化	yōuhuà	优生	yōushēng	优胜	yōushèng
优雅	yōuyǎ	优异	yōuyì	忧	yōu	忧愁	yōuchóu
忧虑	yōulǜ	忧伤	yōushāng	幽暗	yōu'àn	幽静	yōujìng
幽灵	yōulíng	幽深	yōushēn	幽雅	yōuyǎ	悠长	yōucháng
悠然	yōurán	悠闲	yōuxián	悠扬	yōuyáng	由来	yóulái
由衷	yóuzhōng	邮	yóu	邮电	yóudiàn	邮寄	yóujì
邮件	yóujiàn	邮局	yóujú	邮政	yóuzhèng	犹疑	yóuyí
油菜	yóucài	油茶	yóuchá	油井	yóujǐng	油轮	yóulún
油门	yóumén	油墨	yóumò	油腻	yóunì	油漆	yóuqī
油条	yóutiáo	油污	yóuwū	油脂	yóuzhī	游荡	yóudàng
游记	yóujì	游客	yóukè	游览	yóulǎn	游乐	yóulè
游离	yóulí	游历	yóulì	游牧	yóumù	游人	yóurén
游玩	yóuwán	游艺	yóuyì	游子	yóuzǐ	友爱	yǒu'ài
友邦	yǒubāng	友情	yǒuqíng	有偿	yǒucháng	有待	yǒudài
有的放矢	yǒudìfàngshǐ	有理	yǒulǐ	有心	yǒuxīn	有形	yǒuxíng
有幸	yǒuxìng	有余	yǒuyú	酉	yǒu	黝黑	yǒuhēi
右面	yòumiàn	右倾	yòuqīng	右翼	yòuyì	幼儿园	yòu'éryuán
幼体	yòutǐ	幼小	yòuxiǎo	幼稚	yòuzhì	佑	yòu
柚子	yòuzi	诱	yòu	诱发	yòufā	诱惑	yòuhuò
诱因	yòuyīn	釉	yòu	迂	yū	迂回	yūhuí
淤	yū	淤积	yūjī	淤泥	yūní	余额	yú'é
余粮	yúliáng	余年	yúnián	鱼雷	yúléi	鱼鳞	yúlín
鱼苗	yúmiáo	鱼网	yúwǎng	俞	yú	渔场	yúchǎng
渔船	yúchuán	渔村	yúcūn	渔夫	yúfū	渔民	yúmín
隅	yú	逾	yú	逾期	yúqī	逾越	yúyuè
愉悦	yúyuè	榆	yú	虞	yú	愚	yú
愚蠢	yúchǔn	愚昧	yúmèi	愚弄	yúnòng	与日俱增	yǔrìjùzēng
宇航	yǔháng	羽毛球	yǔmáoqiú	羽绒	yǔróng	雨点儿	yǔdiǎnr

（续上表）

雨季	yǔjì	雨量	yǔliàng	雨伞	yǔsǎn	雨衣	yǔyī
禹	yǔ	语词	yǔcí	语调	yǔdiào	语汇	yǔhuì
语录	yǔlù	语重心长	yǔzhòng xīncháng	与会	yùhuì	郁	yù
郁闷	yùmèn	育才	yùcái	育苗	yùmiáo	狱	yù
浴	yù	浴场	yùchǎng	浴池	yùchí	浴室	yùshì
预感	yùgǎn	预见	yùjiàn	预示	yùshì	预想	yùxiǎng
预约	yùyuē	预兆	yùzhào	预知	yùzhī	欲念	yùniàn
谕	yù	遇难	yùnàn	喻	yù	愈合	yùhé
愈加	yùjiā	愈益	yùyì	寓	yù	寓所	yùsuǒ
寓言	yùyán	寓意	yùyì	寓于	yùyú	豫	yù
御	yù	誉	yù	鸳鸯	yuānyāng	冤	yuān
冤案	yuān'àn	冤枉	yuānwang	渊	yuān	渊博	yuānbó
渊源	yuānyuán	元宝	yuánbǎo	元旦	yuándàn	元件	yuánjiàn
元老	yuánlǎo	元气	yuánqì	元首	yuánshǒu	元帅	yuánshuài
元宵	yuánxiāo	元音	yuányīn	元月	yuányuè	园地	yuándì
园丁	yuándīng	园林	yuánlín	园艺	yuányì	员工	yuángōng
垣	yuán	原本	yuánběn	原稿	yuángǎo	原告	yuángào
原故	yuángù	原籍	yuánjí	原价	yuánjià	原煤	yuánméi
原文	yuánwén	原形	yuánxíng	原型	yuánxíng	原样	yuányàng
原野	yuányě	原意	yuányì	原油	yuányóu	原著	yuánzhù
原状	yuánzhuàng	原作	yuánzuò	圆场	yuánchǎng	圆满	yuánmǎn
圆圈	yuánquān	圆润	yuánrùn	圆舞曲	yuánwǔqǔ	圆周	yuánzhōu
圆柱	yuánzhù	圆锥	yuánzhuī	圆桌	yuánzhuō	援	yuán
援兵	yuánbīng	缘由	yuányóu	猿	yuán	猿猴	yuánhóu
猿人	yuánrén	源流	yuánliú	源头	yuántóu	远程	yuǎnchéng
远大	yuǎndà	远古	yuǎngǔ	远航	yuǎnháng	远见	yuǎnjiàn
远近	yuǎnjìn	远景	yuǎnjǐng	远洋	yuǎnyáng	远征	yuǎnzhēng
苑	yuàn	怨恨	yuànhèn	怨气	yuànqì	怨言	yuànyán
院落	yuànluò	院士	yuànshì	约定	yuēdìng	约法	yuēfǎ
约会	yuēhuì	月饼	yuèbing	月季	yuèjì	月刊	yuèkān
月色	yuèsè	月食	yuèshí	月夜	yuèyè	乐谱	yuèpǔ

（续上表）

乐师	yuèshī	乐团	yuètuán	乐音	yuèyīn	乐章	yuèzhāng
岳	yuè	岳父	yuèfù	岳母	yuèmǔ	阅	yuè
阅兵	yuèbīng	阅历	yuèlì	悦	yuè	悦耳	yuè'ěr
越发	yuèfā	越轨	yuèguǐ	晕	yūn	云彩	yúncai
云层	yúncéng	云端	yúnduān	云朵	yúnduǒ	云海	yúnhǎi
云集	yúnjí	云雾	yúnwù	云游	yúnyóu	匀称	yúnchèn
允	yǔn	陨石	yǔnshí	孕	yùn	孕妇	yùnfù
孕育	yùnyù	运筹	yùnchóu	运费	yùnfèi	运河	yùnhé
运气	yùnqi	运送	yùnsòng	运销	yùnxiāo	运载	yùnzài
运作	yùnzuò	晕	yùn	酝酿	yùnniàng	韵律	yùnlǜ
韵味	yùnwèi	蕴	yùn	蕴含	yùnhán	蕴涵	yùnhán
咂	zā	杂费	záfèi	杂技	zájì	杂居	zájū
杂剧	zájù	杂粮	záliáng	杂乱	záluàn	杂事	záshì
杂文	záwén	杂音	záyīn	灾	zāi	灾害	zāihài
灾荒	zāihuāng	灾祸	zāihuò	灾民	zāimín	灾情	zāiqíng
哉	zāi	栽植	zāizhí	栽种	zāizhòng	宰	zǎi
宰割	zǎigē	宰相	zǎixiàng	崽	zǎi	再度	zàidù
再会	zàihuì	再婚	zàihūn	再造	zàizào	在行	zàiháng
在乎	zàihu	在世	zàishì	在望	zàiwàng	在位	zàiwèi
在意	zàiyì	在职	zàizhí	在座	zàizuò	载体	zàitǐ
载重	zàizhòng	攒	zǎn	暂且	zànqiě	暂行	zànxíng
赞	zàn	赞歌	zàngē	赞赏	zànshǎng	赞颂	zànsòng
赞同	zàntóng	赞许	zànxǔ	赞誉	zànyù	赞助	zànzhù
脏腑	zàngfǔ	葬礼	zànglǐ	葬身	zàngshēn	葬送	zàngsòng
遭殃	zāoyāng	糟糕	zāogāo	糟粕	zāopò	糟蹋	zāotà
凿	záo	早春	zǎochūn	早稻	zǎodào	早点	zǎodiǎn
早饭	zǎofàn	早婚	zǎohūn	早年	zǎonián	早熟	zǎoshú
早晚	zǎowǎn	早先	zǎoxiān	枣	zǎo	澡	zǎo
造反	zàofǎn	造福	zàofú	造价	zàojià	造句	zàojù
造谣	zàoyáo	造诣	zàoyì	噪	zào	噪声	zàoshēng
噪音	zàoyīn	燥	zào	躁	zào	责备	zébèi
责成	zéchéng	责怪	zéguài	责令	zélìng	责骂	zémà

（续上表）

责难	zénàn	责问	zéwèn	择	zé	择优	zéyōu
泽	zé	啧啧	zézé	仄	zè	增补	zēngbǔ
增设	zēngshè	增生	zēngshēng	增收	zēngshōu	增援	zēngyuán
增值	zēngzhí	憎	zēng	憎恨	zēnghèn	憎恶	zēngwù
赠	zèng	赠送	zèngsòng	渣滓	zhāzǐ	扎根	zhāgēn
扎实	zhāshí	轧	zhá	闸	zhá	闸门	zhámén
铡	zhá	眨巴	zhǎba	眨眼	zhǎyǎn	乍	zhà
诈	zhà	诈骗	zhàpiàn	栅栏	zhàlan	炸药	zhàyào
榨	zhà	榨取	zhàqǔ	蚱蜢	zhàměng	摘除	zhāichú
斋	zhāi	宅	zhái	宅子	zháizi	择菜	zháicài
债权	zhàiquán	债券	zhàiquàn	寨子	zhàizi	占卜	zhānbǔ
沾染	zhānrǎn	粘连	zhānlián	毡	zhān	瞻	zhān
瞻仰	zhānyǎng	斩	zhǎn	展翅	zhǎnchì	展望	zhǎnwàng
展销	zhǎnxiāo	辗转	zhǎnzhuǎn	战败	zhànbài	战备	zhànbèi
战地	zhàndì	战犯	zhànfàn	战俘	zhànfú	战功	zhàngōng
战壕	zhànháo	战火	zhànhuǒ	战绩	zhànjì	战局	zhànjú
战栗	zhànlì	战乱	zhànluàn	战区	zhànqū	战事	zhànshì
站岗	zhàngǎng	站立	zhànlì	站台	zhàntái	蘸	zhàn
张罗	zhāngluo	张贴	zhāngtiē	张望	zhāngwàng	章法	zhāngfǎ
章节	zhāngjié	樟脑	zhāngnǎo	长辈	zhǎngbèi	长老	zhǎnglǎo
长相	zhǎngxiàng	长者	zhǎngzhě	涨潮	zhǎngcháo	掌舵	zhǎngduò
掌管	zhǎngguǎn	掌权	zhǎngquán	掌心	zhǎngxīn	障	zhàng
丈量	zhàngliáng	丈人	zhàngren	杖	zhàng	帐子	zhàngzi
账本	zhàngběn	账房	zhàngfáng	账目	zhàngmù	招标	zhāobiāo
招考	zhāokǎo	招徕	zhāolái	招募	zhāomù	招牌	zhāopai
招聘	zhāopìn	招收	zhāoshōu	招手	zhāoshǒu	招致	zhāozhì
昭	zhāo	朝气	zhāoqì	朝夕	zhāoxī	朝霞	zhāoxiá
朝阳	zhāoyáng	着火	zháohuǒ	着迷	zháomí	爪	zhǎo
爪牙	zhǎoyá	找寻	zhǎoxún	沼气	zhǎoqì	沼泽	zhǎozé
召	zhào	召唤	zhàohuàn	召见	zhàojiàn	兆	zhào
诏	zhào	诏书	zhàoshū	照搬	zhàobān	照办	zhàobàn
照常	zhàocháng	照管	zhàoguǎn	照会	zhàohuì	照旧	zhàojiù

（续上表）

照看	zhàokàn	照料	zhàoliào	照应	zhàoyìng	罩	zhào
肇事	zhàoshì	折腾	zhēteng	遮蔽	zhēbì	遮挡	zhēdǎng
遮盖	zhēgài	遮掩	zhēyǎn	折叠	zhédié	折光	zhéguāng
折合	zhéhé	折旧	zhéjiù	折扣	zhékòu	折算	zhésuàn
折中	zhézhōng	哲	zhé	哲理	zhélǐ	哲人	zhérén
辙	zhé	褶	zhě	褶皱	zhězhòu	浙	zhè
蔗	zhè	蔗糖	zhètáng	贞	zhēn	贞操	zhēncāo
针头	zhēntóu	侦破	zhēnpò	侦探	zhēntàn	珍	zhēn
珍宝	zhēnbǎo	珍藏	zhēncáng	珍品	zhēnpǐn	珍视	zhēnshì
珍惜	zhēnxī	珍稀	zhēnxī	珍重	zhēnzhòng	真迹	zhēnjì
真菌	zhēnjūn	真皮	zhēnpí	真切	zhēnqiè	真情	zhēnqíng
真丝	zhēnsī	真相	zhēnxiàng	真心	zhēnxīn	真知	zhēnzhī
真挚	zhēnzhì	砧	zhēn	斟	zhēn	斟酌	zhēnzhuó
臻	zhēn	诊	zhěn	诊所	zhěnsuǒ	诊治	zhěnzhì
枕	zhěn	阵容	zhènróng	阵势	zhènshì	阵亡	zhènwáng
阵线	zhènxiàn	阵营	zhènyíng	振作	zhènzuò	朕	zhèn
震颤	zhènchàn	震荡	zhèndàng	震耳欲聋	zhèn'ěryùlóng	震撼	zhènhàn
镇定	zhèndìng	镇静	zhènjìng	镇守	zhènshǒu	镇子	zhènzi
正月	zhēngyuè	争辩	zhēngbiàn	争吵	zhēngchǎo	争斗	zhēngdòu
争端	zhēngduān	争光	zhēngguāng	争鸣	zhēngmíng	争气	zhēngqì
争议	zhēngyì	争执	zhēngzhí	征购	zhēnggòu	征集	zhēngjí
征途	zhēngtú	征文	zhēngwén	征询	zhēngxún	征兆	zhēngzhào
症结	zhēngjié	蒸馏	zhēngliú	蒸馏水	zhēngliúshuǐ	蒸汽	zhēngqì
蒸腾	zhēngténg	拯救	zhěngjiù	整编	zhěngbiān	整风	zhěngfēng
整洁	zhěngjié	整数	zhěngshù	整形	zhěngxíng	整修	zhěngxiū
整治	zhěngzhì	正比	zhèngbǐ	正比例	zhèngbǐlì	正步	zhèngbù
正道	zhèngdào	正轨	zhèngguǐ	正极	zhèngjí	正门	zhèngmén
正派	zhèngpài	正气	zhèngqì	正巧	zhèngqiǎo	正视	zhèngshì
正统	zhèngtǒng	正文	zhèngwén	正午	zhèngwǔ	正直	zhèngzhí
正中	zhèngzhōng	正宗	zhèngzōng	证件	zhèngjiàn	证券	zhèngquàn
证人	zhèngrén	郑重	zhèngzhòng	政变	zhèngbiàn	政法	zhèngfǎ

（续上表）

政界	zhèngjiè	政局	zhèngjú	政客	zhèngkè	政论	zhènglùn
政事	zhèngshì	政体	zhèngtǐ	政务	zhèngwù	支架	zhījià
支流	zhīliú	支票	zhīpiào	支取	zhīqǔ	支柱	zhīzhù
只身	zhīshēn	汁液	zhīyè	芝麻	zhīma	知己	zhījǐ
知了	zhīliǎo	知名	zhīmíng	知情	zhīqíng	知晓	zhīxiǎo
知心	zhīxīn	知音	zhīyīn	肢体	zhītǐ	织物	zhīwù
脂	zhī	脂粉	zhīfěn	执	zhí	执笔	zhíbǐ
执法	zhífǎ	执教	zhíjiào	执拗	zhíniù	执勤	zhíqín
执意	zhíyì	执照	zhízhào	执政	zhízhèng	执着	zhízhuó
直播	zhíbō	直肠	zhícháng	直达	zhídá	直属	zhíshǔ
直率	zhíshuài	直爽	zhíshuǎng	侄	zhí	侄女	zhínǚ
侄子	zhízi	值勤	zhíqín	值日	zhírì	职称	zhíchēng
职位	zhíwèi	植被	zhíbèi	止步	zhǐbù	只管	zhǐguǎn
只消	zhǐxiāo	旨	zhǐ	旨意	zhǐyì	址	zhǐ
纸板	zhǐbǎn	纸币	zhǐbì	纸浆	zhǐjiāng	纸烟	zhǐyān
纸张	zhǐzhāng	指点	zhǐdiǎn	指甲	zhǐjia（zhījia）	指控	zhǐkòng
指南	zhǐnán	指南针	zhǐnánzhēn	指派	zhǐpài	指使	zhǐshǐ
指头	zhǐtou	指望	zhǐwang	指纹	zhǐwén	指引	zhǐyǐn
指摘	zhǐzhāi	指针	zhǐzhēn	趾	zhǐ	至多	zhìduō
至上	zhìshàng	志气	zhìqì	志趣	zhìqù	志向	zhìxiàng
志愿	zhìyuàn	志愿军	zhìyuànjūn	帜	zhì	制备	zhìbèi
制裁	zhìcái	制服	zhìfú	制剂	zhìjì	制图	zhìtú
质地	zhìdì	质朴	zhìpǔ	质问	zhìwèn	炙	zhì
治水	zhìshuǐ	治学	zhìxué	致敬	zhìjìng	致密	zhìmì
致命	zhìmìng	致死	zhìsǐ	致意	zhìyì	桎梏	zhìgù
掷	zhì	窒息	zhìxī	智育	zhìyù	滞留	zhìliú
滞销	zhìxiāo	置换	zhìhuàn	置身	zhìshēn	稚	zhì
稚嫩	zhìnèn	稚气	zhìqì	中层	zhōngcéng	中级	zhōngjí
中间人	zhōngjiānrén	中介	zhōngjiè	中立	zhōnglì	中秋	zhōngqiū
中途	zhōngtú	中文	zhōngwén	中西	zhōngxī	中线	zhōngxiàn
中药	zhōngyào	中庸	zhōngyōng	中用	zhōngyòng	中游	zhōngyóu

（续上表）

中止	zhōngzhǐ	中转	zhōngzhuǎn	忠	zhōng	忠厚	zhōnghòu
忠于	zhōngyú	忠贞	zhōngzhēn	终点	zhōngdiǎn	终端	zhōngduān
终归	zhōngguī	终极	zhōngjí	终结	zhōngjié	终了	zhōngliǎo
终日	zhōngrì	终生	zhōngshēng	终止	zhōngzhǐ	盅	zhōng
钟表	zhōngbiǎo	钟点	zhōngdiǎn	衷心	zhōngxīn	肿胀	zhǒngzhàng
种姓	zhǒngxìng	冢	zhǒng	中风	zhòngfēng	中肯	zhòngkěn
中意	zhòngyì	仲	zhòng	仲裁	zhòngcái	众生	zhòngshēng
种地	zhòngdì	种田	zhòngtián	重兵	zhòngbīng	重担	zhòngdàn
重金	zhòngjīn	重任	zhòngrèn	重伤	zhòngshāng	重心	zhòngxīn
重型	zhòngxíng	重音	zhòngyīn	重用	zhòngyòng	舟	zhōu
洲	zhōu	周报	zhōubào	周到	zhōudào	周而复始	zhōu’érfùshǐ
周刊	zhōukān	周末	zhōumò	周身	zhōushēn	周岁	zhōusuì
周旋	zhōuxuán	周延	zhōuyán	周折	zhōuzhé	粥	zhōu
轴线	zhóuxiàn	肘	zhǒu	咒	zhòu	咒骂	zhòumà
昼	zhòu	皱纹	zhòuwén	骤	zhòu	骤然	zhòurán
诛	zhū	珠宝	zhūbǎo	珠子	zhūzi	株连	zhūlián
诸侯	zhūhóu	诸如此类	zhūrúcǐlèi	诸位	zhūwèi	蛛网	zhūwǎng
竹竿	zhúgān	竹笋	zhúsǔn	竹子	zhúzi	烛	zhú
主办	zhǔbàn	主次	zhǔcì	主峰	zhǔfēng	主干	zhǔgàn
主根	zhǔgēn	主攻	zhǔgōng	主顾	zhǔgù	主机	zhǔjī
主见	zhǔjiàn	主将	zhǔjiàng	主角	zhǔjué	主考	zhǔkǎo
主流	zhǔliú	主人翁	zhǔrénwēng	主食	zhǔshí	主事	zhǔshì
主线	zhǔxiàn	主演	zhǔyǎn	主宰	zhǔzǎi	主旨	zhǔzhǐ
主子	zhǔzi	拄	zhǔ	嘱	zhǔ	嘱托	zhǔtuō
瞩目	zhǔmù	伫立	zhùlì	助教	zhùjiào	助理	zhùlǐ
助长	zhùzhǎng	住址	zhùzhǐ	住处	zhùchù	住户	zhùhù
住家	zhùjiā	住宿	zhùsù	住所	zhùsuǒ	住院	zhùyuàn
住址	zhùzhǐ	贮	zhù	贮备	zhùbèi	注册	zhùcè
注定	zhùdìng	注解	zhùjiě	注目	zhùmù	注射器	zhùshèqì
注释	zhùshì	注销	zhùxiāo	注音	zhùyīn	驻地	zhùdì

（续上表）

驻防	zhùfáng	驻军	zhùjūn	驻守	zhùshǒu	驻扎	zhùzhā
柱子	zhùzi	祝福	zhùfú	祝愿	zhùyuàn	著称	zhùchēng
著述	zhùshù	著者	zhùzhě	蛀	zhù	铸	zhù
铸造	zhùzào	抓获	zhuāhuò	爪	zhuǎ	爪子	zhuǎzi
拽	zhuài	专长	zhuāncháng	专车	zhuānchē	专程	zhuānchéng
专断	zhuānduàn	专横	zhuānhèng	专科	zhuānkē	专款	zhuānkuǎn
专栏	zhuānlán	专卖	zhuānmài	专区	zhuānqū	专人	zhuānrén
专心	zhuānxīn	专一	zhuānyī	专员	zhuānyuán	专职	zhuānzhí
专注	zhuānzhù	专著	zhuānzhù	砖头	zhuāntou	转播	zhuǎnbō
转产	zhuǎnchǎn	转达	zhuǎndá	转告	zhuǎngào	转机	zhuǎnjī
转嫁	zhuǎnjià	转交	zhuǎnjiāo	转脸	zhuǎnliǎn	转念	zhuǎnniàn
转让	zhuǎnràng	转手	zhuǎnshǒu	转瞬	zhuǎnshùn	转弯	zhuǎnwān
转眼	zhuǎnyǎn	转业	zhuǎnyè	转运	zhuǎnyùn	转战	zhuǎnzhàn
转折	zhuǎnzhé	传记	zhuànjì	转速	zhuànsù	转悠	zhuànyōu
转轴	zhuànzhóu	撰	zhuàn	撰写	zhuànxiě	篆	zhuàn
篆刻	zhuànkè	妆	zhuāng	庄园	zhuāngyuán	庄重	zhuāngzhòng
庄子	zhuāngzi	装扮	zhuāngbàn	装点	zhuāngdiǎn	装潢	zhuānghuáng
装配	zhuāngpèi	装束	zhuāngshù	装卸	zhuāngxiè	装修	zhuāngxiū
装运	zhuāngyùn	装载	zhuāngzài	壮丁	zhuàngdīng	壮观	zhuàngguān
壮举	zhuàngjǔ	壮丽	zhuànglì	壮烈	zhuàngliè	壮年	zhuàngnián
壮实	zhuàngshi	壮士	zhuàngshì	壮志	zhuàngzhì	状语	zhuàngyǔ
状元	zhuàngyuan	撞击	zhuàngjī	追捕	zhuībǔ	追查	zhuīchá
追悼	zhuīdào	追肥	zhuīféi	追赶	zhuīgǎn	追击	zhuījī
追加	zhuījiā	追溯	zhuīsù	追随	zhuīsuí	追问	zhuīwèn
追寻	zhuīxún	追忆	zhuīyì	追踪	zhuīzōng	椎	zhuī
锥	zhuī	锥子	zhuīzi	坠	zhuì	坠落	zhuìluò
缀	zhuì	赘	zhuì	赘述	zhuìshù	准绳	zhǔnshéng
准时	zhǔnshí	准许	zhǔnxǔ	拙	zhuō	捉拿	zhuōná
灼	zhuó	灼热	zhuórè	茁壮	zhuózhuàng	卓	zhuó
卓著	zhuózhù	浊	zhuó	酌	zhuó	啄	zhuó
着力	zhuólì	着陆	zhuólù	着落	zhuóluò	着实	zhuóshí
着想	zhuóxiǎng	着眼	zhuóyǎn	着意	zhuóyì	姿	zī

（续上表）

兹	zī	资财	zīcái	资方	zīfāng	资历	zīlì
资助	zīzhù	滋	zī	滋补	zībǔ	滋润	zīrùn
滋生	zīshēng	滋养	zīyǎng	滋长	zīzhǎng	籽	zǐ
紫菜	zǐcài	紫外线	zǐwàixiàn	自卑	zìbēi	自大	zìdà
自得	zìdé	自费	zìfèi	自封	zìfēng	自负	zìfù
自给	zìjǐ	自家	zìjiā	自尽	zìjìn	自救	zìjiù
自居	zìjū	自来水	zìláishuǐ	自理	zìlǐ	自立	zìlì
自流	zìliú	自律	zìlǜ	自满	zìmǎn	自强	zìqiáng
自如	zìrú	自始至终	zìshǐzhìzhōng	自首	zìshǒu	自述	zìshù
自私	zìsī	自修	zìxiū	自学	zìxué	自以为是	zìyǐwéishì
自制	zìzhì	自重	zìzhòng	自传	zìzhuàn	自尊	zìzūn
字典	zìdiǎn	字号	zìhào	字画	zìhuà	字迹	zìjì
字句	zìjù	字体	zìtǐ	字条	zìtiáo	字形	zìxíng
字义	zìyì	字音	zìyīn	渍	zì	宗法	zōngfǎ
宗派	zōngpài	宗室	zōngshì	棕	zōng	棕榈	zōnglǘ
棕色	zōngsè	踪	zōng	踪迹	zōngjì	踪影	zōngyǐng
鬃	zōng	总称	zǒngchēng	总得	zǒngděi	总队	zǒngduì
总共	zǒnggòng	总管	zǒngguǎn	总归	zǒngguī	总计	zǒngjì
总务	zǒngwù	纵横	zònghéng	纵然	zòngrán	纵容	zòngróng
纵身	zòngshēn	纵深	zòngshēn	纵使	zòngshǐ	纵向	zòngxiàng
粽子	zòngzi	走动	zǒudòng	走访	zǒufǎng	走私	zǒusī
奏鸣曲	zòumíngqǔ	奏效	zòuxiào	奏章	zòuzhāng	揍	zòu
租借	zūjiè	租金	zūjīn	租赁	zūlìn	租用	zūyòng
足迹	zújì	足见	zújiàn	卒	zú	诅咒	zǔzhòu
阻挡	zǔdǎng	阻隔	zǔgé	阻击	zǔjī	阻拦	zǔlán
阻挠	zǔnáo	阻塞	zǔsè	组建	zǔjiàn	组装	zǔzhuāng
祖传	zǔchuán	钻探	zuāntàn	钻石	zuànshí	钻头	zuàntóu
攥	zuàn	嘴脸	zuǐliǎn	罪过	zuìguò	罪名	zuìmíng
罪孽	zuìniè	罪人	zuìrén	罪证	zuìzhèng	罪状	zuìzhuàng
醉人	zuìrén	醉心	zuìxīn	尊称	zūnchēng	尊贵	zūnguì

（续上表）

遵	zūn	遵从	zūncóng	遵照	zūnzhào	作坊	zuōfang
左面	zuǒmiàn	左倾	zuǒqīng	左翼	zuǒyì	佐	zuǒ
撮	zuǒ	作案	zuò'àn	作对	zuòduì	作恶	zuò'è
作怪	zuòguài	作价	zuòjià	作客	zuòkè	作祟	zuòsuì
作文	zuòwén	坐落	zuòluò	坐位	zuòwèi	坐镇	zuòzhèn
座舱	zuòcāng	座谈	zuòtán	做工	zuògōng	做功	zuògōng
做人	zuòrén	做声	zuòshēng	做戏	zuòxì	做主	zuòzhǔ

附录七　普通话常用平翘舌辨音表

zh—z 辨音字表

	zh	z
a	①扎（驻～）渣②闸铡扎（挣～）札（信～）③眨④乍炸榨蚱栅	①扎（包～）匝②杂砸
e	①遮②折哲辙③者④蔗浙这	②泽择责则
u	①朱珠蛛株诸猪②竹烛逐③主煮嘱④注蛀住柱驻贮祝铸筑箸	①租②族足卒③组阻祖
-i	①之芝支枝肢知蜘汁只织脂②直植殖值执职③止址趾旨指纸只④至窒致志治质帜挚掷秩置滞制智稚痔	①兹滋孳姿咨资孜龇甾辎③子仔籽梓滓紫④字自恣渍
ai	①摘斋②宅③窄④寨债	①灾哉栽③宰载④再在载（～重）
ei		②贼
ao	①昭招朝②着③找爪沼④照召赵兆罩	①遭糟②凿（确～）③早枣澡④造皂灶躁燥
ou	①周粥②轴③帚肘④宙昼咒骤皱	①邹③走④奏揍
ua	①抓	
uo	①桌捉拙②卓着酌灼浊镯啄琢	①作（～坊）②昨③左④坐座作柞祚做
ui	①追锥④缀赘坠	③嘴④最罪醉
an	①沾毡粘③盏展斩④占战站栈绽蘸	①簪②咱③攒④赞暂
en	①贞侦祯桢真帧③疹诊枕缜④振震阵镇	③怎
ang	①张章樟彰③长掌涨④丈仗杖帐涨瘴障	①赃脏（肮～）④葬藏脏
eng	①正（～月）征争睁挣③整拯④正政症证郑	①曾增缯④赠
ong	①中盅忠钟衷终③肿种（～子）④中（打～）种（～植）仲重众	①宗踪棕综鬃③总④纵粽
uan	①专砖③转④传转（～动）撰篆赚	①钻③纂④钻（～石）

（续上表）

un	③准	①尊遵
uang	①庄桩装妆④壮状撞	

ch—c 辨音字表

	ch	c
a	①叉杈插差（~别）②茶搽查察③衩④岔诧差（~劲）	①擦嚓
e	①车③扯④彻撤掣	④册策厕侧测恻
u	①出初②除厨橱锄躇刍雏③楚础杵储处（~分）④畜触矗处	①粗④卒（~中）猝促醋簇
-i	①吃痴嗤②池弛迟持匙③尺齿耻侈豉④斥炽翅赤叱	①疵差（参~）②雌辞词祠瓷慈磁③此④次伺刺赐
ai	①差拆钗②柴豺	①猜②才财材裁③采彩踩④菜蔡
ao	①抄钞超②朝潮嘲巢③吵炒	①操糙②曹漕嘈槽③草
ou	①抽②仇筹畴踌绸稠酬愁③瞅丑④臭	④凑
uo	①踔戳④绰（~号）辍啜	①搓蹉撮④措错挫锉
uai	③揣④踹	
ui	①吹炊②垂锤捶槌	①崔催摧④萃悴淬翠粹瘁脆
an	①搀掺②蝉禅谗潺缠蟾③铲产阐④忏颤	①餐参②蚕残惭③惨④灿
en	①琛嗔②辰晨宸沉忱陈臣④趁衬称（相~）	①参（~差）②岑
ang	①昌猖娼伥②常嫦尝偿场肠长③厂场敞氅④倡唱畅怅	①仓苍舱沧②藏
eng	①称撑②成诚城盛（~水）呈承乘澄惩③逞骋④秤	②曾层④蹭
ong	①充冲舂②重虫崇③宠④冲（~压）	①匆葱囱聪②从丛淙
uan	①川穿②船传椽③喘④串钏	①蹿②攒④窜篡
un	①春椿②唇纯淳醇③蠢	①村②存③忖④寸
uang	①窗疮创（~伤）②床③闯④创（~造）	

sh—s 辨音字表

	sh	s
a	①沙纱砂痧杀杉③傻④煞厦（大～）	①撒③洒撒（～种）④卅萨飒
e	①奢赊②舌蛇③舍（～弃）④社舍射麝设摄涉赦	④塞（～责）瑟啬穑（稼～）色（～彩）涩
u	①书梳疏蔬舒殊叔淑输抒纾枢②孰塾赎③暑署薯曙鼠数属黍④树竖术述束漱恕数	①苏酥②俗④素塑诉肃粟宿速
-i	①尸师狮失施诗湿虱②十什拾石时识实食蚀③史使驶始屎矢④世势誓逝市示事是视室适饰士氏恃式试拭轼弑	①司私思斯丝鸶③死④四肆似寺
ai	①筛④晒	①腮鳃塞④塞（要～）赛
ao	①捎稍艄烧②勺芍杓韶③少（多～）④少（～年）哨绍邵	①臊骚搔③扫（～除）嫂④扫（～帚）臊（害～）
ou	①收②熟③手首守④受授寿售兽瘦	①溲嗖飕搜艘馊③叟擞④嗽
ua	①刷③耍	
uo	①说④硕烁朔	①缩娑蓑梭唆③所锁琐索
uai	①衰③甩④帅率蟀	
ui	②谁③水④税睡	①虽尿②绥隋随③髓④岁碎穗隧燧遂
an	①山舢删衫珊姗栅（～极）跚③闪陕④扇善膳缮擅赡	①三叁③伞散（～文）④散
en	①申伸呻身深参（人～）②神③沈审婶④慎肾甚渗	①森
ang	①商墒伤③晌垧赏④上尚	①桑丧（～事）③嗓④丧
eng	①生牲笙甥升声②绳③省④圣胜盛剩	①僧
ong		①松③悚④送宋颂诵
uan	①拴栓④涮	①酸④算蒜
un	④顺	①孙③笋损
uang	①双霜③爽	

附录八　普通话水平测试用轻声词表

1. 本表根据《普通话水平测试用词语表》编制。

2. 本表供普通话水平测试第二项——读多音节词语（100个音节）测试使用。

3. 本表共收词545条（其中“子”尾词206条），按汉语拼音字母顺序排列。

4. 条目中的非轻声音节只标本调，不标变调；条目中的轻声音节，注音不标调号，如：“明白 míngbai”。

1 爱人 àiren	2 案子 ànzi	3 巴掌 bāzhang	4 把子 bǎzi
5 把子 bàzi	6 爸爸 bàba	7 白净 báijing	8 班子 bānzi
9 板子 bǎnzi	10 帮手 bāngshou	11 梆子 bāngzi	12 膀子 bǎngzi
13 棒槌 bàngchui	14 棒子 bàngzi	15 包袱 bāofu	16 包涵 bāohan
17 包子 bāozi	18 豹子 bàozi	19 杯子 bēizi	20 被子 bèizi
21 本事 běnshi	22 本子 běnzi	23 鼻子 bízi	24 比方 bǐfang
25 鞭子 biānzi	26 扁担 biǎndan	27 辫子 biànzi	28 别扭 bièniu
29 饼子 bǐngzi	30 拨弄 bōnong	31 脖子 bózi	32 簸箕 bòji
33 补丁 bǔding	34 不由得 bùyóude	35 不在乎 bùzàihu	36 步子 bùzi
37 部分 bùfen	38 裁缝 cáifeng	39 财主 cáizhu	40 苍蝇 cāngying
41 差事 chāishi	42 柴火 cháihuo	43 肠子 chángzi	44 厂子 chǎngzi
45 场子 chǎngzi	46 车子 chēzi	47 称呼 chēnghu	48 池子 chízi
49 尺子 chǐzi	50 虫子 chóngzi	51 绸子 chóuzi	52 除了 chúle
53 锄头 chútou	54 畜生 chùsheng	55 窗户 chuānghu	56 窗子 chuāngzi
57 锤子 chuízi	58 刺猬 cìwei	59 凑合 còuhe	60 村子 cūnzi
61 耷拉 dāla	62 答应 dāying	63 打扮 dǎban	64 打点 dǎdian
65 打发 dǎfa	66 打量 dǎliang	67 打算 dǎsuan	68 打听 dǎting
69 大方 dàfang	70 大爷 dàye	71 大夫 dàifu	72 带子 dàizi
73 袋子 dàizi	74 耽搁 dānge	75 耽误 dānwu	76 单子 dānzi
77 胆子 dǎnzi	78 担子 dànzi	79 刀子 dāozi	80 道士 dàoshi
81 稻子 dàozi	82 灯笼 dēnglong	83 提防 dīfang	84 笛子 dízi
85 底子 dǐzi	86 地道 dìdao	87 地方 dìfang	88 弟弟 dìdi

（续上表）

89 弟兄 dìxiong	90 点心 diǎnxin	91 调子 diàozi	92 钉子 dīngzi
93 东家 dōngjia	94 东西 dōngxi	95 动静 dòngjing	96 动弹 dòngtan
97 豆腐 dòufu	98 豆子 dòuzi	99 嘟囔 dūnang	100 肚子 dǔzi
101 肚子 dùzi	102 缎子 duànzi	103 对付 duìfu	104 对头 duìtou
105 队伍 duìwu	106 多么 duōme	107 蛾子 ézi	108 儿子 érzi
109 耳朵 ěrduo	110 贩子 fànzi	111 房子 fángzi	112 份子 fènzi
113 风筝 fēngzheng	114 疯子 fēngzi	115 福气 fúqi	116 斧子 fǔzi
117 盖子 gàizi	118 甘蔗 gānzhe	119 杆子 gānzi	120 杆子 gǎnzi
121 干事 gànshi	122 杠子 gàngzi	123 高粱 gāoliang	124 膏药 gāoyao
125 稿子 gǎozi	126 告诉 gàosu	127 疙瘩 gēda	128 哥哥 gēge
129 胳膊 gēbo	130 鸽子 gēzi	131 格子 gézi	132 个子 gèzi
133 根子 gēnzi	134 跟头 gēntou	135 工夫 gōngfu	136 弓子 gōngzi
137 公公 gōnggong	138 功夫 gōngfu	139 钩子 gōuzi	140 姑姑 gūgu
141 姑娘 gūniang	142 谷子 gǔzi	143 骨头 gǔtou	144 故事 gùshi
145 寡妇 guǎfu	146 褂子 guàzi	147 怪物 guàiwu	148 关系 guānxi
149 官司 guānsi	150 罐头 guàntou	151 罐子 guànzi	152 规矩 guīju
153 闺女 guīnü	154 鬼子 guǐzi	155 柜子 guìzi	156 棍子 gùnzi
157 锅子 guōzi	158 果子 guǒzi	159 蛤蟆 háma	160 孩子 háizi
161 含糊 hánhu	162 汉子 hànzi	163 行当 hángdang	164 合同 hétong
165 和尚 héshang	166 核桃 hétao	167 盒子 hézi	168 红火 hónghuo
169 猴子 hóuzi	170 后头 hòutou	171 厚道 hòudao	172 狐狸 húli
173 胡琴 húqin	174 糊涂 hútu	175 皇上 huángshang	176 幌子 huǎngzi
177 胡萝卜 húluóbo	178 活泼 huópo	179 火候 huǒhou	180 伙计 huǒji
181 护士 hùshi	182 机灵 jīling	183 脊梁 jǐliang	184 记号 jìhao
185 记性 jìxing	186 夹子 jiāzi	187 家伙 jiāhuo	188 架势 jiàshi
189 架子 jiàzi	190 嫁妆 jiàzhuang	191 尖子 jiānzi	192 茧子 jiǎnzi
193 剪子 jiǎnzi	194 见识 jiànshi	195 毽子 jiànzi	196 将就 jiāngjiu
197 交情 jiāoqing	198 饺子 jiǎozi	199 叫唤 jiàohuan	200 轿子 jiàozi
201 结实 jiēshi	202 街坊 jiēfang	203 姐夫 jiěfu	204 姐姐 jiějie
205 戒指 jièzhi	206 金子 jīnzi	207 精神 jīngshen	208 镜子 jìngzi
209 舅舅 jiùjiu	210 橘子 júzi	211 句子 jùzi	212 卷子 juànzi
213 咳嗽 késou	214 客气 kèqi	215 空子 kòngzi	216 口袋 kǒudai

（续上表）

217 口子 kǒuzi	218 扣子 kòuzi	219 窟窿 kūlong	220 裤子 kùzi
221 快活 kuàihuo	222 筷子 kuàizi	223 框子 kuàngzi	224 困难 kùnnan
225 阔气 kuòqi	226 喇叭 lǎba	227 喇嘛 lǎma	228 篮子 lánzi
229 懒得 lǎnde	230 浪头 làngtou	231 老婆 lǎopo	232 老实 lǎoshi
233 老太太 lǎotàitai	234 老头子 lǎotóuzi	235 老爷 lǎoye	236 老子 lǎozi
237 姥姥 lǎolao	238 累赘 léizhui	239 篱笆 líba	240 里头 lǐtou
241 力气 lìqi	242 厉害 lìhai	243 利落 lìluo	244 利索 lìsuo
245 例子 lìzi	246 栗子 lìzi	247 痢疾 lìji	248 连累 liánlei
249 帘子 liánzi	250 凉快 liángkuai	251 粮食 liángshi	252 两口子 liǎngkǒuzi
253 料子 liàozi	254 林子 línzi	255 翎子 língzi	256 领子 lǐngzi
257 溜达 liūda	258 聋子 lóngzi	259 笼子 lóngzi	260 炉子 lúzi
261 路子 lùzi	262 轮子 lúnzi	263 萝卜 luóbo	264 骡子 luózi
265 骆驼 luòtuo	266 妈妈 māma	267 麻烦 máfan	268 麻利 máli
269 麻子 mázi	270 马虎 mǎhu	271 码头 mǎtou	272 买卖 mǎimai
273 麦子 màizi	274 馒头 mántou	275 忙活 mánghuo	276 冒失 màoshi
277 帽子 màozi	278 眉毛 méimao	279 媒人 méiren	280 妹妹 mèimei
281 门道 méndao	282 眯缝 mīfeng	283 迷糊 míhu	284 面子 miànzi
285 苗条 miáotiao	286 苗头 miáotou	287 名堂 míngtang	288 名字 míngzi
289 明白 míngbai	290 蘑菇 mógu	291 模糊 móhu	292 木匠 mùjiang
293 木头 mùtou	294 那么 nàme	295 奶奶 nǎinai	296 难为 nánwei
297 脑袋 nǎodai	298 脑子 nǎozi	299 能耐 néngnai	300 你们 nǐmen
301 念叨 niàndao	302 念头 niàntou	303 娘家 niánjia	304 镊子 nièzi
305 奴才 núcai	306 女婿 nǚxu	307 暖和 nuǎnhuo	308 疟疾 nüèji
309 拍子 pāizi	310 牌楼 páilou	311 牌子 páizi	312 盘算 pánsuan
313 盘子 pánzi	314 胖子 pàngzi	315 狍子 páozi	316 盆子 pénzi
317 朋友 péngyou	318 棚子 péngzi	319 脾气 píqi	320 皮子 pízi
321 痞子 pǐzi	322 屁股 pìgu	323 片子 piānzi	324 便宜 piányi
325 骗子 piànzi	326 票子 piàozi	327 漂亮 piàoliang	328 瓶子 píngzi
329 婆家 pójia	330 婆婆 pópo	331 铺盖 pūgai	332 欺负 qīfu
333 旗子 qízi	334 前头 qiántou	335 钳子 qiánzi	336 茄子 qiézi
337 亲戚 qīnqi	338 勤快 qínkuai	339 清楚 qīngchu	340 亲家 qìngjia
341 曲子 qǔzi	342 圈子 quānzi	343 拳头 quántou	344 裙子 qúnzi

（续上表）

345 热闹 rènao	346 人家 rénjia	347 人们 rénmen	348 认识 rènshi
349 日子 rìzi	350 褥子 rùzi	351 塞子 sāizi	352 嗓子 sǎngzi
353 嫂子 sǎozi	354 扫帚 sàozhou	355 沙子 shāzi	356 傻子 shǎzi
357 扇子 shànzi	358 商量 shāngliang	359 上司 shàngsi	360 上头 shàngtou
361 烧饼 shāobing	362 勺子 sháozi	363 少爷 shàoye	364 哨子 shàozi
365 舌头 shétou	366 身子 shēnzi	367 什么 shénme	368 婶子 shěnzi
369 生意 shēngyi	370 牲口 shēngkou	371 绳子 shéngzi	372 师父 shīfu
373 师傅 shīfu	374 虱子 shīzi	375 狮子 shīzi	376 石匠 shíjiang
377 石榴 shíliu	378 石头 shítou	379 时候 shíhou	380 实在 shízai
381 拾掇 shíduo	382 使唤 shǐhuan	383 世故 shìgu	384 似的 shìde
385 事情 shìqing	386 柿子 shìzi	387 收成 shōucheng	388 收拾 shōushi
389 首饰 shǒushi	390 叔叔 shūshu	391 梳子 shūzi	392 舒服 shūfu
393 舒坦 shūtan	394 疏忽 shūhu	395 爽快 shuǎngkuai	396 思量 sīliang
397 算计 suànji	398 岁数 suìshu	399 孙子 sūnzi	400 他们 tāmen
401 它们 tāmen	402 她们 tāmen	403 台子 táizi	404 太太 tàitai
405 摊子 tānzi	406 坛子 tánzi	407 毯子 tǎnzi	408 桃子 táozi
409 特务 tèwu	410 梯子 tīzi	411 蹄子 tízi	412 挑剔 tiāoti
413 挑子 tiāozi	414 条子 tiáozi	415 跳蚤 tiàozao	416 铁匠 tiějiang
417 亭子 tíngzi	418 头发 tóufa	419 头子 tóuzi	420 兔子 tùzi
421 妥当 tuǒdang	422 唾沫 tuòmo	423 挖苦 wāku	424 娃娃 wáwa
425 袜子 wàzi	426 晚上 wǎnshang	427 尾巴 wěiba	428 委屈 wěiqu
429 为了 wèile	430 位置 wèizhi	431 位子 wèizi	432 蚊子 wénzi
433 稳当 wěndang	434 我们 wǒmen	435 屋子 wūzi	436 稀罕 xīhan
437 席子 xízi	438 媳妇 xífu	439 喜欢 xǐhuan	440 瞎子 xiāzi
441 匣子 xiázi	442 下巴 xiàba	443 吓唬 xiàhu	444 先生 xiānsheng
445 乡下 xiāngxia	446 箱子 xiāngzi	447 相声 xiàngsheng	448 消息 xiāoxi
449 小伙子 xiǎohuǒzi	450 小气 xiǎoqi	451 小子 xiǎozi	452 笑话 xiàohua
453 谢谢 xièxie	454 心思 xīnsi	455 星星 xīngxing	456 猩猩 xīngxing
457 行李 xíngli	458 性子 xìngzi	459 兄弟 xiōngdi	460 休息 xiūxi
461 秀才 xiùcai	462 秀气 xiùqi	463 袖子 xiùzi	464 靴子 xuēzi
465 学生 xuésheng	466 学问 xuéwen	467 丫头 yātou	468 鸭子 yāzi
469 衙门 yámen	470 哑巴 yǎba	471 胭脂 yānzhi	472 烟筒 yāntong

（续上表）

473 眼睛 yǎnjing	474 燕子 yànzi	475 秧歌 yāngge	476 养活 yǎnghuo
477 样子 yàngzi	478 吆喝 yāohe	479 妖精 yāojing	480 钥匙 yàoshi
481 椰子 yēzi	482 爷爷 yéye	483 叶子 yèzi	484 一辈子 yībèizi
485 衣服 yīfu	486 衣裳 yīshang	487 椅子 yǐzi	488 意思 yìsi
489 银子 yínzi	490 影子 yǐngzi	491 应酬 yìngchou	492 柚子 yòuzi
493 冤枉 yuānwang	494 院子 yuànzi	495 月饼 yuèbing	496 月亮 yuèliang
497 云彩 yúncai	498 运气 yùnqi	499 在乎 zàihu	500 咱们 zánmen
501 早上 zǎoshang	502 怎么 zěnme	503 扎实 zhāshi	504 眨巴 zhǎba
505 栅栏 zhàlan	506 宅子 zháizi	507 寨子 zhàizi	508 张罗 zhāngluo
509 丈夫 zhàngfu	510 帐篷 zhàngpeng	511 丈人 zhàngren	512 帐子 zhàngzi
513 招呼 zhāohu	514 招牌 zhāopai	515 折腾 zhēteng	516 这个 zhège
517 这么 zhème	518 枕头 zhěntou	519 镇子 zhènzi	520 芝麻 zhīma
521 知识 zhīshi	522 侄子 zhízi	523 指甲 zhǐjia（zhījia）	524 指头 zhǐtou（zhítou）
525 种子 zhǒngzi	526 珠子 zhūzi	527 竹子 zhúzi	528 主意 zhǔyi
529 主子 zhǔzi	530 柱子 zhùzi	531 爪子 zhuǎzi	532 转悠 zhuànyou
533 庄稼 zhuāngjia	534 庄子 zhuāngzi	535 壮实 zhuàngshi	536 状元 zhuàngyuan
537 锥子 zhuīzi	538 桌子 zhuōzi	539 字号 zìhao	540 自在 zìzai
541 粽子 zòngzi	542 祖宗 zǔzong	543 嘴巴 zuǐba	544 作坊 zuōfang
545 琢磨 zuómo			

附录九　普通话水平测试用常见量词、名词搭配表

把	bǎ	菜刀、剪刀、宝剑（口）、铲子、铁锨、尺子、扫帚、椅子、锁、钥匙
		伞（顶）、茶壶、扇子、提琴、手枪（支）
本	běn	书（部、套）、著作（部）、字典（部）、杂志（份）、账
部	bù	书（本、套）、著作（本）、字典（本）
		电影（场）、电视剧、交响乐（场）
		电话机、摄像机（架、台）
		汽车（辆、台）
场	cháng	雨、雪、冰雹、大风
		病、大战、官司
场	chǎng	电影（部）、演出（台）、话剧（台）、杂技（台）、节目（台、套）、交响乐
		比赛（节、项）、考试
道	dào	河（条）、瀑布（条）
		山（座）、山脉（条）、闪电、伤痕（条）
		门（扇）、墙（面）
		命令（项、条）、试题（份、套）、菜（份）
滴	dī	水、血、油、汗水、眼泪
顶	dǐng	伞（把）、轿子、帽子、蚊帐、帐篷
对	duì	夫妻、舞伴、耳朵（双、只）、眼睛（双、只）、翅膀（双、只）、球拍（副、只）、沙发（套）、枕头、电池（节）
朵	duǒ	花、云（片）、蘑菇
份	fèn	菜（道）、午餐、报纸（张）、杂志（本）、文件、礼物（件）、工作（项）、事（件）、试题（道、套）
幅	fú	布（块、匹）、被面、彩旗（面）、图画（张）、相片（张）
副	fù	对联、手套（双、只）、眼镜、球拍（对、只）、脸（张）、扑克牌（张）、围棋、担架
个	gè	人、孩子

（续上表）

		盘子、瓶子、杯子
		梨、桃儿、橘子、苹果、西瓜、土豆、西红柿
		鸡蛋、饺子、馒头
		玩具、皮球
		太阳、月亮、白天、上午
		国家、社会、故事
根	gēn	草（棵）、葱（棵）、藕（节）、甘蔗（节）
		胡须、头发、羽毛
		冰棍儿、黄瓜（条）、香蕉、油条、竹竿
		针、火柴、蜡烛（支）、香（支、盘）、筷子（双、支）、电线、绳子（条）、项链（条）、辫子（条）
家	jiā	人家、亲戚（门）
		工厂（座）、公司、饭店、商店、医院（所）、银行（所）
架	jià	飞机、钢琴（台）、摄像机（部、台）、鼓（面）
间	jiān	房子（所、套、座）、屋子、卧室、仓库
件	jiàn	礼物（份）、行李、家具（套）
		大衣、衬衣、毛衣、衣服（套）、西装（套）
		工作（项）、公文、事（份）
节	jié	甘蔗（根）、藕（根）、电池（对）、车厢、课（门）、比赛（场、项）
棵	kē	树、草（根）、葱（根）、白菜
颗	kē	种子（粒）、珍珠（粒）、宝石（粒）、糖（块）、星星、卫星
		牙齿（粒）、心脏
		子弹（粒）、炸弹
		图钉、图章
口	kǒu	人、猪（头）
		大锅、大缸、大钟（座）、井、宝剑（把）
块	kuài	糖（颗）、橡皮、石头、砖、肥皂（条）、手表（只）
		肉（片）、蛋糕、大饼（张）、布（幅、匹）、绸缎（匹）、手绢（条）、地（片）
		石碑（座）
粒	lì	米、种子（颗）、珍珠（颗）、宝石（颗）、牙齿（颗）、子弹（颗）
辆	liàng	汽车（部、台）、自行车、摩托车、三轮车
门	mén	课（节）、课程、技术（项）

（续上表）

		亲戚（家）、婚姻
		大炮
名	míng	教师（位）、医生（位）、犯人
面	miàn	墙（道）、镜子、彩旗（幅）、鼓（架）、锣
盘	pán	磨（扇）、香（根、支）
		磁带、录像带
匹	pǐ	马
		布（块、幅）、绸缎（块）
片	piàn	树叶、药片、肉（块）
		阴凉、阳光、云（朵）、地（块）
扇	shàn	门（道）、窗户、屏风、磨（盘）
双	shuāng	手（只）、脚（只）、耳朵（对、只）、眼睛（对、只）、翅膀（对、只）
		鞋（只）、袜子（只）、手套（副、只）、筷子（根、支）
所	suǒ	学校、医院（家）、银行（家）、房子（间、套、座）
台	tái	计算机、医疗设备（套）、汽车（部、辆）、钢琴（架）、摄像机（部、架）
		演出（场）、话剧（场）、杂技（场）、节目（场、套）
套	tào	衣服（件）、西装（件）、房子（间、所、座）、家具（件）、沙发（对）、餐具
		书（本、部）、邮票（张）、医疗设备（台）
		节目（场、台）、试题（道、份）
条	tiáo	绳子（根）、项链（根）、辫子（根）、裤子、毛巾、手绢儿（块）、肥皂（块）
		船（只）、游艇（只）
		蛇、鱼、狗（只）、牛（头、只）、驴（头、只）、黄瓜（根）
		河（道）、瀑布（道）、山脉（道）、道路、胡同儿、伤痕（道）
		新闻、信息、措施（项）、命令（道、项）
头	tóu	牛（条、只）、驴（条、只）、骆驼（只）、羊（只）、猪（口）
		蒜
位	wèi	客人、朋友、作家（名）
项	xiàng	措施（条）、制度、工作（份）、任务、技术（门）、运动、命令（道、条）、比赛（场、节）
张	zhāng	报纸（份）、图画（幅）、相片（幅）、邮票（套）、扑克牌（副）、光盘

（续上表）

		大饼（块）、脸（副）、嘴
		网、弓
		床、桌子
只	zhī	鸟、鸡、鸭、老鼠、兔子、狗（条）、牛（头、条）、驴（头、条）、羊（头）、骆驼（头）、老虎、蚊子、苍蝇、蜻蜓、蝴蝶
		手表（块）、杯子（个）
		船（条）、游艇（条）
		鞋（双）、袜子（双）、手套（副、双）、袖子、球拍（对、副）、手（双）、脚（双）、耳朵（对、双）、眼睛（对、双）、翅膀（对、双）
支	zhī	笔、手枪（把）、蜡烛（根）、筷子（根、双）、香（根、盘）
		军队、歌
座	zuò	山（道）、岛屿
		城市、工厂（家）、学校（所）、房子（间、所、套）、桥
		石碑（块）、雕塑、大钟（口）

参考文献

1. 国家语言文字工作委员会普通话培训中心. 普通话水平测试实施纲要. 北京：商务印书馆，2008.

2. 高玉英. 普通话水平测试指南. 大连：辽宁师范大学出版社，2009.

3. 姜爽，刘伟. 普通话训练教程. 长春：吉林人民出版社，2007.

4. 李珉. 普通话口语交际. 北京：高等教育出版社，2004.

5. 宋欣. 普通话水平测试员实用手册（增订本）. 北京：商务印书馆，2004.

6. 黄伯荣，廖序东. 现代汉语. 北京：高等教育出版社，2002.

7. 于全有，张华. 普通话概论. 长春：吉林人民出版社，2006.